ARBEITEN AUS DEM
INSTITUT FÜR AFRIKA-KUNDE

—————————— 58 ——————————

Carola Donner-Reichle

UJAMAADÖRFER IN TANZANIA

Politik und Reaktionen der Bäuerinnen

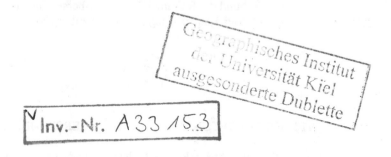

INSTITUT FÜR AFRIKA-KUNDE
im Verbund der Stiftung Deutsches Übersee-Institut

Donner-Reichle, Carola:
Ujamaadörfer in Tanzania :
Politik und Reaktionen der Bäuerinnen /
Carola Donner-Reichle. -
Hamburg : Institut für Afrika-Kunde, 1988.
 (Arbeiten aus dem Institut für Afrika-Kunde ; 58)
 ISBN 3-923519-83-4

VERBUND STIFTUNG DEUTSCHES ÜBERSEE-INSTITUT

Das Institut für Afrika-Kunde bildet mit anderen, überwiegend
regional ausgerichteten Forschungsinstituten den Verbund der
Stiftung Deutsches Übersee-Institut.
Dem Institut für Afrika-Kunde ist die Aufgabe gestellt, die gegen-
wartsbezogene Afrikaforschung zu fördern. Es ist dabei bemüht, in
seinen Publikationen verschiedene Meinungen zu Wort kommen zu
lassen, die jedoch grundsätzlich die Auffassung des jeweiligen
Autors und nicht des Instituts für Afrika-Kunde darstellen.

Hamburg 1988
ISBN 3-923519-83-4

INHALTSVERZEICHNIS

VORWORT

Mein herzlicher Dank gehört den tanzanischen Bäuerinnen der vier Ujamaadörfer, die mir mit größter Freundlichkeit, Aufgeschlossenheit und
Hilfsbereitschaft ihre Zeit gaben.

Besonders bedanken möchte ich mich:
- beim Baraza La Taifa La Utafiti Wa Kisayani
  (Tanzania National Scientific Research Council)
  für die freundliche Forschungsgenehmigung,
- bei Prof. Marjorie Mbilinyi in ihrer Funktion als wissenschaftliche Beraterin meines Forschungsvorhabens in Tanzania,
- bei Mary Bulegi, meiner Übersetzerin, die alle Reifen-
  pannen mit Humor getragen hat und
- bei allen tanzanischen Mitarbeiter/innen in UWT, PMO und
  Kilimo.

Ohne 'afrikanische Geduld und das Ausharren' von Herrn Prof. Dr. F. Ansprenger wäre die Arbeit wohl nie fertig geworden - Asante Sana! Einen
besonderen Dank gilt auch Herrn Prof. Dr. R. Tetzlaff. Herzlichen Dank
meinem Mann für seine ständige Ermutigung und sein Verständnis.

ABKÜRZUNGSVERZEICHNIS

AA   African Association

BIP   Bruttoinlandsprodukt

BRALUP   Bureau of Resource Assessment and Land Use Planning (University of Dar es Salaam)

BSP   Bruttosozialprodukt

CCM   Chama Cha Mapinduzi (Dodoma)

CDA   Capital Development Authority (Dodoma)

CDTF   Community Development Trust Fund (Dar es Salaam)

DADO   District Agricultural Development Officer

DDD   District Development Officer

EIU   The Economist Intelligence Unit (London)

ERB   Economic Research Bureau (University of Dar es Salaam)

FAO   Food an Agricultural Organization (Rom)

Kilimo   Ministry of Agriculture (Dar es Salaam)

IDS   Institute of Development Studies (Dar es Salaam)

ILO   International Labour Organization (Genf)

MP   Member of Parliament

NAFCO	National Food and Agricultural Corporation (Dar es Salaam)
NGO	Non-Governmental Organization
NMC	National Milling Corporation (Dar es Salaam)
NORDIC	Nordische Länder
NRO	Nichtregierungsorganisation
PMO	Prime Minister's Office (Dodoma)
RADO	Regional Agricultural Development Officer
RC	Regional Commissioner
RDC	Regional Development Committee
RDD	Regional Development Director
RIDEP	Regional Integrated Development Plan
RTC	Regional Trading Company
SIDA	Swedisch International Development Agency (Stockholm)
TAA	Tanganyika African Association
TANESCO	Tanzania Electricity Supply Corporation (Dar es Salaam)
TANU	Tanganyika African National Union
TCW	Tanganyika Council of Women
TFNC	Tanzania Food and Nutrition Centre (Dar es Salaam)

TRDB	Tanzania Rural Development Bank (Dar es Salaam)
TSH	Tanzania Shilling
tz	Tezett
UN	United Nations (New York)
UNICEF	United Nations Children Fund (Genf)
UPT	United Tanganyika Party
UWT	Umoja wa Wanawake wa Tanzania (Dodoma)
VC	Village Council
VDC	Village Development Committee
VfUV Act	Villages and Ujamaa Villages Act

12

TABELLENVERZEICHNIS

Seite

13

KARTENVERZEICHNIS

VERZEICHNIS DER SCHAUBILDER

VERZEICHNIS DER TABELLEN IM ANHANG

VERZEICHNIS DER SCHAUBILDER IM ANHANG

Verzeichnis der Kiswahili-Ausdrücke

bwana shamba	Landwirtschaftsberater
debbe	Maßeinheit, leerer Speiseölkanister
duka	Laden
fundi	Handwerker
ghee	Butterfett
hoteli	Hotel
kaya	Haus, Gehöft
keki	Kekse (meist selbstgebackene)
khanga	Baumwollstoffe
lulu	Hirseart
mwele	Hirse
nyumba ya kumi kumi	Zehn-Häuser-Zelle
pombe	lokales Bier
serena	Hirseart
shamba	Feld
tembe	Gogohaus
ugali	Mais- oder Hirsebrei

1 EINLEITUNG

Die ländliche Entwicklung ist in Tanzania seit der Arusha-Deklaration, der Verkündung des eigenen Weges zum Sozialismus, in ihren Produktionsverhältnissen bis Anfang der 80er Jahre - der Zeitpunkt dieser Untersuchung - durch die Dominanz kleinbäuerlicher Wirtschaftsformen gekennzeichnet.

Die Produktion und Reproduktion auf dem Land ist primär auf die Eigenversorgung, erst sekundär auf Märkte ausgerichtet. Historisch ableitbar fand die erste Kommerzialisierungsphase, d.h. eine Entwicklung von Warenproduktion, abhängig vom Fernhandel statt. In der Kolonialzeit konnten sich Marktmechanismen aufgrund der stark regulierenden und limitierenden Politik der Briten gegenüber afrikanischen Produzenten nur bedingt entfalten. Das hatte zur Folge, daß die Bauern einfache Warenproduzenten blieben - innerhalb starker regionaler Disparitäten.

Mit diesem Phänomen setzte sich Goran Hyden auseinander und entwickelte einen Erklärungsansatz, dem zufolge Bauern sich weigern könnten, für den Markt zu produzieren, da die bäuerlichen Haushalte genügend Gebrauchswerte für ihre direkte Konsumption produzierten und somit vom Staat und den kapitalistischen Marktgesetzten unabhängig. Im Rahmen meiner Arbeit interessiert mich dieser Ansatz Hydens, seine Überlegungen zur entwicklungspolitischen Diskussion. Eine Überprüfung seiner Argumentation wird empirisch am Beispiel der Wagogo in der Dodomaregion angestrebt.

Meine Arbeit gliedert sich innerhalb der deutschen Forschung ein in die Auseinandersetzung um das Entwicklungsmodell des afrikanischen Sozialismus in seiner Ujamaaendphase 1981-83. Denn 1983 wurde mit der Verabschiedung einer neuen Agrarpolitik offiziell Abschied von der alten Ujamaapolitik genommen. Während sich andere deutsche Wissenschaftler mit der Ökonomie Tanzanias insgesamt, der Kolonialgeschichte, dem Ujamaa an sich und dem politischen System auseinandergesetzt haben, gibt es meines Wissens bei uns keine empirische Arbeit über die Wagogo, Agro-Pastoralisten in Zentraltanzania. Auch englischsprachige empirische Studien

konzentrieren sich eher auf Verkaufsfrüchteregionen, d.h. weiter entwik-
keltere Gebiete als Zentraltanzania, das durch seiner Hungergeschichte
im Land selbst als rückständig und unterentwickelt gilt.

Ein englischer Sozialwissenschaftler, Peter Rigby, arbeitet seit Beginn
der 60er Jahre über die Wagogo und andere agro-pastorale bzw. pastorale
Gesellschaften. Während meiner Vorbereitungsphase der empirischen Feldforschung fiel mir auf, daß nur wenige Forscher/innen in der Dodomaregion tätig gewesen sind. Es bestand m.E. eine Forschungslücke, und es
mangelte an Wissen über die ländliche Entwicklung dieser Region und
darüber, wie diese Entwicklung von dortigen Frauen, Bäuerinnen, gesehen
wird.

Das Postulat der Ujamaapolitik, das sich besonders auf ärmere Regionen
bezog und für diese eignen sollte, da man hoffte, 'rückständige'
Ökonomien mit Hilfe von Dorfansiedlungen und modernen Farmtechniken,
damit verbunden der Anbau von Marktfrüchten, zu entwickeln, wurde mit
der Operation Dodoma 1971/72 in der Region umgesetzt.

Wie beeinflußte nun diese Maßnahme der Dorfbildung und der Ujamaagedanke
die Gesellschaft, die Ökonomie und Politik der Wagogo? Nach einer
Ableitung der historischen Entwicklung soll dieser komplexen Frage
nachgegangen werden, wobei mein Erkenntnisinteresse weiter gefaßt werden
muß. Große Hoffnungen auf eine positive Veränderung der Frauensituation
setzte man seit 1967 mit Nyereres Schrift "Socialism and Rural Development": "If we want our country to make full and quick progress now, it
is essential that our women live in terms of full equalitiy with their
fellow citizens who are men" (1967:3). Die neue Politik der Regierung
anerkannte verbal den Beitrag der Bäuerinnen in der Landwirtschaft; in
den angestrebten neuen Produktionsformen, der Kollektivierung des landwirtschaftlichen Arbeitsprozesses in Dörfern, sollten alle Erwachsenen
gemeinsam produzieren. Damit würde sich auch das Muster sozialer Normen
verändern.

Wie präsentierte sich dies in der Realität in den Ujamaadörfern für
Wagogofrauen? Was hat sich realiter für sie seit der Dorfansiedlung

verändert? Wie sah neben der möglichen ökonomischen Partizipation allgemein ihre konkrete Einflußnahme auf politische Entscheidungen im Dorf
aus, ihre aktive Beteiligung an der politischen Macht? Doch nicht nur
die individuellen Meinungen der Frauen in vier Ujamaadörfern inter-
essierten, sondern auch übergeordnet die Funktion und Rolle der nationalen Frauenorganisation, der Umoja wa Wanawake ya Tanzania (UWT), als
Unterstützungsfaktor für alle Frauen.

Viele nationale afrikanische Frauenorganisationen sind kurz nach Erlangung nationaler Unabhängigkeit gegründet worden, entweder als Nichtre-
gierungsorganisation (wie die Maendeleo ya Wanawake, Kenya) oder als
Massenorganisation einer Staatspartei (wie die UWT als Organ der TANU,
später der CCM). Verbal haben diese Organisationen das Ziel, zur Verbesserung der Situation der Frauen beizutragen. Von vielen Wissenschaftlerinnen wird kritisiert, daß es ein integrativer Ansatz sei, Frauen in
das jeweilige bestehende System - ob kapitalistisch oder sozialistisch -
einzugliedern, eine Art 'Modernisierungsstrategie', ohne die patriarchalischen Strukturen in Frage zu stellen. Frau Professor Mbilinyi von
der Universität Dar es Salaam stellt für die Frauenorganisation UWT in
Tanzania die These auf, daß diese eine politische und klassenspezifische
Institution sei. Denn die meisten Mitglieder in Dörfern und Städten
kämen aus der Mittel- und Oberschicht und unterstützten so mit Kampagnen
und Aktivitäten die Regierung und Partei. Einen Schritt weiter geht
Bujra mit der Frage: "To what extent do such organizations transcend the
differences between rural peasant women, urban women in wage work or
petty commodity production, and petit bourgeois elements?" (Bujra
1986:136).

Kann also nicht von einer homogenen Interessengemeinschaft 'der Frauen'
ausgegangen werden, sondern nur von spezifischen Interessen und, wie
einige Forscherinnen meinen, von Klasseninteressen? Etwa entsprechend
dieser These: "These associations thus play a role of social control on
behalf of this class (petty bourgeois, CDR) as a whole; they do almost
nothing to transform the position of the majority of women" (Bujra
1986:136).

Diese Untersuchung geht also auch der Frage nach, inwieweit die Frauenorganisation UWT sich aktiv für eine Veränderung der Rolle der Frau und
ihres Status in der Gesellschaft einsetzt und ob sie auch eine Veränderung der Gesellschaft anstrebt. Bewahrt sie den Status quo? Selbst wenn
die Organisation per se 'konservativ' ausgerichtet ist, bleibt die
Frage, ob trotzdem positive Veränderungen für Frauen in Dörfern festzustellen sind.

Insgesamt gliedert sich meine Studie ein in die tanzanische Frauenforschung von Mbilinyi, Bryceson, Oomen-Myin, Koda und Tobisson, um nur
einige zu nennen. Meine Arbeit soll einen Beitrag innerhalb dieser
Diskussion leisten, die Stellung der Frauen in Tanzanias Dörfern am
Beispiel der Dodomaregion untersuchen und durch Empirie in vier Ujamaadörfern der Region zu vertiefen.

1.1 Zur Vorgehensweise der Arbeit

Nach Einleitung und Methodik der Feldforschung wird in Kapitel 1 die
These Goran Hydens diskutiert, ob die von ihm postulierte Einzigartigkeit afrikanischer Gesellschaften es den Bauern ermöglicht, sich dem
Zugriff des Staates und den kapitalistischen Verwertungszwängen zu
entziehen.

In Kapitel 2 wird die Umoja wa Wanawake wa Tanzania, die Frauenorganisation der Partei, vorgestellt. Dabei geht es um ihre Funktion und ihre
Möglichkeiten, die Frauen in den Dörfern und Städten zu unterstützen,
und die Frage, welche Entwicklungsziele verfolgt werden.

In Kapitel 3 untersuche ich die Regierungspolitik der Einbeziehung von
Frauen in die Entwicklungsplanung Tanzanias, d.h. konkret in die Fünfjahrespläne und die seit 1983 neu formulierte Landwirtschaftspolitik.
Ein sogenannter Frauenentwicklungsplan, dessen Anfänge 1981 verfaßt
waren, soll danach diskutiert werden.

In Kapitel 4 werden die Dodomaregion und ihre Einwohner vorgestellt,
insbesondere die agro-pastorale Gesellschaft der Wagogo. Die Wagogo

werden in ihrer historischen Entwicklung bis heute dargestellt und ihre
Lebens- und Wirtschaftsweise wird im historischen Wandel analysiert.
Hier, wie später auf Dorfebene, kommen die Aufgaben und Aktivitäten der
UWT auf Regional- und Distriktebene zur Sprache. Der Anspruch dieser
nationalen Massenorganisation soll in ihrer Realität erfaßt werden.

In Kapitel 5 stelle ich die für meine Empirie ausgewählten vier Ujamaadörfer Mpinga, Mlowa Barabarani, Nkulabi und Ihumwa vor: historische
Entwicklung, Ökonomie und Aktivitäten. Danach folgt eine geschlechtsspezifische Analyse der vier Dörfer in bezug auf politische Partizipation.
Dienstleistungen und Infrastrukturentwicklung werden vergleichend analysiert.

In Kapitel 6 beschäftige ich mich ausführlich mit der Situation der
Landfrauen in den vier ausgewählten Ujamaadörfern. Ihre ökonomische,
soziale und politische Rolle wird aus ihrer Sicht dargestellt. Neben der
Subsistenzarbeit werden der Anteil der Ujamaarbeit und deren möglicher
Nutzen für ihre tägliche Produktions und Reproduktion diskutiert sowie
die Marktbeziehungen in den Dörfern und die Frage, inwieweit die Bäuerinnen integriert sind.

Danach folgt der Teil (Kapitel 7) über Dorfangelegenheiten aus Sicht der
Bäuerinnen, ihr Informationsstand über Ujamaafelder, ihr Wissensstand
über die geplanten Entwicklungsaktivitäten im Dorf; die Probleme des
Dorfes werden untersucht und mit den mir von den Dorfräten gegebenen
Informationen verglichen. Das Bewußtsein der Frauen, ihre Partizipation
in der Politik, an Entscheidungen auf Dorfebene und ihre persönlichen
Meinungen, ob und warum Frauen politische Ämter übernehmen können, sind
im nächsten Abschnitt dargestellt und erörtert. Als letzter Teil der
Untersuchung werden Stand und Möglichkeiten von Frauenaktivitäten in den
vier Ujamaadörfern diskutiert. Welche Verdienstmöglichkeiten existieren:
Welche Projekte können sich die interviewten Frauen selbst vorstellen,
wo haben sie Kritik anzumelden, wo liegen ihre kreativen Überlegungen?
Dem schließt sich die Frage nach der Haltung der Ehemänner (Väter) an,
inwieweit diese solche Aktivitäten begrüßen/genehmigen würden. Überlegungen mehr genereller Art runden diesen Teil zum Thema Selbsthilfe ab.

Im abschließenden Fazit (Kapitel 8) wird die inländische Entwicklung der Dodomaregion auf der Grundlage der empirischen Untersuchungsergebnisse und theoretischen Überlegungen der vorhergehenden Kapitel noch einmal im Überblick diskutiert und die Rolle der Landfrauen zusammenfassend beleuchtet. Die Kritik konzentriert sich hierbei auf zentrale strategische Empfehlungen.

Karte 1: Vereinigte Republik von Tanzania

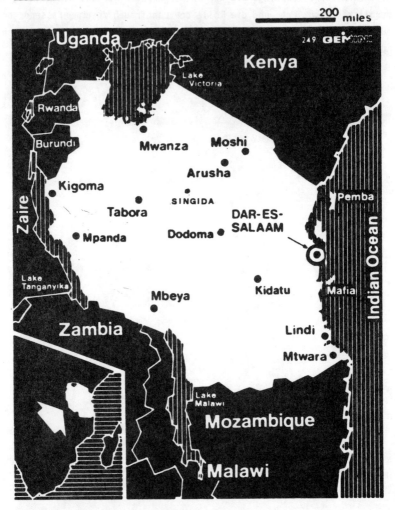

Quelle: Lutherischer Weltbund (1988:39)

2 AFRIKANISCHE BAUERNGESELLSCHAFTEN - UNABHÄNGIGE ÖKONOMIEN? EINE THEORIEDISKUSSION ZU GORAN HYDENS THESEN

2.1 Einleitung

Anfang der 70er Jahre wurde die Universität Dar es Salaam ein wichtiges Zentrum theoretischer Debatten zum Schwerpunkt Entwicklung und Unterentwicklung in Afrika(1). Angezogen von der Suche nach dem 'Dritten Weg' kamen viele ausländische Wissenschaftler auf den 'hill' (Bezeichnung für das Universitätsgelände) wie Walter Rodney, Lionel Cliffe und John Saul. Die Diskussionen wurden stark von den lateinamerikanischen Dependenztheorien und den Debatten über Produktionsweisen bestimmt.

Hatte die Dependenztheorie zum Ausgangspunkt die kapitalistische Penetration und Expansion in peripheren Ländern, wurde in der Bundesrepublik, Frankreich und England über die vorkapitalistischen Produktionsweisen(2) geforscht und dem Problem nachgegangen, warum sich diese

---

(1) Der Entwicklungsweg Tanzanias nach der Unabhängigkeit bis zur Arusha-Deklaration wurde auch nachhaltig durch die Modernisierungstheorien geprägt; hier sollen einige der wichtigsten Autoren genannt werden, eine Aufarbeitung wurde schon so oft geleistet, daß hier im Rahmen der Arbeit darauf verzichtet wird. W.W. Rostow: Stadien des wirtschaftlichen Wachstums, Göttingen 1960; W. Zapf (Hrsg.): Theorien des sozialen Wandels, Köln 1969; B.F. Hoslitz: Wirtschaftliches Wachstum und sozialer Wandel, Berlin 1969; T. Parsons: Societies. Evolutionary and Comparative Perspectives, Englewood Cliffs, N.J. 1966 und ders.: The Social System, Glencoe, III. 1951; R. Nurske: Problems of Capital Formation in Underdeveloped Countries, New York 1953. Zur Kritik an diesen Theorien vgl. F. Nuscheler: Bankrott der Modernisierungstheorien?, in: Nohlen/Nuscheler (Hrsg.): Handbuch Dritte Welt Bd. 1, Theorien und Indikatoren von Unterentwicklung, Hamburg 1974:195-207; G. Hauck: Das Elend der bürgerlichen Entwicklungstheorie, in: B. Tibi/V. Brandes (Hrsg.): Handbuch 2, Unterentwicklung, Frankfurt, Köln 1975:36-63.
(2) Zur Diskussion vgl. Ahlers, Donner et al. (1973), Hindess, Hirst (1975); Hauck (1978). Meillassoux ging von einer hierarchischen Koexistenz verschiedener Produktionsweisen aus (1976). Er wurde von Wissenschaftlerinnen übrigens aufgrund seines Frauenbildes kritisiert: "If what defines women as the eternal fact of biology, this definition will intrude into any attempt as historically and theoretically specificity" (Edholm, Harris, Young, 1977:101).

Produktionsweisen beispielsweise in afrikanischen Gesellschaften - teilweise gegen die kapitalistische Produktionsweise - behaupten konnten.

Die Analyse vorkapitalistischer Produktionsweisen verlagerte die Theoriediskussion in den Produktionsbereich, d.h. die internen Verhältnisse der Entwicklungsländer. Man ging der Frage nach, wie die sozialen Formationen gestaltet und wie sie durch die kapitalistischen Marktmechanismen beeinflußt werden. Verschiedene Typen von vorkapitalistischen Produktionsweisen wurden auch für den afrikanischen Kontext entwickelt, so definierte Leys eine 'peasant mode of production' (1975:170 ff.), die auch Hyden 1980 (s.u.) verwandte, allerdings analytisch anders gestaltete. Sahlins sprach von einer 'domestic mode of production', Coquery-Vidrovich formulierte eine 'African mode of production', bei der die Mobilität der Bevölkerung und der Fernhandel berücksichtigt wurden. Doch soll im Rahmen dieser Arbeit nicht näher auf diese Theorienansätze eingegangen werden.

Im folgenden werden die Thesen von Hyden (1980-1986) dargestellt und diskutiert.

2.2 Goran Hyden: Ausweg aus der Unterentwicklung mit der 'uncaptured peasantry'?

Seit 1980 gehört die These Hydens zweifellos zu einem der am meisten diskutierten Ansätze zur Erklärung der prekären Situation afrikanischer Staaten: Die afrikanischen Bauern sind aufgrund verschiedener Faktoren in der Lage, relativ unabhängig vom Staat zu wirtschaften und sich Zwängen der kapitalistischen Produktionsweise zu entziehen, die sie einzigartig von der Situation der Bauern in Asien oder Lateinamerika unterscheiden. "Africa is the only continent where the peasants have not yet been captured by other social classes. By being owners of their own means of production, the many smallholder peasants in Africa have enjoyed a degree of independence from other social classes large enough to make them influence the course of events on the continent" (1980:9).

Diese Hauptthese vertrat Hyden zuerst in seinem Buch: "Beyond Ujamaa in Tanzania: Underdevelopment and an Uncaptured Peasantry" (1980), in dem er seine Überlegungen vorstellt und am Beispiel Tanzanias ausführt. 1983 wurden mit "No Shortcuts to Progress: African Development Management in Perspective" die politischen Implikationen aus der Argumentation des ersten Buches anhand der sozialen Implikationen der schwarzafrikanischen Länder und ihrer Einzigartigkeit aufgezeigt. Zur kritischen Auseinandersetzung über seine Thesen nahm Hyden in einem Artikel "The Anomaly of the African Peasantry" (1986) Stellung und führte somit die Diskussion weiter (1).

2.2.1 Die Besonderheit der afrikanischen Situation

Die Einzigartigkeit der afrikanischen Bauern, ihrer Produktion und Reproduktion manifestiert sich für Hyden in folgenden Merkmalen:
- Die Ökonomien Schwarzafrikas (Ausnahme Südafrika und Zimbabwe) sind dominiert von ländlichen 'smallholder producers', deren Beitrag zum BSP bedeutend ist; insgesamt überwiegen sie als Produzenten im Landwirtschaftssektor.
- Einkommensunterschiede auf dem Land sind nicht primär durch Landeigentum bedingt, "often it is simply a matter of differential skills" (1980:10).
- Aufgrund rudimentärer Technologie und Limitierung der verfügbaren Arbeitskräfte sind die afrikanischen Farmen klein.
- Afrikanische Bauern sind weniger als andere Bauerngesellschaften in die Marktökonomie integriert.
- Die Besonderheit afrikanischer Bauernschaft kann nur aus historischer Sicht erklärt werden, denn als soziale Klasse entstand diese erst durch die Kolonisation. "In fact, the rural producers in most parts of Africa are still in the process of becoming peasants: they are transcending the boundary between primitive cultivator and peasant" (1980:12).

---

(1) Fortsetzung der Debatte mit Kasfir in "Development and Change", 1987.

2.2.2 Die bäuerliche Produktionsweise

Für Hyden existiert in Schwarzafrika (wieder mit Ausnahme von Südafrika
und Zimbabwe) nur eine 'peasant mode of production'. Sie ist charakterisiert durch:

- Eine häusliche Orientierung der Produktion, die sich durch eine
  rudimentäre Arbeitsteilung und geringe Spezialisierung der Produktion auszeichnet. Dabei betont Hyden: "Each unit is independent of
  the other and the economic structure is celluar" (1980:13).
- Eine Landwirtschaftsstruktur, in der der Brandrodungshackbau der
  bäuerlichen Produktion dominiert.
- Einen übergeordneten Staat, den die Bauern für ihre eigene Reproduktion nicht benötigen. Sie widersetzen sich staatlichen Eingriffen
  aufgrund ihrer Unabhängigkeit.

2.2.3 Die Ökonomie der Zuneigung

Jede Produktionsweise, so Hyden, hat eine spezifische Ausformung der
Ökonomie, im Kapitalismus führte dies zur Vorherrschaft der Marktökonomie, in der bäuerlichen Produktionsweise Schwarzafrikas entstand die
Ökonomie der Zuneigung. Sie ist primär von Problemen der Reproduktion
bestimmt. Die Ökonomie der Zuneigung wird als Netzwerk(1) der Unterstüt-

---

(1) Bezugnehmend auf die Entwicklungsdiskussion argumentiert Hyden,
"these are 'invisible organizations' which tend to be too readily
forgotten in the development debate, yet they constitute both
opportunities and constraints for efforts to change the African
societies in the years to come" (1983:9). Als Beispiel für funktionierende Netzwerke nennt er das Dorf Rugumisa in Tanzania, allerdings dokumentiert aus dem Jahr 1973. Somit ist zu bezweifeln, ob
diese veralteten Daten heute noch in diesem Maß stimmen würden, denn
selbst in eher traditionellen Gesellschaften, in denen die Marktökonomie sich kaum durchgesetzt hat wie bei den Wagogo in Zentraltanzania, stellte Thiele in einer empirischen Studie fest, daß kaum
mehr traditionelle Bierparties (gegenseitige Unterstützung bei der
Bearbeitung der Feldarbeit mit Bier als Belohnung) stattfinden,
sondern andere 'kapitalistische' Formen der Arbeit sich durchgesetzt
haben (Thiele 1984:99). In vielen Haushalten werden Arbeitskräfte
bei bestimmten saisonalen Erfordernissen entlohnt. Bernstein: "On
the other hand, the exchange of labour-power may be concealed by
forms of payment other than money-wages, and may be disguised by
ostensibly 'traditional' forms of cooperation and reciprocity"
(1977:68).

zung, Kommunikation und Interaktion unter Gruppen, die durch Blutsver-
wandtschaft, Gemeinwesen oder andere Beziehungen, z.B. durch Religion,
verbunden sind, definiert (1983:8). Hyden kategorisiert sie in drei
funktionale Bereiche: "basic survival" - grundlegendes Überleben,
"social maintenance" - soziale Sicherung und "development" - Entwicklung.

Grundlegendes Überleben bedeutet für die afrikanischen Haushalte, die
nur peripher an die Marktökonomie angeschlossen sind, eine gegenseitige
Unterstützung in allen Bereichen des täglichen Lebens. Beispielsweise
kann ein armer Bauer keinen Kredit bei einer Bank beantragen, er leiht
sich Geld von Verwandten oder Freunden.

Soziale Sicherung heißt, unter Verwandten und Freunden Geschenke zu
machen oder für religiöse oder politische Zwecke zu stiften. "Reflecting
the social significance of these ceremonies (Heiraten, Begräbnisse, CDR)
in pre-capitalist society, the networks of the economy of affection are
often mobilized beyond the closer circles of a family to meet their high
economic costs. These social maintenance activities are often appearing
'anti-developmental', as for instance in the following case from Mara
Region in Tanzania"(1983:13). Als Beispiel nennt er ein neu installier-
tes Wassersystem, das in der Mararegion in Tanzania Frauen mit sauberem
Wasser für den häuslichen Gebrauch versorgen sollte. Der Plan schlug
fehl, weil Männer aus dem Dorf die Gummidichtungen an den Wasserhähnen
für das Bierbrauen stahlen. Angeblich hatten die Frauen, die wieder 2,5
km zur nächsten Wasserstelle laufen mußten, nicht viel dagegen: "Interviews with the women revealed that they in fact had no objection to
walking the long distance as this provided them with the opportunity of
escaping the loneliness and tedium of the domestic environment. Fetching
water far away gave them the opportunity to enjoy social companionship
of other women" (1983:13). Diese Argumentation scheint mir aus diversen
Gründen nicht stichhaltig zu sein.

Hyden geht nicht ein auf die patriarchalische Gesellschaftsordnung, die
den Frauen keine offene Rebellion gegen Männer gestattet; interne
Diskussionen werden sicher nicht an den Interviewer weitergegeben. Hinzu

kommt ein falscher Denkansatz: Warum überlegt sich Hyden nicht, daß es wohl auch noch andere Möglichkeiten für die Frauen geben könnte, sich miteinander zu treffen - also den Status quo positiv für Frauen zu verändern (Wasserversorgung im Dorf und Möglichkeiten der ungestörten Kommunikation untereinander).

Die dritte Kategorie der Ökonomie der Zuneigung ist Entwicklung. Damit definiert Hyden die Entwicklungsmöglichkeiten und das Potential des informellen Sektors: Promotion des Kleinhandels, Häuserbau, kommunale Aktivitäten (in Harembee, Kenya) wie Straßen- und Kirchenbau.

Es muß doch sehr kritisch hinterfragt werden, inwieweit diese Netzwerke in Dörfern und bei städtischen Armen (z.B. informeller Sektor) durch ein Versagen des Staates eine überlebensnotwendige Form sind, wobei sich der Staat notwendige infrastrukturelle Maßnahmen einspart. Viele Unterstützungsmechanismen beruhen heute nicht mehr auf Traditionen der Gesellschaften, sondern sind eher durch ökonomischen Druck entstanden, mit neuen Situationen fertig zu werden. Das Anwachsen weiblicher Haushaltsvorstände(1) - weltweit, nicht nur in Afrika - zeigt die Familie im Wandel, die Hungersnöte der letzten Jahre ließen neue Konstellationen entstehen, wenn der Mann Frau und Kinder, das Dorf auf der Suche nach Arbeit verließ - Situationen, die verursacht durch Not, gegenseitige Unterstützung bedingen, nicht aber die Wirtschaft der Zuneigung. Daß gerade die Unterprivilegierten in Dörfern oder Städten Aktionsgruppen bilden - typischerweise meist Frauen - sind neue Erscheinungsformen

---

(1) Als ausführliches Beispiel der Ökonomie der Zuneigung wird eine Tabelle des Unterstützungsnetzwerkes weiblicher alleinstehender Familienhaushaltsvorstände in Kenya angeführt. Hier greift Hydens Argumentation nicht, denn der Fakt des Bestehens weiblicher Haushaltsvorstände geht nicht auf historische Wurzeln zurück, sondern entstand durch Migration der Männer seit der Kolonialzeit (de facto weibliche Haushaltsvorstände) und heute alleinstehende Frauen (unverheiratet, geschieden, verwitwet) - de jure Haushaltsvorstände. Galt in traditionellen Gesellschaften die Regel, daß alle Frauen heirateten (abgesehen von der Problematik unfruchtbarer oder kranker Frauen) und selbst verwitwete Frauen wieder in einem anderen Haushalt (Heirat des Bruders ihres Mannes, Rückkehr in den väterlichen Haushalt) aufgenommen wurden, haben heute weibliche Haushaltsvorstände nicht mehr diese Option.

einer strukturellen Umbruchsituation, in der vorkapitalistische Formen
mit der Marktökonomie zusammenstoßen und zum Überleben Solidarität der
Individuen erfordern.

2.2.4 Zur Rolle des Staates

Das Verhältnis des Staates zu den kleinbäuerlichen Produzenten im
ländlichen Afrika unterscheidet sich von dem moderner Staaten, da der
Staat nur in Notfällen (Katastrophen) den Bauern hilft. Es existiert
eine Interaktion zwischen Bauern und Staat durch Steuern. Die Bauern
werden gezwungen, einen gewissen Beitrag zur Wirtschaft des Staates zu
leisten. Aber: "There is a definite limit, however, to how far enforce-
ment of state policies can go in the context of peasant production"
(1980:24). Da die Bauern noch Eigentümer ihrer Produktionsmittel sind,
ist das Eingreifen des Staates durch Politiken, Verordnungen und Administration limitiert.

Hyden weist auf die historische Entwicklung afrikanischer Gesellschaften
hin, in denen staatliche Institutionen (Ausnahme Äthiopien) erst in der
Kolonialzeit etabliert und von den Afrikanern als ausbeuterischer Mechanismus begriffen wurden. Im unabhängigen Afrika(1) versuchten die neuen
politischen Führer ..."to reverse things colonial, it is not surprising
that the social base of the modern state system has eroded. The state
has been left suspended in mid-air without an indigenous bourgeois class
diverse and strong enough to capture the state for its own ends"
(1983:195).

---

(1) Die Afrikanisierung politischer Macht gelang, aber die Wirtschaft
    war mit einheimischen Managern und Verwaltungskadern oftmals mangels
    fehlender Erfahrungen und Fachkompetenz überfordert, das entstandene
    Vakuum auszufüllen. Die politische Legitimation der Parteiführung
    kam von den städtischen Schichten, deren Aufstiegserwartungen hoch
    waren. Kleinbürger wurden durch den Unabhängigkeitskampf Repräsen-
    tanten einer privilegierten aber unternehmerisch unfähigen nationa-
    len Mittelklasse. Shivji stellte die These auf, daß die volle
    Entfaltung sozialer Klassenwidersprüche durch falsche Ideologien (in
    Tanzania Arusha-Deklaration) behindert wurde, demgegenüber argumen-
    tiert Tetzlaff, daß Shivji und andere radikale Kritiker "... die
    real verfügbaren Handlungsspielräume für alternative Politik über-
    schätzt und die interne soziale Dynamik der Petty-Bourgeoisien
    unterschätzt" hätten (Tetzlaff 1986, in: epd:b).

Um die bäuerliche Landwirtschaft zu transformieren, begannen viele afrikanische Regierungen mit Staatsfarmen und anderen Formen kollektiver Produktion (vgl. Ujamaa in Tanzania), aber bisher konnte nicht bewiesen werden, daß sie kosteneffektiver wirtschaften können als kleinbäuerliche Farmen. Hyden schlußfolgert: "In Africa the peasant does not need the state, but only limited access to alternative sources of revenue, those in charge of the state need the peasant" (1986:689). Seiner Meinung nach sind die afrikanischen Führer weniger machtvoll (powerful) als sie erscheinen, da sie nicht das System kontrollieren, das sie repräsentieren(1).

2.2.5 Entwicklungsmöglichkeiten Schwarzafrikas

Die afrikanischen Ökonomien, so Hyden, sind "at the first gate on the road to capitalism" (1986:695). Welchen Entwicklungsweg schlägt er nun Schwarzafrika vor?

In seinem Buch von 1980 begründet er noch, warum eine kapitalistische Entwicklung für afrikanische Gesellschaften nicht nützlich sei. "The main reason is that in most of Africa capitalism has had only marginal impact. It has not laid a sufficiently strong base for its own reproduction" (1980:194). Er führt dann aus, daß die Bauern, die verkaufsproduktionsorientiert wirtschaften, auch weiterhin ihre Nahrungsmittel zum Eigenkonsum anbauen. Abgesehen von den Plantagen, in denen sich kapitalistische Produktivität und Mechanismen durchgesetzt haben, sind die Produktionsbeziehungen auf dem Land vom Kapitalismus nicht durchdrungen. Deshalb: "In fact, it can convincingly be argued that socialist regimes, provided their leadership is morally honest, provide a better environment for capital investment in Africa than the weaker regimes with a capitalist orientation" (1980:197). Sozialismus dient als Agens

---

(1) Das richtige Gegenargument Kasfirs (1986), daß in Tanzania über 5 Mio. Menschen durch Gewalt umgesiedelt wurden, versucht Hyden zu entkräften, indem er der bäuerlichen Produktionsweise Widerstandskraft bescheinigt - staatliche Direktiven zu landwirtschaftlicher Produktion seien nicht befolgt worden. Aber wie sich die Staatspolitik direkt in Ujamaadörfern auswirkt, untersuchte er nicht weiter, hier vgl. mein empirisches Kapitel.

der Modernisierung, die in den ländlichen Gebieten dringend notwendig ist, um die bäuerliche Produktionsweise zu verändern. Entwicklung ist nicht nur Kapitalakkumulation, definiert Hyden, sondern Änderungen der Wertvorstellungen, die in andere Formen sozialer Aktion, Organisation und Identität münden sollen (1980:233).

In seinem Buch von 1983 ändert Hyden seine Meinung und stellt nun die These auf, daß nur _durch_ Kapitalismus ein Aufbrechen der bäuerlichen Produktionsweise möglich sei und damit eine Veränderung afrikanischer Gesellschaften. Er begründet dies mit folgenden Argumenten:

1. Der Kapitalismus kann die "economy of affection" zerschlagen, damit einhergehend eine Veränderung der landwirtschaftlichen Produktion bewirken. Kommerzialisierte Kleinbauern(1) sind in das kapitalistische System integriert und entwickeln die Unfähigkeit, sich aus diesem Wirtschaftssystem zurückzuziehen (1983:25).

2. Der Kapitalismus kann eine soziale Klasse entstehen lassen, die stark genug ist, mit dem internationalen Kapital zu konkurrieren. Die Entwicklung eines lokalen Kapitalismus geht einher mit der Veränderung des Verhaltens einer größeren Anzahl von Menschen (1983:26).

3. Die Bedingungen für den Sozialismus sind heute noch nicht reif, so daß der Kapitalismus der Schlüssel zur Entwicklung in Afrika ist. Der Sozialismus könne die bäuerliche Produktionsweise nicht aufbrechen, da eine produktive Umgebung vorausgesetzt wird, um Aktivitäten wirksam planen und mit festgesetzten Zielen implementieren zu können (1983:27).

Hyden betont nochmals 1986, daß der vom Staat dirigierte Sozialismus die Bauern nur entfremdet (1986:700). Seine Vision eines Schwarzafrika Anfang des 21. Jhs. beinhaltet den Verlust der Autonomie der Bauern. Bis zur Erreichung dieses Prozesses stehen den bäuerlichen Gesellschaften noch die 'pains and strains' einer sozialen Transformation bevor, die eine Klasse von Afrikanern in die Lage versetzen wird, die Kontrolle über die lokale Ökonomie zu erlangen (1986: 702).

---

(1) Anhand der Beispiele Kenyas und Zimbabwes zeigt Hyden auf, wie wichtig funktionierende und verläßliche kapitalistische Infrastrukturen (z.B. Vermarktung) sind, um Bauern zu veranlassen, die 'exit option' zu verlassen und ein System, das ihnen nützlich ist, zu schätzen (1986:693).

2.2.6 Kritik an Hydens Hauptthese der 'uncaptured peasantry'

Hyden wirft in seinen Schriften anderen Sozialwissenschaftlern vor, daß sie den 'afrikanischen Kontext' nicht erfaßt haben: "The literature on the African peasantry is only two decades old, and it is understandable that the initial effort to describe it has been influenced by the conceptualization derived from other social settings" (1986: 680).

Diese Kritik richte ich auch an ihn, denn seine Analyse der bäuerlichen Produktionsweise, bei der er oft richtige Beobachtungen und Phänomene des täglichen Produktions- und Reproduktionsprozesses kleinbäuerlicher Haushalte darstellt, beinhaltet zwei Fehler:

1. Er analysiert nicht ausreichend die kleinste ökonomische und soziale Einheit in bäuerlichen Gesellschaften - den familialen Haushalt.

2. Er begreift den afrikanischen Haushalt nicht aus afrikanischer, sondern aus eurozentrischer Sichtweise und hat daher einen "male-bias", der ihn zu völlig falschen Einschätzungen der Ökonomie der Subsistenzproduktion, der Haushaltsökonomie insgesamt kommen läßt(1).

Diese Punkte sollen ausgeführt und belegt werden. Sonst übliche Kritiken, die sich mit seiner Einschätzung der Rolle des Staates, mit seiner Diskussion um Preispolitiken und mit seiner Analyse bäuerlicher Gesellschaften beschäftigen, werden hier nicht noch einmal rezipiert(2).

1980 entwickelte Hyden ein Modell, in dem vom 'peasant' nur als Mann gesprochen wird, eine Auseinandersetzung mit der realen Situation in afrikanischen Gesellschaften fehlt. 1983 geht er dann dem Arbeitsprozeß im ländlichen Milieu nach: "The peasant mode of production is characte-

---

(1) Ausführliche Kritik (1983:192 ff.) Diesen "bias" beschreibt schon Frey-Nakonz bei ihrer Untersuchung in Südbenin (vgl. 1984:360 ff.).
(2) Eine ausgezeichnete kritische Auseinandersetzung erarbeitete Kasfir in einem ausführlichen Artikel (1986). Zahlreiche Buchbesprechungen über "Beyond Ujamaa in Tanzania: Underdevelopment and an Uncaptured Peasantry" erschienen in englischen und deutschen Zeitschriften, vgl. Review of African Political Economy, No. 19, Sept.-Dec 1980.

rized by a rudimentary division of labour" (1983:6). Richtig ist, daß keine weitentwickelte Spezialisierung von Arbeitsprozessen existiert, dafür aber eine oft stringente Arbeitsteilung nach Geschlecht und Alter. Und hier beginnt die Einzigartigkeit afrikanischer Gesellschaften, daß nicht wie aus westlicher Sicht der Mann der Ernährer der Familie ist, sondern die Frau. Indem Hyden die landwirtschaftliche Arbeit der Frauen stillschweigend unter Hausarbeit rechnet, verfälscht er die Realität. Frauen leisten über drei Viertel der landwirtschaftlichen Arbeiten in Afrika(1). Laut FAO erwirtschaften afrikanische Frauen bis zu 90 % der Nahrungsmittelproduktion, die in der Hauswirtschaft stattfindet.

Wie sehen nun die sozialen Beziehungen der Produktion und Konsumption innerhalb der Haushalte, wie sieht die Machtverteilung aus? Zu fragen ist weiter nach der Arbeitsteilung der Geschlechter innerhalb der Haushaltsökonomie, nach den Unterschieden der Machtbefugnisse, nach dem Zugang zu Ressourcen und nach der Arbeitsallokation der einzelnen Mitglieder im Haushalt. Was verstehen wir - und wohl auch Hyden - unter dem Terminus Haushalt?

Im Haushalt wird unbezahlte Arbeit von Frauen geleistet(2). Harris (1981) argumentiert, daß Frauen durch geschlechtsspezifische Arbeiten festgelegt, oder umgekehrt, daß bestimmte Arbeiten - wie Kochen - als Frauenarbeit deklariert werden und daß dadurch Frauen zwangsläufig für eine bestimmte Zeit an den Haushalt im Sinne der räumlichen Einengung auf das Haus gebunden werden.

Haushalt im afrikanischen Kontext beinhaltet diese räumliche Trennung von Produktion und Reproduktion auf dem Land noch nicht. Hyden erkennt

---

(1) Siehe Statistiken im Anhang.
(2) Bock/Duden (1976) beschreiben in einem Aufsatz, wie sich die heutige Hausarbeit in Europa erst im 17.-18. Jh. entwickelt hat - nach Trennung der Produktions- und Reproduktionssphäre. Mit der Industrialisierung, dem Mann als Ernährer der Familie außer Haus, entstand die ökonomische Abhängigkeit der Frau, die im Haushalt arbeitet.

36

richtig, daß den Bauern ihre Produktionsmittel noch nicht genommen wurden, also Zugang zum Land, Ackergeräte und Pflanzgut. Seit Individualisierung der Eigentumstitel gehen Landrechte in patriarchalischen Gesellschaften an männliche Familienoberhäupter, nur durch Heirat erwirbt die Frau das Nutzungsrecht am Boden(1). Innerhalb des Haushaltes hat der Mann die Kontrolle über Zeit, Anbau und Erlöse seiner Frau(en).

Generalisierend kann festgehalten werden, daß durch die historische Entwicklung in Afrika südlich der Sahara Männer durch eine stärkere Integration in die Marktökonomie Vorteile gegenüber ihren Frauen gewannen: sie ernähren nicht die Familie - das ist traditionell Aufgabe der Frau - und nehmen sich das Recht, aus ihrem eigenen Einkommen zuerst ihre Privatbedürfnisse zu befriedigen. Kauf von Alkohol, Radio, Fahrrad oder Zweitfrau sind oft zitierte Beispiele.

Die Bäuerinnen leisten weiterhin die Subsistenzarbeit, ohne einen Zugang zu neuen Produktionsmitteln, Land, Ausbildung und Trainingsmöglichkeiten, und müssen zusätzlich oft auf den Feldern des Mannes (Verkaufsfrüchteproduktion) unbezahlt mitarbeiten. Sie sind meist nicht in der Position, selbst über ihre Arbeitszeit und Erlöse der Produktion zu entscheiden.

Die letzten Jahre empirischer Untersuchungen(2) haben zwei wichtige Faktoren belegt:
a) Die soziale und ökonomische Situation des Mannes kann sich durch seine Frau(en) verbessern, da er über unbezahlte Arbeitskräfte verfügt, die aufgrund niedriger Technisierung der Landwirtschaft von Bedeutung sind. Raikes analysiert richtig: "In many cases, the acquisition of a new wife is a primary indicator of rich farmer status, the motives for this being largely economic - to gain access to more field or supervisory labour or for such jobs such as shop assistant" (1978: 309).
b) Innerhalb des afrikanischen Haushaltes gibt es oft große sozioökonomische Unterschiede nach Geschlecht. Diese Situation entsteht

(1) Vgl. Rogers (1980).
(2) Vgl. die Aufsatzsammlung Robertson/Berger (Eds.) (1986).

durch die Verschiedenartigkeit der landwirtschaftlichen Arbeit (Mann: Verkaufsproduktion, Frau: Subsistenzproduktion) und wie schon erwähnt durch den ungleichen Zugang der Bäuerinnen zu Produktionsmitteln. Wegen der Verpflichtung der Frauen, die Familie zu versorgen, suchen sie mit allen Mitteln Nebenerwerbsquellen zu schaffen, um sich das notwendige Geldeinkommen für bestimmte Grundprodukte des täglichen Lebens zu erhalten. Denn es ist nicht üblich, daß der Mann sich verpflichtet sieht, von seinem Verdienst eine größere Summe für die Familie auszugeben(1).

Unter diesem Gesichtspunkt nun die Argumentation von Hyden, der seine Ökonomie der Zuneigung beschreibt: "... it denotes a network of support, communications and interaction among structurally defined groups connected by blood, kin, community or other affinities, for example, religion" (1983:8). Diese Netzwerke sind sehr oft mit der ökonomischen Notwendigkeit begründet, sich gegenseitig helfen zu müssen. Seine Idealisierung der Zustände, unter denen die bäuerliche Produktion und Reproduktion heute abläuft (man denke nur an die Dürre- und Hungerskatastrophen der letzten Jahre) erweist sich als unzutreffend.

Wie schon erwähnt, widmet er im Gegensatz zu 1980 dem bäuerlichen Haushalt 1983 einige Gedanken. Hier ein weiteres Zitat: "Acceptance of the economy of affection has an immediate implication for the discussion of the peasant as decision-maker. In that perspective, it does not make much sense to think of the rural houshould as an autonomous decision-making unit. As, for instance, a wide range of writers have shown, African families are often divided into two households - one rural, the other urban - a division that tends to add several dimensions to the economic decision-making of each unit" (1983:9).

---

(1) Damit kann auch keine Interessenidentität des Haushalts angenommen werden, im Gegenteil, oft haben Männer und Frauen verschiedene Interessen, wenn es um Ressourcenkontrolle oder um Verfügung des Einkommens geht.

Diese Situation entstand aus der Migration der Männer. Frauen vollbringen die Subsistenzarbeit im Dorf(1). Allerdings sind sie immer noch abhängig von den Entscheidungen des Mannes, der einmal im Jahr nach Hause kommt. Soziale Normen der Gesellschaft, die Verwandten und Schwiegereltern kontrollieren, ob sie in Abwesenheit des Mannes seinen Anweisungen Folge leisten. Von daher löst sich diese Struktur des Haushaltes erst weiter auf, wenn der Mann nur in immer längeren Abständen zurückkommt(2).

Als selbstverständlich wird von vielen Männern erachtet, daß sie sich eine Frau in der Stadt nehmen. Das bedeutet für die Frau im Dorf, daß kaum Geldbeträge an sie geschickt werden, sie entwickelt sich zum De-facto-Haushaltsvorstand - aber nicht mit den Privilegien eines Mannes (Zugang zu landwirtschaftlicher Beratung, Krediten etc.).

Zur "Ökonomie der Zuneigung" rechnet Hyden u.a. die Selbsthilfegruppen der Frauen. Die Verteilung des Einkommens innerhalb eines bäuerlichen Haushaltes zeigt, daß Frauen nicht automatisch das Recht haben, am Verbrauch des Einkommens (auch wenn gemeinsam erwirtschaftet) zu partizipieren(3).

Zuzustimmen ist seiner Annahme, daß es traditionell immer Frauengruppen gegeben hat, die durch Verwandtschaftsbeziehungen, Altersklassen und die Dorfgemeinschaft bestanden. Analysiert man heute existierende Frauengruppen, ist ihnen folgendes gemein: Ausschluß armer, landloser, alleinstehender Frauen oder weiblicher Haushaltsvorstände (generell arme Haushalte). Frauengruppen konstituieren sich aus mittleren Einkommensschichten, wohlhabenderen, verheirateten älteren Frauen, die aus ihrer ökonomischen und sozialen Stellung heraus diese Gruppen nutzen, um gemeinsam bestimmte Aktivitäten zu implementieren (vgl. Feldman 1984,

---

(1) Arme Frauen arbeiten allein, haben evtl. Hilfe von eigenen Kindern oder Verwandten. Wohlhabendere Frauen können sich die Anstellung von Lohnarbeitern/innen für bestimmte Arbeiten leisten, vgl. empirisches Kapitel.
(2) Informationen von interviewten Frauen in der Dodomaregion.
(3) Mbilinyi (1977).

Donner-Reichle 1977, 1985, Mbilinyi 1982). Hyden nennt als Beispiel die
'Mabati-Gruppen' in Kenya, die durch gemeinsame Aktivitäten für jedes
Mitglied ein Wellblechdach finanzieren. Neben gegenseitigen sozialen
Verpflichtungen und Arbeitseinsätzen (gegenseitige Hilfe bei der Feldarbeit) ist heute ein Schwerpunkt der Gruppen rein ökonomischer Art - aus
der Notwendigkeit heraus, ein zusätzliches Einkommen für den Haushalt zu
schaffen.

Wenn Hyden feststellt: "The low productivity of peasant agriculture, as
measured in terms of yield per unit of land, is manifested in the
discrepancy between rates of output on the African continent and those
achieved elsewhere" (1986: 683), muß der Frage nachgegangen werden, wer
produziert und unter welchen Bedingungen. Diese Fragestellung thematisiert Hyden folgendermaßen: "Domestic labour is still a heay burden to
members of the household, particularly women and children. In many parts
of Africa, household division of labour places a limit on how far male
members are willing to work on the land" (1986:684). Wie zuvor ausgeführt, hier liegt er in seiner Annahme falsch. Nicht Frauen und Kinder
haben die Haushaltsbelastung, sondern Frauen und primär Mädchen. Während
Jungen vorzugsweise eine Ausbildung erhalten, wird von Mädchen, selbst
wenn sie die Schule besuchen dürfen, auch noch Hausarbeit verlangt, im
Gegensatz zu Jungen. In Ruanda wurde festgestellt, daß Mädchen ihren
Müttern bis zu 40 % der Hausarbeit abnehmen, damit die Frauen ihrer
Feldarbeit nachgehen können(1).

Die generell niedrige landwirtschaftliche Produktivität afrikanischer
Bauerngesellschaften, die er richtig feststellt, hängt eng mit der
Ignorierung der Rolle der Bäuerin in der Produktion von Grundnahrungs-
mitteln und auch Verkaufsfrüchten zusammen. Von daher ist seine Annahme
(vgl. obiges Zitat), daß die geschlechtsspezifische Arbeitsteilung den
Willen der Männer zur Feldarbeit limitiert, ungenau. Bisher hat sich
gezeigt, daß die Subsistenzproduktion (zu wenig Förderung, zu wenig
Forschung etc.) unrentabel ist, so daß sich Männer nach wirtschaftlichen
Gesichtspunkten andere Landwirtschaftszweige aussuchen, die mehr Einkommen versprechen. Bäuerinnen haben in der Regel keine Option, aus dem

---

(1) New Internationalist (Hrsg.) (1986:82).

bäuerlichen Produktions- und Reproduktionszirkel auszubrechen(1), ihre Subsistenzarbeit zum Überleben und Erhalt der Familie muß unter ständig sich verschlechternden Bedingungen durchgeführt werden.

Es existiert heute keine afrikanische bäuerliche Produktionsweise ohne das kapitalistische Marktsystem, aus dem sich Bauern zurückziehen können. Man kann eher von Residualökonomien sprechen, die unter Zwang und eingeengt unter verschlechterten Bedingungen als verzerrte Überreste traditioneller Produktionsweisen, hier besonders die Bäuerinnen, die Reproduktion und Produktion sicherstellen. Der von Hyden beschriebene Rückzug in die Subsistenz ist keine aktive Option der Stärke. Er entsteht aus einer Zwangslage, auf die man aus der Position der Schwäche reagiert. Hätten die Bäuerinnen andere Möglichkeiten der Produktion und gäbe es eine andere Struktur innerhalb des Haushaltes, könnte man von einer eigenbestimmten Form der Auseinandersetzung mit kapitalistischer Entwicklung und dem Staat sprechen. Tatsächlich reagieren bäuerliche Gesellschaften nur ad hoc, um trotz mieser Subsistenz überleben zu können.

Nach der Theoriediskussion wird im folgenden Kapitel die Frauenorganisation der CCM, Umoja wa Wanawake wa Tanzania, in ihrer historischen Entwicklung, ihren Zielen und Organisationsstrukturen dargestellt. Dabei geht es um die Fragestellung, welchen Beitrag UWT zur Verbesserung der Situation der Frauen, besonders auf dem Land, leisten kann.

---

(1) Bestimmte Möglichkeiten der Migration von Frauen werden diskutiert in: Donner-Reichle (1984).

3 UMOJA WA WANAWAKE WA TANZANIA - DIE FRAUENORGANISATION DER PARTEI

Gegenstand dieses Kapitels ist die Darstellung der Umoja wa Wanawake, der Frauenorganisation der CCM. Ihr ist eine ausführliche Abhandlung gewidmet, da sich eine unserer Fragestellungen mit der Rolle von UWT auf empirischer Ebene auseinandersetzt, d.h. UWT wird hier als Organisation mit ihren Funktionen und Aufgaben analysiert, ihre reale Arbeit wird anhand der Dodomaregion auf Regional- und Distriktebene untersucht sowie im empirischen Kapitel der Untersuchungsergebnisse in den vier Dörfern. Diese verschiedenen Organisationsebenen der Frauenorganisation ziehen sich also wie ein roter Faden durch die gesamte Arbeit.

In zwei Exkursen wird 1. auf die Rolle der Frauen in der Politik Tanzanias eingegangen und 2. auf die Aufgaben der Frauen- und Kindersektion innerhalb des Prime Minister's Office (Sitz Dodoma), die UWT übergeordnet ist.

Umoja wa Wanawake wa Tanzania ist eine der fünf Massenorganisationen der Partei CCM(1), die häufig von tanzanischen Frauen sehr kritisch eingeschätzt wird. Hier interessiert im Kontext der Arbeit folgende Fragestellung: Ist UWT eine parteigelenkte Frauenorganisation, zuständig seit der Gründung für 'nation building' zur gezielten Einbringung weiblicher Arbeitskraft in die Ökonomie des Landes oder/und ist UWT auch ein emanzipatorischer Transmissionsriemen für Frauen in Tanzania?

3.1 Historische Entwicklung

Die erste offizielle Frauenorganisation wurde von Lady Twining (2) unter dem Namen Tanganyika Council of Women (TCW) gegründet. Mitglieder waren Frauen von Regierungsbeamten, und Madabida charakterisiert die Gruppe

(1) Weitere Massenorganisationen sind für die Bereiche Jugend, Eltern, Arbeiter und Genossenschaften geschaffen worden.
(2) Während der Amtszeit von Sir Edgar Twining (1949-58) als Gouverneur von Tanganyika.

als ... "some sort of domestic organisation with its activities confined
only to tea making, cake making etc., things which the common Tanganyikan women neither understood nor afford" (1974:5).

Die erste politische Frauenorganisation entstand 1955 unter Leitung von
Bibi Titi Mohamed in Dar es Salaam: die Frauensektion der TANU(1). Ziel
war es, Frauen für die TANU zu gewinnen, d.h. für den Unabhängigkeitskampf. Bibi Mohamed, "a Matumbi townswoman of formidable energy" (Iliffe
1979:518), hatte sich als erste Frau in die TANU eingeschrieben und
besaß politische Erfahrungen durch ihre Mitarbeit in der Tanganyika
African Association(2). Für die TANU rekrutierte Bib Mohamed in Dar es
Salaam Bierbrauerinnen - die durch ihren Beruf vielseitige Kontakte
hatten - und organisierte eine Haus-zu-Haus-Propaganda, bis ein Führer
der Partei, Kambona, diese Aktivitäten als ... "a revolution in the role
of women in African society" einschätzte (Iliffe 1979:518). Auf dem Land
existierten sehr unterschiedliche Meinungen zur politischen Partizipa-

----

(1) Kurz zur politischen Entwicklung Tanzanias: In Tanga gründeten 1922
    Regierungsangestellte und Lehrer die Tanganyika Territory African
    Civil Servants Association, die African Association (AA) wurde 1924
    von Mitgliedern dieser Organisation in Dar es Salaam gegründet,
    deren Aktivitäten von der Kolonialverwaltung verboten wurden. 1948
    wurde die AA in Tanganyika African Association (TAA) umbenannt.
    Zweigstellen der Partei waren gegründet worden und die politischen
    Forderungen wurden von der starken Genossenschaftsbewegung und der
    neuen einheimischen Elite (Universitätsabsolventen), u.a. J.
    Nyerere, gestützt. 1954 entstand aus der TAA die Tanganyika African
    National Union (TANU), die im gleichen Jahr von einer UN-Kommission
    als nationale Bewegung anerkannt wurde. Diese starke nationale
    Bewegung sollte nach dem Willen der Kolonialregierung durch eine
    andere von ihr befürwortete Partei, die United Tanganyika Party
    (UTP), geschwächt werden, die aber bedeutungslos blieb. Bei den
    Wahlen (s.o.) zum Gesetzgebenden Rat 1958/59 gewann TANU alle Sitze
    der Afrikaner (Wahlen auf multi-rassischer Basis). H. Bienen: Tanza-
    nia. Party Transformation and Economic Development, Princeton 1967;
    M. Schönborn: Die Entwicklung Tanzanias zum Einparteienstaat, Mün-
    chen 1973; G. Maguire (1969).
(2) In der Tanganyika African Association wurden innerhalb von Nähzir-
    keln für Hausfrauen politische Schulungen durchgeführt, die besten
    Schülerinnen wurden in die verschiedenen Stadtteile Dar es Salaams
    und die Ostprovinz entsandt, ... "to awaken the women" (Listowel
    1965:268).

tion der Frauen bzw. zur TANU-Frauensektion(1). Es gab negative Stimmen
von seiten der Häuptlinge, die ohnehin schon um ihre Macht durch den
wachsenden Einfluß der TANU fürchteten und gegen das Parteiprogramm
waren. Kam dann noch die Umwälzung der Frauenrolle hinzu, fürchteten sie
noch mehr Macht- und Prestigeverlust. In Westtanzania bei den Hima, in
einer Gesellschaft, in der Frauen oft Häuptlinge stellten, hatte die
TANU-Frauensektion den größten Rückhalt.

Für die Unabhängigkeitsphase in Tanzania kann festgehalten werden, daß
die Frauensektion der TANU und hier Bibi Mohamed, eine entscheidende
Rolle gespielt haben. Zu J. Nyereres erstem Auftritt als TANU-Vorsitzen-
der in Dar es Salaam 1955 wurden von Bibi Mohamed über 40.000 Menschen
mobilisiert (Geiger 1982:47 f).

Im gleichen Jahr waren mehr Frauen als Männer Mitglieder der TANU
(Listowel 1965:268). Jedoch konnten sie die männlichen TANU-Führer nie
zu einer eindeutigen Festlegung der Rolle der Frauen bewegen, so Geiger:
"the women's capacity to find a collective voice and use it, there were
ambiguities and direct anti-women reactions which TANU seems to have
done little to clarify or counter" (Geiger 1982:48). Es ist zu vermuten,
daß sie bewußt als Ersatzpotential für die TANU in der Unabhängigkeitsphase eingesetzt wurden, da die Kolonialregierung den Beamten verboten
hatte, politischen Organisationen beizutreten(2) und diese Lücke gefüllt
werden mußte.

Außer Bibi Mohamed gelang es nach Literaturlage keiner anderen Frau,
eine dominante Position als Politikerin zu erlangen. Nachdem ein Politi-
sierungseffekt erreicht worden war und die Kolonialregierung auf die

---

(1) Iliffe dokumentiert für die Dodomaregion, daß Männer erklärten:
"Unity is not for men alone" (1979:531). Andere Männer wehrten sich
gegen öffentliches Reden der Frauen auf Versammlungen und verbaten
die Frauensektion der TANU in ihrem Dorf, Beispiel im Hayagebiet
(vgl. Iliffe 1979:532).
(2) "This restriction seperated TANU from a large pool of potential
organizers and forced it to operate with only a handful of former
TAA and other stalwarts who either were not government employees or
were prepared to sacrifice their jobs" (Yeager 1982:19). Auch Bibi
Mohamed kam aus der TAA zur TANU.

Forderungen der TANU eingegangen war, wurden die Frauen bei der Besetzung von Machtpositionen ignoriert. Das zeigte sich eindeutig in der Verdrängung der Frauen bei den Wahlen zum Gesetzgebenden Rat (1958 und 1959), wo alle männlichen Erwachsenen wählen durften, aber nur einige ausgewählte Frauen: ... "notably in TANU's acceptance of 1959 election ruling which made two categories of women - the literate and the homeowners - eligible to vote, along with all adult males ... Most certainly, the vast majority of women, including most members of TANU Women's Sections were deprived of a vote in the September 1960 election which gave TANU all but one of the legislative seats and enabled Nyerere to form his first cabinet." (Geiger 1982:49)(1).

Die Kategorien 'Bildungsstand' und 'Hauseigentum' für wahlberechtigte Frauen zeigten m.E. zweierlei. Man kann vermuten, daß Bildung als Kriterium von der neuen Elite kam, das Kriterium Hauseigentum eher von Traditionalisten innerhalb der TANU, die, anknüpfend an die Hüttensteuer, die ja die Männer als Oberhaupt der Familie zahlen mußten, hier Frauen quasi als Familienoberhaupt gleichsetzen wollten. Dies schloß arme Frauen, die zur damaligen Zeit ohne Mann in den Städten automatisch als Prostituierte galten, aus. Mit diesem Schritt konnten Frauen während der wichtigsten Weichenstellung weiterer Politik in Tanzania verdrängt werden(2), das System der 'old-boys'(3) funktionierte zum Nachteil der Frauen. Nur eine Frau ließ man wohl aufgrund ihrer Popularität nicht fallen, was zudem gleichzeitig als Alibi der Frauenemanzipation der TANU gelten sollte: Bibi Mohamed.

Als Anerkennung ihrer Arbeit für die Partei wurde Bibi Mohamed Mitglied im Zentral- und Exekutivkomitee der TANU sowie Präsidentin der neuen

---

(1) Yeager spricht von 1 Mio. eingeschriebener Wähler für die Wahl von 1960 (1982: 20 f.). Von 71 Sitzen gewann TANU 70, der 71. Sitz ging an ein ehemaliges TANU-Mitglied, das nach der Wahl wieder Parteimitglied wurde, somit hatte TANU alle Sitze im Parlament.
(2) Die Zurückdrängung der Frauen nach dem Unabhängigkeitskampf in alte geschlechtsspezifische Rollen fand in allen afrikanischen Ländern statt, vgl. u.a. für Kenya Donner-Reichle (1977:48-56); für Mozambique Urdang (1984), für Guinea-Bissau Urdang (1981).
(3) 'Old boys' ist eine Bezeichnung in England für die Kontakte, die man als Schüler und Student in den Internaten und Eliteuniversitäten aufbaute und die einem im späteren Berufsleben nützlich waren/sind.

Frauenorganisation UWT (s.u.). Bis 1965, als sie ihren Sitz im Parlament verlor, war sie eine prominente politische Persönlichkeit. 1967 schied sie ganz aus der Politik aus, da sie die Arusha-Deklaration nicht befürwortete. Soweit zum Lebenslauf einer der wenigen historischen Politikerinnen Tanzanias.

Danach gab es nur wenige Frauen, die in der Öffentlichkeit so berühmt wurden, abgesehen von denen, die als Ehefrauen von Politikern bekannt wurden(1). Man kann die These aufstellen, daß nach Erlangung der Unabhängigkeit die Frauen aus der Politik verdrängt wurden, und zwar in eine untergeordnete Massenorganisation der Partei, wie im folgenden aufgezeigt wird.

Exkurs 1: Frauen in der Politik

Nach der Verfassung haben Frauen das Recht zu wählen und für Wahlen zu kandidieren. Innerhalb der historischen Entwicklung seit Uhuru gab es einige zaghafte Fortschritte der Frauenpartizipation in der Politik. 1965 waren von acht aufgestellten Frauen (ausgewählt von der Partei) vier ins Parlament gekommen (Koda 1975:108), aber erst 1975 wurden die ersten zwei Ministerinnen ins Kabinett geholt und fünf Frauen ins Parlament entsandt.

Green analysierte diese Entwicklung: ... "the liberation of women has not been an area which has been perceived as central to a transition to socialism in Tanzania ... with the election 1975 appointment of 5 women as MPs and the first 2 women as Ministers may mark a turning point on perception at the top. Whether it leads to rapid change throughout the system will depend more than in most areas on whether broad change in consciousness has begun at the grass roots" (1977:29). Diese Bewußtseinsänderung hält er für möglich, da durch die Erwachsenenbildung Frauen ihre Bedürfnisse artikulieren könnten.

---

(1) Frau Fatma Karume (Frau des 2. Vizepräsidenten), Sophie Kawawa (Frau des 1. Vizepräsidenten), Frau Maria Nyerere (vgl. Ladner 1981:111). Sie alle waren auch Vorsitzende von UWT.

1977 mit Gründung der CCM wurden folgende Menschenrechte in der Verfassung festgehalten: "a) that all human beings are equal, b) that every individual has the right to dignity and respect as human being, c) that socialism and self-reliance is the only way of building a society of free and equal citizens" (zit. in: Kikopa, 1979:3). Dieses Gleichheitsprinzip setzte sich in der täglichen Politik allerdings nicht durch, wie die folgende Tabelle von Ngoye, Stand 1980, beweist:

Tabelle 1: Anzahl der leitenden Regierungsbeamten und Parlamentsmitglieder nach Geschlecht (Stand: 8.11.80)

Post	Males	Females	Total	% Males	Females
Cabinet Ministers	28	2	30	93	7
Principal Secretaries	22	0	22	100	0
Regional Commissioners	24	1	25	96	4
District MPs*	99	1	100	99	1
Regional National MPs	18	7	25	72	28
Mass Organization MPs	8	7	15	53	47

Quelle: Daily News 5.10.80, 5.11.80 und 8.11.80
* MP = Member of Parliament

Ngoye erklärt die minimale politische Partizipation der Frauen(1) dadurch, daß die Führung des Landes zu lange von Männern dominiert worden sei (1980:26). Bei den Parteiwahlen(2) im Jahr 1982, als ... "women without fear contested leadership positions from villages to national levels" (Daily News 4.1.83), waren unter den 130 Mitgliedern des National Executive Committees der CCM 19 Frauen in dieses Gremium gewählt

---

(1) Die ILO hält in einem Report 1982 fest: "... in Tanzania as elsewhere, some well-known factors concerning the traditional role of women in society, do tend to operate in a way that constitutes de facto barrier to their advancement" (1982:xxxii).
(2) Zu den Parlaments- und Präsidentschaftswahlen 1980 s. Hofmeier (1981).

worden, davon erhielt eine Frau eine Berufung zur Botschafterin, eine andere wurde zur Parteisekretärin einer Region ernannt.

Auf Dorfebene ist das Bild unverändert, wie eine Untersuchung des Prime Minister's Office beweist. 1980 wurden 514 Dörfer in 19 Regionen befragt, nur 6,5 % der Dorfmanager waren Frauen, die Dorfvorsteher und Dorfsekretäre waren Männer (Hannan-Andersson 1984:29). Die gesetzlichen Rechte reichen also in keinem Fall aus, um eine Partizipation der Frauen auf Dorf- und nationaler Ebene zu garantieren. Diese Aussage gilt auch in Europa für politische Ämter(1), auch dort ist der Anteil der Frauen in Parlamenten sehr niedrig. Im Falle Tanzanias sticht der Unterschied zwischen verbalen Ansprüchen und der Realität um so mehr ins Auge, als jahrelang die sozialistische Idee hochgehalten wurde, in der Frauen ihren gleichberechtigten Part haben sollten.

3.2 Ziele und Organissationsstruktur der Umoja wa Wanawake wa Tanzania

UWT wurde zum ersten Mal als Organisationsform der Frauen im Konstitutionsentwurf der TANU, den Nyerere erstellte, erwähnt (Iliffe 1979:511). 1962 kam es nach dem Zusammenschluß des Tanganyika Council of Women und der TANU-Frauensektion zur Bildung der staatlichen Frauenorganisation, der UWT (Bertell 1985:18). Madabida begründet diesen Schritt: ... "it was found convenient for women to have their separate organisation but which would be affiliated to it and work within the framework so directed by the party" (1974:6). Nicht nur TCW und TANUs Frauensektion, sondern alle offiziell registrierten Frauengruppen sollten UWT angehören, was große Probleme aufwarf, denn natürlich existierten in Dörfern und Städten informelle (und auch religiöse) Frauengruppen mit lokal gewachsenen Strukturen und sozial anerkannten Leiterinnen. Swantz kriti-

---

(1) Im Deutschen Bundestag waren in der Legislaturperiode 1980-83 von 518 Abgeordneten nur 45 Frauen, 1983-87 von 520 Parlamentariern 51, d.h. der Anteil weiblicher Abgeordneter lag unter 10 % (vgl. Deutscher Bundestag: Parlamentarierinnen in Deutschen Parlamenten 1919-1983, Materialien Nr. 82, Bonn 1983:6).

siert deshalb bei Gründung von UWT und den damit verbundenen neuen
organisatorischen Strukturen: "Thus an opportunity to build on women's
ways of linking up and acting together was missed. This meant also that
women's own needs for meeting together were not considered when the
activity list of new association was planned, on that the capabilities
of women leaders in the preceding social organisation were not
consciously incorporated. These are the fundamental reasons for the
difficulties the UWT has encountered in trying to bring the ordinary
women into the focal branches as active members, or even to arouse their
interest" (1985:160).

Diese Diskrepanz zwischen gewachsenen Strukturen in den bestehenden
Dörfern und neuen der Partei wurde also ignoriert, und man versuchte
über die Parteistruktur Frauen zu motivieren, UWT beizutreten.

3.2.1 Die Konstitution

Die Konstitution UWTs umfaßte u.a. Ziele wie die politische, ökonomische
und kulturelle Entwicklung der Frauen(1), einen Appell zum Beitrag des
'nation building'(2), eine Kooperation mit TANU und der Regierung in
allen Angelegenheiten, die die Frauen Tanzanias betreffen. Bis heute
gilt die veränderte Konstitution aus dem Jahr 1978; bei der Umstruk-
turierung der TANU zur CCM wurden die Massenorganisationen in ihren
Aufgaben und Zielen auch neu formuliert. UWT steht seither unter dem
Grundsatz: "the organ which unites Tanzanian women in order that the
revolutionary ideology of CCM on Socialism and Self-Reliance and the

---

(1) Vergleicht man die Konstitutionen, so hieß es 1962: "to fight for,
    and maintain dignity and equality of all women of this nation,
    Africa and the world at large (Madabida 1974:8) und 1978: "the organ
    (UWT, CDR) which defends, strenghtens and develops respect at the
    basis of equality for the nation as a whole, starting with our
    children. Sowie: "the organ which liberates women from the yoke of
    exploitation, all customs which put their development and that of
    the whole nation back" (Mbilinyi 1982:48).
(2) Madabida übersetzt aus dem Swahili: "To maintain dignity and inte-
    grity of this nation (1974:8), Tarimo übersetzt: "to channel the
    women's efforts towards nation buildung and work hard hand in hand
    with men for the cause of the newly liberated nation" (1973:1).

position of the Party on the liberation of women reaches them and enlightens them whereever they are" (Mbilinyi 1982:48). Hier ist sehr wichtig festzuhalten, daß im Gegensatz zu 1962 UWT eindeutig unter die Führung der CCM gestellt ist.

Diese Entwicklung ist unter dem Aspekt der gestärkten Rolle der Partei seit 1978 zu verstehen, wie Rudengren analysiert: "The creation of the CCM solidified the position of the party, which became more powerful than the parliament and the central administration in all policy matters. Several mass organisations - the trade unions, and the youth, women and parent organisations - were suspended and copy organisations created as subdivisions of CCM" (1981:61). Damit wurde die gesamte Entscheidung über mögliche Strategien, das Verständnis einer eventuell neuen Frauenrolle im sozialistischen Tanzania der Partei übertragen, sie wurde damit letzte Instanz auch für Frauenpolitik. Die Auswirkungen und Mechanismen dieser Weichenstellung sind in den folgenden empirischen Kapiteln (Regional-, Distrikt- und Dorfebene) ausführlich dargestellt.

Im anschließenden Text wird die Organisationsstruktur der UWT zum Zeitpunkt meiner empirischen Forschung Anfang der 80er Jahre beschrieben und analysiert. 1984 wurde die UWT erneut umorganisiert, dies wird im Rahmen meiner Arbeit nicht mehr berücksichtigt.

3.2.2 Die Organisationsstruktur

Die Verwaltungsstruktur der UWT ist in vier Ebenen gegliedert.

Dorfebene: Die lokalen Ortsgruppen bilden die unterste Verwaltungs- und Aktionsebene der Frauenorganisation. Eine Gruppe kann nur gegründet werden, wenn eine Mindestzahl von 30 UWT-Mitgliedern im Dorf/in der Stadt anzutreffen ist. Die Gruppe wählt dann ihre Vorsitzende und Sekretärin. Zusammen mit den einfachen UWT-Mitgliedern sind sie für Projekte, deren Planung und Implementierung zuständig. Dies wird auf den Konferenzen bzw. Treffen der gesamten UWT-Dorf/Stadt-Gruppe diskutiert(1). Wichtig ist, daß jede lokale Gruppe gegenüber der CCM-Gruppe ihres Dorfes oder ihrer Stadt reportpflichtig ist und die letzten Entscheidungen über UWT-Aktivitäten von dieser CCM-Gruppe getroffen werden. Eine andere politische Entscheidung der CCM war, daß eine Frau, die CCM-Mitglied wird, automatisch die UWT-Mitgliedschaft erhält, während ein Beitritt in die UWT keine automatische Doppelmitgliedschaft inklusive CCM beinhaltet (Hannan-Anderson 1984:31)(2).

Distriktebene: In den 96 Distrikten Tanzanias existieren überall UWT-Gruppen. Die Verwaltung im Distrikt wird von einer UWT-Vorsitzenden und einer Sekretärin koordiniert, die die Projekte im Distrikt betreuen und die Planung übernehmen (vgl. empirisches Kapitel Distrikte). Während die Vorsitzende auf drei Jahre gewählt ist, wird die Sekretärin berufen (ohne Zeitbegrenzung).

Regionalebene: Die regionalen Aktivitäten werden wie auf Dorf- und Distriktebene von einer Vorsitzenden und einer Sekretärin verwaltet. Die Regionalsekretärinnen erhalten, so die Auskunft des Hauptbuchhalters(3) der Nationalverwaltung (Sitz Dodoma), weniger Gehalt im Vergleich zu männlichen Kollegen, die auf regionaler Ebene für die Partei bzw. andere Massenorganisationen arbeiten. Dieses ungerechte Verhältnis, ungleiche Bezahlung für gleiche Arbeit, sei demoralisierend und wirke sich auf die Arbeit der Frauen aus(4) (vgl. Personalsituation).

---

(1) Allerdings sieht es nicht nach demokratischen Entscheidungsprozessen aus, Madabida kritisiert schon 1974, daß diese Konferenzen so gestaltet sind, daß die Berichte der Sekretärin vorgelesen werden und man ansonsten nur noch die neue Vorsitzende wählt (1974:11-12). Mbilinyi beschreibt die Konferenzen als Zusammenkünfte, auf denen die Vorsitzende und Stellvertretende Vorsitzende gewählt werden, während die Sekretärin durch das Gruppen-Exekutivkomitee ernannt wird - mit Genehmigung des zuständigen Distriktkomitees. Die Vorsitzenden sind in der Regel ältere, angesehene Frauen (in der oberen Stratifikation im Dorf), während der Posten der Sekretärin nur mit CCM-Zugehörigkeit erhältlich ist (Mbilinyi 1982:48).
(2) Vgl. empirisches Kapitel Dorfuntersuchungen.
(3) Mr. Omari Buttah, Interview 10.5.82 in Dodoma, Hauptbuchhalter der UWT.
(4) A.a.O.

Nationale Ebene: Die Leitungsorgane der Frauenorganisation sind a) die
allgemeine Konferenz (Mkutano Mkuu), b) das Exekutivkomitee (Baraza Kuu)
und c) das Zentralkomitee (Kamati ya utekelezaji ya Baraza Kuu).

ad a) Allgemeine Konferenz: Im Zeitraum von drei Jahren wird diese
Versammlung, die über die allgemeinen Richtlinien UWTs zu entscheiden
hat, einmal einberufen. Daneben besteht ihre Aufgabe darin, die nationale Vorsitzende der UWT zu wählen sowie die Mitglieder für das Exekutivkomitee. Madabida bezeichnet die Nationalkonferenz als höchstes
Entscheidungsorgan der UWT (1974:13).

ad b) Das Exekutivkomitee: Es umfaßt 20 UWT-Mitglieder des Festlandes,
20 UWT-Mitglieder der Inseln (Zanzibar, Pemba, Mafia etc.), die Regionalvorsitzenden und -sekretärinnen sowie die Mitglieder des Zentralkomitees (s.u.). Dazu kommen je ein/e Vertreter/in der anderen Massenorganisationen, der Generalsekretär der CCM und alle Parlamentarierinnen. Alle
sechs Monate tagt dieses Gremium, um politische Fragen zu diskutieren.
Das Exekutivkomitee wählt die Mitglieder des Zentralkomitees.

ad c) Das Zentralkomitee: Das Gremium umfaßt 10 UWT-Mitglieder vom
Festland Tanzania, 10 UWT-Mitglieder der Inseln, die nationale Vorsitzende und die Generalsekretärin. Alle drei Monate findet ein Treffen
statt; die Aufgaben sind die Formulierung der nationalen Pläne gemäß der
UWT-Politik, Ausarbeitung des UWT-Budgets, Unterstützung des Exekutivko-
mitees und Überwachung der Arbeit in der UWT-Zentralstelle, Dodoma. Eine
zusätzliche Arbeit entsteht durch die Bildung von Komitees, die sich mit
Sachfragen beschäftigten wie: Frauen und Kinder, Gesundheit und soziale
Dienste, politische Mobilisierung und internationale Beziehungen, ökonomische Aktivitäten und Planung, Finanzen, Personalwesen, Erziehung/Aus-
bildung und Training, und nationale Sicherheit(1).

---

(1) Die Unterkomitees wurden 1981 umstrukturiert, man führte die
    schlechte Leistungsfähigkeit der UWT auf unklare organisatorische
    Strukturen zurück (vgl. Daily News 11.5.81). Folgende Komitees
    wurden etabliert: Verteidigung und nationale Sicherheit, internatio-
    nale Beziehungen, Information und Öffentlichkeitsarbeit, Forschung,
    Regionale Angelegenheiten, Ökonomie und Planung, Rechnungsprü-
    fungswesen, Finanzen, Promotion der Rechte der Frauen und Kinder.

Schaubild 1: Organisationsstruktur UWT 1979-1984

Nationale Ebene

Nationale Vorsitzende
Generalsekretärin
Stellvertretende Generalsekretärin

Nationale Konferenz   Exekutivkomitee   Zentralkomitee

8 Unterkomitees

Regionale Ebene

1 Vorsitzende
1 Sekretärin

Distriktebene

1 Vorsitzende
1 Sekretärin

Dorfebene

1 Vorsitzende
1 Sekretärin
6 Leiterinnen für Projektgruppen

Quelle: Zusammengestellt nach Alopaeus-Stahl (1979:3-5)

53

3.2.3 Mitgliederzahlen und Dorfgruppen

Jede Frau tanzanischer Staatsangehörigkeit kann ab 16 Jahren Mitglied
der UWT werden. Die Mitgliederstatistiken sind m.E. ungenau, da viele
Frauen sich registrieren lassen, um an einem bestimmten Projekt zu
partizipieren, dann aber nur noch als 'Karteileichen' geführt werden.
Für 1973-74 werden 117.384, für 1974-75 158.588 Mitglieder angegeben
(Koda 1975:138). 1980 sind im UWT-Jahresreport 275.536 Mitglieder aufgeführt, Hannan-Anderson schätzt die Zahl auf 1,5 Mio. im Jahr 1984 nach
einer massiven Mobilisierungskampagne (1984:31). Die Anzahl der Dorfgruppen schwankt von Region zu Region, 1979 gab es insgesamt 4.083,
davon die meisten in der Mararegion (622), der Shinyangaregion (309) und
der Tangaregion (288); die Dodomaregion liegt mit 106 UWT-Gruppen im
unteren Feld (1). Vergleicht man die UWT-Mitglieder mit dem weiblichen
Anteil der Gesamtbevölkerung, ist wiederum der Anteil der UWT-Mitglieder
an der weiblichen Bevölkerung nicht sehr groß, dies zeigt sich auch
innerhalb der vier Untersuchungsdörfer der Dodomaregion (vgl. Kapitel
Empirie Dorfebene).

Die UWT-Mitgliedschaft auf Dorfebene setzt sich meist aus Frauen reicher
Bauern, von Lehrern und ähnlichen Gruppen zusammen, also aus der mittleren und oberen Stratifikation der Dorfgesellschaft. Arme Bäuerinnen
werden durch die Mitgliedsbeiträge und Geldsammlungen für bestimmte
Aktivitäten aus ökonomischen Gründen daran gehindert, UWT beizutreten,
zum anderen erklärten sie oft in Interviews, daß die reicheren Frauen
geringschätzig auf sie herabsehen (Kleidung, keine Schulbildung, Bader:
1975).

In den Dörfern beurteilen Bäuerinnen die UWT oft als Organisation: "...
for the more leisurely women" (Bader 1975:78) oder ... "these well-
dressed town-women who come to the villages once every two years and
carry a bucket of water or work with the jembe (small hoe) for half an
hour" (Oomen-Myin 1981:21). Außer alters- und schichtspezifischen Cha-

---

(1) Siehe Report UWT National 1978/79.

rakteristika der Ausgrenzung in der Praxis kommt bei vielen Gruppen hinzu, daß sie keine Geschiedenen oder Prostituierten in die Organisation aufnehmen (Boesen/Storgard Madsen/Moody 1977: 142).

Im städtischen Milieu wirkt sich das Image der UWT als uneffektive mittelschichtsspezifische Organisation älterer Frauen doppelt negativ aus: Sie erreicht weder junge gebildete Frauen noch Frauen mit Beruf, deren Interesse an 'einkommenschaffenden Projekten'(1) gleich Null ist (Koda 1979:4). In der Stadt dominieren in UWT-Gruppen auch wieder ältere verheiratete Frauen, sie wollen nach Möglichkeit keine unverheirateten Frauen als Mitglieder aufnehmen und beschäftigen sich oft als "Kaffeeklatschgruppe", wie Swantz/Bryceson kritisch bemerken: "They always talk about their husbands and the single girls" (1976:27). Nach dieser Kritik, die von tanzanischen Frauen geäußert wurde, muß gefragt werden, warum Frauen überhaupt in die UWT eintreten.

3.2.3.1 Gründe für eine Mitgliedschaft in der UWT

Verschiedene Studien zur UWT geben übereinstimmend zwei primäre Beweggründe der Mitgliedschaft an: Geld zu verdienen und in einer Gruppe von Frauen Probleme zu diskutieren. Viele Geschäftsfrauen sehen in der UWT die Möglichkeit, zu mehr Einkommen zu gelangen (Madabida 1974:24, Samoff 1974:186). In der Morogroregion sahen speziell weibliche Haushaltsvorstände in der UWT eine Gelegenheit, sich zu organisieren; andere Frauen gaben an, etwas über Möglichkeiten der Schwangerschaftsverhütung zu

---

(1) Hier ist definitiv ein kritischer Punkt zur Einschätzung einer nationalen Frauenorganisation wie UWT zu sehen. Ahmad argumentiert vom Standpunkt aus, daß UWT eine mögliche Ausnahme sei (verglichen mit anderen nationalen Frauenvereinigungen), da sie "closely (works) together with poor women in rural areas encouraging them to engage in income-generating activities on a collective or cooperative basis" (1983:13). Aufgrund der empirischen Studien stimmt diese Aussage nicht, weder sind es die armen Frauen im Dorf, die partizipieren, noch reicht es aus, das Kriterium der einkommenschaffenden Aktivitäten als Maßstab des Erfolgs zu nehmen, schließlich sind die meisten Projekte von UWT nicht erfolgreich.

erfahren, an Trainingskursen zu partizipieren und stärkeren Zusammenhalt unter Frauen zu finden (Oomen-Myin 1981:90 f.). M.W. wurde auf Dorfebene nirgendwo die Möglichkeit angesprochen, über die UWT politische Einflußnahme auf die Partei oder Regierung auszuüben.

3.2.4 Personalsituation

Laut Jahresbericht 1978/79(1) umfaßte das Personal in der UWT-Zentrale in Dodoma, plus den Nebenstellen in Dar es Salaam und Zanzibar 41 Mitarbeiter/innen, für die Regionen und Distrikte wurden 161 Mitarbeiter/innen angegeben. Stellt man den Personalbestand von 202 Mitarbeitern den 275.537 Mitgliedern gegenüber, so ist allein von der Anzahl der Mitarbeiter her klar, wie wenig effektiv die Organisation arbeiten kann. In einem Interview beanstandete die damalige Generalsekretärin Dr. Msimu Hassan: "... shortage of manpower, especially qualified personnel. The few employees working with UWT are part-time workers. They are employed by other institutions (vgl. Interviews mit Distriktsekretärinnen CDR). This means that they can go back to their employer whenever they are recalled(2). The organisation has so far less than 20 permanent employees who are mainly cleaners, messengers, and typists. There are no experts" (Daily News 27.7.81). Im Jahresbericht wird dies anhand der aufgeführten Probleme je Region sehr plastisch, in 14 Regionen wird Arbeitskräftemangel und die schlechte Bezahlung angegeben. Für die Region Lindi wird analysiert: "Branch secretaries have been demoralized because of various problems, such as not getting their allowances" (1978/79:8). Mbilinyi

---

(1) 1983 existierten noch keine neueren Jahresberichte für die folgenden Jahre - was für sich spricht.
(2) Dies stimmt mit Informationen des Hauptbuchhalters überein. Mr. Buttah faßte die Personalpolitik UWTs zusammen: Angestellte in den anderen vier Massenorganisationen der CCM verfügen über ein besseres Gehalt und 'proper leave' des bisherigen Arbeitgebers. Eine Angestellte der UWT kann jederzeit wieder an ihren früheren Arbeitsplatz abberufen werden. Dies dient nicht der Loyalität und Arbeitsenergie für UWT, da man nie weiß, wie lange man abgestellt ist (Interview am 10.5.82, Dodoma).

beschreibt für die Mbeyaregion: "UWT officials don't know how to write up project proposals, nor conduct feasibility studies" (1982:52). Dies hängt ihrer Meinung nach mit dem niedrigen Ausbildungsstand der Frauen zusammen.

Zwei Komponenten, zu wenig Personal und zu wenig qualifiziertes Personal in UWT zeigen m.E. die große Vernachlässigung und Bedeutungslosigkeit, die die Partei der Frauenproblematik zumißt: Es ist unmöglich aufgrund der beschriebenen Situation, weder auf nationaler noch regionaler Ebene oder im Dorf, vernünftige Frauenpolitik zu machen. Diese Aussage bezieht sich auf den politischen und ökonomischen Aktivitätsradius, wie er in der Konstitution als Aufgabenstellung der UWT festgelegt wurde.

Für weitere Forschungen über tanzanische Massenorganisationen wäre sicher ein sehr wichtiges Thema festzustellen, ob die anderen vier Massenorganisationen der Partei ebenfalls so stiefväterlich behandelt werden oder ob dies nur spezifisch für das Verhältnis der CCM zu ihrer Frauenorganisation ist (ein Beispiel wurde schon genannt: UWT-Regional-sekretärinnen erhalten weniger Lohn für ihre Arbeit als andere Regional-sekretäre). So klingt es sehr zynisch, wenn der stellvertretende Exeku-tivsekretär der Partei, Salimini Ampur, sich während eines UWT-Seminars (26.8.80) dafür aussprach: "UWT must prepare a programme aimed at liberating the women politically under the ambit of the Party" (Daily News 26.8.80). Solange u.a. keine massive Einstellung von Fachkräften für die UWT eingeleitet wird, kann sich kaum etwas hin zum Positiven ändern. Hinzu kommen noch Schwierigkeiten innerhalb der UWT, auf die später eingegangen wird. Diese Personalknappheit hängt natürlich mit dem engen finanziellen Spielraum der Organisation zusammen, wie im folgenden erläutert wird.

3.2.5 Finanzierung

UWT finanziert(1) sich zum Teil aus eigenen Mitteln (u.a. Mitgliedsbeiträge) und durch Zuschüsse der Partei(2). 1980/81 kamen von der CCM 5.800.320 TSH plus Eigenleistung der UWT von 1,1 Mio. TSH zusammen. 1981/82 finanzierte die CCM die UWT mit 6.818.700 TSH, und UWT erbrachte Eigenleistungen in Höhe von 1,4 Mio. TSH. Eigene Mittel erwirtschaftet UWT durch Maßnahmen wie Einziehung von 10 % aller Profite der UWT-Projekte, Beitrittsgebühren, monatliche Beiträge der Mitglieder, Verkauf von Broschüren und der UWT-Verfassung, Profite der zwei Herbergen in Dar es Salaam sowie Verkauf kleiner Gebrauchsgegenstände bei Nationalfesten.

Herr Buttah stellte fest, daß UWT mit nur 50 % der Mittel operiert, die sie realiter benötigen würde, um effizient zu sein(3). Die UWT-Mitarbeiterinnen erhalten weniger Gehalt als bei ihren früheren Stellen, als Beispiel nannte er das Gehalt der UWT-Distriktsekretärinnen, die 300 TSH pro Monat erhalten plus gekürzter Bezüge des alten Arbeitgebers. Regionalsekretärinnen beziehen nur 900 TSH (eine UWT-Distriktvorsitzende erhält 625 TSH monatlich, im Vergleich: eine Schreibkraft in anderen Verwaltungsbüros erhält den gleichen Lohn). Setzt man dies zu der Lohnentwicklung Tanzanias in Relation, so liegen diese Gehälter knapp über dem Mindestlohn. 1980 war der Mindestsatz für die Stadt 480 TSH, auf dem Land lag er bei 340 TSH, 1981 erhöhte er sich auf 600 TSH bzw. 460 TSH(4).

Analysiert man diese Praxis der Stellenbesetzung UWTs durch die Partei, muß folgendes festgehalten werden:

---

(1) Informationen von Mr. S. Omari Buttah, Hauptbuchhalter der UWT seit Februar 1981, Zentrale Dodoma, 10.5.82, Dodoma.
(2) Bertell betont, daß UWT die Mitgliedergebühren dringend benötigt "... in order to function because it is not supported by the Party as for example the Youth organization" (1985:19-20).
(3) Interview Buttah, a.a.O.
(4) Angaben aus: The Economist Intelligence Unit: Quarterly Economic Review of Tanzania, Mozambique; Annual Supplement 1981, London 1981:5.

1. Qualifizierte Frauen anderer Abteilungen werden versetzt - auf unbestimmte Zeit -, um in einer Organisation zu arbeiten, ohne daß sie sich in der Regel darum beworben haben.
2. Eine Arbeitsstelle innerhalb der UWT bedeutet ein geringeres Gehalt im Vergleich zur bisherigen Tätigkeit.
3. Das UWT-Gehalt ist nicht gleichzusetzen mit den Gehältern in den vier anderen Massenorganisationen der CCM.
4. Das bedeutet, daß die Partei "Frauenarbeit" innerhalb der offiziellen Frauenorganisation des Landes geringer einschätzt als z.B. Jugend- oder Gewerkschaftsarbeit.
5. Von den unfreiwillig versetzten und schlecht bezahlten Angestellten kann kaum eine große Arbeitsmotivation erwartet werden.
6. Für Frauen aus anderen staatlichen Abteilungen bedeutet Arbeit in der UWT einen Verlust an Prestige und Finanzen.

3.2.6 Aktivitäten der UWT

Gemäß ihrem Auftrag (Konstitution von 1978) umfaßt die Arbeit von UWT Bereiche wie "Mobilisierung von Frauen für Politik und Arbeit, Ausbildung und Training, Mutter- und Kind-Programme sowie ökonomische Projekte".

3.2.6.1 Mobilisierung von Kampagnen und Massenversammlungen

Es besteht eine alte Tradition seit der Unabhängigkeitsbewegung, Massenversammlungen als Auftakt zu Kampagnen, für bestimmte Anlässe oder zu politischen Ereignissen zu organisieren. Die UWT hat 1965 beispielsweise Zehntausende von Frauen im ganzen Land mobilisiert, um gegen den Armeeaufstand zu protestieren. 1970 spielte die UWT eine führende Rolle ... "in organizing protest against the Portuguese-led invasion of Guinea" (Ladner 1981:111). Eine typische Massenversammlung gab es am 17.7.81, als Tausende von Frauen durch die Straßen Dar es Salaams zogen und die Politik Nyereres in seiner Ablehnung gegenüber den Forderungen des IMF unterstützten. Staatliche Kampagnen wie "Gesundheit ist Leben"

59

oder "Nahrung ist Leben" (Koda 1975:144) wurden voll unterstützt sowie Alphabetisierungskampagnen oder der Kampf gegen Cholera und Dysenterie (Aufruf des CCM-Generalsekretärs Kawawa, Daily News 21.3.1983).

Die Liste der Massenversammlungen und Kampagnen jedoch zeigt klar die hauptsächliche Rolle der UWT: Im wesentlichen ist sie keine selbständige Organisation mit eigenen Zielen, sondern ausführendes Organ der Parteimächtigen, um für deren Politik zu werben. Sinnvoll erscheinen die Kampagnen wie "Gesundheit ist Leben", die durch lokale UWT-Gruppen die Dörfer erreichen.

Mongi (UWT Dar es Salaam) sieht ihre Organisation als wichtiges Instrument zur Einflußnahme auf die Regierung Tanzanias in der Frauenpolitik und nennt Beispiele für erfolgreiche Intervention:
- drei Monate bezahlten Schwangerschaftsurlaub für Arbeiterinnen (verheiratet und unverheiratet),
- Affiliation Act (,der Männer für ihre außerehelichen Kinder in die Verantwortung nimmt),
- gleicher Zugang zur Schulbildung für Jungen und Mädchen,
- Nominierung von kompetenten Frauen für Spitzenjobs im Land (1978:222-223).

Die Gesetzesbeispiele sind zwar ein Fortschritt gegenüber traditionellem Verständnis der Frauenrolle, aber garantieren aufgrund der ökonomischen Situation keine Gleichberechtigung. Wie in Europa so ist auch in Tanzania bezahlter Schwangerschaftsurlaub für Betriebe eher ein Grund, Frauen nicht einzustellen(1). Und beim Affiliation-Act erhebt sich die Frage, ob Dorffrauen über dieses Gesetz überhaupt informiert sind und ob sie sich trauen und wagen können, vor Gericht zu gehen. Die Forderung:

---

(1) Vgl. Bryceson/Mbilinyi: The Changing Role of Tanzanian Women in Production, in: Jipemoyo No 2, 1980:111.

gleicher Zugang zur Schulbildung(1) ist definitiv positiv, aber wie alle
mir zugänglichen empirischen Untersuchungen und meine eigenen Daten
beweisen, fallen Mädchen aufgrund der familiären Arbeitsbelastungen und
frühen Heirat schnell aus dem Schulsystem wieder heraus, besonders
stark, je höher die Schulbildung ist. Die Nominierung von Frauen für
Spitzenjobs schließlich ist eher als eine Beruhigungsstrategie einzuschätzen,
als daß sich dadurch realiter etwas für die Mehrheit der Frauen Tanzanias ändert.

Ein umstrittenes Thema wurde 1983 positiv von der UWT-Vorsitzenden Kate
Kamba aufgegriffen: der Rauswurf schwangerer Mädchen aus der Schule
(Sunday News 30.10.83). Nur zwei Jahre vorher wurden noch fünf Schüle-
rinnen wegen Schwangerschaft zu sechs Monaten Gefängnis bzw. 1.000 TSH
Strafe (Butiama Primary School) verurteilt (Daily News 2.6.81). Von der
Gesellschaft wird die Schuld immer noch einseitig den Schwangeren
zugeschoben, obwohl viele vergewaltigt wurden und dies verschwiegen
wird. Insofern ist die öffentliche Stellungnahme für die Schulmädchen im
Kontext des Landes als sehr progressiv zu verstehen.

3.2.6.2 Ausbildung und Training

Madabida stellte 1974 fest, daß bis zu diesem Jahr mehr ideologische
Seminare (Erklärungen zur Arusha-Deklaration, TANU-Prinzipien) im Vordergrund standen als ökonomische und administrative Fragen. Bis 1972
hatte UWT nämlich keine eigenen Distriktsekretärinnen und meist nur
Personal, das keine Zahlungsanweisungen ausfüllen konnte (1974:23). Im

---

(1) Auch Sirowy anerkennt, daß UWT auf nationaler Ebene frauenspezifi-
sche Rechte in der Nationalversammlung durchgesetzt hat. Aber: "Die
Rechte, die erkämpft wurden, nützen allerdings weniger dem Großteil
der Frauen, die auf dem Land leben, als vielmehr den Frauen, die
bildungs- und statusmäßig der Mittel- und Oberschicht angehören. Das
erkämpfte Recht, daß Frauen nach dem Abitur und vor Eintritt in ein
Universitätsstudium nicht den zu diesem Zeitpunkt pflichtgemäßen
'National Service' von einem Jahr ableisten müssen, trifft z.B. nur
die geringe Zahl der Frauen, die einen solch hohen Bildungsstandard
erreicht haben" (1984:199).

Jahresbericht 1978/79 wurden Seminare aufgeführt, die Themen beinhalteten wie: Struktur und Verantwortlichkeiten innerhalb der UWT, Management
der durch UWT geführten Läden, Kurse über Nahrungsmittelzubereitung,
Verwaltung der Kindertagesstätten, Kinderkrankheiten, Aufgaben der CCM,
Landwirtschaft und Kleintierzucht. Nur ein Seminar in Dar es Salaam
beschäftigte sich mit dem Heiratsgesetz von 1971.

3.2.6.3 Mutter- und Kind-Programme

Seit Gründung der UWT war ein Schwerpunkt ihrer Arbeit die Etablierung
und Betreuung von Kindertagesstätten. Seit 1978 wurde diese Aufgabe UWT
offiziell als nationale Verantwortung übertragen. Es werden Seminare
über Gesundheit und Kinderfürsorge parallel zum Unterhalt von Kindertagesstätten und Kinderschulen(1) durchgeführt. Waren es 1975 noch 736
Kindertagesstätten, gab es 1978/79 schon 3.065, in denen 173.958 Kinder
von 1.805 Lehrern betreut wurden. Vergleicht man diese Angaben auf
regionaler oder nationaler Ebene mit der Kinderzahl, ist dies ein sehr
kleiner Prozentsatz der Kinder, die diese Institutionen besuchen. Der
Begriff Lehrer ist etwas großzügig, da es sich oft um unausgebildete
junge Frauen handelt, und die UWT-Vorsitzende kritisierte 1979 die
Kindertagestätten ... "a place under a tree where ill-trained and poorly
paid girls watched or didn't watch too many children" (zit. in: Eresund/
Tesha 1979:42). Im Jahresreport 1979 wird angegeben, daß die eigentlichen Probleme in mangelnden und teilweise fehlenden Gehältern der Lehrer
liegen sowie in der schlechten Zusammenarbeit mit den Eltern (1978/
79:4). Man gewinnt den Eindruck einer sehr amateurhaften Herangehensweise an die Arbeit mit Kindern im Vorschulalter. Wieder taucht das
Problem des Geldmangels auf: Gut ausgebildete Lehrer können nicht
bezahlt werden.

---

(1) Ausführlich dazu ein Beispiel aus einem Dorf (vgl. Madsen 1981:96
f.).

3.2.6.4 Ökonomische Projekte

Die Ziele der Frauenprogramme werden wie folgt charakterisiert:
"- to provide skills and knowledge necessary for family welfare
- to increase the purchasing power
- to increase proper utilization and management of family resources"
(Alopaeus-Stahl 1979:6).
Analysiert man diese Ziele, steht Funktionalität als Hausfrau und Mutter
im Vordergrund der Überlegungen.

Von Gründung der UWT 1962 bis 1967 hatte die Organisation keine spezifischen ökonomischen Projekte, da aus der Art der Gründungsstruktur
massive Probleme entstanden: Frauen auf dem Land wollten sich nicht von
UWT rekrutieren lassen(1), so konnten nicht genügend Gelder gesammelt
werden, um Aktivitäten in größerem Umfang zu beginnen (Makwetta in:
Geiger 1982:52).

In den Jahren 1967 bis 1977 partizipierten nur 30.237 Frauen (in 749
Gruppen) an folgenden Aktivitäten: UWT-Läden, Kantinen und Herbergen,
Handarbeiten und Landwirtschaftsprojekte (Koda 1975:141). Im Jahresreport 1978/79 waren 39.824 Frauen (in 1.494 Gruppen) an ähnlichen Projekten beteiligt, die kaum erfolgreich waren(2). Die Aktivitäten sind mit
folgenden Problemen konfrontiert: ungenügend geschultes Personal, Mangel
an Finanzen und Transportmitteln, mangelnde Kooperation der männlichen
Eliten im Dorf oder in der Stadt, unzureichende Märkte, Konflikte
zwischen jüngeren und älteren UWT-Mitgliedern (s.u.). Hinzu kam ein
prinzipielles Problem: Frauen und ihre Bedürfnisse werden von UWT-
Vertreterinnen und offiziellen Stellen als sekundär im Vergleich zu
anderen Projekten und Entwicklungsprogrammen gesehen (Mbilinyi 1982:50).

---

(1) Diese mangelnde Effektivität UWTs, Frauen anzusprechen, und sich
    nicht nur als Parteiabgesandte zu sehen, kritisierte auch Dumont; er
    beklagte, daß die UWT nicht stark und energisch genug die Interessen
    der Bäuerinnen vertrete (1969:14).
(2) 1982 kommt eine ILO-Mission zu der Auffassung: "UWT's record today
    is still to become impressive. Its activities at the national level
    are confined to the running of two residential hostels and a hotel
    in Dar es Salaam" (ILO 1982:144)

Am erfolgreichsten scheint noch die Pombe-Herstellung (Hirsebier)zu sein (vgl. Dorfkapitel), im Gegensatz zu anderen Projekten(1). Landwirtschaftliche Programme umfassen meist nur den Anbau von Grundnahrungsmitteln, keine Verkaufsfrüchte. Eine Fallstudie zeigt, daß die Männer im Dorf Arumeru sogar den Frauen den Anbau der profitablen Verkaufsfrucht Kaffee verbaten, d.h. es wurde kein Stück Land zur Verfügung gestellt, dafür Land für den Anbau von Bohnen und Mais (vgl. Fortmann 1979:12). Würden nun die Subsistenznahrungsmittel mit fachlicher Anleitung angebaut werden, d.h. könnte man mit Beratung und Einsatz verbesserten Saatgutes etc. eine höhere Produktivität erreichen, wären diese Aktivitäten sinnvoll, aber nach eigener Beobachtung in der Dodomaregion und nach Literaturlage geschieht der Anbau nach den traditionellen Methoden der Frauen. Dabei bewirtschaften sie oft nur kleine Flächen in Relation zur UWT-Mitgliederzahl und sind somit unrentabel. Boesen/Storgard Madsen/Moody analysieren für die West-Lake-Region: "A major part of the activities also helped to conserve the existing cultivation pattern, in which women grew the food crops, which had a limited market, while the men were concerned with the main export crop coffee. Hereby they also help to perpetuate the traditional role of women" (1977:142).

Nehmen wir als Beispiel für die ständigen ökonomischen Mißerfolge ein Problem auf Dorfebene: die Führungsstruktur der UWT auf dem Lande. Die Dominanz der älteren Frauen neben der schichtspezifischen Problematik

---

(1) Zu UWT-Aktivitäten vgl.: UWT: Taarifa ya Mwaka, 1978 na 1979 - Dodoma (Annual Report UWT); Bryceson/Kirimbai (Eds.): Subsistence or Beyond? Money-Earning Activities of Women in Rural Tanzania. Dar es Salaam 1980; Makwetta: The Role of UWT in the Mobilization of Women for Economic Development in Tanzania. University of Dar es Salaam, Thesis (Unpl. M.A.) 1974; Muro: The Study of Women's Position in Peasant Production and their Education and Training: A Case Study of Diozile I Village in Bagamoyo District, University of Dar es Salaam (Unpl. M.A.) 1979; Swantz: Women and Tanzania Agricultural Development, in: Kim/Mabele/Schultheis (Eds.): Papers on the Political Economy of Tanzania, Nairobi, London, Lusaka, Idaban 1979: 278-287; Bader: Women, Privat Property and Production, University of Dar es Salaam (Unpl. M.A.) 1975; A. Nkebukwa: The Performance of Umoja wa Wanawake wa Tanzania (UWT)-Tuke Consumer's Co-operative, Morogoro, Tanzania, in: ILO: Rural Development and Women: Lessons from the Field. Vol. II, Geneva 1985:99-110.

ist in UWT ein immanentes Problem seit der Gründung. Vorsitzende sind grundsätzlich ältere Frauen (Koda 1979:6), die mit ihren Ansichten über UWT und was diese Organisation tun sollte, oft im Konflikt zu jüngeren, gebildeten Sekretärinnen stehen(1). Traditionelle Selbsthilfegruppen innerhalb des Dorfes waren überschaubar organisiert. Ältere Frauen konnten aufgrund ihres Status als verheiratete Frauen mit Kindern diese Aktivitäten mit Hilfe ihrer Lebenserfahrung leiten. Durch die zunehmende Einbeziehung der Dörfer in die Marktökonomie und in die Organisations- struktur der UWT hat sich vieles geändert, wobei den älteren Frauen die alten Werte und Erfahrungen der Gesellschaft nichts mehr nützen, um es überspitzt auszudrücken. So muß ein Projektantrag geschrieben werden - heute noch keine Selbstverständlichkeit für UWT-Leiterinnen, wie Mbilinyi 1982 in ihrer Feldforschung in der Mbeyaregion feststellte (1982:52). Dann wird mit Männern, d.h. CCM-Mitgliedern, diskutiert, die die Projekte genehmigen müssen, somit ein weiterer Nachteil für ältere Frauen, die nicht gewöhnt sind, mit Männern auf dieser Ebene zu ver- handeln. Aufgrund der schlechten UWT-Personalsituation konnten bisher die UWT-Vorsitzenden und Sekretärinnen nicht in ausreichendem Maße in Trainingskursen über Projekte und ihre Planung und mögliche Ansätze, die auch ökonomisch sinnvoll sind, ausgebildet werden. Es fehlen überall die Grundvoraussetzungen und die buchhalterischen Fähigkeiten, es man- gelt an Marktanalysen für wirtschaftlich sinnvolle Maßnahmen. Die beste- hende Machtstruktur macht es sehr schwer, Änderungen im Sinn der selbstgenannten Ziele durchzusetzen.

3.2.6.5 Einschätzung und Verhalten der Männer gegenüber UWT

Die UWT als Massenorganisation kann nur mit Einverständnis der CCM agieren, d.h. alle Entscheidungen werden letztendlich von einer männer- dominierten Partei getroffen. Auf Dorf- oder Stadtebene sind es bei

---

(1) Aufgrund der kulturellen Tradition gilt das Alter der Frauen (Sta- tus: verheiratet, viele Kinder) immer noch mehr als das Schulwissen - obwohl dies speziell in den Städten sehr im Wandel ist, aber nach Möglichkeit widersprechen junge Frauen älteren in einer Gruppe nicht.

verheirateten Frauen meist die Ehemänner, die ihnen die Erlaubnis geben oder auch oft verweigern, UWT beizutreten bzw. deren Aktivitäten mitzutragen. Im Interview mit dem Hauptbuchhalter der UWT, Mr. Buttah, wurde betont, daß die allgemeine Einschätzung der UWT negativ sei. Viele Männer erlauben ihren Frauen nicht, der UWT beizutreten oder zu ihren Versammlungen zu gehen(1).

Diese Aussage stimmt mit denen der Distriktsekretärinnen für Dodomaland und -stadt(2) überein (vgl. Kapitel Distriktebene, Interviews). Oft wird als Ablehnungsgrund der Männer angeführt, daß das UWT-Personal unverheiratet sei (in der Regel die Sekretärinnen, CDR). Bei einer Befragung in der Morogororegion fanden Bauern die UWT für ihre Frauen nur unter zwei Aspekten sinnvoll: für Hauswirtschaftskurse und um Geld zu verdienen (Oomen-Myin 1981:91). Dies darf allerdings nicht ihre täglichen Arbeiten beeinflussen, je nach Ad-hoc-Entscheidungen der Männer können sie in Frauengruppen pro Tag/Woche ein paar Stunden mitarbeiten (Boesen/Storgard Madsen/Moody: 1977:140).

Auf Dorfebene erfuhr ich, daß UWT als bequeme Ausrede benutzt wird, bestimmte Belange der Frauen nicht im Dorfrat zu diskutieren und zu entscheiden, sondern diese sofort mit dem Satz: "Das ist Sache der UWT" abzuschieben. Das bedeutet, Frauenbelange werden aus der Politiksphäre des Dorfes ausgeklammert. Frauenbedürfnisse und -themen verlieren die Beachtung als integrale Bestandteile der dörflichen Politik aufgrund des geringen Status der UWT.

3.2.7 Zusammenfassung

UWT ist als eine der fünf Massenorganisationen der CCM innerhalb des politischen Systems verankert. Als Transmissionsriemen funktioniert die Frauenorganisation seit der Unabhängigkeit für die Partei, nach der

---

(1) Interview am 10.5.82, Dodoma.
(2) 70 % der Männer wollen UWT als Organisation nicht, schätzt die UWT-Sekretärin des Distriktes Dodomastadt.

Mobilisierung für Uhuru konnte mit UWT offiziell die weibliche Bevölkerung auf den Kurs Nyereres eingeschworen werden (vgl. Massendemonstra-
tionen für seine Politik) bei gleichzeitiger Identifikation mit der
Partei. Die Kontrolle und Führung der UWT bleibt dabei in den Händen der
CCM-Politiker, diese wird durch die Auswahl der UWT-Nationalvorsitzenden
(oft ihre Ehefrauen) und die direkte Präsenz der CCM in den Entschei-
dungsgremien der UWT manifest. Die politische Richtung der Partei wird
bis auf Graswurzelebene garantiert, da die UWT-Sekretärinnen CCM-Mit-
gliedschaft für ihr Amt vorwiesen müssen. Diese Interessenallianz der
Leiterinnen der Frauenorganisation mit der Partei ist somit sichergestellt. Ihre Interessen müssen aber nicht notwendigerweise mit denen der
Mehrzahl der Bäuerinnen oder Frauen im informellen Sektor übereinstim-
men, wie ihre Aktionen zeigen: Erkämpfte Rechte für Frauen dienen
prioritär Mittel- und Oberschichtfrauen (nach dem Abitur und vor Beginn
des Universitätsstudium müssen die Frauen nicht zum National Service,
bezahlter Schwangerschaftsurlaub, gleiche Bildungschancen), sie setzen
ihre schichtspezifischen Interessen durch - m.W. hat UWT noch nie die
Landfrage (Eigentum) für Frauen aufgeworfen, den schlechten landwirtschaftlichen Beratungsdienst für Bäuerinnen kritisiert, den Zugang der
Frauen zu Krediten noch nicht gefordert, um nur einige wichtige Punkte
zu nennen. Es ist eine tiefe Kluft zwischen den Aussagen der Politiker/
innen, der UWT-Vorsitzenden und der Realität. Der ehemalige Premiermini-
ster Cleopa Msuya forderte die Frauen auf: "Apply your power" (Daily
News 1.12.81), durch ihre Mitarbeit in UWT sollen Frauen ihre Energien
für die nationale Entwicklung nutzen. Verbal wird auch die Bäuerin auf
dem Land anerkannt, aber es werden keine ernsthaften Schritte unternommen, ihre Situation zu verändern (angefangen mit arbeitserleichternden
Maßnahmen - außer Getreidemühlen - und Angeboten für landwirtschaftlich
erhöhte Produktivität).

UWT ist also eine systemerhaltende Institution der CCM und wirkt durch
ihre Politik zugunsten des Bestehenden - d.h. es wird kein Versuch
unternommen, die patriarchalische Gesellschaftsordnung zum Vorteil der
Frauen zu verändern - affirmativ auf eine paternal gewünschte sozialistische Zielrichtung. Nach den UWT-Zielen ist sie theoretisch eine
Organisation, die Frauen ... "liberates from the yoke of exploitation,

all customs which put their development and that of the whole nation back" (Mbilinyi 1982:48), de facto und in praxi ist sie emanzipations-hemmend(1).

Die traditionelle Haltung der vorwiegend älteren, verheirateten UWT-Mitglieder gegen die Aufnahme von unverheirateten, geschiedenen oder verwitweten Frauen in die Organisation zeigt ihr Verständnis des Status quo deutlich. Die Akzeptanz der Frauenrolle ist eindeutig traditionell im Rahmen patriarchal geformter Gesellschaftswerte ausgerichtet. Weder das Bild als Mutter noch das als familiale Produzentin wird angetastet - keine Diskussion um eine gerechtere (d.h. größere) Beteiligung der Männer an anfallenden Feld- und Subsistenzarbeiten, keine Diskussion um das Verhalten der Männer, die ihr Einkommen für Konsumgüter für sich selbst und nicht für die Familie ausgeben.

In der tanzanischen Analyse des Entwicklungsprozesses werden Frauen immer nur als rückständig beschrieben, aber die Partei unternimmt sehr wenig, diesen Zustand durch Taten mittels der UWT abzuschaffen. Aufgrund einer schwachen Führungsstruktur (Alter, oft auch Ausbildungsniveau) sind Projekte ökonomischer Natur kaum erfolgreich, die Personalstruktur der UWT ist katastrophal (Stand Anfang der 80er Jahre), und dies wird noch verstärkt durch schlechtere Bezahlung und Einstellungskonditionen der Frauen gegenüber gleichrangigen Positionen in anderen Massenorgani-sationen. Die UWT als Massenorganisation hat kein unabhängiges Konzept zur Rolle der Frauen entwickelt, eine Änderung der existierenden Bezie-hungen zwischen Mann und Frau ist nie thematisiert worden. Der Entwick-lungsbegriff der UWT ist sehr diffus und unreflektiert modernistisch ausgerichtet. Geiger argumentiert: "... the root cause of many UWT failings rests with the unwillingness of the Tanzanian government to

---

(1) Mascarenhas und Mbilinyi argumentieren: "Following the aims of CCM, and the struggles of women workers and poor peasants, the correct line of a socialist women's movement would necessarily be women's emancipation (not merely "improvement" or "development"), in the context of class struggles against capitalist exploitation and patriarchal oppression at every level, which is at the same time a struggle for socialist transformation" (1983:34).

move from rethoric to concrete action in addressing the issue of unequal gender relations in Tanzanian society. More specifically, there have been an unwillingness to confront the issue of women's subordination and lack of control over their own labour power in the rural family or household ..." (1982:59).

Auch ein ILO-Report von 1982 kommt zu der Schlußfolgerung, daß eine Revitalisierung der UWT nötig sei. "Its future, as of any other Party-affiliated mass organisation, cannot lie with subventions from either the Government or CCM, or foreign donors. Ultimately it is by what their own members themselves do and produce that the success of all these organisations will be judged" (1982:xxxii). Damit schließt sich der Kreis der Argumentation, nicht von 'oben' sollten die Politik und Aktivitäten der Frauengruppen bestimmt werden, sondern durch die betroffenen Frauen selbst. Solange auf dieser Ebene kein Demokratisierungsprozeß und keine Loslösung aus der Bevormundung der Männer der CCM geschieht, kann sich die UWT weiterhin nur konform im Rahmen gewünschter CCM-Richtlinien verhalten und bleibt stagnierend. Selbst entschiedene Kritikerinnen wie Mascarenhas, Mbilinyi, Koda und Madabida, alles Tanzanierinnen, wissen, daß UWT nicht pauschal abgelehnt werden kann - trotz der massiven Defizite. Koda gibt zur Begründung diese Analyse: "... it is evident that UWT is a necessary and potential organ for the emancipation of women, but if the limitations (of UWT, CDR) ... are not dealt with in time there is a possibility of dismissing UWT as an ineffective organ" (1979:7).

Diesen Kritikerinnen gegenüber stehen Frauen, die in UWT arbeiten und das Gesellschaftssystem patriarchalischer Ordnung nicht anzweifeln wie Ladner: "The success of the Tanzanian model for female emanzipation has proven to be a workable solution of the problems addressed. Perhaps the institutionialization of women's activities was the most viable way to assure full female participation" (1981:117).

Die Institutionalisierung der Frauenaktivitäten hat natürlich Vorteile, wenn damit die Frauenbelange an die Öffentlichkeit und zu den Politikern gelangen - aber im Fall Tanzanias hat es den Frauen außer verbaler

Unterstützung kaum etwas gebracht, oft wurde die Institutionalisierung
für sie negativ, beispielsweise wenn Frauenprobleme nicht in die Dorfpolitik integriert wurden, sondern separat über UWT als isolierte und
schwache Interessenvertretung liefen(1). Genau das sollte nicht gesche-
hen, diese Marginalisierung der Frauen schuf nach der Phase des 'nation
buildings' - also der Phase, in der die Männer die politische Macht
unter sich aufteilten - keine gleichberechtigte Teilnahme der Frauen an
der Entwicklung des Landes. Sie bekamen lediglich noch mehr Arbeit als
zuvor (durch Ujamaa).

Dies war von den Planern und Politikern schon während der ersten Sied-
lungsphase in den 60er Jahren vor der Arusha-Deklaration ignoriert
worden, wie Brain (1976) eindrucksvoll beschrieb. Auch die massive
Kritik Dumonts, der schon 1969 in seinem offiziellen Report auf die Lage
der Frauen als den 'true proletarians' in Tanzania hinwies(2), veränderte den Ansatz der UWT-Aktivitäten auf dem Land oder in den Städten
nicht. Die Mittel- und Oberschicht hingegen konnte ihre Interessen
mittels der UWT als Prestige- und teilweise Einkommensorganisation
durchsetzen. Sie hat sich kaum um die Belange der Bäuerinnen und Frauen
im informellen Sektor gekümmert. Somit ist UWT als eine schichtspezifi-
sche Organisation einzustufen, die zur Machterhaltung der Partei bei-
trägt und vor diesem Hintergrund zu interpretieren ist.

---

(1) "Furthermore, it is evident that the existence of a UWT branch in
    the village contributes to the lack of concern about problems
    experienced by women and development priorities identified by them.
    When 'female' topics are raised in the village council or general
    village meetings they are usually delegated to the UWT assembly. In
    this way such topics are ranked as secondary to those discussed in
    assemblies with predominantely male participation" (Tobisson
    1980:109).
(2) Er wiederholt den Vorwurf, vgl.: "One hears a lot about man's
    exploitation by man ... I dwelt on the exploitation of women by men,
    so prevalent in the backward countries, but ignored by African
    socialism" (Dumont 1973:151).

Exkurs 2: Die Frauen- und Kinderabteilung im PMO

Bevor auf die Funktion der Frauen- und Kinderabteilung eingegangen wird, soll ein kurzer Überblick der Aufgaben des Prime Minister's Office und in bezug auf die Regional- und Distriktverwaltung erfolgen, um die Frauenabteilung des PMO innerhalb der Verwaltungsstruktur besser einordnen zu können.

Das Prime Minister's Office, mit Sitz in Dodoma im alten deutschen Fort (Boma), hatte zur Zeit meiner Untersuchung folgende Aufgaben: Formulierung von Richtlinien für alle Regionen, Koordinierung der regionalen Pläne, Budgeterstellung und laufende Buchführung für die Region, Präsentation der regionalen Budgets gegenüber dem Parlament und Sicherung der notwendigen technischen und unterstützenden Hilfe durch die jeweiligen Fachministerien für die Regionen.

Für die einzelnen Regionen bestimmt der Regional Commissioner der CCM die politische Richtung. Der Regional Development Director (RDD) - Chef der Regionalverwaltung - koordiniert die Entwicklungsplanung und die Durchführung in Zusammenarbeit mit dem Regional Planning Officer, dem Regional Development Officer und dem dafür zuständigen Komitee. Auf Verwaltungsebene der einzelnen Distrikte (1) realisieren die regionalen Beamten (2) die Pläne in den Bereichen Ujamaa und Kooperativen, Landwirtschaft, Viehzucht, natürliche Ressourcen, Wasser, Handel, Industrie, Land, Gesundheit und Erziehung.

---

(1) Auf Distriktebene wiederholt sich das Verwaltungsschema, der Distrikt Development Director an der Spitze ist dem RDD verantwortlich. Seine Aufgaben sind Planung und Durchführung im Distrikt mit Hilfe seiner Distriktbeamten.
(2) Diese Beamten wiederum waren disziplinarisch und weisungsmäßig Teil der Zentralressorts, also der Fachministerien, die meist noch in Dar es Salaam saßen, so daß der RDD hier immer seine Grenzen fand. Zur Rolle der Regional Development Funds, R. Chambers/D. Belshaw: Managing Rural Development Lessons and Methods from Eastern Africa. IDS Discussion Paper No. 15, June 1973:4.16 University of Sussex.

Zusätzlich zur Frauenorganisation UWT existiert nun eine Abteilung für Frauen- und Kinderfragen innerhalb der Kooperativensektion des Prime Minister's Office (zuvor war die Kooperation innerhalb des Ujamaa und Cooperative Development angesiedelt). Hier ist also eine oberste Regierungsstelle zuständig für Frauenfragen. Die Aufgaben dieser Abteilung des PMO umfassen: Prüfung von Projektvorschlägen, Forschungsstudien für Projekte und Organisation von Trainingskursen in Verwaltung, Management und kommerziellen Fähigkeiten.

Innerhalb des PMO sind acht Personen für diese Arbeiten zuständig. Die Finanzierung wird durch das PMO und ausländische Geber gewährleistet. Offiziell ist diese Abteilung des PMO für Strategien der Frauenförderung zuständig, wie Frau Nancy Tesha 1982 (Interview im Anhang), Acting Assistent Director der Abteilung für Frauen und Kinder im PMO, betonte. Sie kritisierte die UWT in ihrer Projektarbeit und benannte als Problem die älteren Frauen (ohne Schulbildung), die in Führungspositionen den Anforderungen nicht gerecht würden. Um dieses Problem zu lösen, wollte sie Frauenprojekte nicht der UWT überlassen und schlug vor, mit Hilfe verschiedener Regierungsabteilungen gemeinsam sozioökonomische Programme für Frauen durchzuführen. Zur Zeit meiner Untersuchung fand dieser Gedanke noch keine Umsetzung in die Realität. SIDA stellt fest, daß sich die von dieser Abteilung unterstützten Projekte von denen der UWT nicht unterscheiden, da diese auch Nähen und Handarbeiten, Getreidemühlen, Läden, Kindertagesstätten und Klassen für Hauswirtschaft beinhalteten (1984:34).

4 Einbeziehung der Frauen Tanzanias in die Entwicklungsplanung

Meine Erörterungen zur Einbeziehung der Frauen in die Entwicklungsplanung konzentrieren sich hier auf die Fünfjahrespläne seit der Unabhängigkeit, die neue Landwirtschaftspolitik seit 1983 und den zaghaften
Beginn eines Frauenentwicklungsplanes, der 1981 diskutiert worden ist.
Darstellung und Analyse beschränken sich auf die Zeit bis 1983 parallel
zu meiner empirischen Forschung in Tanzania. Es geht also um die Darstellung einer historischen Entwicklung und Weichenstellung für die
weiteren Jahre, die kurz in einem Ausblick skizziert werden.

4.1 Die Fünfjahrespläne

Nach der Unabhängigkeit verfolgte die Regierung das Ziel der Industrialisierung und Modernisierung der Landwirtschaft(1). Die beiden ersten
Entwicklungspläne beruhten auf der Annahme eines starken privatwirt-

---

(1) Zu diesem Thema gibt es eine Fülle von Literatur, hier eine kleine
Auswahl, zuerst von zwei DDR-Wissenschaftlern: G. Lehmann: Probleme
der Agrarumgestaltung in Tanzania seit 1961, in: asien, afrika,
lateinamerika, Berlin 12 (1984) 2: 293-314 und Herzog: Zur historischen Situation und den objektiven Voraussetzungen einer sozialistisch orientierten Entwicklung in Tanzania. Anmerkungen zur Geschichte der Befreiungsrevolution (1954-1965), in: asien, afrika,
lateinamerika, Berlin 13 (1985) 2: 258-268. S.E. Migot-Adholla:
Rural Development Policy in Tanzania 1961-77, in: Barkan/Okumu
(Eds.): Politics and Public Policy in Kenya und Tanzania, New York
1979: 154-178. Harding/Schubert/Traeder: Entwicklungsstrategien in
Afrika: Elfenbeinküste, Malawi: Sambia, Tansania. Eine vergleichende
Studie zum Verhältnis von Entwicklung, Abhängigkeit und Außenpolitik, Hamburg 1981.

schaftlichen Engagements(1) ausländischer Investoren (Hofmeier 1982: 176), die sich nicht erfüllte.

Die wirtschaftliche Situation 1967 zeichnete sich durch ein stärkeres Auseinanderklaffen sozialer Schichten als zum Ende der Kolonialzeit aus, die Land-Stadt-Migration hatte stark zugenommen, damit auch die Arbeitslosigkeit. Auf dem Land gab es reiche Bauern (u.a. im Zuge der staatlich geförderten Genossenschaftsbewegung) und Kleinbauern/bäuerinnen auf Subsistenzniveau. Der begonnene Entwicklungsweg der Weltmarktorientierung und Versuch einer Durchkapitalisierung der Landwirtschaft waren gescheitert, und die Suche nach dem eigenen Entwicklungsweg wurde mit der Arusha-Deklaration 1967 prononciert. Diese Politik schlug sich im Zweiten Fünfjahresplan nieder, wie Rudengren beschreibt: "The main shift was a move from direct productive investments to infrastructure, mainly in communications and transports ... Industrialization of the country was to continue but by domestic means parastatals and joint ventures - rather than by direct private investments ... attention was shifted from large-estate and settlement schemes to ujamaa villages and, to some extent, to state farms" (1981:71).

Für diese Planungszeit sind folgende wirtschaftliche Entwicklungen festzustellen: Die Strukturveränderung durch die Etablierung der Ujamaadörfer verschlang große Summen (Umsiedlungskampagnen), die Dürre der Jahre 1973-75 führte zusammen mit der Ujamaapolitik zur Nahrungsmittel-

---

(1) Dazu kamen noch andere Faktoren: 1965 gab es mit drei Gegeberländern Dispute, die zur Einfrierung von Entwicklungsgeldern führten: Gebunden an die Hallstein-Doktrin zog sich die Bundesrepublik Deutschland aus Tanzania zurück, da Zanzibar ostdeutsche Entwicklungshilfe annahm und Nyerere der DDR ein Konsulat in Dar es Salaam erlaubte. Der zweite Konflikt führte zwar nicht zum Abbruch der diplomatischen Beziehungen, aber die Gelder wurden gestrichen: Die USA waren beschuldigt worden, mit Hilfe des CIA einen Umsturz zu planen. Schließlich gab es noch Meinungsverschiedenheiten zwischen England und Tanzania über die Entwicklung im damaligen Rhodesien. Nach Abbruch diplomatischer Beziehungen seitens Tanzanias wurde eine Anleihe von 7 Mio. Pfund eingefroren. Diese Dispute führten mit zur späteren 'Self-Reliance'-Ideologie, ausländische Hilfe sollte nur ohne politische Verpflichtungen angenommen werden.

krise 1973/74 und 1974/75(1). Innerhalb der Ujamaadörfer war die landwirtschaftliche Produktionsstruktur nicht verändert worden, Exportgüter
wurden nach wie vor primär innerhalb der bestehenden Sektoren angebaut.
Die Vernachlässigung der Nahrungsmittelproduktion und einseitige Förderung von Exportfrüchten veranlaßten die Regierung nach der Krise 1973-75
(Nahrungsmittel mußten importiert werden) im Dritten Fünfjahresplan
(1976-1981), die Schwerpunkte auf Selbstversorgung mit Nahrungsmitteln
und Industrialisierung (24 % der Investitionen waren dafür vorgesehen)
zu legen. Dieser Entwicklungsplan(2) wurde zum ersten Mal von Tanzaniern
erstellt (Malima 1978:21). Nach dieser Skizzierung der Entwicklungspläne

---

(1) Einen guten Überblick der wirtschaftlichen Entwicklung gibt: Green/
Rwegasira/Van Arkadie: Economic Shocks and National Policy Making:
Tanzania in the 1970s, Institute of Social Studies, The Hague,
Research Report Series No. 8, 1980. Zur Ujamaa-Politik u.a.: H.
Hänsel: The Rural Development Strategy of Ujamaa Villages in Tanza-
nia, in: Zeitschrift für ausländische Landwirtschaft, Nr. 2,
1976:180-195. Yeager: Tanzania. An African Experiment. Boulder,
Colorado 1982. Ghai/Green: Ujamaa and Villagisation in Tanzania, in:
Ghai/Khan/Lee/Radwan: Agrarian Systems and Rural Development, ILO,
Geneva, 1979:232-256. V.G. Cedillo: Rural Development through
Ujamaa - A Tanzania Case Report, Vienna Institute for Development.
Occasional Paper 73/1. R.H. Green: Toward Ujamaa and Kujitegema:
Income Distribution and Absolute Poverty Eradication Aspects of the
Tanzania Transition to Socialism. ERB Paper No. 74.II. University
Dar es Salaam 1974. Bereits für die Jahre 1974/75 wird in der
internationalen Diskussion das Scheitern der Ujamaapolitik gesehen
(Lofchie 1978). Für ihn war die Landwirtschaftskrise u.a. darauf
zurückzuführen, daß die Bauern nicht unter sozialistischen Bedingungen produzieren wollten, also lag s.A.n. weder eine generelle
Unfähigkeit der Bauern vor, noch Abneigung, agrarisches Surplus zu
produzieren (1978:475). In einer Erwiderung zu dieser Analyse sieht
Raikes keine Opposition der Bauern generell gegen die Ujamaapolitik,
sondern ihre Opposition gegen staatliche Verordnungen geht zurück
auf die Praktiken der Kolonialzeit, die das nachkoloniale Regime
teilweise übernommen hat und damit bei den Bauern Aversionen hervor-
rief (1979:311). Auch Briggs wendet sich gegen die Argumentation von
Lofchie und sieht die ökonomische Krise 1974-75 als Resultat der
'villagisation'-Kampagne und der Dürreperiode (1979:701).
(2) Die Entwicklungspläne Tanzanias: Development Plan for Tanganyika
1961/62-1963/64, Dar es Salaam 1961, Five Year Development Plan
1964-1969, Dar es Salaam 1964, Tanzania Second Five-Year Plan for
Economic and Social Development 1969-1974 (Vol. I and Vol. II), Dar
es Salaam Tanzania 1969. Third Five Year Plan for Economic and
Social Development, 1976-1981, Dar es Salaam 1976.

soll dargestellt werden, inwieweit Frauen in die Planung Tanzanias miteinbezogen wurden.

In keinem der drei Fünfjahrespläne werden Frauen in ihrer Rolle als Bäuerin angesprochen. Nur im Ersten und Dritten Fünfjahresplan werden Mädchen und junge Frauen in bezug auf ungleiche Chancen der Schulausbildung erwähnt (Bertell 1985, Mascarenhas/Mbilinyi 1983). Unterschiedliche Beschreibungen existieren innerhalb der Veröffentlichungen des Zweiten Fünfjahresplanes, im offiziellen Plan werden im Kapitel "Landwirtschaft" Frauen nicht erwähnt, anders in einer populären Version, "The People's Plan for Progress: A Popular Version of the Second Five Year Plan for Economic and Social Development 1969-1974", Ministry of Economic Affairs and Development Planning, Dar es Salaam 1969. Frauen tauchen dort im Kapitel "Landwirtschaft" als Wasserträgerinnen auf: ... "today a very heavy and time-consuming work is being done by the women in Tanzania, by carrying water to the house"(1). Warum nun Frauen nur in dieser Funktion angesprochen werden, liegt sicher in den Reporten der einzelnen Ministerien begründet, die die Hintergrundanalysen für die Planerstellung liefern. Mascarenhas/Mbilinyi werfen den Ministerien und Planern vor, daß: "... information about women in particular depends on the information provided by the different Ministries. Some ignore the question of women, for example, in their statistics. Very few actually pose the problem of women as a problem of social and national concern" (1983:78). Sie nennen als positives Beispiel das Erziehungsministerium, das den ungleichen Zugang von Mädchen und Jungen zu höherer Ausbildung analysiert und dokumentiert und aufzeigt, was es dagegen unternommen hat. Im Gegensatz dazu kam keine Kritik der Labour Division im Ministry of Labour and Social Welfare auf, und es wurde dort keine Diskussion um die Fragen der Schaffung von Arbeitsmöglichkeiten für Frauen und Jugendliche geführt (1983:78).

---

(1) Zit. in: Bertell: Effects of Finnish Development Cooperation on Tanzanian Women. Tanzanian Rural Women and their Crucial Role in Development, University of Helsinki, Institute of Development Studies, 1985:13.

Prinzipiell stellen die zwei Wissenschaftlerinnen fest: "The overall tendency however is to ignore women, which is a problem in that understanding the role of women in production is crucial in order to achieve the specific objectives of the Third Plan" (1983:78). Auch Tobisson kritisiert den Dritten Fünfjahresplan(1) und stellt die These auf, daß sich die Politiker und Planer in Tanzania die Konsequenzen des Ignorierens der Frauen nicht leisten können: "It is imperative for Tanzanian politicians and planners to begin appreciating the possibly negative consequences for women and children of rural development policies. A rural household is not composed of individuals who share the burden of work and returns of labour on an equal basis, nor according to abilities, not to speak of needs. As long as government policies continue to be biased towards cash crops and oriented towards men, thus neglecting the fact that women carry out most of the work with the least returns, the latter will inevitably suffer as will the children they care for" (1980:122).

4.2 Die neue Landwirtschaftspolitik seit 1983

Eine Abkehr von der bisherigen Ujamaapolitik wurde offiziell mit der Verabschiedung der 'Agricultural Policy of Tanzania' im März 1983 eingeleitet. Wurden Frauen in ihrer Rolle als Bäuerinnen explizit angesprochen, da es nun wieder um Schwerpunkte wie Nahrungsmittelselbstversorgung, d.h. um eine erhöhte Produktion der Grundnahrungsmittel wie Hirse, Mais, Reis, Kassava ging, parallel zum Versuch, den Fall in der Exportfrüchteproduktion zu stoppen? Da selbst die FAO den Anteil der Frauen bei der Grundnahrungsmittelproduktion auf bis zu 80 % in

---

(1) "It is astonishing to note that the plan does not reveal any awareness whatsoever about the difference in present inputs by men and women in rural households ... it is only to expect that the men will comand their women to put in even greater efforts rather than responding positively themselves" (Tobisson 1980:121).

Schwarzafrika beziffert(1), müßte der Schwerpunkt der Landwirtschaftspolitik bei den zentralen Produzentinnen liegen.

Aber die Kritik zeigt auf ("technicist bias to the analysis, recommendations and programmes presented, which ignore the social relations that block the full mobilisation of all peasants, men and women, toward increased productivity" Mascarenhas/Mbilinyi 1983:78 f.), daß sich die Ignoranz im letzten Fünfjahresplan fortsetzt(2). Aufgrund der Wirtschaftslage mußten bestimmte Weichen der Politik gestellt werden, um u.a. die Landwirtschaft zu beleben. Etwa 90 % der Bevölkerung sind direkt oder indirekt in der Landwirtschaft tätig, und der Sektor trägt 50 % zum BIP und über 75 % zum Deviseneinkommen des Landes bei (Report zur neuen Landwirtschaftspolitik 1983:1). Die Abkehr von der Ujamaalandwirtschaft gilt nun offiziell: "Contrary to externally propagated myth, the dominate mode of agriculture in Tanzania is individual peasant production; for almost all crops the vast bulk of the national output comes from peasant individual farms" (1983:3). Die Modernisierung der Landwirtschaft wird durch drei Produktionstypen (homestead shamba, blockfarm, communal farming) angestrebt, mit den Zielen einer nationalen Nahrungsmittelselbstversorgung und Produktion von Rohmaterial für Industrien und um Devisen zu verdienen.

Im Report zur neuen Landwirtschaftspolitik werden Planungsfehler bei der Festlegung der Dorfstandorte zugegeben (1983:11) und die Grundbedürfniserfüllung der Dorfbewohner in Bereichen wie Schule, Apotheke, häusliche Wasserversorgung anerkannt. Über die Farmarbeit wird argumentiert: "The vast bulk of agricultural labour is done by peasants on their own and the village farms. The problem on the household and block shamba arises from the nature of the work; it is to reduce the back-breaking

---

(1) Vgl. FAO: Women in Developing Agriculture, in: The State of Food and Agriculture, Rome 1983.
(2) Dieses Politikpapier wird jetzt durch die 1986 veröffentlichten "Guidelines for Implementation of Agricultural Policy (1983)" aufgenommen. Die Umsetzung in die Praxis wird noch längere Zeit in Anspruch nehmen. Information von Mr. Bob Gibbson, ACORD Experte (bis 1987 in Tanzania), London 25.9.87.

labour involved in dependence on the hand-hoe that the Government intends to put so much emphasis on the use of animal or other power assisted implements" (1983:16). Das bedeutet, wieder werden die Bäuerinnen nur indirekt angesprochen, und m.E. ist zu bezweifeln, ob ihre Arbeitsbelastung durch einen Teilaspekt, Verbesserung der Arbeitsgeräte, nachhaltig verbessert wird, wobei nicht einmal sicher ist, ob nicht Traktoren und Tierpflüge in Männerhand bleiben, wenn nicht explizit auch Frauen in Programmen angesprochen sind. Es gibt in anderen Ländern genügend empirische Untersuchungen, die belegen, daß Mechanisierung für Frauen Mehrarbeit (auf größeren Flächen muß Unkraut gejätet, später die Ernte eingebracht werden) bedeuten kann(1).

Im Report unter der Rubrik "Social Services" wird noch einmal der Ausbau der Dienstleistungen betont, die nationale Politik in bezug auf Bildung, Gesundheit und Wasserversorgung, denn: ... "women and men cannot be expected to work productively on the fields if they are weak from the effects of preventable diseases, or are unable to read simple instructions attached to agricultural technical packages because they are illiterate, or have spend a great amount of time and effort in collecting water from distant places" (1983:30). Die Problematik junger Männer und Frauen, die in die Städte migrieren, wird angegangen mit Sport und Unterhaltung ('instrument-playing elders will be urged to teach the young', 1983:30). Das soll sie in den Dörfern halten.

---

(1) Die Einführung neuer Agrartechniken erleichtert meist Arbeiten, die von Männern ausgeführt werden wie Pflügen, Bewässern oder Ernten, während Frauen jäten, ausdünnen und umpflanzen (Reis). Ein Beispiel aus Sierra Leone zeigt, daß der Arbeitstag der Männer im Sumpfreisanbau verkürzt wurde - durch Einführung von Traktoren und Ackerfräsen, das Arbeitsspektrum der Frauen erhöhte sich aber um 50 %, da die Männer mit den Maschinen mehr Land bestellen konnten (Taylor in: New Internationalist 1986:29). Es geht auch nicht nur um Bereitstellung moderner Geräte, sondern u.a. um die essentielle Frage, wer sich diese Geräte kaufen kann. Muro stellte fest, daß in Diozile (Bagamoyo) in einer kooperativen Farm Frauen und Männer ein gleichgroßes Stück Land zugeteilt bekamen. Frauen benutzten vom Dorfschmied hergestellte Hacken, während Männer mit fabrikproduzierten, größeren arbeitssparenden Hacken arbeiteten (Muro 1979:15).

Analysiert man den Absatz speziell unter dem Gesichtspunkt der Farmarbeit, wird ersichtlich, daß die Planer wieder von einer unrealistischen
Arbeitsteilung innerhalb des individuellen Haushaltes ausgehen, und
unter dem Abschnitt "Social Services" wird unterstellt (vgl. Zitat), daß
Männer und Frauen eine gleiche Arbeitsbelastung haben und beispielsweise
beide Wasser holen gehen. Die Realität der Dörfer wird ignoriert und
damit eine Chance vertan, mit einer realistischen Planung Bäuerinnen
anzusprechen und sie aus ihrer niedrigen Produktivität in der Subsi-
stenzökonomie zu holen; Frauen, die neben der Landwirtschaft noch den
Haushalt haben, eine zeitaufwendige Sache(1). Der Mythos des Haushalts
mit männlichem Oberhaupt wird immer noch aufrechterhalten, obwohl über
ein Drittel der Haushalte weibliche Haushaltsvorstände haben, mit
wachsender Tendenz. In den Regionen Iringa und Singida liegen die
weiblichen Haushalte(2) bei 32 und 30 % (Bertell 1985, Appendix 8, S.
86).

Viele Wissenschaftlerinnen plädieren, daß eine Steigerung der Produktivität der Subsistenzwirtschaft nur möglich ist, wenn die Hauptproduzen-
ten, also die Bäuerinnen, über ihre eigene Arbeitszeit, über die Erlöse
(Einkommen) ihrer Arbeit verfügen, Zugang und Kontrolle zu Krediten,
landwirtschaftlicher Beratung (nicht Hauswirtschaftskurse) und Land (3)

---

(1) Mbilinyi hat für das Gebiet West Bagamoyo festgestellt, daß Bäuerin-
    nen im Durchschnitt sechsdreiviertel Stunden in der Landwirtschaft
    und dazu acht Stunden im Haushalt arbeiten (1980:44 f.). Der Anteil
    der Frauen in der Landwirtschaft liegt bei: Hacken und Unkrautjäten
    70 %, Ernten 60 %, Ernte nach Hause tragen 80 %, Lagerung des Ge-
    treides 80 %, Lebensmittelverarbeitung 90 %, Vermarktung von Über-
    schüssen 60 %, Säen und Versorgung der Haustiere 50 % (Chale zit.
    in: Geiger 1982:56).
(2) Auf dieses Problem der weiblichen Haushaltsvorstände geht eine ILO-
    Studie (1982:142 f.) ein, denn diese sind meist in der ärmsten
    Bevölkerungsschicht.
(3) Engo (1986); Ahooja-Patel (1982); Anand (1983); Rogers (1980);
    Beneria (1981); Dumont (1969, 1973); Fortmann (1977); Loufti (1980);
    Hafkin/Bay (ed.) (1976); Muntemba (1982); Savané (1982); Palmer/v.
    Buchwald (1980); Fresco (1985); Palmer (1985); Weekes-Vagliani
    (1985); Evans (1985); Guyer (1985 und 1984); Donner-Reichle (1985):
    "Anima Incognita".

erhalten. Nur mit dieser Strategie kann das Nahrungsmittelproblem angegangen werden(1).

In Tanzania jedenfalls hat sich aufgrund der Erkenntnisse und empirischen Studien über die Landwirtschaftspolitik Afrikas nichts geändert.
Der sich anbietende Ansatz, Bäuerinnen in die Planung miteinzubeziehen,
wurde ignoriert. Statt dessen wurde parallel zur Landwirtschaftspolitik-
planung über einen besonderen Frauenentwicklungsplan nachgedacht. Anlaß
war die Frauendekade der Vereinten Nationen.

4.3 Beginn der Entwicklung eines Frauenplanes

Die Ziele des Internationalen Jahrs der Frau - Gleichberechtigung,
Entwicklung und Frieden - sollten im Weltaktionsplan(2) umgesetzt werden. Diesen Plan unterschrieb auch Tanzania, hatte allerdings bis zur
zweiten UN-Weltfrauenkonferenz in Kopenhagen 1980 immer noch keine
Schritte unternommen, dieser Verpflichtung nachzukommen, d.h. es war
noch kein nationaler Aktionsplan vorgestellt worden(3).

Erst 1981 wurde ein Seminar ausgerichtet, um den "Women Development Plan
1981-85" in Chang'ombe vorzubereiten. Ziel der Veranstaltung war, nach
Bestandsaufnahme der Situation der Frauen in Tanzania Pläne zur Verbes-

---

(1) Erfolge mit Bäuerinnen gab es in Zimbabwe, denen man die Einführung
    einer neuen Maissorte (Saatgut und Dünger) überließ, im Gegensatz zu
    Tanzania, wo sich das Experiment als Fehlschlag erwies, da man nicht
    die Bäuerinnen angesprochen hatte (Welt-Frauenbericht 1985, UNO zit.
    in: Tagesspiegel 12.7.87).
(2) Vgl. World Plan of Action of the World Conference on the Internatio-
    nal Women's Year (Mexico City, June 19 - July 2, 1975), in: Tinker/
    Bo Bramsen/Buvinic (Eds.): Women and World Development, New York
    1976:185-218.
(3) In der Eröffnungsansprache des damaligen Prime Ministers Msuya des
    Seminars für die Entwicklung eines Frauenplans wurde darauf einge-
    gangen: "In the first half of the UN-Decade for Women (1976-80)
    Tanzania could not effect the agreed preparation of a special
    programme for the women decade in Mexiko. Although we could not
    effect the programme, we still worked through our normal development
    plans which fall in the line with our party and Government consitu-
    tions" (S. 1, para 5) Chang'ombe 1981.

serung ihrer Lage auszuarbeiten. In diesem Zusammenhang soll hier die Eröffnungsrede des damaligen Prime Ministers Msuya kurz in ihren wichtigsten Punkten dargestellt werden, da sie symptomatisch für die Einstellung der Politiker gegenüber 'Frauenfragen' ist. Er geht davon aus, daß die Partei und die Regierung gleiche Rechte für beide Geschlechter ohne eine Form der Diskriminierung anerkennt (Para 8, S. 2). Nach Feststellung des gleichen Zugangs zur Schulbildung für Jungen und Mädchen betont er, daß Frauen den gleichen Lohn für gleiche Arbeiten erhielten, für Schwangerschaftsurlaub sei gesorgt und Kindertagesstätten seien eröffnet worden (Para 11-13, S. 2). Er schlußfolgert, daß Frauen alle Chancen hätten, an der nationalen Entwicklung zu partizipieren. Dann: "However, the level of their participation will depend on their capability and not on problems allied with the party and government. As I go along with my discussion we will find some other bottlenecks which hinders women development. What we so far need is to understand these problems and then to find ways to elleviate them by using national tools, the capability and push of women and the party, and our government" (para 14, S. 3). Seiner Ansicht nach können Frauen zum sozioökonomischen Wandel beitragen, da sie für Kinder sorgen, einen großen Beitrag zur Ernährung der Nation leisten, die meiste Hausarbeit verrichten, in Regierung, Partei und Institutionen arbeiten und dadurch die Möglichkeit haben, andere Frauen und somit die nationale Entwicklung zu beeinflussen (para 18-23, S. 3-4).

Verschiedene Probleme hindern Frauen an der Entwicklung zu partizipieren: biologische und traditionelle Faktoren (z.B. Brautpreis, Erbschaftsrechte, Länge des Arbeitstages der Dorffrauen, ungleiche Chancen in Ausbildung und Lohnarbeit). Zur Überwindung dieser Hindernisse schlägt Msyua folgende Punkte für den nationalen Entwicklungsplan vor: Familienplanung, bessere Ernährung, mehr Kindertagesstätten, Partizipation an der ökonomischen Entwicklung (Kooperativenbildung in der Landwirtschaft, Tierhaltung, Kleinindustrien wie Schneiderei, Bäckerei, Kantinen). In bezug auf Landwirtschaft und Tierhaltung betont er, daß Frauen kaum in Ausbildungsprogramme des modernen 'farming' einbezogen sind und fordert Partizipation von Frauen am Training in der Produktivsphäre (para 43, S. 7).

Analysiert man diesen Vortrag, kommt die Partei- und Männerideologie in bezug auf Frauen deutlich zum Ausdruck: Frauen sollen ihre Fähigkeiten nutzen und sie werden an der Entwicklung teilhaben. Probleme der Frauen werden zwar erkannt, aber gleichzeitig sind die Verbesserungsvorschläge darauf ausgerichtet, daß sie ihre traditionelle Rolle (Aspekt Hausfrau und Mutter) noch besser ausführen, denn sie sollen noch produktiver in die Ökonomie des Landes einbezogen werden. Es kommen keine Vorschläge zur juristischen Änderung traditioneller Ungleichheiten (Erbrecht, Kinderzugehörigkeit) oder wie die Chancen für Lohnarbeit der Frauen verbessert werden könnten. Ökonomische Aktivitäten sollen im Subsistenzbereich den Familienstandard erhöhen, bessere Ausbildung für 'modern farming' heißt nicht, daß die Frage des Landeigentums gelöst wird (gerade angesichts des Trends, daß es weltweit, auch in Tanzania, immer mehr weibliche Haushaltsvorstände gibt), noch wird die Frage beantwortet, wie die Frauen über Erlöse ihrer Arbeit, ihre Produkte verfügen können. Mit keinem Satz wird die patriarchalische Familienstruktur und die geschlechtsspezifische Arbeitsteilung angetastet.

Nach Vorträgen aus den verschiedenen Ministerien wurden u.a. folgende Punkte diskutiert: Entwicklung einer Frauenpolitik(1) im Einklang mit den von Tanzania unterschriebenen Resolutionen der Weltfrauenkonferenz in Mexiko und Kopenhagen. Hierfür wurde eine Task Force (10 Mitglieder) gegründet, die den Auftrag erhielt, eine Gesetzesvorlage vorzubereiten. Ferner wurden UWT und ihre Aufgaben problematisiert, und es wurde gefragt, inwieweit eine Arbeitsteilung zwischen UWT und dem PMO (Women's Unit) positive Änderungen erbringen könnte.

Danach folgende Entwicklungen der Frauenpolitik können hier im Rahmen dieser Arbeit nicht weiter behandelt werden, jedoch ist zu vermuten, daß in den nächsten Jahren sich nicht viel verändert hat(2). Zum "African

---

(1) Im September 1982 wurde ein "Special Development Policy for Women in Tanzania" im PMO (Offisi ya Waziri Mkuu) erarbeitet.
(2) Eine Änderung patriarchalischer Haltung gegenüber Frauen ist auch im Sommer 1987 nicht festzustellen, in der Daily News gab es eine heftige Debatte zur Frage, ob Ehemänner ihre Frauen schlagen dürfen, die die Einstellung von Männern gegenüber Frauen in Tanzania aufzeigt: Daily News 28.6.87, 5.7.87. Beispiel: "Wives must behave", schreibt ein Mann, ... "After marriage, then the wife becomes the

Regional Preparatory Meeting" in Arusha (1984) für die UN-Frauenweltkon-
ferenz 1985 in Nairobi   identifizierte Nyerere wieder sehr eloquent die
Probleme, denen Frauen gegenüberstehen und zeigte mögliche Entwick-
lungsschritte auf, wie ... "changing laws relating to inheritance,
insisting on real educational opportunity, and application in reality of
equal employment opportunities. In particular it means building new
social attitudes - in which all people are regarded as truely of equal
worth" (Daily News 10.10.84).

Nach der konkreten Analyse tanzanischer Frauenpolitik wird im folgenden
Kapitel die agro-pastorale Gesellschaft der Wagogo in der Dodomaregion
untersucht: in ihrer historischen Perspektive. Die Einflüsse vorkolonialer Perioden (Fernhandel) bis zum heutigen Stand, d.h. auch Umbrüche
ihrer Lebens- und Ökonomiebasis vor und nach der Operation Dodoma werden
in den Blickpunkt der Analyse gestellt.

Forts. FN 2:
   'property' of the husband - whether we like it or not ... If wives
   want the beating to stop, they must change their behaviour before
   husbands. They must always listen, obey and follow their husbands'
   orders and instructions."

5 DIE WAGOGO DER DODOMAREGION: EINE AGRO-PASTORALE GESELLSCHAFT IM WANDEL

5.1 Natürliche Bedingungen der Region

Die Region Dodoma umfaßt 41.311 km² und liegt auf einem Plateau von 900 bis 2.000 m im nördlichen Hochland. Die Vegetation besteht aus Busch-gras- und Strauchland, Akazien und Baobabbäumen. Die Zentralregion wird nach ihren Einwohnern, den agro-pastoralen Wagogo, Ugogo genannt. Ver-glichen mit anderen Regionen Tanzanias sind die gemessenen Regenmengen pro Jahr sehr niedrig. Die Regensaison beginnt im November und endet unregelmäßig bis April. Über eine Zeitspanne von 43 Jahren (1931-1973) läßt sich belegen, daß kein Regen von Juli bis Oktober gefallen ist(1). In der Trockenzeit steigen die Temperaturen über 30°C und fallen kaum unter 20°C in der Nacht. Im Mai kommt in einigen Teilen der Zentralre-gion eine kleine Regenzeit. Trockene Winde und niedrige Luftfeuchtigkeit tragen zur Bodenerosion bei. Die Regen kommen als Wolkenbrüche, so daß in kurzer Zeit die Sandflüsse zu reißenden Strömen werden. Die durch-schnittliche Niederschlagsmenge der Region liegt zwischen 200 und 600 mm im Jahr, in Teilen der Distrikte Kondoa und Mpwapwa sind die Regenfälle etwas höher. Charakteristisch ist das trockene Savannenklima. In den oft sandigen Lehmböden(2) ist in einigen Gebieten der Salzgehalt sehr hoch, so daß sie kaum für eine intensive landwirtschaftliche Nutzung geeignet sind.

---

(1) M. Mujwahuzi: A Survey of Rural Water Supply in Dodoma Region, BRALUP Research Paper No. 57, Dar es Salaam 1978:5.
(3) Gemäß Cory haben die Wagogo 13 verschiedene Böden benannt, und davon waren drei Bodengruppen anhand der Farbe identifiziert, sechs waren assoziiert mit der Wasserhaltefähigkeit; vgl. A. Mascarenhas: Sett-lement and Population. Re-Distribution in Dodoma, BRALUP Research Paper No. 47, Dar es Salaam 1977:15.

Karte 2:   Lage der Region Dodoma

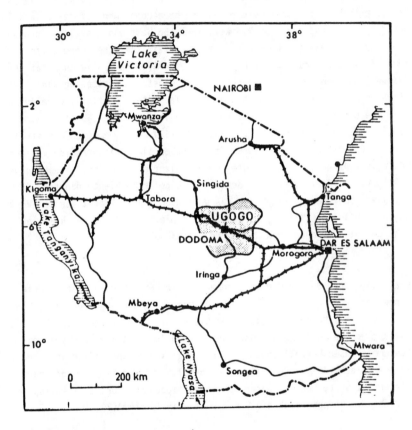

Quelle: Christiansson (1981:9)

5.2 Vorkoloniale Zeit

Herkunft des Namens der Wagogo: Die Wagogo sind ein bantu-sprechendes Volk(1) gemischten Ursprungs und haben das Gebiet in Zentraltanzania in der zweiten Hälfte des 18. Jhs. besiedelt. Den Namen gogo erklärt Rigby: "It is possible that they were given the name Gogo long before colonial penetration in the area, by Nyamwezi from the West who travelled through Ugogo on their way to the coast. It is certain that they were given the name from outsiders and not by themselves. Gogo have a legend that the Nyamwezi caravans on their journey to the coast had a stopping place at Cigwe in west-central Ugogo. A number of large logs (matindi) were lying near the camp; so the Nyamwezi called the local people 'Gogo' because a 'log' in Swahili is gogo (pl. magogo)" (1979:20). Demgegenüber stellt Claus die These auf: "Den Namen Wagogo haben sie möglicherweise von den Küstenleuten erhalten, denen die großen Holzpflöcke im Ohr, kisuah. gogo = Pflock, auffielen, und sie deshalb 'Wagogo'-Pflockleute nannten. Doch ist vielleicht gerade umgekehrt das Wort gogo = Pflock erst von dem Wort Wagogo gebildet" (1911:64). Festzuhalten bleibt, daß sie den Namen sehr wahrscheinlich von anderen Stämmen erhalten haben.

Erklärung des Namens Dodoma: Dodoma war früher der Name eines Ortes, lange bevor es eine Stadt oder Region mit dem gleichen Namen gab. Eine Erklärung des Namens geht auf eine Geschichte der Wagogo zurück: Ein Elefant wollte in einem kleinen Bach seinen Durst stillen und versank im Schlamm. Diesen Vorfall beobachteten einige Wagogo und riefen in Cigogo, ihrer Sprache, "yadodomela", was soviel heißt wie "er ist gesunken". Dieser Ort wurde bekannt unter dem Namen 'idodomya', und erst Anfang des 20. Jhs. veränderte sich die Schreibweise in 'Dodoma'(2).

---

(1) Zu Bantuvölkern vgl. P. van Pelt: Bantu Customs in Mainland Tanzania, Tabora 1971.
(2) CDA: A Portrait of Dodoma, Dar es Salaam rep. 1976:9.

5.2.1 Traditionelle Wirtschaft und Gesellschaft der Wagogo

Die Subsistenz der agro-pastoralen Gesellschaft der Wagogo lag zum einen im System des Wanderfeldbaus, zum anderen in der Viehhaltung(1). Die Arbeitsteilung war nach Geschlecht und Alter organisiert(2), wie in anderen ostafrikanischen Gesellschaften. Ackerland als Subsistenzgrundlage wurde sozioökonomisch wesentlich geringer bewertet; Vieh hatte Priorität und galt als Prestigeobjekt, Zeichen von Status. Das war erklärbar aus dem Verständnis der patriarchalischen Gesellschaft, die primär ackerbauliche Tätigkeiten als Frauenarbeit sah und korrelierend zur Stellung der Frau in der Gemeinschaft weniger achtete, während sie als wichtigste Aufgabe der Männer, die auf den Bestand der Rinderherden gerichtete Aktion, definierte. Innerhalb des ökologisch unstabilen Systems, des semi-ariden Gebietes Zentraltanzanias, war die Produktionsweise angepaßt an Klima und Böden, wie im folgenden dargestellt wird.

5.2.1.1 Die Basiseinheit: die 'kaya' und der Ackerbau

Die zentrale Produktions- und Reproduktionsstätte der Wagogo war die 'kaya'(3), der Mittelpunkt familial-kollektiver Hauswirtschaft. In den

---

(1) Grundnahrungsmittel waren 'uwele' (Hirseart), Erdnüsse, Bohnen und Kürbisarten. Der Erntezyklus betrug für Hirse ca. vier bis fünf Monate (vgl. Mbogoni 1981:IV Introduction).
(2) Mbogoni behauptet, daß Frauen und Männer gemeinsam gesät und gepflanzt hätten (1981:9), während Rigby argumentiert, diese Tätigkeiten seien explizit Frauenarbeit gewesen (1969:37).
(3) 'Kaya' bedeutet ins Englische übersetzt 'homestead', also Gehöft oder Anwesen. In unserem Verständnis ist 'kaya' mit Hauswirtschaft am funktionalsten definiert. Gluckmann, zit. in: Schneider (1979:106 ff.), bezeichnet in Ostafrika generell diese Hauswirtschaft als 'house-property-complex'. Dieser wird charakterisiert als: "a kind of arrangement of relations in which a man heads a household and allows his wife or wives to conduct their own production operation, passing the proceeds to their sons (daughters ordinarily do not inherit and are, in fact, part of the estate to which their brothers lay claim)."

meist polygamen Haushalten(1) war die kleinste individuelle Produktions-
und Reproduktionseinheit die einer verheirateten Frau mit ihren Kindern.
Das männliche Familienoberhaupt war verpflichtet, bei Heirat jeder Frau
eine Wohnstätte, 'nyumba' genannt, zu bauen und ihr Felder zur Verfügung
zu stellen, die er gerodet hatte und die an sie zur Bepflanzung für
Grundnahrungsmittel für sich und ihre Kinder fielen (Nutzungsrecht). Die
Felder für Getreide lagen vom Gehöft weiter entfernt als die kleineren
Gemüsegärten, die sich in der Nähe des Hauses befanden. Die Ernteerträge
bewahrte jede Frau in ihrem eigenen Vorratsspeicher auf. Daraus versorg-
te sie sich und ihre Kinder das Jahr über und zeitweise auch den
Ehemann, immer wenn dieser sie besuchte. Auf Wunsch des Mannes mußte sie
zusätzlich Hirse oder Sorghum für zeremonielles Bierbrauen oder für
andere Zwecke wie Arbeitsparties (man lud Verwandte und Nachbarn ein, um
ein Stück Land abzuzernten, als Anerkennung der geleisteten Arbeit gab es
Bier und Essen) zur Verfügung stellen. Feldarbeit wurde also immer
primär als Frauenarbeit verstanden(2), obgleich der Mann nicht ganz
außerhalb der Feldbewirtschaftung stand. Männer leisteten Rodungsarbei-
ten und garantierten die Bewachung der reifenden Ernte gegen wilde Tiere
und Feinde.

Während Feldarbeit ein regelmäßiges Attribut der Frauen war und man
daher Ackerbau als Fokus der weiblichen Sphäre charakterisierte, waren
die Männer, die selbst die Welt der Viehwirtschaft prägten und durch sie
sozial definiert wurden, trotzdem ein phasenweise notwendiges Akzidenz
zur Agrikultur, auch wenn sie den Frauen die Hauptlast der Pflanzenpro-
duktion, aus der die Gesellschaft der Wagogo ihre Subsistenz bezog,

---

(1) Während der deutschen Kolonialzeit stellte Claus fest, daß in einem
    polygamen Verband zwei bis drei Frauen, im Höchstfall sieben zu
    finden waren (1911:47). Zur Eheform beobachtete er: "Man darf nicht
    annehmen, daß sich die Frauen dabei unglücklich fühlen. Im Gegenteil
    sind sie sich ihres Wertes voll bewußt, den ihnen ihr Fleiß bei der
    Bestellung der Felder und ihre Tätigkeit im Haus verleiht"(1911:47).
(2) Rigby beschreibt für die Zeit seiner Felduntersuchung in den 60er
    Jahren, daß kaum ein Mann ein Getreidefeld bebaute, wenn, dann nur
    mit Hilfe aller Ehefrauen. Der Ertrag dieses Feldes wurde gesondert
    aufbewahrt, entweder bei seiner Mutter oder bei seiner ersten Frau
    (Senioritätsprinzip) (1969:173).

überließen. Die Spannung und praktische Ergänzung des Agro-pastoralen zieht sich durch die Gesellschaft, teilt und vereint die beiden hauptwirtschaftlichen Lebenszweige, teilt und vereint weibliche und männliche Welt.

Die Oberhäupter der Clans waren nicht Eigentümer des Landes, das Recht auf Land wurde im Akt des Rodens konstituiert. Dieses Landrecht verfiel nach einigen Jahren der Brache (Christiansson 1981:44). Dauerhaftes individuelles Eigentum existierte nur bei den Viehherden, die patrilinear vererbt wurden. Die besondere Bedeutung des Viehs soll im folgenden erklärt werden.

5.2.1.2 Die sozioökonomische Bedeutung der Viehhaltung

Die Basis der Subsistenz ist, wie oben beschrieben, die ackerbauliche Produktion des extensiven Wanderhackbaus. Das Vieh spielt dennoch eine sehr dominante Rolle in der Konsumptionssphäre und in der Reproduktion des Sozialsystems der Gesellschaft. Rigby beschreibt dies im folgenden: "Most Gogo own, or have rights in, some livestock, and many have very large herds. The predominant values of Gogo society, the economic exchange, ritual and symbolic contexts, are expressed in terms of cattle" (1969:637).

Vieh diente den Wagogo als Milch- und Fleischproduzent, seine Lederfelle wurden zur Bekleidung benötigt. Der Dung kam auf die nächsten Felder, und nach der Ernte des Getreides trieb man das Vieh auf die Felder; auch hier blieb der Dung zur Bodenbereicherung liegen (Rigby 1969:43). Also eine sinnvolle Ergänzung der Landwirtschaft durch Viehhaltung. Die anfallenden Arbeiten in der Viehhaltung waren Männersache, nur das Melken wurde von verheirateten Frauen ausgeübt - hier wird die Frau zum Akzidens -, die die Milch für die Herstellung des 'ugali' (Hirsebrei) oder zur Produktion von 'ghee' (Butterfett) verwandten.

Die größte sozioökonomische Bedeutung des Viehs manifestierte sich aber in seiner Funktion als Brautpreis. In Form von Vieh wurde die Familie der Frau für den Verlust des Nutzens ihrer Produktions- und Reproduktionsfähigkeit entschädigt. Schneider definiert den Brautpreis ... "as a correlate of the demand for female labour, the main supply of labour in indigenous production systems. Everywhere it is women who are the backbone of agricultural production" (1979:82). Kinder waren in der Gesellschaft der Wagogo generell hoch geschätzt; auch Mädchen galten als Reichtum, da sie später durch ihre Heirat dem Clan Vieh (Brautpreis) brachten. Die Autorität des Familienoberhauptes war beträchtlich, er verfügte über die Arbeitskräfte seiner Frauen und seiner unverheirateten Söhne, die von ihm später für ihre Heirat Vieh erhielten. Zur Geburt jedes Kindes bekam eine Frau vom Mann einen Teil seiner Herde, der später an ihre Söhne vererbt wurde. Die Kontrolle des Viehbestandes blieb aber beim Ehemann in ökonomischen und rituellen Angelegenheiten bis zu seinem Tod oder bis zur freiwilligen Aufgabe seines Kontrollanspruchs (Rigby 1969:172). Vieherwerb vollzog sich also zum einen durch den Brautpreis, zum anderen wurde durch eine erhöhte Produktion in der ackerbaulichen Subsistenz - durch mehrere Frauen konnten mehr Land bestellt und höhere Erträge erwirtschaft werden - die Möglichkeit geschaffen, Getreide gegen Vieh einzutauschen(1). Auf diese Art wurde Vieh akkumuliert, das Reichtum für den Eigentümer darstellte und ihn und seine Familie vor ökonomischen Krisen schützte; denn bei Trockenheit und damit Ernteausfall konnte Vieh wiederum gegen Getreide aus anderen Regionen getauscht werden. Somit war die hohe Einschätzung des Viehwertes verständlich; es war existentiell unverzichtbar für die Wagogogesellschaft, in einer ökologisch instabilen Region ein Standbein in der Viehhaltung als Überlebensgrundlage zu haben.

Nicht nur die Heirat, auch andere soziale Kontakte und Beziehungen wurden durch Viehtransfers geregelt. In einer Art Leihsystem, 'kuku-

---

(1) Brandström/Hultin/Lindström sehen hier die große Differenz agropastoraler Gesellschaften zu Nomaden: "Successful cultivators who produce a surplus convert much of it into livestock; surplus from the agricultural sphere is thus channelled into the livestocksphere" (1979:18). Dagegen ist der rein pastorale Haushalt total abhängig - für seine physische und soziale Reproduktion - von zwei Faktoren: der Viehherde und den Familienarbeitskräften. Ein Surplus an Vieh muß erwirtschaftet werden, um verschiedene Nahrungsmittel etc. eintauschen zu können, die außerhalb der pastoralen Ökonomie liegen (1979:12-16).

za'(1) genannt, wurden oft Tiere aus einer Herde an eigentumslose Männer zur Betreuung weggegeben. Für die anfallende Arbeit erhielt der Besitzer das Recht, u.a. Milch zu verwenden (Rigby 1969:47-52). Das Ziel einer solchen Transaktion des Leihsystems war es, die Möglichkeiten der Suche nach Wasser und Gras zu diversifizieren und zu multiplizieren(2), darüber hinaus, so Mbogoni, war es die "... insurance against disease and theft which necessitated the distribution of one's cattle" (1981: 21). Die weiteren sozialen Interaktionen und die rituelle Bedeutung des Viehschlachtens bei Zeremonien sind ausführlich bei Rigby (1969) dargestellt, so daß hier nicht weiter darauf eingegangen wird.

Festzuhalten bleibt: Viehbestände waren Reichtum und Macht für die Eigentümer; die Clanältesten benutzten das Vieh zu sozialen Transaktionen (Brautpreis), um Verfügung über weitere Arbeitskräfte zu erlangen (Frauen, unverheiratete Söhne) und das Wohlwollen eigentumsloser Viehbesitzer zu sichern und diese für Notzeiten (Dürre, Epidemie, Krieg) an sich zu binden. Ökonomisch betrachtet, war Vieh eine Art soziales Versicherungssystem. Rigby spricht in diesem Zusammenhang von einer pastoralen Bewertung und Schätzung des Viehs der Wagogo. Je mehr Vieh man hatte, um so weniger Ackerbau wurde betrieben. Diese Korrelation zeigte die Balance zwischen Ackerbau und Viehzucht, aus ihrem Präferenzsystem heraus würden die Wagogo lieber von Viehzucht leben, aber aufgrund der Verhältnisse in Ugogo war dies nicht möglich und realistischerweise wurde für die Subsistenz Vorsorge in Form des Ackerbaus getroffen. Diese Produktionsweise, Wanderhackbau verbunden mit Viehzucht, bedingte eine hohe Mobilität des einzelnen Clans, der Hauswirtschaften. Mbogoni analysiert: "Physical adjustment was essential determined by the possibilities of exploiting nature given the limited control man had over his environment ... Isolated homesteads were not a result of people simply preferring to live in isolation but living far apart gave each homestead enough bush land as required by the prevailing

---

(1) Diese Viehleihsysteme existierten in vielen ostafrikanischen Gesellschaften, die Turu nennen diese Transaktion 'uriha', die Pokot 'tilia' und die Somali 'heer' (vgl. Schneider 1979:93).
(2) Schneider sieht auch andere Gründe für dieses Kontraktsystem am Beispiel der Turu: Der Besitzer möchte von der Berufserfahrung des Vieheigentümers lernen und sich gleichzeitig mit einem reichen, geachteten Mann in der Gesellschaft gutstellen (1979:94).

methods of land cultivation" (1981:24). Diese Lebens- und Wohnweise manifestiert sich auch in der politischen Struktur der Wagogo.

5.2.1.3 Die Wagogo: Pastoralisten oder Subsistenzbauern? Eine Definition

Für die Wagogo existiert in der Fachliteratur kein einheitlicher Begriff, keine einheitliche Charakterisierung ihrer Gesellschaft.

Rigby, der sich sehr detailliert mit den Wagogo auseinandergesetzt hat und auf dessen empirischer Forschung seit 1963 alle mir bekannten Arbeiten zu den Wagogo aufbauen, definiert sie "as semi-pastoral or cultivating pastoralists" (1969:24). In einem Artikel führt er aus: "The Gogo are a semi-pastoral people, who subsist mainly upon cereal agriculture but whose value system is strongly orientated towards pastoralism" (Rigby in: Nkanga 1969:44).

Mackenzie beschreibt die Wagogo als "... pastoralist-cultivators ... where the land is used for the combined production of food and cash crops and livestock" (1973:3).

Pratt/Gwynne nennen die Wagogo einen pastoralen Stamm, "who rely on agriculture as well as livestock" (1977:66). Ähnlich erklärt Mascarenhas sie zu ..."sedentary pastoralists, with cattle taking precedence over agriculture" (1977:11). Diese Dominanz des Viehs führt auch Sembajwe an, "they are engaged in agriculture and animal husbandry, and cattle being an important part of the socio-economic structure of most people of the area" (1980:2).

Die zutreffendste Definition der Wagogo als <u>agro-pastorale Gesellschaft</u> wurde von Branström/Hultin/Lindström erarbeitet: "... societies where agriculture constitutes the subsistence base but combines livestock keeping in such a way that the latter is a necessary condition for the maintanance and reproduction of the socio-economic system" (1979:8).

5.2.2 Das traditionelle politische System

Die Streusiedlungen der Wagogo waren durch Grenzen (mimbi) in rituelle Gebiete (yisi) aufgeteilt. Innerhalb eines spirituellen Gebiets war das Clanoberhaupt für verschiedene Zeremonien wie das Regenmachen zuständig(1). Rigby definiert: "The formal organization of the politico-jural domain is based primarily upon religious authority and ritual differentiation related to clanship. Most secular authority is, on the other hand, vested in the 'elders' (wanyamphala or wawaha), acting with as homestead heads and as members of ad hoc local courts" (1977:82). Wichtig zu betonen, daß politische und juristische Funktionen nur von Männern, nicht von Frauen ausgeübt werden konnten. Die politische Struktur der Wagogo wurde als die einer egalitären Gesellschaft beschrieben (Rigby 1969:63 ff.). Diese Struktur bezog sich seiner Meinung nach auf Vieheigentümer und Besitzer, die aufgrund ihres ökonomischen Status keine untergeordnete soziale und politische Rolle in der Gesellschaft innehatten (Rigby 1969: 50).

Schneider sieht "... egalitarianism being not just an ideology but a reflex of economic opportunity. All men seek to rule, but if they cannot rule they prefer to be equal ... Those who have wealth are unable to institutionalize it and legitimize their attempts to control others, any attempts to do so resulting in scornful and sometimes violent reaction by others against whom the wealthy are unable to retaliate sufficiently to establish authority" (1979:210). Diese sogenannten egalitären Systeme beziehen sich, auch im Fall der Wagogo, nur auf die Männer, im hierarchischen Sinn haben Frauen eine untergeordnete Stellung innerhalb des politischen, juristischen und religiösen Systems.

---

(1) Mbogoni interpretiert die Funktion des Clanoberhauptes als Regenmacher als Möglichkeit für ihn, zusätzliche Arbeitskräfte zur Feldarbeit anzufordern (1981:7 f.).

5.2.3 Der Fernhandel und seine Auswirkungen auf die Wirtschafts- und Sozialstruktur der Wagogo

Vor der europäischen Kolonialzeit Ende des 19. Jhs. war die Ostküste Afrikas bereits seit dem 12. Jh. von arabischen Einflüssen dominiert. Bis ins 15. Jh. gab es eine hochstehende Handelskultur (Iliffe 1979:35), die sich zwischen der afrikanischen Küste (Städte wie Kilwa als Handelsimperium) und den Anrainern des Indischen Ozeans abspielte(1). Die portugiesischen Einflüsse (1497 bis ins 17. Jh.) wurden durch eine Expansion der Araber aus Oman verdrängt, dabei verloren die Küstenstädte ihren Einfluß (Meyns 1978:39 f.).

Die im Landesinnern lebenden Gesellschaften hatten unabhängig von diesem Küstenhandel ein weiträumiges Handelsnetz(2) aufgebaut, dem eine regionale Spezialisierung voranging, resultierend aus den natürlichen Ressourcen und jeweiligen Fertigkeiten der Gesellschaften. In Ugogo wurde beispielsweise billiges Salz(3) gewonnen, das nach Unyamwezi und Usagara gebracht wurde (Kjekshus 1977:98), im Tausch gegen Eisenhacken. Somit war der Regionalhandel Teil der vorkolonialen Gesellschaften. Unabhängig von den Arabern ergriffen einzelne afrikanische Gesellschaften wie die Nyamwezi die Initiative, um 1820 eine Karawane an die Küste (vgl. Kjekshus 1977:115, Hofmeier 1970:45 f.) zu schicken, so daß sich die großen Fernhandelsrouten schnell an den lokalen Netzen orientiert ausweiten konnten. Vom Festland Tanzanias gingen Mitte des 19. Jhs. die Karawanen von Bagamoyo durch Ugogo Richtung Nyamwezi bis nach Zentral-

---

(1) Über die historische Entwicklung siehe: H. Bley: Die Mär von der Geschichtslosigkeit Afrikas, in: afrika heute, 1973:20-22; W. Rodney: Afrika - die Geschichte einer Unterentwicklung, Berlin 1975; B.-A. Ogot (Eds.): Zamani. A Survey of East African History, Nairobi 1971.

(2) Vgl. E.A. Alpers: Ivory and Slaves in East Central Africa, London 1975.

(3) D.R. Morgan beschreibt die Salzgewinnung in Ugogo: Salt Production in Tanzania: Past and Present, in: Tanzania Notes and Records, No. 74, 1974:34. Im Fernhandel spielte Salz weiter eine große Rolle (vgl. Burton 1860:308, Cameron 1877:105 f. und Christiansson 1981: 160).

afrika. Die Austauschprodukte des ehemaligen Regionalhandels veränderten sich, von der Küste kamen Baumwollstoffe, Schmuck und Waffen ins Landesinnere, vom Land wurden Sklaven und Elfenbein an die Küste geschafft (Coulson 1982:17). Dieser Handel war auf die Bedürfnisse des arabischen Reiches auf Zanzibar ausgerichtet sowie auf die Weltökonomie, die Sklaven (z.B. für die französischen Plantagen im Indischen Ozean auf Réunion und Mauritius) und exotische Exporte wie Felle und Elfenbein nachfragten(1).

Die Auswirkungen auf die afrikanischen Gesellschaften waren unterschiedlich, hier sollen die Veränderungen bei den Wagogos, ihrer Ökonomie und Gesellschaft, dargestellt werden, die aufgrund ihrer zentralen Lage ständig mit den durchziehenden Karawanen in Kontakt kamen.

Der Handel mit den Nyamwezi, Salz gegen Eisenhacken, hatte anfangs für die Wagogo eine Produktivkraftentwicklung zur Folge. Vor Zustandekommen dieses Handels bearbeiteten die Frauen der Wagogo die Felder mit Holzgeräten. Mit den Eisenhacken konnte der Boden wesentlich leichter bestellt werden (Mbogoni 1981:26), somit wurden Eisenhacken als wertvoller Brautpreis geschätzt. Mbogoni stellt die These auf, daß Mitte des 19. Jhs. nicht Vieh, sondern eine Eisenhacke als Brautpreis(2) verlangt worden war. Nicht nur in diesem Kontext, sondern auch für die Nahrungsmittelproduktion der Wagogos war sie von großer Bedeutung.

Für die Durchquerung der semi-ariden Zone in Ugogo benötigten die Karawanen Wasser und Nahrungsmittel, da sie nicht für die ganze Strecke Extraträger anheuern konnten, um Nahrungsmittel für die ganze Karawane zu transportieren. So wurden Handelsplätze eingerichtet, wo Waren wie Kleidung, Kupferdrähte und Glasperlen gegen Getreide und Wasser getauscht wurden. Die Wagogo handelten anfangs mit ihrer Surplusproduktion

---

(1) Vgl. Nabudere (1981:11).
(2) Nach Interviews mit "elders" in der heutigen Dodomaregion kommt Mbogoni zu dieser Auffassung (1981: 13 f.).

Karte 3: Karawanenrouten durch Ugogo

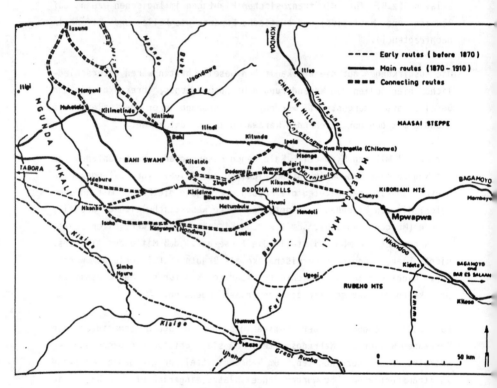

Quelle: Christiansson (1981:16)

(Hirse); durch die ständig wachsende Nachfrage wurden Böden von niedriger Qualität für die Getreideproduktion herangezogen(1). Das hatte zur Folge: "... a successive lowering of the production potential including acceleration of soil erosion caused by deforestation and overexploitation of the agricultural land. Probably a certain role was also played by the gradual extinction of game in large parts of central Ugogo" (Christiansson 1981: 162).

Versucht man sich ein Bild zu machen, wieviel zusätzliche Mengen von Nahrungsmitteln angebaut werden mußten, gelten für die Zeit vor 1890 nur Schätzungen. Für die Zeit von 1860 bis 1885 meint Meyer, daß pro Jahr 400.000 bis 500.000 Menschen durch Ugogo gezogen seien (zit. in: Christiansson 1981:163). Für 1890 wurden 2.000 Karawanen im Jahr errechnet, dabei muß von einer Anzahl von 1.000 bis 3.000 Menschen pro Karawane ausgegangen werden.

Das Ugogogebiet wurde meist in der Trockenzeit (Mai bis November) durchquert, da man mit vollen Lagern nach der Ernte rechnete. Laut Christiansson wurden für 1875 ca. 6.000 t jährlich für die Karawanen benötigt. Nach dem Höhepunkt des Fernhandels ging der Bedarf während der deutschen Kolonialzeit auf 1.600 t pro Jahr zurück(2).

Aufgrund der generell niedrigen Entwicklung der Produktivkräfte konnte der Boden nicht intensiv, sondern mußte extensiv bearbeitet werden, das bedeutete Einsatz von mehr Arbeitskräften - dieses Problem lösten die Wagogo mit Hilfe der durchziehenden Karawanen. Während die Feldarbeit

---

(1) Christiansson 1981:160 f. Dieser entscheidende Unterschied spielt für die Zeit um 1850 bis heute eine Rolle: Erosion von Menschen verursacht, ist eine irreversible Negativentwicklung mit chronischen Hungersnöten. Zuvor waren die Hungerjahre zyklisch klimatisch bedingt, innerhalb der schonenden extensiveren Produktionsweise konnten diese Ernteausfälle aufgefangen werden. Das Verhältnis zur Natur beschreibt Mbogoni: "... (it) were actually an expression of the disruptive nature of pre-capitalist modes of production which were capable of and apting to rather than controlling the vacillations of natural forces" (1981:31). Das heißt aber nicht, daß die Wagogo hilflos der Natur ausgeliefert waren, sondern sie paßten sich den Gegebenheiten an, wie Mascarenhas dokumentiert (1977:10-15).
(2) Christiansson (1981:163).

Frauensache war, gingen die Männer auf Elfenbeinjagd(1), um ein Tausch-
objekt zu erhalten, mittels dessen sie von den an die Küste zurückkeh-
renden Karawanen Sklaven tauschen konnten(2).

Jones dokumentierte: ... "the Gogo bought slaves to grow crops while
their masters hunted ivory" (1980:17). Diese Sklaven wurden gezielt für
die Nahrungsmittelproduktion eingesetzt (Iliffe 1979:73). Die einfache
Warenproduktion des Getreideanbaus für die Bedürfnisse der Karawanen
wurde durch Wegzoll bzw. Wassersteuern ergänzt(3).

Zu dem beschriebenen Prozeß innerhalb der Region kamen noch andere
Faktoren hinzu, die die Lage der Wagogo verschlechterten, so die Raub-
überfälle der Wahehe und der Massai um 1880, 1884, 1885 und 1886 (Claus
1911:61). Arning erklärt die gezielten Expansionswünsche(4) der Wahehe
aus dem Süden nach Ugogo hinein mit ökonomischer Motivation: um Kontrolle über die Salzproduktion und das Vieh zu gewinnen sowie insgesamt
Kontrolle über die zentrale Handelsroute zu erlangen (Arning zit. in:
Kjekshus 1977:98 f.).

---

(1) Also nicht nur diese extensive Landwirtschaft (Erosionsschäden),
    sondern auch die Jagd der Wagogo auf Elfenbein (Tauschobjekt) führte
    mit zur Ausmerzung des Großwildes in dieser Region.
(2) Iliffe behauptet, daß die Sklaven schlecht behandelt worden seien
    (1979:74), Claus vertritt die Auffassung, daß ihre Stellung wesent-
    lich besser gewesen sei, als das Wort Sklave vermuten lasse
    (1911:60). Burton beschreibt, daß die Wagogo selten ihre Frauen und
    Kinder als Sklaven verkauften (1860:307-308). War im 19. Jh. noch
    Elfenbein gegen Sklaven getauscht worden, war Anfang des 20. Jhs.
    die Basis für Tausch Rinder gegen Sklaven gegeben (ein junger Sklave
    kostete zwei bis drei junge Rinder) (vgl. Claus 1911:37).
(3) Rigby betont, daß die Wagogo erst als Reaktion auf Übergriffe
    einiger Karawanen diese Steuer erhoben (1971:399).
(4) Durch Weiße wurde der Krieg verschärft, zum Beispiel mit dem Öster-
    reicher Emir Pascha, der, um den Einfluß arabischer Händler zu
    brechen, eine Expedition von der Küste in Richtung Viktoriasee
    startete. Im April 1890 reiste er durch Ugogo, und auf die Forderung
    eines Chiefs nach Wegzoll zerstörte er 19 Dörfer und trieb als Beute
    2.000 Rinder weg (Iliffe 1979:103).

Neben kriegerischen Auseinandersetzungen war die große Rinderpest (1890) für eine agro-pastorale Gesellschaft wie die Wagogo eine Katastrophe(1). Reisende wie Vaegeler schätzten, daß die Viehherden stark dezimiert worden waren. Aufgrund solcher Berichte kalkulierte Kjekshus, daß es vor 1890 mindestens 4,5 Mio. Stück Vieh in Tanzania gab. Beim Viehzensus der Deutschen zählte man 1902 nur 460.572 Stück, damit waren nicht einmal 10 % der vorigen Bestände erreicht (1977:131). Doch im Gegensatz zu Nomaden konnte eine agro-pastorale Gesellschaft wie die Wagogo auf ihre Subsistenz, die Landwirtschaft, zurückgreifen, um diese Katastrophe zu überleben(2). Für die durchziehenden Karawanen bedeutete dies allerdings, daß sie nicht genügend Nahrungsmittel eintauschen konnten. Nach verzweifelten Überfällen auf die Wagogo gaben diese Siedlungen an der Karawanenroute auf (vgl. Christiansson 1981:162) und zogen sich in Streusiedlungen zurück, um zu überleben.

5.2.4 Zusammenfassung

Die vorkoloniale Produktionsweise der Wagogo beruhte auf Wanderhackbau und der komplementären Viehzucht. Durch regionalen Handel und später durch den Fernhandel entstand eine diffuse Tauschwirtschaft (Salz gegen Eisenhacken, Elfenbein gegen Sklaven), die im ackerbaulichen Bereich abhängig vom Klima und den nur beschränkt vorhandenen Arbeitskräften - bei kaum steigerbarer Produktivität - war. Die Ausweitung des Getreide-

---

(1) Die Rinderpest wurde durch Vieh (aus Indien und Aden) für die italienische Armee (1. Expedition Abessinien) 1889 nach Somalia eingeschleppt (vgl. Meltham zit. in: Kjekshus 1977:127).

(2) Nach der Rinderpest folgten weitere Katastrophen: Pokken, Sandfliegen, Heuschreckenschwärme und die Tsetse-Fliege (ausführlich dargestellt in Iliffe: 1979).
Aufgrund dieser historischen Abläufe stellen einige Autoren wie Kjekshus (1977) und Coulson (1982:31) die These auf, daß von 1850 bis 1920 die afrikanischen Gesellschaften eine Rückentwicklung erlitten, die sie hinter den Kulturstand, den sie am Anfang des 19. Jhs. hatten, zurückwarf. Christiansson kritisiert Kjekshus' Ansatz eines ökologischen Systems für Ostafrika und die These, daß mehr oder weniger immer Surplus existiert hätte und belegt seine Kritik mit der Entwicklung in Ugogo (1981: 150 ff.).

anbaus, das Abholzen und die Jagd auf Elfenbein veränderten die Land-
schaft nachhaltig, die ersten säkularen Erosionsschäden entstanden. Das
unstabile Ökologiesystem wurde nachhaltig zerstört, chronische Hungersnöte waren die Folge(1). Die sozialen Gegensätze (s.u.) innerhalb
der Gesellschaft vertieften sich durch Handel und Wegzölle.

Traditionell war Reichtum durch die Arbeitskraft der Frauen und unverheirateten Söhne akkumuliert worden sowie durch Eigentum an Vieh. Die
Organisierung und Kontrolle der Eigentumsrechte der Tauschproduktion
(Getreide, Salz) lag bei den traditionellen Führern, also den Clanältesten oder Chiefs. Mittels des Handels konnte die traditionelle Elite
ihre Macht ausbauen. Mbogoni erklärt: "... with the increased production
(Getreide, CDR) those who where able to produce surplus in grain, that
is clan heads or cattle owners, stored this surplus in cattle. The value
of cattle as a measure of wealth must have been extended to represent a
measurement of labour value, i.e. women (and their reproductive capacity) the distribution of which was regulated by payment of bridewealth"
(1981:14).

Mit der Entwicklung des Brautpreises in Form von Vieh konnte der Vater
seine Autorität über seine unverheirateten Söhne manifestieren(2), sie
waren auf seine Hilfe, sein Vieh für ihren Brautpreis angewiesen.

---

(1) Rigby (1969:21) und Brooke (1967:20) stellten für die Zentralregion
    einen sogenannten Hungerkalender zusammen, der mit dem Jahr 1850
    beginnt. Hier eine Zusammenstellung: 1850 Dürre, Viehstände stark
    reduziert, 1870 Dürre, 1878 Trockenheit, Hungertot, Migration, 1888
    Heuschreckenschwärme, 1890 bis 1892 große Rinderpest und Heuschrek-
    kenschwärme, Viehverlust usw. Vergleicht man die beiden Kalender,
    weichen sie in bezug auf Daten und auch Namen ab.
(2) "Young men, we have noted, had no right to arrange for their own
    marriages. They also had to give unreserved obedience and labour to
    the father and elders who did control access to the material condi-
    tions of production, i.e. access to women, and the 2 cows which the
    married young men would get from his father" (Mbogoni 1981:19).

Das Vieh behielt als ein Garant des Überlebens den hohen Stellenwert, es konnte im Notfall gegen Nahrungsmittel eingetauscht werden. Vielleicht ist aus dem 19. Jh. mit all den Veränderungen des Ökologiesystems Zentraltanzanias zu verstehen, warum bis heute für die Wagogo Vieh einen übergeordneten Rang gegenüber dem Ackerbau einnimmt.

Exkurs 3: Darstellung der Wagogo durch Reisende im 19. Jh.

Die Reiseaufzeichnungen von Europäern aus dieser Zeit ergeben ein interessantes, wenn auch eurozentrisch gespiegeltes Bild jener Zeit, das hier im folgenden durch eine Auswahl von Zitaten aus den Reiseberichten dokumentiert wird.

Burton berichtete 1860 von den Wagogo: "The Wagogo are an importing people, and they see with envy long strings of what they covet passing through their territory from the interior to the coast. They are strong enough to plunder any caravan; but violence they know would injure them by cutting off communication with the markets for their ivory ... The sultans receive their kuhonga, and the subjects entice away slaves from every caravan, but the enormous interest upon capital laid out in the trade still leaves a balance in favour of the merchants" (1860:254). Die Bereitschaft zum Handel der Wagogo wird hervorgehoben. Die 'kuhonga' ist die Steuer, die jede Karawane als Abgabe zahlen mußte. Interessant ist seine Bemerkung über die Sklaven, die von den Wagogo 'verführt' wurden, bei ihnen zu bleiben; dies kann als Ergänzung zu den Beschreibungen (Jones, Iliffe) gelten, die den Tausch des Elfenbeins gegen Sklaven dokumentieren.

Burtons Beobachtung geht weiter, er stellt fest, daß man die Steuer nicht umgehen konnte, da die Dörfer voll mit kampffähigen Männern waren; im Gegensatz zu anderen afrikanischen Gesellschaften reisten die Wagogo kaum an die Küste, sondern hielten sich in ihrer 'Durchgangsregion' auf und hatten somit Vorteile gegenüber den Karawanen aufgrund ihrer Stärke (1860: 307). So formuliert Burton: "The Wagogo are celebrated as thieves who will, like the Wahehe, rob even during the day. They are importunate beggars, who specify their long list of wants without stintor shame; their principal demand is tobacco, which does not grow in the land; and they resemble the Somali, who never sight a stranger without stretching out the hand for 'Bori'. The men are idle and debouched, spending their days in unbroken crapulence and drunkeness, whilst the girls and women hoe the fields, and the boys tend the flocks and herds" (1860:309).

Denkt man heute an die großen Erosionsschäden in Zentraltanzania, so sah dies offensichtlich bei der Durchreise Burtons noch anders aus: "Elephants are numerous in the country: every forest is filled with deep traps, and during droughty seasons many are found dead in the jungle" (1860:308-309).

Je nach guter oder schlechter Ernte berichteten Reisende wie Cameron, der 1883 diese Situation vorfand: "The country was only partially cultivated, and some places were so sterile as to produce nothing but stunted acacias and a thorn which I called the 'angular' tree" (1877:99).

Auch Cameron hatte von den Steuerabgaben der Wagogo gehört (1) und schilderte einen Vorfall: "We had now fairly entered Ugogo, and having heard many wonderful stories of the extortions practised by the Wagogo, anticipated some difficulty in passing through their country. They were reputed to be great thieves, and so overbearing that any insult they inflicted was to be borne without resistance" (Vol. 1, 1877:92). Nachdem er einmal eine Abgabe bezahlt hatte und andere Wagogos in einiger Entfernung auch 'hongo' verlangten, reagierte Cameron nach seiner Darstellung so: "I told the Wagogo they might take payment in lead from our rifles, although our timid men wanted to persuade me to allow myself to be cheated. And seeing three white men with rifles who evidently did not intend to submit to any extortion, they thought it most prudent to draw their horns and let the caravan pass without further opposition" (1877: 99).

---

(1) Vgl. auch Stanley (1983:116 ff.).

Noch 1892 hatte Hove die gleichen Erfahrungen bezüglich der Abgaben, gleichzeitig schätzte er die Möglichkeit, genügend Nahrungsmittel ein- kaufen zu können: "Entering Ugogo, entirely new experiences were encoun- tered, both in the aspect and character of the natives and the circum- stances of life. The constant demands for hongo(1), and the effort to draw a line between a necessary and safe payment and a too easy yielding to the demand, was a daily anxiety. On the other hand, food, in conse- quence of the previous liberal rains, was plentiful and cheap, keeping up to strength and spirit of the porters, so that between the frequent stoppages good progress was made" (1892:51).

Ausführlich geht Baumgarten auf die Wagogo als "Stamm" ein und charakte- risiert sie dann fälschlicherweise als Ackerbauern: "In physischer und moralischer Hinsicht sind die Wagogo allen bisher genannten Stämmen im Innern weit überlegen; ihr ganzes Aussehen hat etwas Löwenhaftes, die Physiognomie ist intelligent (1890:12) ... Als fleißige Ackerbauern bauen die Wagogo nicht nur Korn (Sirch) für sich, sondern auch für die durchreisenden Karawanen. Die letzteren übernachten jedoch nie in den Dörfern, sondern halten sich denselben möglichst fern und verschanzen sich durch Dornenhecken, um einem etwaigen Überfall des beutegierigen Volkes vorzubeugen" (1890: 13).

Analysiert man diese Schilderungen und subjektiven Eindrücke der weißen Durchreisenden, so fällt auf, daß nur Konsens über die zu hohen Steuer- abgaben besteht. Burton und Cameron beschreiben die Männer der Wagogo als faul und feige, während Baumgarten sie für intelligent und fleißig hält. Man kann nur vermuten, daß er Sklaven bei der Feldarbeit beobach- tet hatte, ohne die komplexen Zusammenhänge der Gesellschaft zu kennen.

Der Zustand der Landwirtschaft und Gesellschaft wurde nach dem ober- flächlichen ausschnittweisen Ist-Zustand der Begegnung beurteilt (vgl. Cameron und Hove); festzuhalten ist, daß die Ernteerträge sowie das

---

(1) Die Steuer (hongo) erreichte den Preis von 20 % der getragenen Waren und wurde erst 1894 durch die Gründung einer Militärstation in Kilimatinde gestoppt und verboten (Claus 1911:5).

gesamte Erscheinungsbild starken Veränderungen an der Oberfläche unter-
worfen waren, je nach Auswirkung des labilen Klimas. Schon 1884 beobachteten Missionare, wie Händler mit Getreideladungen nach Ugogo zogen,
um dort Höchstpreise zu erzielen, da dort eine Hungersnot herrschte
(Jones in: Bates/Lofchie 1980:17).

5.3 Auswirkungen der Kolonialzeit auf die Wagogo

5.3.1 Die deutsche Kolonialzeit

Mitten in die letzte Phase des Fernhandels fiel die militärische Erobe-
rung Tanzanias durch die deutschen Kolonialisten(1). Mit Abschaffung des
Sklavenhandels und der Abnahme der Bedeutung des Elfenbeinhandels kam
Afrika in der Epoche des expandierenden kapitalistischen Weltmarktes
eine andere Bedeutung zu: "Das Maschinenzeitalter zwang Afrika eine neue
Rolle im Zusammenhang mit dem europäischen Aufschwung auf. Die Tendenz
der europäischen Kapitalisten lief immer mehr darauf hinaus, Afrikas
Möglichkeiten hinsichtlich Bergwerken und Pflanzungen auszuschöpfen und
bei Bedarf auch bei Produktionsquellen selbst zu überwachen. Es war also
kaum ein Zufall, daß die industrialisierten Länder auch die maßgeblichen
Kolonialmächte wurden" (Ki-Zerbo 1979:437-338).

Die deutsche Kolonialmacht konnte sich erst nach Niederschlagung etli-
cher Aufstände festigen. Die Ökonomie des Landes sollten exportorien-
tierte Plantagenwirtschaft, geführt durch Europäer, Nahrungsmittel-

---

(1) Bismarck berücksichtigte den Ruf nach Kolonien vor den Wahlen zum
    Reichstag 1884 (vgl. Wehler 1976:474). Man beurteilt die deutsche
    Kolonie heute u.a. folgendermaßen: "In dieser Zeitspanne sind die
    Grundmauern des heute noch bestehenden afrikanischen Staatensystems
    gelegt worden, indem die Europäer im gegenseitigen Wettstreit und
    indem die Kolonialherren in den von ihnen eroberten Gebieten kolo-
    niale Verwaltungsstaaten zu errichten begannen." (Wirz 1984:289-
    290).

sowie Verkaufsfrüchteproduktion durch die afrikanische Bevölkerung umfassen (1).

Im Rahmen dieser Arbeit soll nicht die Kolonialgeschichte (2) als solche dargestellt werden, sondern explizit ihre Auswirkungen auf die Wagogo in Zentraltanzania.

Zusätzlich zum nationalen Viehzensus (s. voriges Kapitel), der auch die Wagogoherden miteinbezog, wurde 1910 bis 1911 eine Untersuchung des möglichen wirtschaftlichen Potentials der Ugogoregion durchgeführt. Im Ergebnis dieser Untersuchung kam man zu der Schlußfolgerung, daß das Gebiet nur für pastorale Zwecke geeignet ist und empfahl einige 'ranching' Projekte (Christiansson 1981:157).

Die Politik der Deutschen, die ökonomischen Verhältnisse der afrikanischen Gesellschaften in die Marktwirtschaft gemäß ihren Vorstellungen zu integrieren, setzten sie durch mit Mechanismen wie Einführung von Steuern, die die Bauern in den Zwang, neue Verkaufsfrüchte für den Markt anzubauen, brachten. Außer Produkten wie Baumwolle und Kaffee wurde in Plantagen Sisal angebaut, so in der Tangararegion und entlang der ins

---

(1) Ausführlich hierzu: R. Tetzlaff: Koloniale Entwicklung und Ausbeutung. Wirtschafts- und Sozialgeschichte Deutsch-Ost-Afrikas 1885-1914, Berlin 1970. D. Bald: Deutsch-Ostafrika 1900-1914; eine Studie über Verwaltung, Interessengruppen und wirtschaftliche Erschließung, München 1970. J. Iliffe: A Modern History of Tanganyika, Cambridge 1979. M.H.J. Kaniki (Ed.): Tanzania under Colonial Rule, Singapore 1980. D. Bald: Koloniale Penetration als Ursache des afrikanischen Widerstandes in Tansania (1905-1907), in: Pfennig/ Voll/Weber (Hrsg.): Entwicklungsmodell Tanzania: Sozialismus in Afrika, Frankfurt/ New York 1980:76-93. H. Desselberger: Kolonialherrschaft und Schule in Deutsch-Ostafrika, in: Pfennig/Voll/Weber (Hrsg.): 1980:94-118. Kiambo/Tenn (Eds.): A History of Tanzania, Nairobi 1969.
(2) Hyden stellt die These auf : "... it can be said that the German colonialization of Tanganyika effectively put an end to the prosperity of the indigenous pre-colonial economies" (1980:41). M.E. ist dies zu pauschal, am Beispiel der Entwicklung der Wagogo läßt sich nachweisen, daß ihre vorkoloniale Produktionsweise seit Mitte des 19. Jhs. bereits nachhaltig verändert worden war.

Landesinnere führenden Eisenbahnlinie in der Gegend um Morogoro. Die Bauern der Umgebung der Plantagenbetriebe bezahlten ihre Steuern mit Mais, Hirse, Bohnen etc. (vgl. Rodney 1980:136), die Wanderarbeiter für die Plantagen kamen meist aus entfernteren Regionen wie aus Ugogo oder Nyamwezi. Da das Land in Zentraltanzania nicht wie andere Gebiete für den Anbau von Exportgütern geeignet war, wurde weder Land an Siedler verteilt noch die einheimische Bevölkerung gezwungen, bestimmte Früchte anzubauen. Dies änderte sich erst unter britischer Kolonialherrschaft. Somit blieben die Wagogo auf ihrem Land, mußten die Steuern durch Lohnarbeit (Plantagen) oder durch Verkauf von Überschüssen an Getreide oder in Form von Viehverkauf erwirtschaften. Die deutsche Verwaltung setzte sich sehr langsam durch, erst 1912 wurde Dodoma ein administrativer Distrikt (CDA: 1976:16).

Die Infrastrukturmaßnahmen, Straßen- und Eisenbahnbau, berührten auch Ugogo, die zentrale Eisenbahnlinie führte von der Küste über Morogoro nach Dodoma in Richtung Tabora zum Tanganyikasee. Dodoma als Stadt sollte, so der Plan der Deutschen, eines der Zentren entlang der Bahnlinie werden. Man stimulierte den Handel durch die Ansiedlung von Wasukuma und Wanyamwezi; Marktgebäude wurden gebaut. Während des Ersten Weltkrieges im Jahr 1916 verließen die Deutschen Dodoma, die Briten rückten nach. Deutsche und Briten ernährten ihre Truppen aus den Vorratsspeichern der Wagogo. Es wird berichtet, daß die Deutschen auch 25.000 Stück Vieh requirierten.

Zu diesen Ereignissen kam der Ausbruch der Rinderpest. Als Folge dieser Katastrophen hatte die Bevölkerung kaum noch Vieh und Getreide zum Überleben; die nächste Ernte war schlecht, da kein Regen fiel. Eine der größten Hungerskatastrophen brach an, 'mutunya' genannt, übersetzt heißt es 'scramble' und charakterisiert die hungrigen Menschenmassen, die sich um Nahrungsmittel bettelnd um die Züge beim Aufenthalt in Dodoma drängten (CDA 1976:27).

Die erste Aufgabe des britischen Gouverneurs war es im Jahr 1917, eine Hungerhilfsaktion zu organisieren. Der Export (Nahrungsmittel, Vieh) jeglicher Art aus der Region wurde verboten. Die Steuereinnahmen aus der

Zentralprovinz wurden nur für Nahrungsmittel ausgegeben, während die Agro-Pastoralisten verzweifelt ihr letztes Vieh gegen Nahrung verkauften: In Dodoma sank der Preis pro Stück Vieh auf 1 RS. Es fand eine massive Migration der Bevölkerung in andere Gebiete statt, um der Katastrophe vorübergehend zu entrinnen (CDA 1976:27). Während dieser Zeit starben 30.000 Menschen in der Region.

Die Eisenbahnlinie war eine zweischneidige Sache für die Region geworden: Auf der einen Seite konnte dadurch die Hungerkampagne in Dodoma erfolgreich durchgeführt werden, andererseits wurden die Wälder abgeholzt, um die Eisenbahn betreiben zu können. Dies verstärkte sich mit der Einführung der Elektrizität, da die Generatoren mit Holz befeuert wurden. Griechische und indische Vertragslieferanten organisierten den Raubbau.

5.3.2 Die britische Kolonialzeit

5.3.2.1 Ein Überblick

Die ersten Jahre der Agrarpolitik der Briten waren durch Arroganz(1) und Ignoranz gegenüber den Praktiken der Bauerngesellschaften in Tanganyika gekennzeichnet. Die allgemein niedrige Produktivität des Wanderhackbaus und sein Technologiestand waren ihrer Meinung nach verantwortlich für die Zerstörung von fruchtbarem Land. Die Briten wollten dies mit Hilfe

---

(1) Dabei ist interessant, welchen sozialen Hintergrund die Kolonial-beamten hatten und mit welchen Vorstellungen sie nach Afrika gingen (dazu Rimmer 1983:147). Ein wichtiges Kriterium bei der Auswahl der Pflanzen war zum Beispiel, daß sie nicht "leicht" anzubauen waren, denn die Administratoren hatten ..."a sense of outrage that young African men could be maintained in idleness by their womenfolk" (Rimmer 1983:147).

landwirtschaftlicher Forschung und Beratung ändern(1). Die Bauern sollten zunächst (vor dem Zweiten Weltkrieg) Exportfrüchte produzieren und
an den Markt angeschlossen werden. Aber die Kommerzialisierung wurde von
der Administration gelenkt, Anweisungen für landwirtschaftliche Praktiken (Bates 1976:169) bis hin zur Beschränkung jeglicher Eigeninitiative.
Das war die bestimmende Politik des kolonialen Dirigismus. Nach der
Kampagne 'grow more crops'(2) in den 30er Jahren propagierte man während
und nach dem Zweiten Weltkrieg die Selbstversorgung mit Nahrungsmit-
teln(3). Aber die Regierung machte die Erfahrung, daß "... the peasant
has become increasingly money-conscious and has been developing the idea
that if you have money you cannot be short of food" (Ehrlich 1976:316).

Es wurde von seiten der kolonialen Administration nicht positiv auf das
schon teilweise existierende Marktbewußtsein reagiert(4), da man be-
fürchtete, die Nahrungsmittelproduktion nicht genügend zu fördern. Nach
dem Zweiten Weltkrieg wurde ein Gesetz verabschiedet ... "which allowed
the government to control the production and marketing of virtually
every crop" (Coulson 1982:52). Als Sicherung gegen Hunger wurde der
Anbau von Cassava verordnet (Ehrlich 1976:316) und der freie Markt für
Getreide limitiert, die Folge für den Bauern: "He could not rely upon

---

(1) Investitionen waren aber nur Anfang der 20er Jahre und während der
    letzten 15 Jahre britischer Kolonialzeit möglich, da die Weltwirt-
    schaftskrise, die Rezession und der Zweite Weltkrieg die Ausgabenpo-
    litik der Briten maßgeblich beeinflußten (vgl. Coulson 1982:Kapitel
    III.).
(2) Vgl. Iliffe (1979).
(3) Während des Zweiten Weltkriegs gab es kaum Möglichkeiten Konsumgüter
    zu kaufen, und mit dem Aufruf der Kolonialverwaltung, selbstversor-
    gend zu werden, gab es schon damals den Rückzug vieler bäuerlicher
    Haushalte aus der Marktökonomie, zurück zur Subsistenz. Also ein
    Mechanismus, den Hyden (1980) beschreibt.
(4) Diese Politik wurde von den Afrikanern so verstanden: "... In many
    areas there were famine relief orders which required African culti-
    vators to grow certain food crops; these have been proved both
    necessary and beneficial in the past, given the uncertain rainfall
    of Tanganyika, but they were perceived by Africans as designed to
    supply Europe in the food crisis after the Second World war" (Bates
    1976:169).

the market neither to supply food when he wished to buy, nor to act as an outlet and stimulus for him to produce for sale. Far from preventing famine this policy added to the environmental difficulties which were responsible for its continuance" (Ehrlich 1976: 316).

Für die Periode von 1947 bis 1956 wurde unter Gouverneur Twining ein Entwicklungsplan implementiert, ..."one of social engineering, in which changes were to be brought about by a paternal Tanganyika government, working in general alliance with sympathetic settlers, businessmen, missionaries, and members of the small westernized African community" (Bates 1976:159), der den Straßenbau, eine erhöhte Verkaufsfrüchtepro-duktion, die Ausweitung der Wasserversorgung und leichten Zuwachs von Schulen - Bedarf von ausgebildeten Afrikanern für administrative Aufga-ben - fördern sollte(1).

Dieser Plan und seine Projekte für die Regionen - ohne Planungsbe-teiligung der einheimischen Bevölkerung - konnten durch Einnahmen finan-ziert werden, die man aus verschiedenen Quellen erhielt: Gelder der verkauften ehemaligen deutschen Siedlungsgebiete, Gelder aus dem Preis-anstieg für Sisal(2) aufgrund des Koreakrieges (Bates 1976:160). Von den 7 Mio. Afrikanern waren prozentual nur wenige vom Weltmarkt abhängig, denn: "In 1954, for example, agricultural cash crops accounted for over 75 per cent of total exports but were estimated as contributing only 13 per cent of the country's gross domestic product in contrast to the 34 per cent attributed to non-marketed staple crops" (Ehrlich 1976:291).

---

(1) "Combined altruism and self-interest characterised Britain's whole post-war colonial policy" (Iliffe 1979:437).
(2) Die Exportökonomie des Sisal betraf auf den Plantagen nur 130.000 afrikanische Arbeitskräfte, weniger als 2 % der Bevölkerung. Dagegen war Kaffee ein Produkt das von 250.000 afrikanischen Bauern und ihren 'Familienangehörigen' angebaut wurde (vgl. Ehrlich 1976:292).

Diese Relation blieb weiter bestehen, 1960 wie schon 1954 bestand ein Drittel des Bruttoinlandprodukts aus der Subsistenzwirtschaft(1). Im Gegensatz zu Kenya blieb Tanzania eines der ärmsten Länder Afrikas. Ehrlich nennt dafür folgende Gründe: "A poulation ill-educated and ill-equipped to master its harsh environment; an infrastructure whose spareness and inadequacy was remarkable even by the standards of tropical Africa; an administrative policy essentially negative in tone, particularly as regards economic policy; an international status which since 1918 had been of sufficient ambiguity further to discourage investment and entrepreneurial effort" (1976:290).

Allerdings setzte eine ländliche regionale Stratifikation ein, in den Gebieten, in denen für den Weltmarkt produziert wurde - wie Kaffee am Kiliamjaro und Bukoba, Baumwolle in Sukuma. "Inequalitiy resulted chiefly from ownership of land, control of labour, and access to resources of the larger colonial society" (Iliffe 1979:458). Nicht nur zwischen den Regionen setzten sich Disparitäten fort, sondern auch innerhalb jener bäuerlichen Gesellschaften, die Verkaufsfrüchte anbauten. Fimbo bringt Beispiele: "Of Songea tobacco growers in 1940, 76 per cent produced less than 100 kilogrammes while 2 per cent (158 people) produced over 250 kilogrammes" (1974:241). Mit Hilfe von Marketing Boards wurden diese Bauern reguliert und kontrolliert. Bei Zuwiderhandeln konnte der Bauer bestraft werden(2).

---

(1) Auch Iliffe relativiert eine mögliche Überschätzung der Verkaufsproduktion von Kaffee, Baumwolle oder Tabak der afrikanischen Bauern: "In early 1950s Ndendeuli tabacco growers earned 'enough for tax payment and an absolute minimum of cotton clothing the cheapest kind', while coffee exports in 1954 were little more valuable than estimated African beer production" (1979:453).
(2) Ausführliche Aufzählung dazu Fimbo (1974:239 ff.).

5.3.2.2 Auswirkungen der britischen Kolonialpolitik auf die Wagogo

Drei Aktionsstränge bestimmten die britische Kolonialzeit in ihrer Auswirkung auf die Wagogos: Antierosionsmaßnahmen, Hungerhilfe und das Ugogo Development Scheme(1). Die Briten gingen bei ihrer Agrarpolitik davon aus, daß Pastoralismus eine überkommene, untaugliche Form der Landwirtschaft wäre, die nun durch Ackerbau ersetzt werden könnte. "Agriculture is the paramount industry of our tropical and sub-tropical colonies", meinte Lord Oliver (in: Swai 1980: 40). Iliffe charakterisiert die Strategien: "During the 1920's agricultural experts developed systematic extension techniques, emphasized the virtues of mixed farming, and became obsessed with soil erosion" (1979:348). Für die Wagogo bedeutete das erhebliche Eingriffe in ihre agro-pastorale Existenz.

5.3.2.2.1 Antierosionsmaßnahmen

1924 wurde man auf das Problem der Erosion von offizieller Seite aus in Shinyanga aufmerksam. 1931 wurde ein Standing Committee on Soil Erosion gegründet, um das Problem anzugehen. Eine Forschungsstation wurde in Singida etabliert, da dieses Gebiet mit am stärksten von Erosionsschäden betroffen war. Die Verwaltung ging davon aus, daß aufgrund der Konkurrenz von Vieh und Ackerbau das fruchtbare Land für Ackerbau benötigt würde und verlangte eine Reduzierung der Viehbestände (Swai 1980:38 ff.). Die Wagogo sollten zu Ackerbauern umerzogen werden, u.a. mit Einführung neuer Kulturen, dem Versuch einer Mechanisierung und mit neuen Anbaumethoden(1).

---

(1) Auf das Erdnußprojekt wird hier nicht eingegangen, da es viel beschrieben wurde. Iliffe begründete das Projekt aus der Nachkriegssituation in England: Hier wurde nach neuen Produktionsmöglichkeiten für Öle und Fette (1947 waren im internationalen Handel nur 60 % der Vorkriegsmengen auf dem Markt, ein Rückgang war für die nächsten 10 bis 20 Jahre vorausgesagt) gesucht (1979:440 ff.).

(2) Die Versuchsstation in Singida sollte bessere Agrartechniken entwickeln, die speziell der Zentralprovinz nützlich wären. Erfolgreich angebaute Pflanzen wie Mais, Bohnen und Hirsearten wurden aus Südafrika eingeführt, auch Cassava aus Dar es Salaam und Sorghum (Swai 1980:39). 'Mixed farming' wurde gefördert, d.h. neben Grund-

Diese Maßnahmen waren eng mit dem Antierosionsprogramm verknüpft, sie umfaßten "... contour banking of uncultivated land, gully control, reafforestation and in some cases resettlement ..." (Christiansson 1981:158). Oft fehlte jedoch das Geld, um die Erosionsmaßnahmen effektiv durchzuführen und man nahm dann, so Swai, die Erosion bewußt in Kauf, um die neuen Markt- und Nahrungsmittelkulturen durchzusetzen und um als Antwort auf die Hungersnöte mehr Land zu bebauen.

5.3.2.2.2 Hungerhilfe und Landwirtschaftspolitik

Die erste große Hilfsaktion von britischer Seite für die Zentralprovinz lief von 1918 bis 1920, danach startete man sofort mit extensivem Ackerbau in Ugogo(1). 1925 versuchte die Administration den Pflug einzuführen, aber man hatte damit bei den Wagogo keinen Erfolg, die aus soziokulturellen Gründen ihre Rinder nicht vor einen Pflug spannen wollten(2). Dazu kam der Boden, der für den Pflug ungeeignet war, was

---

Forts. FN 2:
    nahrungsmitteln wurde der Anbau von Erdnüssen, Simsim (Sesam) und Sonnenblumen propagiert. Der Dung der Viehherden sollte für die Felder verwendet werden.
(1) Es wurden 1925 1.050.000 acres Hirse, 900.000 acres Mais, 100.000 acres Bohnen, 25.000 acres Erdnüsse angebaut (Mbogoni 1981:59). Die erzielten Überschüsse aus den Ernten wurden durch indische und griechische Händler aufgekauft.
(2) Ein religiös-ideologischer Grund ist mir nicht bekannt (Mythen, Tabus oder ähnliches); ich sehe jedoch eine Begründung im traditionell strukturierten Gesellschafts- und Wirtschaftssystem der Wagogo. Die potentiellen Zugtiere - die in ihrer Masse übrigens für eine solche Arbeit von ihrer Größe und Kraft her nicht geeignet sind und waren, schon gar nicht am Ende der Trockenzeit, wenn die Felder für die Regen vorbereitet werden müßten - gehörten der eigenen Wirtschaftsform der mobilen Viehhaltung an und waren in keiner Weise mit dem herkömmlichen Ackerbau der agro-pastoralen Wirtschaftsform der Wagogo verbunden (Ausnahme: Düngerproduzenten). Die Sphäre des Ackerbaus mit der Hacke war überwiegend eine weibliche. Somit waren auch die Männer, die die Landwirtschaftsadministration mit Blick auf Einführung des Pfluges ansprach, überwiegend auf die viehwirtschaftliche Komponente der agro-pastoralen Gesamtwirtschaft orientiert. Aus diesen Gründen scheiterte bis heute - neben der Bodenbeschaffenheit und Trockenheit - eine effektive und breit wirksame Einführung des Pfluges in den Ackerbau der Wagogo. Hinzu kommen sicher

113

selbst der damalige Province-Commissioner zugeben mußte: "I was particularly anxious to hold a ploughing demonstration at Dodoma but could not get the plough in" (in: Mbogoni 1981:97). Somit mußte dieser Plan fallengelassen werden.

Konservierungs- und Rehabilitationsarbeiten gegen Erosionen waren in der Zentralprovinz nicht einfach durchzusetzen, da es etliche Natureinflüsse(1) gab, die in Hungerkrisen mündeten. Trockenheit oder Heuschreckeninvasion (1928-33), auch die Tsetse-Fliegen infolge des Ersten Weltkrieges ließen ein Drittel (Stand 1936) des Ugogogebietes nicht zur ackerbaulichen Nutzung oder als Weideland zu (Swai 1980:41).

Die nächsten großen Hungerkatastrophen ereigneten sich in den Jahren 1941 bis 1946 und 1952 bis 1955. Patton gibt als Ursachen das Wetter, Pflanzenkrankheiten und 'indigenous cultivation-methods' an (1971:6). Für die Zentralprovinz und ihre ständig wiederkehrenden Hungersnöte machte die Kolonialverwaltung Ende der 30er Jahre(2) immer mehr die Wagogo und ihre Kultivierungsmaßnahmen, nicht die Umwelteinflüsse, verantwortlich. "In 1938 the Provincial Agricultural Officer complained that the Wagogo don't 'till' the soil, they 'scratch' it" (Patton

---

Forts. FN 2:
  Gründe rein technischer Art wie die hohe Festigkeit der Böden am Ende der Trockenzeit, die die Arbeit mit dem Rinderpflug zu einer unmöglichen Plackerei werden ließ. Im übrigen weiß die heutige Landwirtschaftsforschung, daß eine Bearbeitung solcher Böden mit dem Pflug in semi-ariden Zonen angesichts der Wind- und Bodenerosion sowie der Intensität der Sonneneinstrahlung und ihrer Beschaffenheit ökologisch nicht unproblematisch ist.
(1) Bei Trockenheit wurden große Flächen überweidet, die schweren Fluten, die bei starken Regenfällen entstanden, schwemmten dann oft das letzte fruchtbare Land mit weg. Die Erosion wurde akzelleriert.
(2) 1938 wurde R.R. Staples beauftragt, Pläne für die Zentralprovinz zu entwerfen: Antierosionsmaßnahmen, Veterinär- und Landwirtschaftspläne, medizinische Maßnahmen und Bildungspläne. Bevor der Plan durchgeführt werden konnte, begann die fünf Jahre andauernde Hungersnot von 1941-1946 (Patton 1971:13).

1971:8). Die koloniale Politik veränderte sich gegenüber den Wagogo, man versuchte verstärkt ihre ackerbaulichen Gewohnheiten zu verändern(1).

1941 mußten bei Trockenheit und folglich schlechter Ernte 2.100 t Nahrungsmittel für ca. 50.000 Personen importiert werden, 1942 wurde angeordnet: "Each householder must have three drills of seed potatoes fenced-in near his hut as a seed reserve. In addition, it was decided that hence forth between 3.000 and 4.000 tons of millet should be levied from the people and stored as a famine reserve in communal silos" (Brooke 1967:16). Als die Hungersnot weiter anhielt, wurden in Ugogo Hungerschuldencamps (Famine Debt Camps) aufgebaut, in denen ca. 16.000 Erwachsene(2) gezählt wurden, die an Dämmen, am Konturlinienbau und im Straßenbau beschäftigt waren. Diese Arbeit galt als Gegenleistung für Nahrungsmittel(3), heute nennt man es "food for work". Man wollte Nahrungsmitmitel nicht ohne Gegenleistung abgeben. Neben den Arbeiten in den Camps wurden Männer als Wanderarbeiter zwangsverpflichtet, um ihre Steuern zu bezahlen. 1941 waren es nur fünf Arbeiter, 1947 bereits 3.427 Männer, die für das Erdnußprojekt in Kondoa rekrutiert oder in die Sisalplantagen geschickt wurden(4). Die Zahl wuchs im Jahr 1953 auf

---

(1) Man verlangte seit 1932 von jedem Steuerzahler im Dodomadistrikt, daß er einen halben Sack Getreide an die Hungerreserven abgab. Damit, so wurde argumentiert, seien die Wagogos gezwungen, mehr Flächen anzubauen, nämlich 5 acres pro Haushalt. Später wurde gesetzlich geregelt, daß pro Erwachsenem 1 acre und pro Kind 0,5 acre bestellt werden mußten - unter Androhung von Strafen (vgl. Thiele 1984:96). Mbogoni gibt zur Bestellung von Ackerflächen 3 acres pro Familie an, die aufgrund eines Vorschlages von einem Distriktbeamten 1936 genannt wurden (1981:74). Diese Zahl, 3 acres pro Haushalt, führte man dann viel später in den 70er Jahren in den Ujamaadörfern ein.
(2) Thiele benannte andere Zahlen: 1943 wurden im Dodomadistrikt 13, im Kondoadistrikt sechs Hungercamps eingerichtet, in denen ca. 7.000 Menschen arbeiteten (1984:97).
(3) Dies waren Mais und Maniok, Bohnen, Erdnüsse, Salz (Brooke 1967:16).
(4) Migration: Der Zensus von 1957 weist aus, daß ca. 9 % der Männer aus der Zentralprovinz migrierten, meist für eine Zeitspanne von bis zu zwei Jahren. Fazit von Rigby: "Migrant labour had little impact on Gogo society or economy" (1969, Fußnote 18:22).

9.200 Migranten (Thiele 1984:96). Mbogoni schätzt insgesamt 36.591 Arbeiter (1981:73), wobei die Männer mitgerechnet wurden, die auf eigene Faust auf Arbeitssuche gingen. Vergleicht man damit aber die hohen Migrationsraten anderer Regionen(), so Iliffe, haben Ugogo (und Uzinga) wenig Arbeitskräfte, außer unter extremen Bedingungen, also während der Hungersnöte, exportiert (1979: 315).

Nicht nur mittels ihrer Arbeitskraft im Tausch gegen Nahrungsmittel versuchten die Wagogo zu überleben, man verkaufte immer Vieh. Durch Trockenheit starben aber zwischen 1946 und 1947 über 100.000 Stück, während der Hungerjahre 1953 und 1954 reduzierte sich die Viehpopulation um zwei Drittel (Thiele 1984:97). Patton spricht von 270.000 Stück Vieh, das während der Zeit 1952 bis 1954 verkauft wurde (1971:9).

Zusammenfassend, so Thiele, waren die Wagogo während der Hungersnöte unfreiwillige Akteure, die den Markt als Konsumenten betreten mußten, um ihr Vieh gegen Nahrungsmittel zu verkaufen. "The Gogo entered the market under duress; they were forced into commodity production by crop failure rather than lured in by the prospect of purchasing consumer goods. Their involvement was a conditional one and with good harvest they would retreat once more into subsistence oriented production"(1984:97).

5.3.2.2.3 Das Ugogo Development Scheme

Die britische Kolonialpolitik (s.o.) änderte sich nach dem Zweiten Weltkrieg. Eine Steigerung der bäuerlichen Produktion sollte u.a. mit technischen Erneuerungen und Mechanisierung erreicht werden. 1951 kaufte die Dodoma Native Authority einen Traktor, der für landwirtschaftliche Zwecke und Straßenbau (grading) benutzt werden sollte. Doch wie schon

---

(1) Dieses Migrationsverhalten gab es schon während der vorkolonialen Zeit, als sich nur wenige Wagogo als Träger für die Karawanen oder sonstige Arbeitskräfte außerhalb ihres Gebietes verdingten.

1925, so Mbogoni(1), scheiterte das Projekt an der Bodenbeschaffenheit und den Wetterverhältnissen (1984:98).

Um die Region endlich frei von Hungersnöten zu machen, wurde diskutiert, welchen ökonomischen Weg man einschlagen sollte. Der Gouverneur vertrat die Meinung, daß man die Wagogo ermutigen sollte, ihre Viehzucht zu entwickeln, um mit dem Erlös der Tiere Nahrungsmittel von anderen Regionen zu kaufen, die außerhalb der Provinz besser wachsen würden (Mbogoni 1984: 99). Dieser Vorschlag wurde von den Teilnehmern des Treffens, die das Ugogo Development Scheme entwickeln sollten, abgelehnt. Sie sahen das Ziel in einer Selbstversorgung mit Nahrungsmitteln. "The planting of adequate acreages of grain must be insisted upon and also of food reserves in the form of muhogo. Insistence of anti-soil erosion methods are necessary-Construction of contour banks should be first aim in this regard" (zit. in: Mbogoni 1984:99).

Während der Jahre 1952 bis 1957 wurde folglich das Ugogo Development Scheme(2) implementiert, in einem 15.000 Quadratmeilen umfassenden Gebiet, in dem 62 Dämme konstruiert, 38 Antierosionsprojekte durchgeführt und Straßen sowie Getreidesilos gebaut wurden (CDA 1976:41). Mbogoni behauptet, daß bis 1959 nur sechs Dämme gebaut worden seien: Ikowa, Hombolo, Buigiri, Chamwali, Nondwa und Manda. Das Ziel der Entwicklung der Wasserversorgung war: ... "providing water for livestock and domestic use rather than for irrigation. Under the scheme, the construction of small dams was essentially undertaken as a measure against high-run off to counteract soil erosion and provide water for

---

(1) Iliffe stellt fest, daß ab 1955 auch Wagogos Traktoren gekauft hätten, denn durch die guten Ernten entstand ein Arbeitskräftemangel, so daß man nun Maschinen benötigte(1979:457).
(2) Interessanterweise verliert Mascarenhas kein Wort über das Scheme und benennt nur das Erdnußprojekt in Kondoa als "major attempt at investment in Dodoma by the British ..." Er wirft den deutschen und englischen Kolonialherren vor, sie hätten "... neglected Dodoma because the only way in which agriculture of export crops could have been developed would have been through the change of emphasis of crops, and this would have meant a massive investment in water programmes" (1977: 15). Wie oben gezeigt, wurden Wasserdämme gebaut, allerdings nicht für Exportfrüchte-, sondern vordringlich für die Nahrungsmittelproduktion.

cattle" (Mbogoni 1984:100). Die anderen Wasserprojekte seien wegen hoher technischer Schwierigkeiten und den damit verbundenen beträchtlichen Investitionskosten nie in Angriff genommen worden.

Das Projekt änderte seine Zielsetzung 1957, denn Mitte der 50er Jahre wurde von den Briten die gezielte Unterstützung der 'progressive farmers' als vorrangiges Ziel in der Agrarpolitik propagiert(2). Die Politik, die bäuerliche Produktion durch Mechanisierung zu verbessern, hatte nicht die gewünschten Erfolge gebracht und man konzentrierte sich nun auf eine Schicht der Bauern, die man in modernen Methoden der Landwirtschaft ausbilden und beraten wollte. Gleichzeitig wurden 'development schemes' betrieben, um auf großer Fläche mit verbessertem Saatgut, Geräten, Düngemitteln und kontrollierter Irrigation die Produktivität zu erhöhen. Die damit verbundenen sozialen und regionalen Differenzierungen(2) sind bei Coulson (1982) und Raikes (1978) ausführlich dargestellt.

Man versuchte auch in der Zentralprovinz 'progressive farmers' auszubilden. Das Ikowa Bewässerungsprojekt im Dodomadistrikt wurde als 'focal

---

(1) Um die 'progressive farmers' zu fördern, wurde von der Royal Commission on Land and Population die Empfehlung ausgesprochen, bisher kommunales Land in Privateigentum zu überführen. Drei Jahre später wandte sich bereits der Präsident der TANU gegen dieses Vorhaben mit zwei Argumenten: a) Bei Landverkauf könnten reiche Immigranten Landeigentümer werden, und die Pächter seien Afrikaner und b) wenn keine reichen Ausländer im Land wären, so könnte eine reiche afrikanische Bourgeoisie entstehen (zit. in: Fimbo 1974:243). Weiter wurde der Versuch unternommen, jede Familie ein Exportprodukt anbauen zu lassen, um damit die Verkaufsfrüchteproduktion auszuweiten (Ruthenberg 1964:61). Raikes warnt davor, die Politik gegenüber den 'progressive farmers' in ihrer Dimension zu überschätzen, denn: "Even in 1961, a few thousand white farmers received ten times the amount of credit available for the entire African rural population, to say nothing of the much larger commercial credit which was almost entirely restricted to whites and Asians" (1978:297). Kommerzielle Landwirtschaftsproduktion wurde primär auf Plantagen betrieben, die 40 % des Geldwertes agrarischer Produktion erzeugten.
(2) In Gebieten, die aufgrund dieser Exportfrüchteproduktion an den Markt angeschlossen worden waren, manifestierte sich der neue Reichtum für Chiefs und wenige Farmer darin, daß sie mehr Frauen heiraten konnten (vgl. Iliffe 1979:299 ff.).

point' ausgewählt. 1957 wurde der Damm eröffnet, der so konstruiert war, daß das Wasser ohne Pumpen in das Tal (zwei kleine Flüsse in der Nähe) floß, um 1.400 acre fruchtbares Land zu bewässern(1).

Mit der Ikowa Farmers Cooperative unternahm man den Versuch, ertragreiche Sorten zu pflanzen, mit Hilfe verbesserten Saatgutes, das kostenlos an die acht Pächter abgegeben wurde, von denen nur vier Dorfbewohner von Ikowa Barabarani (heute Chalinze) waren. Die anderen Kooperativenmitglieder waren ein Chief, ein Sub-Chief, ein Dodoma Town Councillor und ein Ladenbesitzer (Mbogoni 1984:103 ff.). Erfolg oder Mißerfolg, so im Jahresreport von 1959, hing von der Fähigkeit des jeweiligen Farmers ab, 'vernünftig' zu kultivieren und das Wasser korrekt zu nutzen. Täglich kamen Lohnarbeiter aus Dodoma, um für die vier Mitglieder von außerhalb die Felder zu bearbeiten. Mais, Reis, Tomaten, Zwiebeln und Bohnen wurden angepflanzt (1 acre mit Mais produzierte einen Ertrag von 35 Sack, gegenüber 5 bis 6 Sack mit der herkömmlichen Methode). Nach der ersten Phase des Projektes pachteten zusätzlich 19 Bauern 27 Felder. Aber weitere Auswirkungen hatte das Scheme für die Dorfbevölkerung nicht, da sie nicht über das Einkommen verfügte, um die Nahrungsmittel bei den indischen Händlern, denen die 'progressive farmers' ihre Produkte verkauften, zu erwerben (Mbogoni 1984:105).

Man erreichte also das gesteckte Ziel, mit einigen 'progressive farmers' zur Nahrungsmittelversorgung der Dodomoregion in ausreichendem Maße beizutragen, nicht. Es gab damals schon keinen 'trickle down'-Effekt im Dorf, da die laufenden Kosten für bewässertes Land und die notwendigen Investitionen für die Dorfbewohner zu teuer waren.

Von lokaler Seite wurde das Projekt als Fehlschlag eingestuft, eine Angabe der Gründe konnte in den Berichten aus damaliger Zeit nicht gefunden werden (Berry/Kates: 1970). Fest steht jedoch, daß 1961 auf-

---

(1) Dies im Gegensatz zum Ugogo Development Scheme 1952, bei dem keine Felderirrigation vorgesehen war.

grund der Dürre der Damm austrocknete und so das Interesse verlorenging
(1). "The local people feel that traditional wet season farming is
adequate to supply their own food demand or it is diffcult to provide a
sufficiently renumerate cash crop to interest them in working during the
dry season" (zit. in: Berry/Kates 1970:17-18).

Weder das Ugogo Development Scheme (2) noch die Unterstützung von
'progressive farmers' konnten eine erneute Hungersnot in den Jahren 1960
bis 1963 verhindern; 1961 waren 400.000 Menschen auf Hungerrationen
angewiesen, durch schwere Regenfälle wurde dann die Ernte 1962 so
beschädigt, daß bis Mai 1963 ca. 600.000 Menschen Hungerrationen erhalten mußten. Das war fast die gesamte Bevölkerung der Provinz(3).

5.3.3 Zusammenfassung

Während der deutschen und britischen Kolonialzeit konnten die Hungersnöte nur mit Hilfsprogrammen bewältigt werden, eine selbstversorgende
Nahrungsmittelproduktion konnte aufgrund klimatischer und anderer Bedingungen (Heuschrecken, Rinderpest) nicht aufgebaut werden. Patton gibt zu
bedenken, daß es schwer war, Projekte aufzubauen:

"The absence of any meanigful corporate group among the Wagogo and the
corresponding absence of a strong political-jural authority in the
traditional system made it extremely difficult to organize and mobilize
the people in support of programmes. This suggests that the success of

---

(1) Das Projekt wurde bis Ende der 60er mit wechselndem Erfolg von
    verschiedenen Gruppen fortgeführt (vgl. Berry/Kates 1970:18 ff.).
(2) Ehrlich: "A'development plan' for the area was too poorly financed
    and staffed to have much effect; 1953 and 1954 were years of servere
    famine" (1976:294).
(3) Die Nahrungsmittelreserven waren 1961 im Mai aufgebraucht. Danach
    kam die Nahrungsmittelhilfe aus den USA, 80 % des Maismehls teilte
    man an die Zentralprovinz aus. 1961 wurden auch wieder Arbeitscamps
    errichtet, Männer mußten gegen Nahrungsrationen Felder für die
    nächste Saison vorbereiten und Dämme reparieren (vgl. Brooke 1967:19
    und 22).

any long-range policy will depend greatly in the development of indigenous leadership which can reach out and incorporate the atomistic Gogo
homesteads" (1971:39). Das Fehlen einer übergeordneten Autorität(1) war
aber m.E. gleichzeitig ein Vorteil für die Haushalte in Hungersnöten, da
sie mobil je nach eigener Einschätzung weiterziehen konnten, um nach
Weide- und Trinkwasser für die Tiere zu suchen und ihren Wanderhackbau
zu betreiben.

In der merkantilen Phase (ab 1840) entwickelte sich eine Produktion, die
abhängig war vom externen Handel (Karawanen) und die nicht in die
interne Subsistenzsphäre der Wagogogesellschaft eindrang. Die Tauschproduktion von Nahrungsmitteln erzeugte keine Spezialisierung innerhalb der
Gesellschaft. Es ging eher um einen höheren Organisierungsgrad der
Arbeit für die interregionale Exportproduktion von Getreide, die primär
von Frauen und Sklaven ausgeführt wurde.

Die Kolonialherrschaft insgesamt war geprägt vom Anbau von Exportfrüchten für den Weltmarkt und dem Versuch, eine ausreichende Nahrungsmittelproduktion für den einheimischen Markt zu schaffen. Die koloniale
Verwaltung versuchte die Kommerzialisierung der Produktion zu regulieren
und bewußt oder unbewußt, so Rimmer, zu beschränken (1983: 144). Die
Administration stand dabei ständig im Zwang, sich selbst durch die
eingenommenen Steuern zu finanzieren.

"To ensure commodity production, the colonial state was forced to ensure
the subsistence of peasantry. When peasants' subsistence was threatened,
the state dispensed famine relief. This had the effect of changing the
character of peasants' subsistence from unreliability to regularity
guaranteed by captial through the agency of the colonial state"
(Bryceson 1980:308).

---

(1) Rigby analysiert die politischen Strukturen und Entwicklungen in:
    Politics and Modern Leadership Roles in Ugogo, in: V. Turner (Ed.):
    Colonialism in Africa 1870-1960, Vol. 3, Profiles of Change: African
    Society and Coloni al Rule, Cambridge 1971:393-439.

121

Festgehalten werden muß aber, daß diese Hilfslieferungen nicht frei an die Wagogo abgegeben wurden, sondern nur als 'food for work'(1). Der Bevormundung von seiten der Kolonialregierung versuchten die Wagogos nach Möglichkeit auszuweichen, nur während der größten Hungersnöte (in den 40er und 60er Jahren) waren beide Subsistenzpfeiler, Ackerbau und Viehzucht, so nachhaltig gestört, daß sie in Arbeitscamps für Nahrungsrationen arbeiteten. Die Vorstellungen britischer Kolonialpolitik, bäuerliche Warenproduktion für den Export durchzusetzen, wurden in der Zentralprovinz fast überhaupt nicht realisiert. Auch die Politik der Selbstversorgung wurde immer wieder durch die Hungersnöte in Frage gestellt.

Soweit es möglich war, beharrten die Wagogo auf ihren Formen der agropastoralen Produktion, weder Antierosionsprogramme noch Dämme konnten ihre Leistungen in ackerwirtschaftlicher Produktion längerfristig vergrößern, die Zwangsmaßnahmen im Bereich der Viehzucht (Reduzierung

(1) Gezielt wurde in die bäuerliche Zirkulationssphäre eingegriffen: 1924 wurde mit der Food Ordinance den Beamten in jedem Distrikt die Entscheidungsgewalt darüber gegeben, ob man Nahrungsmittel aus seinem Distrikt in einen anderen verkaufen dürfe. Auch die Preise wurden behördlicherseits vorgeschrieben. Diese Maßnahmen dienten der Sicherung von Nahrungsmittelbeständen im Distrikt. 1930 wurde im Zirkular Nr. 33 über "Famine and Famine Relief" ein Frühwarnsystem zur Einlagerung von Getreide als Reserve und ein Arbeitsprogramm bis hin zu jährlichen Berichten der Distriktbeamten geregelt (vgl. Bryceson 1980:301). Auffallend ist, daß diese Staatseingriffe in den interregionalen Handel innerhalb des Landes und ein merkantilistisch-kolonialer Preisdirigismus gegenüber Produzenten und Händlern auch im unabhängigen Tanzania in der ersten Hälfte der 80er Jahre noch prägend waren - wie die Preispolitik und Straßensperren an regionalen Grenzen bewiesen. Eine Politik westlich-kolonialen Ursprungs, die heute einer starken westlichen Kritik unterliegt, gekoppelt mit Vorwürfen an die Adresse afrikanischer Staaten allgemein, wie auch Tanzanias im besonderen.

des Viehbestandes)(1) wurden nicht wunschgemäß umgesetzt, da die Rationalität der wirklichen Verhältnisse dagegen sprach: Vieh konnte man in Notzeiten gegen Nahrungsmittel verkaufen.

Die administrativen Vorstellungen von einer möglichen ackerbaulichen Entwicklung der Zentralprovinz scheiterten in beiden Phasen der Kolonialzeit. Nur widerwillig traten die Wagogo in die koloniale Zirkulations- und Marktsphäre ein, immer nur dann, wenn sie aufgrund des Hungers keine andere Möglichkeit sahen. Die Administration wurde als "Spender" der Hungerhilfe betrachtet, für die sie Arbeitsleistungen abforderte. Innovative Projekte konnten aufgrund der spärlichen Investitionen in der Zentralprovinz und der unzureichenden Konzeption kaum Auswirkungen auf die agro-pastoralen Haushalte haben.

Somit ist am Ende der britischen Kolonialzeit die Arroganz und Ignoranz des Anfangs dahingehend befestigt und scheinbar bestätigt worden, daß der Ruf der Region als rückschrittlich aufgrund der den Agro-Pastoralisten eigenen, überkommenen Lebens- und Produktionsweisen, an denen sie stur festhielten und die sie bei häufigen Hungersnöten immer abhängig von der staatlich organisierten Hilfe von außen machten, unwiderlegbar schien. Dieses Negativbild prägte nicht unbeträchtlich, wie im folgenden gezeigt werden wird, auch das Verhältnis des neuen unabhängigen Staates und der Staatspartei zu dieser Region.

---

(1) Das Urteil über die Viehzucht der Wagogo war geprägt durch das Denkschema und den Begriff des 'cattle complex', den der Anthropologe M.J. Herskovitz (1926) ins Leben gerufen hatte. Er unterstellt, daß Vieh viel mit Prestige, Identifikation und Macht zu tun habe, aber nichts mit der Subsistenz. Dies wurde nachhaltig in späterer Forschung widerlegt: Vieh ist Geld und gehört gleichzeitig materiell zur Subsistenz (vgl. Schneider 1979:43).

123

5.4 Nach der Unabhängigkeit

5.4.1 Operation Dodoma und die Auswirkungen auf die Wagogo

Von der Unabhängigkeit bis 1969 hatte in der Dodomaregion kaum eine
Entwicklung der Produktivkräfte stattgefunden, die anhaltende Rückständigkeit der Region erklärt Meyns: "Die ungleiche kapitalistische Entwicklung, die die Kolonialherrschaft in Tanzania durchsetzte, festigte
in entscheidendem Maße die Rückständigkeit Dodomas. Während die Gebiete,
die schnell zu erträglichen Anbaugebieten für Exportkulturen gemacht
werden konnten, gefördert wurden, wurden die übrigen Gebiete vernachlässigt" (1978:171).

Zu Beginn der 60er Jahre wurden 'settlement schemes'(1) - als eine der
Modernisierungsmaßnahmen in der Landwirtschaft - implementiert. Für die
Wagogogesellschaft hatte dies bis 1968 generell keine Auswirkungen, sie
lebte weiter primär in Streusiedlungen. Rigby betont: "From the Gogo
point of view, villagization was an ecological, economic and social
impossibility" (1977: 88).

Doch das änderte sich mit der Arusha-Deklaration entscheidend(2). Die
Hungersnöte 1967 und 1969 in der Region zeigten immer wieder die Grenzen
der agro-pastoralen Produktionsweise, größere Grundnahrungsmengen auf
Vorrat in einem ökologisch unstabilen Gebiet zu produzieren. Die Wagogo
sahen in Notzeiten die Regierung als Lieferant von Nahrungsmitteln; die
Hungersnot 1969 kostete die Regierung 1 Mio. US $.

Mit Hilfe der staatlichen Umsiedlungskampagne in einem ökonomisch margi-
nalen Gebiet wie Zentraltanzania konnte man nun neue Ideen ausprobieren

---

(1) N. Newiger: Village Settlement Schemes - The Problems of Co-opera-
    tive Farming, in: H. Ruthenberg (Ed.): Smallholder Farming and
    Smallholder Development in Tanzania, Munic 1968:251-273.
(2) J. Nyerere, Aufforderung 1967 in Ujamaadörfer zu ziehen, 1970/71
    aktivere Rolle TANUs im Schaffen von Ujamaadörfern, Operation Dodo-
    ma, 1973-76 Phase der 'villagization' (Order Nyereres: Alle müssen
    in Dörfern leben).

(z.B. durch kommunale Produktion eine erhöhte Produktivität zu errei-
chen), ohne die überaus wichtige Produktion der Verkaufsfrüchte oder die
Produktion von lokalen Grundnahrungsmitteln in Überschußgebieten für die
Bedürfnisse der städtischen Bevölkerung zu stören.

Hill argumentiert, daß die Wagogo bis 1969 die Regierung ignoriert
hatten, und ... "until Operation Dodoma the government reciprocated by
ignoring the Gogo. The only exception came during the famines"
(1975:242).

Im Gegensatz zu Hill, die die Operation Dodoma als Zwang gegenüber der
Wagogogesellschaft begreift, sieht Ellman eine Chance der Entwicklung:
"Dodoma is a very poor, cattle-keeping area, and prone to recurrent
famine, so that there is simultaneously an urgent need for and a greater
chance of acceptance of some revolutionary form of change" (1975:331).

Bereits 1968 forderte Nyerere die Wagogo auf, in Dörfer zusammenzuzie-
hen, erste Erfolge gab es 1970 in den Distrikten Kondoa und Mwpawa(1).
Als die offizielle Verordnung im März 1970 kam, daß innerhalb von 14
Monaten die gesamte Bevölkerung aus ihren Streusiedlungen in Dörfer
zusammenziehen müßte, setzten sich die Wagogo kaum zur Wehr. Ihre Ernte
1970 war wieder schlecht ausgefallen und ihre Abhängigkeit von der
Regierung somit wieder größer, so daß sie sich fügten. Hill argumen-
tiert(2), ... "in this atmosphere, they decided to become socialists"
(1975:243).

Ohne aktive Partizipation der Bevölkerung stand das Projekt von Anfang
an allein in Obhut der Regierung. Nicht aus Überzeugung zur sozialistischen Landwirtschaft, sondern aus einer ökonomischen Notlage heraus und

---

(1) Van Bergen: Development and Religion in Tanzania. Sociological
    Soundings on Christian Participation in Rural Transformation, Madras
    1981:108.
(2) Hill beschreibt die Planungsphase der Operation sehr eindrucksvoll
    1975 in ihrem Artikel, der verkürzt in: Coulson (Ed.) (1979) noch-
    mals publiziert wurde. Der These Hills stimmt auch Mlay zu: Rural to
    Urban Migration and Rural Development, in: Tanzania Notes and
    Records No. 81 and 82, 1977:12.

unter politischem Zwang der Partei und Regierung wurden die Wagogo in Ujamaadörfern angesiedelt. Bis 1973 hatte man 250.000 Menschen(1) in 142 Dörfer umgesiedelt, einige davon waren vom Reißbrett herunter geplant, andere entstanden aus vormaligen Handelszentren, die nicht immer die notwendigen Landreserven für eine größere landwirtschaftliche Bevölkerung besaßen(2). Christiansson wies nach, daß die Mehrzahl der Dörfer im zentralen Gürtel der Region geplant wurde, einem Gebiet, das nur ein Drittel der Fläche der Region, aber 90 % der Bevölkerung umfaßt (1981:178).

Bei der Umsiedlung gab es Diskussionen zwischen den Wagogo und der Partei; Vieheigentümer verlangten und erhielten von Vizepräsident Kawawa die Versicherung, daß Vieh nicht kollektiviert werde. Sie sicherten sich in den Ujamaadörfern größere Felder, damit sie genügend Platz für ihre Viehkraals hatten (Hill 1975:244). Hier wird die Problematik schon deutlich, daß durch das Seßhaftmachen der agro-pastoralen Bevölkerung ihre Umformung in eine Ackerbaugesellschaft nicht erzwungen werden konnte, der wichtige Stellenwert der Viehhaltung in der Wagogoökonomie wurde in den Ujamaaplänen ausgeklammert. Technizistisch übertrug man das Konzept der kollektiven Landwirtschaft auf die Wagogo und ihre Gesellschaftsform.

---

(1) "After some initial coolness from the Gogo people, whose past treatment by the authorities since colonial days makes them understandably hesitant, they did respond (especially after an extended visit by the President) - but probably to the opportunities for such services as water. The actual programmes did, however, suffer from several shortcomings - there was no effective preplanning ... and such planning as did occur, hardly drew in the people; plans were not based on a rational, co-operative answer to the production problems, a agriculture and semi-pastoral livestock husbandry in this dry area of endemic famine; most importantly this broader spread campaign brought out clearly the structural weakness of the local party bodies and of the inappropriateness of their social character for any genuinely socialist task" (Cliffe 1973:202).
(3) Schon 1970 beschreibt Ellman die Schwierigkeiten, Nomaden oder generell Viehzüchter anzusiedeln in: Progress, Problems and Prospects in Ujamaa Development in Tanzania, E.R.B. Paper 70.18, Dar es Salaam.

Bereits 1969 hatte sich Rigby sehr engagiert gegen Vorurteile gegenüber pastoralen Gesellschaften (in: Rigby, Nkanga 4:1969) ausgesprochen und keinen Sinn darin gesehen, die Wagogo zum landwirtschaftlichen Anbau zu zwingen, da sie große Erfahrung in der Tierhaltung hätten und ihren ökologischen Bedingungen gerecht würden. Nyereres Erklärung, daß "Ujamaadörfer die einzige Lösung der Hungersnotprobleme darstellten" (zit. in: Meyns 1978:172), kann nicht auf die Situation der Dodomaregion übertragen werden. Schon 1977 warnte Brown vor den Gefahren der Erosion und der Erschöpfung der Böden durch die Dorfbildung(1), die durch die Bevölkerungsmassierung, Landwirtschafts- und Viehkonzentration weitaus mehr in Anspruch genommen würden als zuvor. In seinen Schlußfolgerungen kommt er zur Auffassung: "Development of rural areas must lie on a basis of self-reliance and should be assisted by the provision of sound technical advice, the provision of credit and the efficient marketing of products ... If present trends continue the people of Dodoma district will be caught in a squeeze of increasing population, of deteriorating land and they will be trapped in a vicious cycle of depending poverty" (1977:64).

Diese Argumentation, daß ohne eine Veränderung der Produktionsmethoden keine qualitativ und quantitativ höhere Produktion erreicht werden könnte, hatte schon Hill angeführt(2), und sie verwies darauf, daß nichts in dieser Richtung von seiten der Partei unternommen worden wäre.

Die unüberlegte Ansiedlungskampagne in der Dodomaregion führte bereits nach kurzer Zeit zu Erosionen. Seit 1977 wurde ein Bündel von Maßnah-

---

(1) Christiansson argumentiert wie Brown und warnt: "With the present agricultural techniques, the concentration of population in the central belt makes it difficult even to maintain the exisiting production capicity" (1981:179).
(2) "There was no attempt to introduce improved agricultural methods or even to adapt methods to the changed humanresource relationsship caused by population concentration. Tractors merely meant that more land would be cultivated in the same way. There was also no attempt to limit stock numbers or to collectivize cattle" (1975:244).

men(1) durchgeführt; ein Aktions- und Forschungsprogramm, um die Probleme der Energieversorgung und der damit verbundenen Abholzung und Erosionsschäden des Bodens zu bekämpfen.

Zusammenfassend kann die Operation Dodoma(2) als obrigkeitliche Zwangsmaßnahme bezeichnet werden, ohne Anpassung an die örtlichen Produktionsbedingungen, so daß zwei essentielle Faktoren einer möglichen Ujamaapolitik(3) von vornherein zum Scheitern verurteilt waren. Die Wagogo änderten ihre agro-pastorale Ökonomie, ihre Gesellschaftsordnung nur insoweit, wie es notwendig war, um beispielsweise bestimmte versprochene Infrastrukturen (Wasser, Schulen, Hospitäler etc.) von der Regierung anfordern zu können (vgl. empirisches Dorfkapitel).

Im folgenden Kapitel wird die Ist-Situation der Dodomaregion als Resultat der 'villagization' der 70er Jahre am Ende des Jahrzehnts als Ausgangslage für die 80er Jahre deskriptiv zusammengefaßt.

5.4.2 Der Entwicklungsstand der Dodomaregion nach der Operation Dodoma

In der Dodomaregion leben verschiedene afrikanische Gesellschaften, wobei die Wagogo zu 95 % im Dodomalanddistrikt, zu 75 % im Mpwapwadistrikt

---

(1) Zwischen 1973 und 1978 wurden Maßnahmen gegen Erosion durchgeführt (Christiansson 1981:180).
(2) V. Bergen schätzt die Kosten der gesamten Operation auf ca. 48 Mio. TSH (1981:108).
(3) Dinham/Hines werfen der Regierung vor, daß die 'villagization', besonders der Landwirtschaftssektor, nicht genügend finanziell unterstützt wurde: "At present agriculture receives only 12.5 per cent of Tanzania's total investment in development, a proportion which has declinded from the 15 per cent allocated under the previous Five-Year Plan. A large slice of this - 80 per cent - goes to large-scale farming projects, apparently in direct contradiction to the government's stated policy of encouraging peasant agriculture, and with profound effects of increasing dependency on foreign inputs. Thus, only about 2 per cent of the national budget is used to support peasant producers, the men and women who form the backbone of the agricultureal sector" (1983:120).

und im südlichen Teil Kondoas leben. Andere Bantuvölker sowie Angehörige der Nilo-Hamiten und Niloten (Kondoadistrikt) sind ebenso wie Asiaten, Araber und Somalis - diese wohnen hauptsächlich in den Städten, vor allem in Dodoma - vertreten. Nach dem Zensus von 1978(1) beläuft sich die Bevölkerung in der Dodomaregion auf 972.005 Einwohner, das sind ungefähr 6 % der Gesamtbevölkerung Tanzanias(2), ausgenommen die Bevölkerung der Inseln Zanzibar, Mafia und Pemba. Die durchschnittliche Bevölkerungsdichte liegt bei 22,5 Einwohnern pro km². In den vier Distrikten der Dodomaregion(3) (Dodomastadt: 2.576 km², Dodomaland: 14.004 km², Kondoa: 13.210 km² und Mpwapwa: 11.520 km²) liegt die höchste Bevölkerungsdichte im Dodomaland- und -stadtdistrikt mit 26,3 Einwohnern. Die niedrigste Einwohnerzahl pro km² verzeichnet man im Kondoadistrikt mit 20,8(4).

Die Stadt Dodoma wuchs kontinuierlich bis 1973; nach dem Beschluß der Regierung, die Hauptstadt Tanzanias von Dar es Salaam nach Dodoma zu verlagern(5), entstand eine höhere Wachstumsrate durch Zugang von Partei- und Verwaltungspersonal. Historisch gesehen entwickelte sich Dodoma seit 1910 mit der Eröffnung der Eisenbahnlinie unter der damaligen deut-

---

(1) Siehe Tabelle 2.
(2) The United Republic of Tanzania: 1978 Population Census, Vol IV. A. Summary of Selected Statistics, Bureau of Statistics, Ministry of Planning and Economic Affairs, Dar es Salaam 1982:2.
(3) Bis 1963 hieß die Region Zentralprovinz.
(4) I.S.: Sembajwe: Population Characteristics of Dodomaregion, BRALUP Research Paper No. 64, Dar es Salaam 1980:15.
(5) Die Stadt Dodoma soll auf Beschluß der TANU-Generalversammlung vom 1.10.1973 zur Hauptstadt ausgebaut werden. Diese Idee war schon 1915 zum ersten Mal von den Deutschen diskutiert worden, 1959 wurde die Diskussion wieder aufgenommen, bis im Feb. 1966 die Argumente für eine Hauptstadtverlegung von einem MP für Musoma, Mr. Joseph Nyerere, erneut in die Debatten der National Assembly eingebracht wurden. Die Gründe für Dodoma als Hauptstadt waren: ... "if the seat of government were at Dodoma it would bring the country closer to the administrators and vice versa. In addition the move would encourage development in an aera badly needing a stimulus, and it would help to decentralise industrial development. It would lead to an improvement in physical communications and would spur investment in supporting services" (CDA 1976:48). Kritiker sprachen von den hohen Kosten, die eine Hauptstadtverlegung mit sich bringen würde, sowie von der Wasserknappheit der Dodomaregion. 1972 wurde beschlos-

Tabelle 2: Bevölkerung der Region Dodoma

Distrikt	Einwohner insgesamt	männl.	weibl.	Landbevöl-kerung	%	Stadtbe-völkerung	%	Anzahl der Dörfer
Dodomastadt	158.595	79.153	79.442	112.788	71,1	45.807	28,9	49
Dodomaland	276.618	128.702	147.916	276.618	100,0	-	-	124
Mpwapwa	261.514	127.557	133.957	234.326	89,6	27.188	10,4	107
Kondoa	275.278	135.021	140.257	263.096	95,6	12.182	4,4	154
Insgesamt	972.005	470.433	501.572	886.828	89	85.177	11	434

Quelle: Population Census, 1978

Karte 4: Tanzanias Bevöklerungsdichte 1967

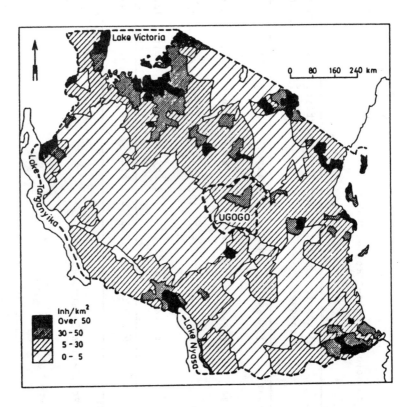

Quelle: Christiansson (1981:38)

schen Kolonialmacht(1). 1948 zählte die Stadt 9.144, 1973 35.000 und
1978 bereits 74.833 Einwohner(2).

5.4.2.1 Die regionale Ökonomie

Dodoma blieb eine der am wenigsten entwickelten Regionen in Tanzania und
wird als die ärmste Region eingestuft, wenn man das Pro-Kopf-Einkommen
schätzt(3). Ein Vergleich der Dodomaregion mit den anderen Regionen
ergibt:

Tabelle 3: Rang in der Produktionshierarchie: Dodomaregion

	Rang der Region	Prozent- anteil
Industrie	11	0.9
Handel	13	1.2
Exportlandwirtschaft	17	0.0
Marktlandwirtschaft	16	1.0
Subsistenzlandwirtschaft	6	6.0
Vermarktete Nahrungsmittel	10	5.5
Verkauftes Vieh	1	18.4
Bruttoinlandsprodukt	13	3.4

Quelle (Hill 1975:239)

Forts. FN 5:
   sen, das neue Parteihauptgebäude in Dodoma zu errichten, und 1974
   kam der Beschluß der Hauptstadtverlegung durch. Eine neue Planungs-
   und Implementationsorganisation wurde mit dem Ministry for Capital
   Development und seiner ausführenden Behörde, der Capital Development
   Authority (CDA) geschaffen (vgl. Steinberg: 1979).
(1) Vgl. CDA: A Portrait of Dodoma, Dar es Salaam 1976:19. Schon vor dem
   Ersten Weltkrieg wurde von den Deutschen über eine Hauptstadtverlegung von Dar es Salaam nach Dodoma diskutiert. Vgl.: Heuer/Sie-
   bolds/Steinberg: Urbanisierung und Wohnungsbau in Tanzania, TU
   Berlin 1979:87.
(2) Daily News 6.9.80.
(3) RIDEP (1980:130).

Aus Tabelle 3 geht hervor, welchen Anteil die Dodomaregion im Vergleich zu anderen Regionen an verschiedenen Sektoren hat. 1975 war Dodoma die Region mit dem größten Anteil am nationalen Viehverkauf. Sie nahm die 6. Stelle in der Bedeutung des Subsistenzsektors ein, danach die 10. Position unter den Regionen, die Nahrungsmittel vermarkteten.

Aufgrund klimatischer Verhältnisse und niedriger Produktivität spielt die Verkaufsfrüchteproduktion für den inneren Markt und die Landwirtschaft für den Export eine sehr untergeordnete Rolle bzw. keine (Export = 0). Die Industrie ist sehr unterentwickelt, da es an natürlichen Ressourcen fehlt. Abgesehen von holzverarbeitenden Betrieben in Mpwapwa sind alle anderen Industrien und Dienstleistungen in der Stadt Dodoma konzentriert. Hinzu kommt lediglich: "A recent development in the industrial field is the Brick and Tile Complex at Zuzu near Dodoma which is part of the capital development programme" (RIDEP 1980:131).

Die Erwerbsstruktur der Region wird vom landwirtschaftlichen Sektor geprägt, ausgewiesen als Kultivatoren arbeiten wesentlich mehr Frauen als Männer; allerdings wird im "Population Survey" noch detaillierter innerhalb des Landwirtschaftssektors nach "Viehzüchtern, Fischern/Jägern, Mischkultur und landwirtschaftlichen Arbeitern" unterschieden, in diesen Sektoren dominieren Männer (siehe Anhang). Der formale Sektor spielt in der Dodomaregion eine untergeordnete Rolle, technische und Verwaltungsberufe (vgl. Tabelle I) machen nur 1 % reps. 0,8 % der Erwerbstätigen aus. Selbst in sonst typischen Frauenberufen sind Frauen stark unterrepräsentiert, beispielsweise im Sektor Verkaufs-/Sekretariatsarbeit mit 20,6 %. Dieser Trend läßt sich für die beiden Distrikte Dodomastadt und -land bestätigen (vgl. Tabellen II und III). Insgesamt sind im Distrikt Dodomastadt die Verwaltungsberufe und das Dienstleistungsgewerbe durch die Hauptstadtfunktion wesentlich höher ausgeprägt als im Distrikt Dodomaland.

5.4.2.1.1 Die Landwirtschaft

Die natürlichen Produktionsbedingungen lassen für den Subsistenzbedarf Hirse, Sorghum und Mais (in bestimmten Gebieten) am besten gedeihen; aufgrund ihrer Resistenz gegen Trockenheit werden Verkaufsprodukte wie Sonnenblumen, Kastor, Sesam sowie Erdnüsse angebaut. Ein wachsender Sektor ist die Weintraubenproduktion(1), die durch italienische Missionare in die Region gebracht worden ist.

Für die Landwirtschaft gilt generell, daß nur eine Ernte pro Jahr (Ausnahme ist der Weinbau, hier sind zwei Ernten im Jahr möglich) eingebracht werden kann. Die Felder werden im September/Oktober für die Regenzeit vorbereitet, mit den ersten Regen (meist ab Dezember) beginnt die Aussaat. Für die Jahre 1979 bis 1982 liegen uns für die landwirtschaftliche Anbaufläche folgende Zahlen (Hektar) vor:

---

(1) C. Donner-Reichle: Viticulture in Tanzania, in: Afrika. No. 2-3, 1986:13 und E.Y. Chin'yole: A Study of Vine Growing in Dodoma Rural District, Institute of Rural Development Planning, Morogoro 1980. In der Stadt Dodoma versorgt die Dodoma Winery das ganze Land mit 'Dodoma Wine'; man hofft, durch Mehrproduktion den Tourismussektor versorgen zu können. Auf lokaler Ebene soll die Rosinenproduktion und Herstellung von Saft gefördert werden.

Tabelle 4: Produktionsfläche in der Dodomaregion 1979/80 bis 1980/81 (in Hektar)

Kulturen	in ha 1979/80	1980/81
Mais	32.544	63.675
Sorghum	70.633	114.987
Rispenhirse	33.246	85.621
Fingerhirse	13.598	24.584
Reis	-	5.005
Bohnensorten	900	4.316
Saubohnen	140	5.014
Cassava	133	2.000
Süßkartoffeln	525	1.550
Erdnüsse	7.359	2.985
Rizinus	1.226	5.914
Sonnenblumen	1.500	2.792
Sesam	89	981
Weintrauben	644	1.506

Quelle: Kilimo Dodomaregion, März 1982

Der Anteil der landwirtschaftlichen Nutzfläche liegt etwas über dem Landesdurchschnitt, jedoch sind die Ernteergebnisse weit unter dem Durchschnitt. Die Verkaufsfrüchte machen im Verhältnis zu den Subsistenznahrungsmitteln einen kleinen Anteil der Anbaufläche aus, die Sonnenblumenproduktion wurde allerdings sehr erweitert.

Die nächste Tabelle zeigt die Produktionserträge im Zeitraum von 1976/77 bis 1981/82 (geschätzt) für Nahrungsmittel- und Verkaufsfrüchteproduktion.

Tabelle 5: Anbaustatistik für die Dodomaregion: Produktionszahlen für Verkaufs- und Nahrungsmittelproduktion für die Jahre 1976/77 - 1981/82

	in metrischen t			
Kulturen	1976/77	1977/78	1979/80	1980/81
Nahrungsmittel-				
pflanzen				
Mais	46.020	64.068	49.990	5.176,75
Sorghum	58.990	106.990	125.206	64.119,9
Rispenhirse	76.053	94.546	66.597	59.749,5
Reis	53	62	20	755,4
Saubohnen	452	640	583	950,92
Cassava	3.385	8.000	11.670	10.875
Bohnensorten	553	200	900	1.205,28
Zwiebel	8.689	1.800	3.000	-
Verkaufsfrüchte				
Sonnenblumen	1.880	2.798	3.450	3.918
Erdnüsse	4.656	7.116	6.237	7.089,18
Sesam	359	188	264	114,68
Rizinus	2.520	2.584	717	1.420
Weintrauben	719,7	1.291,8	1.122,7	2.500

Quelle: Kilimo Dodomaregion, März 1982

Bei der Maisproduktion konnte 1980/81 nicht der hohe Ertrag des Jahres 1977/78 erreicht werden, bei Sorghum fiel das Jahr 1979/80 wesentlich besser aus als 1980/81. Für Fingerhirse gilt das gleiche wie für Sorghum, die Ernteerträge von 1977 lagen wesentlich höher als 1980/81. Der Mehrertrag von Reis ergab sich aus der erhöhten Anbaufläche. Bei Saubohnen wuchsen die Tonnenerträge kontinuierlich über die Jahre, wie das auch für Kassava und Bohnen festzustellen ist. Im Bereich der Verkaufsfrüchteproduktion blieben die Erträge der Sonnenblumen für 1979/80 und

1980/81 ziemlich gleich, Erdnüsse erreichten fast die Ernteerträge von 1977/78 im Jahr 1980/81 wieder. Dagegen ist die Sesamproduktion sehr schwankend über die Jahre, mit dem schlechtesten Ergebnis für 1980/81. Rizinus hat sich nach dem sehr schlechten Jahr 1979/80 (717 t) im Jahr 1980/81 (1.420 t) wieder erholt. Die Traubenproduktion stieg fast kontinuierlich an und erreichte 1980/81 einen bisher höchsten Ertrag von 2.500 t.

Von den Subsistenz- und Verkaufsproduktionen wurde an die National Milling Corporation (NMC), die nationale Getreideaufkaufsbehörde, in den Jahren 1979/80 und 1980/81 wie folgt verkauft:

Tabelle 6: Anbauprodukte, vermarktet an die NMC 1979/80-1980/81

Anbauprodukte	1979/80 Tonnen	1980/81 Tonnen
Mais	26.815,6	23.670,6
Sorghum	13.122,6	14.895,9
Rispenhirse	1.189,1	132,3
Reis	13,5	-
Saubohnen	6,1	259,2
Cassava	13,5	3,5
Sonnenblumen	-	2.461,2
Erdnüsse	16,8	87,4
Sesam	20.027,0	96,0
Rizinus	-	356,6
Bohnensorten	633,2	266,6
Weintrauben	1.122,7	1.017,99

Quelle: Kilimo Dodomaregion, March 1982

In der Dodomaregion liegt Mais an erster Stelle, obwohl bei den Ernteerträgen 1980/81 weniger an die National Milling Corporation vermarktet

Karte 5: Durchschnittliche Regenmenge

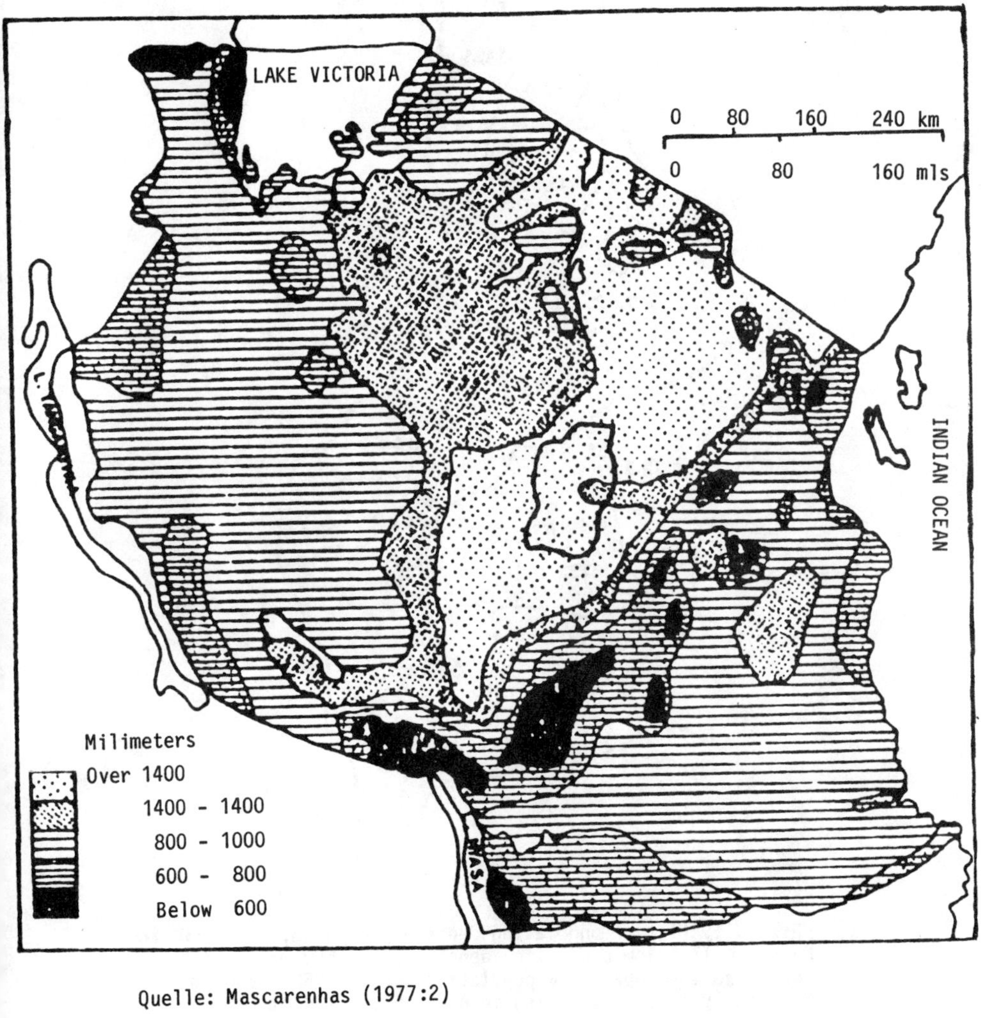
LAKE VICTORIA
0 80 160 240 km
0 80 160 mls
INDIAN OCEAN
NYASA
Milimeters
Over 1400
1400 - 1400
800 - 1000
600 - 800
Below 600

Quelle: Mascarenhas (1977:2)

Karte 6: Agro-ökonomische Zonen der Dodomaregion

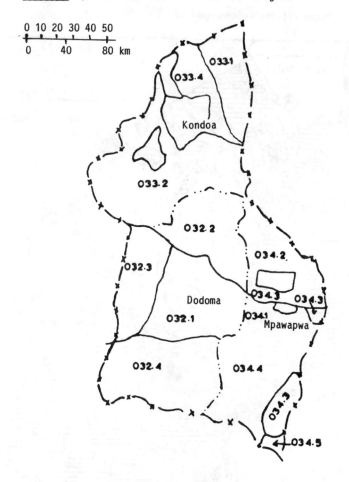

032.1 Physically flat or undulating densely populated, 500 - 600 mm
032.2 Fairly hilly, low population density 550 - 650 mm
032.3 Low lying & swampay, low population density 550 - 650 mm
032.4 Physically flat, undulating in parts 500 - 700 mm

Quelle: Mascarenhas (1977:2)

werden konnte als das Jahr zuvor. Danach folgen Sorghum, Sonnenblumen, mit großem Abstand Trauben, Rizinus und Bohnen. Der Anteil des Grundnahrungsmittels Hirse ist sehr gering (1980/81 nur 132 t im Vergleich zu 23.670 t Mais), ein Indiz für die eindeutige Position als Subsistenzprodukt.

Der Grad der Mechniaisierung ist in der landwirtschaftlichen Produktion immer noch gering, die Hacke ist primäres Arbeitsmittel. In der folgenden Tabelle ist der Grad der Mechanisierung (Stand 1982) festgehalten, aufgeteilt nach den vier Distrikten der Dodomaregion. Immer wieder beklagen die zuständigen Landwirtschaftsbeamten auf Regional- und Distriktebene, daß die Modernisierung der Landwirtschaft sehr unbefriedigend sei. Die Bauern reagieren nach wie vor (wie 1925 und in den 50er Jahren) auf den Versuch der Einführung des Ochsenpfluges negativ (Daily News 29.1.81). Zwar wird die Region als 'Land with big agricultural potential' (Daily News 29.1.81) dargestellt, aber immer unter der Bedingung, daß Ochsenpflüge und Viehmist als Düngemittel auf den Feldern eine Produktivitätssteigerung bringen könnten.

Aus der Tabelle 7 läßt sich folgendes ableiten: Traktoren wurden am häufigsten im Mpwapwadistrikt eingesetzt, gefolgt vom Dodomalanddistrikt. Allerdings sagt die Anzahl der Geräte nicht viel über ihre Benutzung aus, nach Auskunft eines regionalen Landwirtschaftsbeamten, Mr. M.D. Timanywa, werden sie kaum von den Dorfbewohnern eingesetzt (März 1982). Ochsenpflüge sind am häufigsten im Kondoadistrikt zu finden, danach folgt Dodomalanddistrikt. Die Verwendung von Ochsenkarren ist unbedeutend, Kondoa hat 33 Stück, Dodomaland 27 und Mpwapwa 20, gefolgt vom Dodoma Stadtdistrikt mit 16. Andere Geräte wie Eggen werden nur im Mpwapwa- und Kondoadistrikt verwendet.

Einen Überblick über die Anzahl der Landwirtschaftsberater gibt Tabelle 8 (Stand 1982), die nach Distrikt und Geschlecht differenziert.

Tabelle 7: Mechanisierung in der Dodomaregion

Distrikt	Traktoren	Ochsen-pflüge	Ochsen-karren	Eggen	Furchen-schneider	Pflanzen-maschinen
Dodomaland	12 (1)	1.093	27	nil	nil	nil
Dodomastadt	2 (2)	172	16	nil	nil	nil
Mpwapwa	38	578	20	9	12	nil
Kondoa	11	3.716	33	5	nil	5

Quelle: Ministry of Agriculture: Dodomaregion, March 1982

(1) DADO (District Agricultural Development Office) vermietet sie an die Bauern
(2) Landwirtschaftsministerium vermietet sie an die Bauern

Tabelle 8: Anzahl der Landwirtschaftsberater/innen in der Dodomaregion

Distrikt	Männer	Frauen	Insgesamt
Mpwapwa	44	2	46
Kondoa	43	3	46
Dodomaland	38	2	40
Dodomastadt	20	6	26
Dodoma Regionalbüro (für die Gesamtregion)	10	1	11
Gesamt	155	14	169

Quelle: Regional Agriculture Development Officer: Dodomaregion 1982

Die meisten Berater sind in den Distrikten Mpwapwa und Kondoa (je 46) tätig, gefolgt vom Dodomaland- (40) und Dodomastadtdistrikt (26). Die Anzahl weiblicher Berater ist minimal (155 Männer gegenüber 14 Frauen), setzt man dies in Relation zu der Mehrzahl der Kultivatoren, die Frauen sind (vgl. Population Census 1978), so stellt sich die Frage, inwieweit aufgrund soziokultureller Normen männliche Berater überhaupt Bäuerinnen beraten(1) oder ob sie nur zu Bauern gehen (dies wird empirisch im folgenden Kapitel untersucht(1)).

5.4.2.1.2 Viehbestand in der Dodomaregion

Laut dem "RIDEP Dodoma Region Interim Development Plan" (2) steht die Region mit fast 10 % des nationalen Viehbestandes (3) an 5. Stelle

---

(1) Dieser Frage sind auch andere Forscherinnen nachgegangen, vgl. Staudt (Kenya 1982) und Fortmann (Tanzania 1978), Bukh (Ghana 1979), Mbilinyi (Tanzania 1977).
(2) RIDEP Dodoma Region Interim Development Plan 1980:132.
(3) Vergleicht man die Länder Afrikas, besitzt Äthiopien (25,9 Mio.) und Sudan (15,4 Mio.) mehr Vieh als Tanzania, das an 3. Stelle (12,8 Mio.) liegt.

(Arusha, Shinyanga, Mwanza, Mara und Tabora werden vor Dodoma im "Economic Survey" des Ministry of Planning and Economic Affairs angegeben, 1982:78). Man schätzt die Anzahl des Viehs auf 1,1 Mio. Rinder, 500.000 Ziegen und 300.000 Schafe (RIDEP 1980:132)(1). Der Verkauf des Viehs wurde auf den Wert von 30 Mio. TSH für das Jahr 1977/78 veranschlagt. Die Qualität der Weiden in der Region ist sehr unterschiedlich, pro Stück Vieh benötigt man 1,6 Hektar im Kondoadistrikt, 1,45 in den Dodomadistrikten Land und Stadt und 3.27 im Mpwapwadistrikt (RIDEP 1980: VIII). Die regionalen Behörden wollen den Viehbestand eindämmen; eine Reduzierung um 10 % wird angestrebt. Die Vorurteile gegenüber den Wagogo als Viehzüchter halten weiter an, wie das Beispiel aus dem Jahr 1981 in der Daily News zeigt: "According to the Acting Regional Livestock Development Officer, (RLDO), Ndugu Godfrey Mwa Kalinga there are still cases in Dodoma Region where people keep livestock the old way - many animals, but for prestige and to meet brideprice obligations - which now ranges from 25 to 40 head of cattle" (31.1.81).

5.4.2.1.3 Infrastruktur

Verkehrsverbindungen: Die zentrale Eisenbahnlinie führt von der Küste (Dar es Salaam) über Dodoma nach Kigoma am Tanganyikasee und eine Abzweigung nach Mwanza am Viktoriasee. Die Stadt Dodoma liegt an der Kreuzung zweier Hauptstraßen, von denen eine nach Arusha (441 km) in den Norden und nach Iringa im Süden führt; die andere führt im Osten über Morogoro nach Dar es Salaam (489 km) an der Küste des Indischen Ozeans und verbindet im Westen Dodoma mit Tabora, dem Zentrum der alten Zentralroute. Die Straßen sind Anfang der 80er Jahre als extrem schlecht zu bezeichnen. Es existieren kaum Teerstraßen, ungewartete Staubstraßen dominieren. Mit Hilfe eines multilateralen Projektes wurde 1980-1982 von einer brasilianischen Firma eine Teerstraße von Mororogoro nach Dodoma gebaut, die inzwischen sehr stark von schweren Lastern befahren wird.

---

(1) 1981 belief sich der regionale Viehbestand auf 1,06 Mio., 1971-72 waren noch 773.000 angegeben, in: W. Mackenzie, The Livestock Economy of Tanzania, ERB 73.5, Dar es Salaam 1973:23, Tabelle 2.6. In 66 regionalen Verkaufszentren wird das Vieh auktioniert (RIDEP 1980:VIII-5).

Wasserversorgung: Laut Statistiken hatten 60 % der ländlichen Bevölkerung der Region 1980 sauberes Wasser. 1970 waren dies nur 18 %. Je nach
Lokalität ist die tatsächliche Versorgung (Ausfälle statistisch gemelde-
ter Wasserversorgung sind häufig(1)) sehr unterschiedlich, auch der
Salzgehalt des Wassers (z.B. in Kigwe) ist unterschiedlich hoch bis zur
Ungenießbarkeit für Mensch und Tier. In der Stadt Dodoma gab es Anfang
der 80er Jahre kaum eine regelmäßige Wasserversorgung. Das Wasser für
die Stadt mußte über 20 km aus den fossilen Vorkommen unter der Makuto-
pora-Senke per Dieselkraft gepumpt werden. Da dieses Pumpwerk oft
ausfiel - wegen Mangel an Diesel und Ersatzteilen - war die Stadt lange
ohne Versorgung. Ganz davon abgesehen, ist fossiles Wasser nicht ersetz-
bar.

Elektrizität: Die Tanzania Electricity Supply Corporation (TANESCO)
versorgt die Region mit Strom anhand einer Station mit Dieselgeneratoren
in der Stadt Dodoma und der Stadt Mpwapwa, d.h. die Elektritzitätsver-
sorgung beschränkte sich bis 1982/83 auf diese Städte. Die hohen Erdöl-
preise haben einen häufigen Stopp der Elektrizitätsversorgung mitverur-
sacht, in der Stadt Dodoma gab es Anfang der 80er Jahre monatelang
keinen Strom.

Sozialleistungen: 1980 gab es in der Region 458 Schulen. Im Gesundheits-
sektor versorgten 137 Gesundheitsstationen und 15 ländliche Gesundheitszentren 421 Dörfer (RIDEP 1980:134). Einen Überblick der Versorgung
der Dörfer mit verschiedenen Dienstleistungsbereichen zeigt Tabelle 9
für die Distrikte Dodomastadt und -land aus dem Jahr 1981:

---

(1) Die Statistiken berücksichtigen nicht, wieviel Wasserrohre geplatzt
und nicht mehr repariert wurden oder wieviel Wasserpumpen in den
Dörfern mangels Ersatzteilen bzw. fehlendem Diesel nicht mehr funk-
tionierten, vgl. empirisches Kapitel.

Tabelle 9: Dienstleistungsangebot in den Dörfern der Distrikte Dodomaland und Dodomastadt, Stand 1980

Distrikt:	Dodomaland	Dodomastadt
Anzahl der Dörfer	122	31
Getreidemühle	73	21
Bus	-	-
Lastwagen	13	1
Traktoren	3	-
Kooperativläden	121	31
Apotheken	5	1
Hospitäler (privat)	2	5
Hospitaler	50	18
Bohrlöcher mit Maschinen-pumpen	67	24
Schulen	125	36
Kindergärten	23	17

Quelle: RADO Office: Kilimo Dodoma 1981

5.4.3 UWT-Aktivitäten in der Dodomaregion

Nach Darstellung der nationalen Politik der Massenorganisation der
Partei (s. Kapitel 3) wird hier auf die Aktivitäten und Schwierigkeiten
der Regional- und Distriktebene eingegangen.

5.4.3.1 Verwaltungsstruktur

In Dodoma hat die UWT für ihre Regionalarbeit ein Büro in einem Regie-
rungsgebäude. Die UWT-Vorsitzende wird für drei Jahre gewählt, die UWT-
Regionalsekretärin hingegen wird von der Partei bestimmt. Ihr steht für
die Arbeit nur eine Schreibkraft zur Verfügung. Da UWT über keine
eigenen Transportmittel verfügt ist ihre Mobilität stark einge-

schränkt(1). Damit ist die UWT-Führung sehr auf die Stadt Dodomo beschränkt. Auf Distriktebene sind die Distriktvorsitzenden ebenfalls auf
drei Jahre gewählt. Die Distriktsekretärinnen (vgl. Interviews) sind von
anderen Regierungsstellen für ihre jetzige Tätigkeit unbefristet beurlaubt worden, meist handelt es sich um Angehörige des Social Services
Departments.

5.4.3.2 Mitgliederstruktur und Anzahl der Dorfgruppen

UWT(2) hat in der Dodomaregion 106 Ortsgruppen mit 10.259 Mitgliedern.
Aufgeschlüsselt nach Distrikten ergibt sich folgendes Bild:

Tabelle 10: UWT-Mitgliederzahl der Dodomaregion 1978 und 1979:

Distrikt	Mitglieder 1978	Neumitglieder 1979	ingesamt
Dodomastadt	1.076	1.194	2.270
Dodomaland	1.330	3.092	4.425
Mpwapwa	1.163	168	1.331
Kondoa	1.200	1.033	2.233
Regionen insges.	4.769	5.487	10.259

Quelle: Jahresbericht UWT 1978/79, Dodoma 1980

(1) Auf Anfrage kann ein Landrover vom regionalen Ujamaa and Cooperatives-Büro ausgeliehen werden. Da Anfang der 80er Jahre ein chronischer Mangel an Fahrzeugen, Benzin und Diesel in der Region vorherrschte, war ein Gelingen des Ausleihverfahrens eher die Ausnahme
als die Regel (Interview CDR mit Distriktsekretärinnen Dodomastadt
und -land).
(2) Reporte in Kiswaheli a) UWT: The 1978-1979 UWT Operations Report:
Dodoma Region, Dodoma 1980, übersetzt ins Englische von M.S. Tene,
b) UWT: Dodoma Urban Distrikt, Report on Women's Activities from
Jan-Dec 1981, Dodoma 1982, übersetzt ins Englische von M. Bulegi, c)
UWT: Dodoma Rural District, Report on Women's Activites from Jan-Dec
1981, Dodoma 1982, übersetzt von M. Bulegi.

146

Tabelle 11: UWT-Gruppen in der Dodomaregion 1978 und 1979

Distrikt	Gruppenanzahl
Dodomastadt	22
Dodomaland	24
Mpwapwa	33
Kondoa	27
Region insgesamt	106

Quelle: Jahresbericht UWT 1978/79, Dodoma 1980

Die meisten Mitglieder hat die UWT im Dodomalanddistrikt, mit Abstand die niedrigste Anzahl im Mpwapwadistrikt. Dieses Bild spiegelt sich nicht exakt in der Gruppenanzahl wider, Kondoa hat mit 27 mehr als der Dodomalanddistrikt (24), gefolgt von den beiden anderen Distrikten.

5.4.3.3 Projekte in der Dodomaregion

Die UWT-Projekte in der Region umfassen Teekioske, Kooperativläden, Bierbrauen, Schneidern, Nahrungsmittelzubereitung für Häftlinge des Gefängisses Dodoma und landwirtschaftliche Produktion(1). Beide Getreidemühlen der UWT, Geschenke von UNICEF, sind nicht in Betrieb. Die meisten ökonomischen Aktivitäten, so Muno nach ihrer Befragung 1980, beschränken sich hauptsächlich auf die Stadt Dodoma. Da das Regionalbüro keine eigenen Finanzen hat, kann es den Frauengruppen keine Starthilfe geben (Murro 1979:87). Im Jahresbericht der UWT werden mögliche Finanzquellen beschrieben: durch Mitgliederkartenverkauf, Säumnisstrafen laut UWT-Regulierungen und 10 % des Ertrags erfolgreicher, d.h. profitabler

(1) In der Regel arbeiten 30 Frauen in einem Projekt zusammen, bei landwirtschaftlichen Aktivitäten sind beispielsweise für 61,5 acres Hirseanbau 505 Mitglieder verantwortlich, eine Relation, die unökonomisch ist.

Projekte. Fazit: UWT leidet unter chronischer Geldknappheit, was sich auf die personelle Situation und die Qualität der Arbeit auswirkt.

Pläne für die Region waren für 1980 der Bau eines Hotels, eine Weinshamba und ein kleines Restaurant, alle für die Stadt Dodoma geplant, um Einnahmen für die entstehenden Unkosten im Regionalbüro zu erzielen (Murro 1979:86). Ein weiteres Betätigungsfeld von UWT sind die Kindergartenstätten, von denen 243 in der Region von 14.454 Kindern unter Aufsicht von 128 Frauen besucht wurden (1). Der Bereich Weiterbildung für UWT-Führungskräfte ist sehr schwach, 1978 und auch im Jahr 1979 wurden nur je fünf Frauen aus der Region zu einem Fortbildungskurs entsandt.

Die Schwierigkeiten der Organisation werden im Jahresreport UWTs 1978/79 für die Dodomaregion wie folgt genannt: "The main problem is transport, funds to run development projects as well as shortage of manpower such as accountants and secretaries" (1980:7). Setzt man diese Realität den ständigen Zeitungsaufrufen Offizieller gegenüber nach dem Motto "Women work harder", fragt man sich doch, wie dies bewerkstelligt werden soll, wenn von seiten der Regierung oder Partei keine Mittel zur Verfügung gestellt werden, um wenigstens administrative Voraussetzungen für die angeforderte Arbeit sicherzustellen. Dieser Widerspruch setzt sich von nationaler Ebene bis auf Dorfebene permanent durch.

5.4.3.3.1 Die UWT-Arbeit auf Distriktebene

Im Vergleich zum Regionalbüro lagen 1982 die Arbeitsberichte der zwei von mir untersuchten Distrikte vor, Dodomastadt und -land, so daß hier aktuellere Aussagen getroffen werden können. Für den Zeitraum von 1980/81 wurden für beide Distrikte Arbeitsprogramme erstellt, die kurz dargestellt werden.

---

(1) Probleme sind häufiger Personalwechsel durch schlechte Bezahlung, ungenügende Ausstattung der Räume.

In beiden Distrikten liegt der Schwerpunkt künftiger Arbeit prioritär im Bereich des institutionellen und organisatorischen Rahmens der UWT. Für den UWT-Dodomastadt- und -landdistrikt heißt dies Rekrutierung neuer Mitglieder, weitere Gruppengründung sowie Beratung über den institutionellen Zwang, regelmäßig jährliche Beiträge zu bezahlen, was den Mitgliedern nicht klar zu sein scheint. Erst danach folgen ökonomische Ziele wie einkommenschaffende Projekte, Bau eines UWT-Hotels (Dodomastadtdistrikt), Beratung über die mögliche Gründung von Kindertagesstätten (Dodomalanddistrikt) sowie das Ziel, Seminare und Trainingskurse für UWT-Mitglieder (speziell für leitende Frauen) in beiden Distrikten anzubieten. Dodomastadtdistrikt kann 4.038 Mitglieder in 25 Ortsgruppen, Dodomalanddistrikt 7.900 Mitglieder in 32 Gruppen verzeichnen.

Projekte: Im Dodomastadtdistrikt hat sich UWT stark im Dienstleistungsbereich engagiert, sie betreibt 12 Läden, acht Kantinen, acht Bierläden und ein Nähprojekt; insgesamt 34 Projekte mit 1.347 aktiven Mitgliedern. Wieder ist die Relation innerhalb einzelner Projekte sehr verzerrt, auf den Betrieb von acht Kantinen kommen 300 Frauen, wobei sicher nicht mehr als - schätzungsweise - 50 aktiv beteiligt sind.

Im Dodomalanddistrikt sind die Projekte nicht auf Landwirtschaft konzentriert, wie man annehmen möchte, sondern die Frauen betreiben Bierbrauen (16 Gruppen) und Kantinen (13). Nur zwei landwirtschaftliche Projekte wurden im Jahresbericht 1981 erwähnt. Insgesamt haben sich 4.212 Mitglieder in UWT-Aktivitäten engagiert, also etwa die Hälfte der Mitgliederkartenbesitzerinnen.

Als Problem ihrer Arbeit nennt der UWT-Report des Dodomastadtdistrikts die mangelnde Bereitschaft der Mitglieder, 10 % der Projekterträge an die UWT (Region) abzugeben, wie das in den Bestimmungen festgeschrieben wurde (vgl. auch Interviews mit den UWT-Sekretärinnen der Dodomastadt- und -landdistrikte). Die Frauen beschließen oft, die Dividende unter sich, den Projektteilnehmerinnen, aufzuteilen - ohne die vorgeschriebene Abgabe zu leisten. Ähnliche Probleme verzeichnet UWT im Dodomalanddistrikt, 1981 hatten ungefähr die Hälfte der Kartenbesitzerinnen ihren UWT-Mitgliedsbeitrag nicht bezahlt, und somit überlegt sich die Leitung des Distrikts, wie man den Frauen die abverlangten Abgaben mittels Aufklärung einleuchtend erklären kann. Weitere Probleme gründen in der schlechten Durchführung ökonomischer Aktivitäten. Viele Projekte schlafen ein, da sie unrentabel sind. Um diesem Mißstand abzuhelfen, fand im Dodomastadtdistrikt 1981 ein Frauenseminar zum Thema Buchführung und Management statt; im Dodomalanddistrikt gab es keinen Kurs. Es wurde jedoch ein Mitglied zu einem dreimonatigen Kurs geschickt, sinnvollerweise zum Thema Hauswirtschaft und Näharbeit.

Um von seiten der leitenden Frauen im Distrikt etwas über UWT als Organisation und ihr Selbstverständnis, ihre eigene Rolle zu erfahren, interviewte ich die zuständigen Sekretärinnen der Dodomastadt- und -landdistrikte. Die Gespräche waren so interessant, daß sie hier dokumentiert werden.

5.4.3.4 Selbstverständnis der UWT am Beispiel zweier leitender Mitarbeiterinnen

Am 28.4.82 führte ich zwei getrennte Interviews mit Frau Lukuwi, UWT-Distriktsekretärin des Dodomastadtdistrikts, und Frau Chiphana, UWT-Sekretärin des Dodomalanddistrikts:

CDR: 1. Warum gibt es eine staatliche Frauenorganisation in Tanzania?

Lukuwi: Unser Ziel ist, Frauen zu ermutigen (holt dabei ein Pamphlet ihrer Organisation aus der Schublade ihres Schreibtisches und liest vor), in der Wirtschaft und bei der Verbesserung ihres Heimbereiches aktiv und Teil der Partei zu sein. Warum? Frauen wurden bei der Entwicklung vergessen.

Chiphana: Wir haben eine besondere Frauenorganisation gemäß dem Beschluß der CCM gegründet.

CDR: 2. Was sollte Ihrer Ansicht nach die Rolle der Frauen in der Entwicklung Ihres Landes sein?

Lukuwi: Frauen sollten in verschiedenen Rollen an der Entwicklung partizipieren: in Büros, wo Männer arbeiten. Viele Frauen arbeiten nur in der Landwirtschaft, wir müssen Frauen und Männer miteinander zusammenbringen, daß sie zusammen arbeiten. Frauen produzieren mehr als Männer. In der Landwirtschaft, in Gesundheit und Erziehung spielen sie die Hauptrolle.

Chiphana: Die Rolle der Frauen wurde von der CCM festgesetzt. Es ist eine große Chance für die Frauen, seit Uhuru(1) Teil der Entwicklung zu sein, davor waren Frauen zurückgelassen worden.

CDR: 3. Spielen Frauen eine Rolle in der Politik?

Lukuwi: Wir beginnen damit, daß Frauen in die Politik gehen.

Chiphana: Die politische Rolle der Frauen ist unter den Parteirichtlinien niedergeschrieben, in denen die politische Erziehung für Frauen erwähnt wird. Frauen sind Teil politischer Aktivitäten wie 'ujammaa-farming', sie sind Mitglieder von CCM und UWT. Politische Erziehung generell bedeutet: wie organisiert man Gruppen für UWT etc.

CDR: 4. Welche Aufgaben haben Sie als UWT-Sekretärin?

Lukuwi: Wir sind dazu da, Frauen allgemein zu helfen. Dann um Karten an neue Mitglieder zu verkaufen, die Mitgliedsbeiträge von UWT-Mitgliedern einzusammeln, neue Gruppen in Dörfern zu organisieren, Frauen zu ermutigen, eigene Aktivitäten zu beginnen, in die Dörfer zu gehen, um die UWT-Gruppen zu besuchen und um Kurse über die Partei abzuhalten.

Chiphana: Meine Hauptaufgabe ist es, die UWT-Gruppen in meinem Distrikt zu besuchen und sie zu beraten, welche Aktivitäten sie beginnen sollen. In meinem Büro organisiere ich die UWT-Gruppen, sammle Geld für die Mitgliederkarten und gebe Frauen dafür einen Beleg.

---

(1) Uhuru = Unabhängigkeit.

CDR: 5. Welche Art von Projekten befürwortet die UWT für Landfrauen?

Lukuwi: Wir empfehlen z.B. die Sammlung von Geld, um davon eine Getreidemühle zu kaufen. Das ist eine Verbesserung im Bereich der Arbeitsbelastung der Frauen. Jedoch einige männliche Führer sind sehr oft dagegen,
daß Frauen Projekte beginnen wollen, wie beispielsweise eine Getreidemühle oder eine UWT-Herberge oder ein Restaurant - und der Grund? Sie
befürchten, daß Frauen zuviel Geld haben werden und ihre Männer vergessen.

Chiphana: Ich empfehle eine UWT-Weinanbauorganisation, den Bau von UWT-
Herbergen in den Dörfern, denn es existiert ein großer Bedarf. Dann den
Kauf von Getreidemühlen, Kauf von Nähmaschinen für Heimarbeit, die
Gründung von Tageskinderstätten, und mein persönliches Projekt ist es,
mehr Mitglieder für die UWT zu werben.

CDR: 6. Können Sie erklären, warum 10 % aller UWT-Projektprofite an die
Organisation gehen? Ich hörte, daß sich viele Mitglieder über diese
Praxis beschweren.

Lukuwi: Zuerst: Diese 10 % kommen vier verschiedenen Organisationsebenen
der UWT zugute. Für die administrativen Aufgaben geht ein Viertel an die
Gruppe, ein Viertel an die Distriktebene, je ein Viertel an die regionale und nationale Organisation. Es ist ein ernstes Problem, daß UWT-
Gruppen immer alles Geld für sich selber wollen. Wir haben ansonsten
noch das Einkommen durch die Mitgliederkarten (Verkauf, CDR) und jährliche Mitgliedsbeiträge. Wir benötigen dringend Geld für administrative
Zwecke.

Chiphana: Wir erklären den Frauen in den Dörfern, bevor sie ein Projekt
beginnen, daß wir 10 % des Profits erhalten. Wir haben Probleme es zu
sammeln, aber wir benötigen es für administrative Zwecke wie Kauf von
Papier, Aktenordnern etc.

CDR: 7. Während meiner Forschung in den Dörfern fiel mir auf, daß keine
politischen Erziehungskurse für UWT-Mitglieder abgehalten wurden. Organisieren Sie überhaupt in diesem Bereich Kurse?

Lkukuwi: Ja, wir halten Seminare ab, wenn wir Geld dafür vom PMO (Prime Minister's Office) erhalten. Manchmal sammeln Frauen Geld und wir können Politik lehren. UWT hat auch Seminare für die Leiterinnen aller 25 Gruppen des Distrikts veranstaltet. Da von jeder Gruppe die Vorsitzende und die Sekretärin eingeladen werden, kommen ca. 50 Frauen zu einem einwöchigen Kurs zusammen, manchmal für einen Monat. Das letzte Seminar wurde im März 1981 in Mvumi Makulu abgehalten. 1979 hatten wir mehr Seminare, da uns die Village Councils Geld gaben. Heutzutage erhalten wir kein Geld - also kein Seminar.

Chiphana: Kurse politischer Erziehung haben wir, CCM und UWT, zusammen. Kurse werden von der CCM, UWT und der Jugendorganiation durchgeführt. Immer werden Vorsitzende und Sekretärin sowie ausgewählte Mitglieder des Working Committee eingeladen. Die Kurse finden nicht regulär statt, 1981 hatten wir nur einen Wochenkurs. Meistens lehren wir, wie man mehr Mitglieder werben kann, wie man Mitglieder dazu bringt, ihre Beiträge zu bezahlen, sowie die Organisationsstruktur von CCM und UWT.

CDR: 8. Frauen sind in der Dorfpolitik kaum präsent, gerade im Dorfrat. Ermutigen Sie Frauen, sich für die Wahl zum Dorfrat zu stellen?

Lukuwi: Nun, wir versuchen Frauen zu unterstützen, wenn sie sich für die Wahl bewerben. Männer sind eher bereit, die Formulare für die CCM auszufüllen (um Mitglied zu werden, CDR). In Dorfräten sind Frauen zu schüchtern, um zu reden.

Chiphana: Frauen sind schüchtern. Bei der Wahl zum Dorfrat hängt es von den männlichen Führern ab, wem sie das Formular für die Bewerbung zur Wahl zum Ausfüllen geben. Ich weiß nicht, warum sich Männer so benehmen, vielleicht weil Männer mehr von Politik verstehen als Frauen. Im März 1982 hatte UWT ein Treffen des Distrikt Working Committee und wir diskutierten, daß Frauen in Dorfräte gewählt werden sollten. So ermutigen wir Frauen heute, in die Politik zu gehen.

CDR: 9. Auf Distriktebene hat UWT verschiedene Komitees. Können Sie bitte die Funktion und Aufgaben erklären?

Lukuwi: Wir haben ein Arbeitskomitee mit acht gewählten Mitgliedern aus UWT-Gruppen. Theoretisch treffen wir uns monatlich, aber wir haben kein Geld für Transportkosten und um die Hotelkosten für eine Nacht für alle Komiteemitglieder zu zahlen. Deshalb treffen wir uns alle drei Monate. Wir diskutieren die Probleme der Dorfgruppen: warum die Mitglieder die Beiträge nicht zahlen, über Gruppen, die Führung benötigen und Frauenprogramme in den Dörfern. Nach den Diskussionen geben wir die Protokolle zum CCM-Distrikt. Wenn wir ein neues Projekt beginnen wollen, benötigen wir die Erlaubnis des Arbeitskomitees der Partei des Distrikts (es hat 10 CCM-Mitglieder inkl. der Regionalvorsitzenden der UWT). Unser direkter Counterpart ist der amtierende Distriktsekretär der CCM. Das CCM-Exekutivkomitee arbeitet unregelmäßig. Wir erhalten die Politikleitlinien von ihm.

Chiphana: Wir haben nur ein Arbeitskomitee im Distrikt. Wir sollten uns monatlich treffen, aber es geht nicht, da wir nicht genügend Geld haben, um die Mitglieder des Komitees zu bezahlen. Die Mitglieder kommen aus den Dörfern jeder UWT-Gruppe, und wir müssen ihnen den Transport nach Dodoma und die Übernachtungskosten im Hotel finanzieren. Im Beisein des CCM-Distriktsekretärs diskutieren wir die Probleme in den Dörfern, danach geht ein Protokoll an die CCM-Funktionäre. Wenn in einer Sitzung des UWT-Arbeitskomitees ein Beschluß zugunsten einer Aktivität (Projekt) gefaßt wurde, geht dieser zur Bewilligung an die CCM, erst dann können wir beginnen.

CDR: 10. Was sind ihre Hauptprobleme mit UWT-Projekten?

Lukuwi: Wir haben nicht genug Geld, Mangel an ausgebildeten Frauen, zu wenige Projekte, Mangel an Führung und Erziehung innerhalb der UWT-Gruppen, zu wenig Häuser in den Dörfern, um Projekte wie eine 'duka' oder Herberge zu avisieren.

Chiphana: Da der Distrikt keine Transportmöglichkeit hat, können wir nicht mit den Mitgliedern in den Dörfen reden. Wenn Frauen versuchen, eine Herberge zu leiten, haben sie große Probleme, Nahrungsmittel vom RTC (Regional-staatliche Handelsgesellschaft, CDR) zu bekommen, sie können nicht so wie Männer agieren. Wir versuchten uns mit Nähmaschinen-projekten, aber da Frauen keinen Transport in die Stadt haben und hier kein Rohmaterial erhältlich ist, schliefen diese Projekte wieder ein.

CDR: 11. Haben sie auf der Arbeitsebene Beziehungen zu anderen Regierungsstellen?

Lukuwi: Wir haben Arbeitskontakte mit der Partei (CCM), den Abteilungen Community Development, Kooperativen, Landwirtschaft und Gesundheit. Wir sitzen mit der jeweiligen Abteilung zusammen, das hängt vom jeweils geplanten Projekt ab, und diskutieren es. Manchmal finanzieren die Regierungsabteilungen unsere Projekte. Geld kommt auch von UNICEF und CDTF (Community Development Trust Fund, eine tz. NRO, CDR).

Chiphana: Wir arbeiten mit CCM und Community Development Dept. zusammen.

CDR: 12. Ist es möglich, daß sich eine Frau um einen Job bei UWT bewirbt?

Lukuwi: Ich wurde noch während der TANU-Zeit zur UWT berufen. Mit Gründung der CCM-Partei wurde uns gesagt, daß wir Formulare für UWT-Sekretärinnen ausfüllen sollen. Diese Formulare wurden dann zum Distriktkomitee der CCM geschickt.

Chiphana: CCM sagt dem Community Development Department, wen sie als UWT-Sekretärinnen haben wollen. Man kann sich nicht bewerben, da UWT kein Geld hat, eigenes Personal zu beschäftigen.

CDR: 13. Wie lange arbeiten Sie schon für UWT?

Lukuwi: Seit acht Jahren. Ich wurde von der CCM berufen, ich bin aber immer noch Beamtin des Community Development Department. Das PMO zahlt mein Gehalt, vielleicht werden UWT-Offizielle auf nationaler Ebene von UWT bezahlt, ich weiß es nicht.

Chiphana: Seit 1973 bin ich im gleichen Job als UWT-Distriktsekretärin (sie erhält noch ihr Gehalt als UWT-Sekretärin vom Community Development Department, CDR).

CDR: 14. Unterscheiden sich die Aufgaben der Frauensektion im PMO von denen der UWT?

Lukuwi: Sie tun das gleiche wie wir. Letzte Woche hatten wir ein Seminar über die Frage der Zusammenarbeit: UWT und Community Development.

Chiphana: PMO unterstützt UWT.

CDR: 15. Wie ist Ihrer Meinung nach die Einstellung der Männer (in Dörfern, in Städten) zu UWT?

Lukuwi: In den meisten Fällen mögen die Männer in den Dörfern die UWT nicht. Ich würde sagen, daß 70 % der Männer gegen UWT sind. Nur wenige sagen ihren Frauen, daß sie zu UWT-Treffen gehen sollen. In den Städten akzeptieren Männer mit höherer Ausbildung UWT eher als andere.

Chiphana: Viele Männer verstehen den Sinn von UWT nicht. Einige verstehen, aber trotzdem wollen sie ihre Frauen nicht Mitglied der UWT werden lassen. Warum? Vielleicht will er, daß seine Frau nur zu Hause ist. In Städten sind Männer gebildeter, fürchten aber die UWT. Offizielle, ob Männer oder Frauen, kümmern sich nicht um UWT, sie denken, es ist eine Zeitverschwendung(1).

CDR: Vielen Dank für das Gespräch.

---

(1) Über mehrere Monate versuchte ich ein Interview mit der Regionalsekretärin von Dodoma, Frau M. Mfaki, zu erhalten. Aber trotz stetiger Bemühungen klappte es nicht. Sie war fast nie im Büro anzutreffen und wenn, dann hatte sie keine Zeit.

5.4.3.4.1 Überlegungen zu obigen Interviews:

Analysiert man die beiden Interviews (die keineswegs repräsentativ sind, sondern nur einen Ausschnitt tanzanischer Frauenrealität zeigen), so ist folgendes auffällig: Beide UWT-Sekretärinnen nehmen ihre Aufgabe sehr gewissenhaft für und unter der Ägide der Partei wahr. Aus ihren Antworten geht hervor, daß sie nicht von einem Selbstverständnis der Frauen ausgehen, eigene Organisationen zu gründen und nach ihren Wünschen Projekte zu gestalten. Frauenpolitik wird hier klar unter der Dominanz männerbeherrschter Parteipolitik angesiedelt und realisiert.

Beide Interviewpartnerinnen erkennen am Beispiel der Wahlen zum Dorfrat an, mit welchen Problemen Frauen in den Dörfern zu kämpfen haben, wenn es nur um den ersten Schritt politischer aktiver Partizipation geht - um das Erhalten und Ausfüllen der Bewerbungsformulare. Behinderungen von Männerseite sind offenbar überall in beiden Distrikten festzustellen. Die Machtposition der Männer, in der Politiksphäre eine traditionelle Vorherrschaft, macht es den Frauen nicht leicht, sich zu artikulieren, bei Dorfversammlungen sind viele zu schüchtern, um in Gegenwart von Männern zu reden. Um von seiten UWTs dieser Konstellation entgegenzuwirken, beschloß das UWT-Distriktarbeitskomitee in einer internen Diskussion, Frauen zu ermutigen, in die Politik zu gehen. Also wurde nicht der Versuch unternommen, gemeinsam mit Dorffrauen, den Betroffenen, über dieses Problem zu reden und gemeinsam Vorschläge zur Veränderung der Situation zu erarbeiten, UWTs Kader diskutierten die Sache "aus" und gaben ihre Beschlüsse an die Dorffrauen weiter.

Ähnlich sieht es mit Projektvorschlägen für Frauengruppen aus. Projekte werden auf Distriktebene vorgeschlagen. Dabei sind die UWT-Mitarbeiterinnen völlig abhängig von den Entscheidungen der CCM, denn nicht nur alle Projektanträge, sondern sogar die Protokolle der UWT-Sitzungen müssen an die für den Distrikt zuständigen CCM-Gremien weitergeleitet werden. Alle Schritte der UWT-Organe werden von der CCM kontrolliert, und ihre Vorhaben sind genehmigungspflichtig.

Diese Kontrolle wird von beiden Interviewpartnerinnen nicht in Frage gestellt, sie sind eher auf Probleme wie Geldmangel ihrer Organisation und Verwaltungsvorgänge und -engpässe konzentriert. Das Problembewußtsein der Administratorinnen ist dem äußerlichen Management ihrer Aufgaben verhaftet (beispielsweise dem Problem, nicht die vorgeschriebenen monatlichen Treffen des Distrikts durchführen zu können, da sie weder Geld für Transportkosten noch Hotelübernachtungen haben, oder darin, daß Frauen nicht freiwillig die 10 % des Profits eines erfolgreichen UWT-Projektes an sie abführen und somit Unstimmigkeiten entstehen etc.) und stellt die Politik UWTs nicht in Frage. UWT ist für beide UWT-Sekretärinnen eine untergeordnete Massenorganisation der Partei, von der Impulse ausgehen, von oben nach unten, die 'Graswurzelebene' ist nicht die entscheidende Determinante für ihre Aktivitäten. Und sie, die UWT, ist ein Transmissionsriemen der CCM. Die Exekutiv(auf)vorgaben der CCM in Zielrichtung Frauen sind lediglich durch UWT-Personal umzusetzen.

6 BESCHREIBUNG DER UNTERSUCHUNGSDÖRFER

6.1 Das Dorf als soziopolitische Einheit

Bevor auf die einzelnen Untersuchungsdörfer eingegangen wird, soll die soziopolitische Organisationsstruktur eines Ujamaadorfes vorgestellt werden.

Die **Dorforganisation**, auf der Grundlage des 'Villages and Ujamaa Villages Act'(1), besteht nach 1975 aus der kleinsten Verwaltungsebene der 10 Häuser umfassenden Zelle, dann der Dorfversammlung und dem Dorfrat, der die Dorfregierung bildet. Die 10-Zelle (kumi kumi) umfaßt 10 Häuser mit einem unbezahlten gewählten 10-Zellenleiter(2). Jedes registrierte Dorf (Minimum 250 Haushalte) hat eine Dorfversammlung (Partizipierende ab 18 Jahre), die den Dorfrat mit 25 Mitgliedern für die Dauer eines Jahres wählt. Der Dorfrat bildet fünf Komitees mit den Aufgaben Finanzen und Planung; Produktion und Vermarktung; Bildung, kulturelle Angelegenheiten und soziale Wohlfahrt; Bauten und Transport; Sicherheit und Verteidigung. Die zwei leitenden Mitglieder des Dorfrates sind der Vorsitzende (gewählt auf fünf Jahre) und der Sekretär (gewählt auf unbestimmte Zeit), die beide nicht von der Dorfversammlung, sondern von der Partei eingesetzt werden und somit nicht von der Dorfversammlung abhängig sind. Das wichtigste Komitee im Dorf ist das Finanz- und Planungskomitee, hier werden Finanzpläne für den RDD ausgearbeitet und an ihn weitergeleitet, eine Finanzkontrolle durch die Dorfversammlung existiert nicht.

In der **Entwicklungsplanung** (3) jedes Dorfes wird wie folgt vorgegangen: Einmal pro Jahr entwirft die Dorfversammlung eine Prioritätenliste der

---

(1) Ausführlich hat Fortmann die Dorfentwicklung (1980) Tanzanias analysiert. Direkt vor Verabschiedung des Dorfgesetzes 1975 wurden die privaten Dorfläden in der Operation Maduka in kommunale Dorfläden umgewandelt. Ausführliche Darstellung des 'VfUV Act' 1975, Verhagen (1980).

(2) Die Aufgaben beschreibt O'Barr (1970), van Hekken/Thoden/ van Velzen (1972), McHenry (1979), Samoff (1974).

(3) Vgl. Skutsch (1982:44-75).

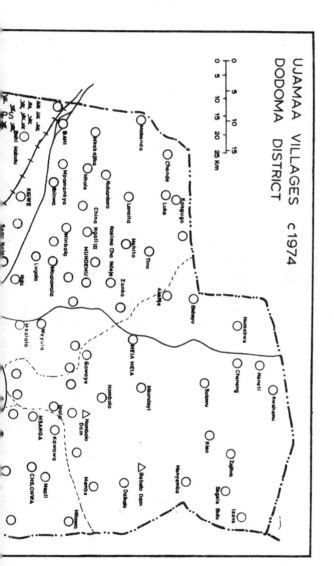

Karte 7: Ujamaadörfer im Dodomadistrikt (Stand 1974)

UJAMAA VILLAGES c1974
DODOMA DISTRICT

160

rten Dorfes (ab 1975)

	Öff. Bauten und Transport	Bildung, kulturelle Angelegenheiten und soziale Wohlfahrt
ung	5	5
r	Mitglieder	Mitglieder

Dor
sam

Dor
(25 M

| Komitees | Sicherheit und Verteidigung | Produktion und Vermarktung | Pla Fin |
| | 5 Mitglieder | 5 Mitglieder | Mit |

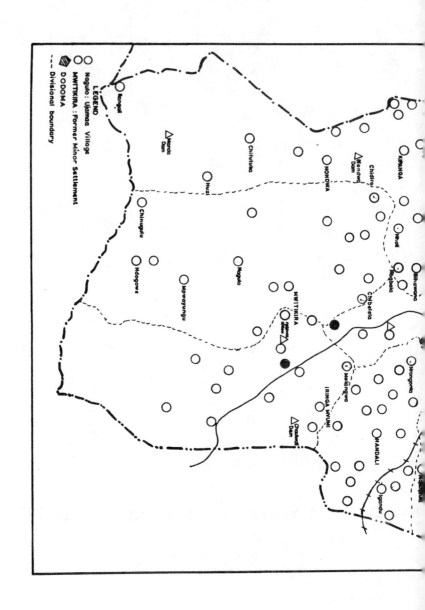

Quelle: Mascarenhas (1977:24)

Entwicklungsaktivitäten und fordert dafür die Unterstützung des DDD; v. Freyhold beschreibt schon 1977, daß diese Pläne eher "shopping lists" von Dorfprojekten seien, welche die Regierung für das Dorf ausführen solle (1977:82). Der Dorfplan geht an das Entwickwicklungs- und Planungskomitee des Distriktes. Nach Verabschiedung wird der Plan an regionale und nationale Behörden zur endgültigen Befürwortung und Finanzierung weitergeleitet.

Jedes Dorf hat daneben seinen eigenen Dorffonds zur Mitfinanzierung dieser Entwicklungsprojekte. Seit 1969 sind die direkten Steuern für Bauern abgeschafft(1), die ökonomische Grundlage für die Dorforganisation wurde durch die Übernahme der Vermarktungsfunktionen - 1976 Auflösung der Genossenschaften (Verhagen 1980:289) - etabliert. Die Erträge der Ujamaafelder (offiziell die Hälfte der Erträge) und eventuelle individuelle Überschüsse der Bauern und Bäuerinnen werden an den Dorfrat verkauft, der die Produkte entweder im Dorfladen an die Dorfbewohner/innen oder an die staatliche National Milling Corporation weiterverkauft. Weitere Dorfkonten(2) sind beispielweise für Transport, Strafen oder für politische Organisationen wie CCM und UWT eingerichtet.

6.2 Mpinga - ein abgelegenes Dorf

Lage: Das Dorf liegt in westlicher Richtung ca. 45 km von Dodoma entfernt. Auf der Staubstraße nach Singida geht es bis nach Kigwe, dort links ab, über die Eisenbahnschienen (Richtung Tabora) fährt man auf einem Weg unterschiedlicher Qualität nach Mpinga, je nach Jahreszeit ist

---

(1) Um eine Produktionserhöhung und gleichzeitig bessere Regierungsaufsicht in den Dörfern durchsetzen zu können, wurden im Dezember 1977 4.000 Dorfmanager eingesetzt, offiziell als "Diener des Dorfes", bezahlt aber direkt von der Zentralregierung (vgl. Fortmann 1980:83 ff.). In Nkulabi konnte ich ein Interview mit einem Dorfmanager führen, der sich durch seine Jugend (Anfang 20) und Unverständnis gegenüber den Produktionszyklen der Wagogo (Landwirtschaft und Vieh) auszeichnete.
(2) Als Beispiel einer Dorfbuchführung wird die des Dorfes Mlowa Barabarani, Stand 1.10.81, im Anhang aufgeführt.

der Weg passierbar oder auch nicht. Es gibt keine Bushaltestelle oder sonstige Transportmittel, damit sind die Dorfbewohner ziemlich von der Außenwelt abgeschnitten. Wenn zwei bis drei Wagen pro Woche ins Dorf kommen, ist es viel.

Historische Entwicklung: Das Dorf ist während der Umsiedlungskampagne 1970 entstanden. Die Bevölkerung wurde aus umliegenden Kleindörfern (Kigwe, Chipanga, Zuzu) zwangsumgesiedelt. Im Dorfrat berichtete man mir, daß ein Mann 'Boss' im neuen Dorf werden wollte, dieser konnte eine Dorfansiedlung in seinem Gebiet bewirken, wurde aber nach Gründung des Dorfes nicht in eine von ihm gewünschte Position gewählt.

Bevölkerung: Die Einwohnerschaft beträgt 679 Familien (2.745 Personen). Davon sind 922 Frauen, 530 Männer, 1.175 Kinder und 118 alte und behinderte Menschen. Die Arbeitskräfte sind statistisch nicht nach Geschlecht aufgegliedert, die Gesamtzahl beträgt 1.271. Die Schule besuchen 657 Kinder, davon 305 Mädchen und 352 Jungen.

Ökonomie: Jede Familie bewirtschaftet laut Dorfrat drei acres, die Grundnahrungsmittel sind Hirse und Sorghum. Die Ujamaafelder umfassen 500 acres, es werden die Hirsearten Lulu und Serena angebaut; pro Erwachsenen muß ein halber acre bearbeitet werden. 1981 ergab die Ernte der Ujamaafelder 90 Säcke à 100 kg, davon ging die Hälfte ans Dorf, die andere Ertragshälfte wurde unter den Dorfbewohnern aufgeteilt. Die Ujamaaernte bleibt in der Regel im Dorf und wird (die Hälfte des Ernteertrages) in der Dorfduka verkauft. Nur große Überschüsse werden über die National Milling Corporation vermarktet.

Seit 1974 werden in Ujammaa-Arbeit Weinreben kultiviert, man fing mit 12 acres an, aber die meisten Pflanzen vertrockneten und die Fläche wurde auf 4,5 acres reduziert. In der ganzen Zeitspanne von 1974 bis 1980 erntete man nur zweimal Trauben. Durch die Einführung der Traubenproduktion sollte eine Cashcrop (Regierungspolitik), die Verkaufsfrüchteproduktion, ins Dorf gebracht werden. Vermarktet wird über die staatliche Dodoma Winery.

Im Gegensatz zu den anderen Untersuchungsdörfern wurde die Zahl der Familien, die Vieheigentum hat, nicht genannt. Laut Dorfrat sind es wenige Familien, die insgesamt 3.500 Rinder, 5.600 Ziegen, 130 Esel und 3.200 Schafe besitzen. Das Dorf hat für das Pflügen der Ujamaafelder 20 Rinder angeschafft. 55 Ziegen werden als Schlachttiere gehalten. Vier Männer werden für folgende Arbeiten vom Dorf bezahlt: zwei als Ziegenhirte, zwei Hirten für die Rinder, und das in Tag- und Nachtschicht. Jeder Angestellte erhält monatlich 100 TSH für diese Arbeit.

Entwicklungsprojekte: Das Dorf besitzt einen Laden, der von fünf Männern betreut wird, davon fungiert einer als Verkäufer, einer als Manager, einer als Buchhalter und zwei als Nachtwächter. Im Laden werden die Getreideerträge der Ujamaafelder in Säcken gelagert, da das Dorf keinen Getreidespeicher besitzt. Für eventuelle Krankheiten der Bewohner existiert nur ein Erste-Hilfe-Kasten. Die Kranken können im nächsten Dorf, Kigwe, behandelt werden.

1973 erhielt Mpinga eine Wasserversorgung, die Leitungen kamen aus Kigwe. Die Plastikröhren platzten bei der Hitze ständig - sie waren nicht in die Erde verlegt worden -, so daß die 'fundis' (Handwerker), so der Dorfrat, es müde wurden, ständig die Rohre zu reparieren. Es existiert über dieses System hinaus keine Wasserversorgung mehr seit 1977, Frauen holen Wasser vom saisonalen Fluß wie zuvor.

Entwicklungspläne: Außer der Schule und dem Dorfladen existiert keinerlei Infrastruktur, so daß man an den Bau diverser Gebäude denkt: CCM-Gebäude, zwei Häuser für Lehrer, ein Klassenraum und ein Büro für den Schuldirektor.

Politische Partizipation: Das Dorf ist in sechs Sektionen gegliedert, die Zellenleiter sind Männer. Dies wurde im Dorfrat damit begründet, daß viele Frauen nicht Mitglied der CCM seien und somit diese Funktion nicht übernehmen könnten.

Im Dorfrat sind von 25 Mitgliedern zwei Frauen, eine im Komitee für Sicherheit und Verteidigung und eine im Komitee für Bauten und Transport. Offiziell sind 319 Dorfbewohner Mitglied der CCM, davon haben im Herbst 1981 189 ihre Mitgliedsbeiträge noch nicht bezahlt. Der Anteil der Mitglieder, die ihre Beiträge bezahlt haben, gliedert sich in 126 Männer und 63 Frauen. Von Juni bis August 1981 wurden Kurse der CCM durch den Dorfsekretär und Schuldirektor für neue Mitglieder dreimal die Woche für je eine Stunde durchgeführt. An diesem Kurs nahmen 15 Frauen und 37 Männer teil. Der Erfolg scheint etwas zweifelhaft, die Kursteilnehmerinnen konnten auf die Frage, was sie inhaltlich durchgenommen hatten, nichts antworten ('I forgot').

Die UWT-Gruppe wurde mit 70 Mitgliedern 1972 gegründet. Ihre Aktivität beschränkte sich auf das Bierbrauen (mit einem Kredit des allgemeinen Dorfkontos für den Kauf von Zucker); aufgrund der Dürre wurde diese Aktivität 1980 verboten. Da der Dorfladen durch ständig leere Regale glänzt und die Frauen sehr unzufrieden mit der Versorgung sind, wollten sie einen eigenen Laden gründen. Dieser Plan scheiterte an der Weigerung des Beamten für Kooperativen des Distriktes, obwohl der Dorfrat von Mpinga zugestimmt hatte.

Probleme: In Mpinga wurden sehr viele Probleme angesprochen. Für die Wareneinkäufe des Dorfladens muß immer ein Lastwagen gemietet werden (1.000 TSH), so daß mit dem Laden nie Profite zu machen sind. Es existiert weder Wasser- noch ärztliche Versorgung im Dorf. Zum Getreidemahlen müssen die Frauen nach Kigwe, wie mit den Kranken. Saisonal sind die Straßen nicht passierbar, so daß das Dorf sehr abgeschnitten ist.

6.3 Mlowa Barabarani - ein vorbildliches Ujamaadorf

Lage: Das Dorf liegt ca. 48 km von Dodoma entfernt an der Staubstraße nach Iringa. Es gibt eine Bushaltestelle.

Historische Entwicklung: Schon vor 1971 lebten und arbeiteten 380 Familien in der Nähe des heutigen Dorfes; mit der Operation Dodoma wurde die Bevölkerung in einem Siedlungsgebiet, dem heutigen Dorf, konzentriert.

Bevölkerung: 1981 leben in Mlowa Barabarani 748 Familien mit einer Gesamtbevölkerung von 2.552 Einwohnern. Davon sind 583 als weibliche und 457 als männliche Arbeitskräfte registriert, hinzu kommen 105 alte Leute (69 Frauen, 36 Männer) und 26 Behinderte (15 Frauen, 11 Männer). Von den 1.372 Kindern sind 683 Mädchen und 689 Jungen.

Ökonomie: Die Nahrungsmittel Mais, Sorghum, Hirse und Erdnüsse werden auf 748 acres privater Felder angebaut. Jeder Mann und jede Frau kann einen acre zur Subsistenzproduktion beanspruchen, aber es gibt vom Dorfrat keine vorgeschriebene Begrenzung der Anzahl der acres. Im Gegensatz zu Ihumwa (s.u.) sind hier die Ujamaafelder sehr groß, 1980 wurden 600 acres Hirse (Lulu und Serena) angebaut, mit einer Ernte von 544 Säcken je 100 kg. Die Hälfte des Ertrages geht an die Familien, die andere Hälfte wird vom Dorf an die staatliche National Milling Corporation verkauft. 1980 erhielt man für 1 kg 1,10 TSH, also 110 TSH pro Sack. Das Geld wird auf das Landwirtschaftskonto des Dorfes einbezahlt, von dem man Düngemittel, Saatgut und Ersatzteile für den Traktor bezahlt. Das Ujamaaweinfeld von etwa 18 acres brachte einen Gewinn von 182 TSH für das Jahr 1980.

Der Dorfrat beschloß, daß drei Tage in der Woche alle Dorfbewohner für Ujamaatätigkeiten zur Verfügung stehen müssen, und drei Tage für eigene Zwecke frei sind. Montag bis Mittwoch sind für Ujamaa-Arbeit eingeteilt; bei weniger Bedarf wird der Einsatz auf zwei Tage verkürzt. Die Strafe für Nichterscheinen beträgt 25 TSH pro Tag. Der Betrag wird dem Strafenkonto des Dorfes gutgeschrieben.

Für die gemeinsame Feldarbeit wurden Ujamaatiere angeschafft, acht Ochsen und 48 Kühe (angeblich) zum Pflügen. Das Unterkomitee des Dorfrates für Planung entscheidet, wer die Tiere zu welchem Zeitpunkt zur Pflege erhält; für diesen Dienst werden monatlich 100 TSH vergütet. Vieheigentum ist auf ca. 100 Familien beschränkt, der Viehbestand von 5.238 Tieren gliedert sich auf in 3.615 Rinder, 1.190 Ziegen, 352 Schafe und 81 Esel. Das Dorf verfügt über ein eigenes Schlachthaus, hier wird auch eine Steuer für das Schlachten pro Tier vom Dorf erhoben. Im Dorfrat wurde betont, daß der Dung der Tiere auf die Felder gebracht werde.

Entwicklungsprojekte: Im Dorfzentrum wurde von NORDIC in den 70er Jahren ein Gebäudekomplex errichtet. Hier befinden sich das Verwaltungsbüro des Dorfes, der Dorfladen, die Schule und eine Ausbildungswerkstatt für Holz- und Metallverarbeitung. Zum Zeitpunkt der Untersuchung fanden keine Trainingskurse in der Werkstatt statt. Eine moderne verchromte Küche für Gemeindezwecke stand unbenutzt, während drei Meter weiter die Frauen auf einer traditionellen Kochstelle mit drei Steinen Wasser für Tee zubereiteten. Dem Dorf gehörten außerdem eine Getreidemühle, ein Traktor und ein Lastwagen sowie ein ergiebiges Bohrloch zur Wasserversorgung und zwei Krankenstationen.

Entwicklungspläne: Die Straßen zum Dorf sollen verbessert werden, auch ein weiterer Dorfladen ist in Planung. Neben dem Dorfzentrum wurde gerade (1981) ein CCM-Gebäude und ein Dorflagerhaus für Getreide gebaut. Als neue ökonomische Ujamaa-Aktivität will man Hühnerhaltung zwecks Eierverkauf beginnen.

Aufgrund einer relativ reichen Schicht im Dorf versuchte der Dorfrat Kredite über die Rural Development Bank zu erhalten, um 'moderne' Häuser (also nicht Temben im alten Wagogostil, sondern nach europäischem Muster inkl. Wellblechdach) zu bauen. Der Rat erhielt aber für dieses Vorhaben keinen Kredit. Er reagierte auf diese negative Antwort, indem er reichen Familien die Erlaubnis gab, ihre eigenen Häuser ohne Kredit zu bauen(1). Ein 'langlebiges Haus' kostet 20.000 TSH, dafür müssen die Familien Vieh verkaufen; ein großes Rind brachte 1981 3.000 TSH, ein kleines 1.000 TSH; diese Verkäufe sind für die reichen Familien gut zu verkraften. Laut Information besaß eine einzelne Familie im Dorf allein 800 Rinder. Ein krasser Gegensatz zu armen viehlosen Familien, die nach der schlech-

---

(1) Die Hausart der Wagogo wird als Tembe bezeichnet. Claus beschreibt sie als ..."zigarrenkistenförmige Hütten mit flachem, etwas überragendem Dach, die rechtwinklig aneinandergesetzt einen oder mehrere Höfe umschließen" (1911:5 f.). Lehm wird auf die Wandkonstruktion aus Stöcken und Zweigen aufgetragen. Dieselbe Konstruktion hält die als Dach aufgeschüttete Lehmerdemischung. Das überragende Flachdach wird durch vor den Außenwänden aufgestellte Holzpfosten getragen. Der Fußboden des Hauses liegt meist unter dem Außenniveau des das Haus umgebenden Terrains. Das Haus ist kühl und von der innenliegenden Feuerstelle verraucht.

ten Ernte 1981 (ungenügender Regen) auf Beschluß des Dorfrates Hirsezu-
teilungen vom Dorf bekamen.

Politische Partizipation: Das Dorf ist in sieben Sektionen eingeteilt.
Die 10-Zellenleiter sind alle nach Angaben des Dorfrates Männer. Im
Dorfrat sind von 25 Mitgliedern vier Frauen; eine Frau wurde in das
Sicherheits- und Verteidigungs-, eine in das Bauten- und Transport- und
zwei in das Bildungs- und Wohlfahrtskomitee gewählt.

Die Mitgliederzahl der CCM wird mit 222 angegeben, davon hatten aber
Ende 1981 nur 175 ihre Mitgliedsbeiträge bezahlt, von diesen sind 75
Frauen. Im sechsköpfigen Vorstand der CCM von Mlowa Barabarani sind
keine Frauen vertreten; laut offizieller Auskunft hätten 'sie kein
Interesse'. Die Youth League, eine Massenorganisation der Partei, besteht im Dorf seit 1981 (Mitgliederzahl unbekannt); geplante Aktivität
ist ein Gemüsegarten. Die Frauenorganisation UWT hat im Dorf ihre Gruppe
mit 58 Mitgliedern seit 1979. Ihr Aktionsradius wird mit Teekochen für
das Dorfzentrum (in der Hauptsache für die Verwaltung, d.h. das Büro des
Dorfsekretärs) angegeben. Eine Lehrerin unterrichtete die Frauen im
Kochen und Nähen von Kinderkleidung. Geplant ist ein gemeinsam zu
bearbeitendes Sorghumfeld. In Diskussionen mit dem Dorfrat wurde darauf
Wert gelegt, mir den administrativen Weg zu erklären: Die UWT-Dorfgruppe
kann nur aktiv werden, wenn Genehmigungen vom CCM-Komitee des Dorfes,
des Dorfrates und der UWT-Distriktorganisation vorliegen.

Probleme: Von offizieller Seite wird nur die mangelnde Wasserversorgung
angesprochen, die mit dem existierenden Bohrloch noch nicht zu ihrer
Zufriedenheit gelöst ist (Wassermangel, Salzgehalt).

6.4 Nkulabi - kein erfolgreiches Ujamaadorf

Lage: Nkulabi befindet sich direkt an der Staubstraße Richtung Iringa,
etwa 36 km von Dodoma entfernt, 12 km weiter liegt Mlowa Barabarani.
Eine Bushaltestelle verbindet das Dorf mit Dodoma.

Historische Entwicklung: Nkulabi als Dorf wurde 1968 mit 30 Familien gegründet, davor hatten seine Einwohner in Streusiedlungen gewohnt. 1976 wurde es zum Ujmaadorf ernannt; in dieser Zeit befanden sich 500 Familien in Nkulabi.

Bevölkerung: 1981 beträgt die Bevölkerung Nkulabis 2.985 Menschen, die in 591 Haushalten leben. Die Arbeitskräfte umfassen 368 Frauen und 312 Männer. Die Schule besuchen 310 Mädchen und 310 Jungen.

Ökonomie: Für die Subsistenzproduktion bewirtschaftet jede Familie ein Minimum von drei acres, einige bis zu zehn acres. Im Dorfrat wird die größere Anbaufläche einer Familie damit begründet, daß sie durch schlechtes Management und fehlende Düngemittel mehr Land benötigen, um genügend für den eigenen Unterhalt zu produzieren. Insgesamt werden im Dorf 1773 acres Hirse, Sorghum und Gemüsesorten auf privater Basis angebaut.

Die Dorfshamba wurde erstmals 1976/77 mit 60 acres Sorghum kultiviert, 1979/80 wurde die Fläche auf 120 acres erweitert; dies geschah mit Hilfe eines Traktors, den man von der Landwirtschaftsverwaltung in Dodoma ausgeliehen hatte. Die Ujamaafelder umfassen heute (1981) 102 acres Lulu und Serena, dazu kommen 13 acres Weinanbau. 1980 betrug die Ernte 200 Sack Sorghum, 1981 war das Getreide auf den Feldern vertrocknet. Mit dem Weinanbau hatte man schlechte Erfahrungen gemacht. Die Dorfbewohner/innen waren vor einiger Zeit bei der Demonstration des Beschneidens der Äste anwesend, dann, so der Dorfrat, kümmerten sie sich wieder um ihre eigenen Felder, nicht um den Ujamaaweinanbau. Jeder Mann und jede Frau soll nach Beschluß des Dorfrates 0,25 acres Ujamaaland bewirtschaften. Wie in Mlowa Barabarani sind drei Tage pro Woche für Ujamaa-Arbeiten vorgesehen. Der Viehbestand von etwa 65 Familien umfaßt 1.725 Rinder, 998 Ziegen, 312 Schafe und 42 Esel.

Entwicklungsprojekte: Den Dorfladen gründete man 1974 mit Startkapital aus dem Weintraubenverkauf (1). Aufgrund der Veruntreuung von Geldern mußte 1978 der Ladenmanager ausgewechselt werden. Eine Getreidemühle wurde mit Hilfe eines Kredites der Rural Development Bank angeschafft. Neben der Schule wurden eine Apotheke eingerichtet sowie ein Wassertank gebaut. Im Dorf wurde auch eine Veterinärstation etabliert, die von den Vieheigentümern mit Mißtrauen betrachtet wird. Laut Dorfrat gibt es Schwierigkeiten bei der Versorgung kranken Viehs, beispielsweise wird das Vieh nur unwillig zum Durchlaufen des Viehbades (cattle-dip, Desinfizierung) geführt. Dabei sind diese Maßnahmen erforderlich: Während der letzten Dürrejahre und durch Krankheiten hat sich der Viehbestand in Nkulabi stark verringert. Für die Viehschlachtung und das Bierbrauen werden Steuern erhoben, die eingenommenen Beträge werden auf dem Dorfkonto für Allgemeines gutgeschrieben.

Entwicklungspläne: Ein Gebäude für die CCM wurde 1981 gerade gebaut. Weitere Vorhaben sind ein Klinikbau und zusätzliche Klassenräume.

Politische Partizipation: Das Dorf besteht aus sechs Sektionen, je Sektion leitet ein Mann seine 10-Zellenleiter/innen (je fünf Personen), die jeder für einen 10-Häuser-Komplex zuständig sind. In Nkulabi haben laut Information vier Frauen den Posten eines 10-Zellenleiters inne. Unter den insgesamt 25 Dorfratsmitgliedern partizipieren fünf Frauen an der Macht, in die fünf verschiedenen Komitees ist jeweils eine dieser Frauen gewählt worden.

Die CCM hat 254 Mitglieder, davon sind 51 Frauen. Fragt man nach bezahlten Mitgliedsbeiträgen, verringert sich die Zahl der eigentlichen CCM-Mitglieder auf 167 Personen. Die Elternvereinigung, auch eine der fünf Massenorganisationen der CCM, hat in Nkulabi 41 Mitglieder. Die UWT-Gruppe besteht aus 59 Mitgliedern, deren Aktivitäten 1978/80 im Bierbrauen bestand. Zukünftige Projekte sind gemeinsame Kultivierung von 4 acres Hirse und Näharbeiten.

Probleme: Vom Dorfrat wird die mangelnde Partizipation der Dorfbewohner/innen an Ujamaa-Aktivitäten beklagt.

---

(1) Offensichtlicher Widerspruch zur Klage des Dorfrates über mangelnde Aktivität der Dorfbewohner/innen.

6.5 Ihumwa - ein marktwirtschaftlich orientiertes Dorf

Lage: Ihumwa liegt von den vier Untersuchungsdörfern am nächsten zu Dodoma. Etwa 17 km von Dodoma in Richtung Morogoro biegt man nach rechts ab auf eine Staubstraße, die nach ca. 5 km ins Dorf führt. Ihumwa hat eine Eisenbahnstation (Eisenbahnverbindung Dar es Salaam/Tabora-Kigoma).

Historische Entwicklung: Nach Auskunft des Dorfrates wurde Ihumwa im Rahmen der Operation Dodoma im Jahr 1971 gegründet, in der Gegend lebten zuvor einige Familien in Streusiedlungen.

Bevölkerung: Man zählt 1981 762 Familien mit insgesamt 3.820 Personen (Frauen 953, Männer 780, Kinder 2.087, davon 1.081 Mädchen und 1.006 Jungen). Die Arbeitskräfte werden mit 1.564 angegeben, davon 836 Frauen und 728 Männer. Alte Menschen, 137 (105 Frauen, 32 Männer), und Behinderte, 32 (12 Frauen und 20 Männer), repräsentieren einen kleinen Prozentsatz der Gesamtbevölkerung. Vom siebten Lebensjahr an besuchen 487 Mädchen und 452 Jungen die Dorfschule.

Ökonomie: Jede Familie bearbeitet nach allgemeiner Dorfbestimmung mindestens drei acres Land für die eigene Subsistenz, es können aber auch größere Flächen von einer Familie beansprucht werden (kein Limit nach oben in bezug auf die Anzahl der acres). Grundnahrungsmittel sind Hirse und Mais. Daneben werden speziell für den Markt der Stadt Dodoma gezielt Gemüsesorten wie Tomaten, Spinat, Kohl, Zwiebeln und Paprika angebaut. Die kleinen intensiv bearbeiteten Flächen liegen in der Nähe eines saisonalen Flusses, der auch in der Trockenzeit in seinen Sandschichten unterirdisch Wasser führt, und können ständig bewässert werden, da der Grundwasserspiegel relativ hoch ist.

Die Ujamaafelder sind im Verhältnis zur Bevölkerungszahl irrelevant; 1981 wurden nur 80 acres Hirse (Lulu und Serena) angebaut. Aufgrund schlechter Regenfälle und einfallender Affenherden erntete man 1981 nichts, 1980 hatte die Ernte 20 Sack Hirse betragen. In Ujamaa-Arbeit war man 1968 mit 4 acres Wein gestartet, aber laut Dorfrat war nie etwas geerntet worden. Auch ein anderes Ujamaahirsefeld war liegengelas-

sen worden, nachdem sich seine schlechte Bodenbeschaffenheit herausge-
stellt hatte. 1980 hatte man zusätzlich ein Ujamaacassavafeld bearbeitet, das aber aufgrund klimatischer Einflüsse vertrocknet war.

In der Statistik des Dorfrates wird als nächstes die Tabelle über Vieh
aufgeführt; 180 von den insgesamt 762 Familien Ihumwas nennen Vieh ihr
Eigentum. In Ihumwa werden 3.242 Rinder, 2.099 Ziegen, 486 Schafe und 18
Esel gezählt. Für geschlachtetes Vieh wird im Dorf eine Steuer erhoben.
Eine Ziege kostet 20 TSH und ein Rind 40 TSH(1).

Entwicklungsprojekte: Als kooperatives Unternehmen gründeten 130 Bewohner Ihumwas einen Laden, der unter der Operation Maduka in einen Dorfladen umgewandelt wurde. Die staatlichen Zuwendungen hierfür durch die RTC
reichen für die Konsumbedürfnisse der Dorfbewohner nicht aus, so daß
viele auf eigene Initiative in Dodoma (z.B. nach Verkauf von Gemüse)
einkaufen. Weitere Projekte sind eine eigene Schule, eine Getreidemühle
und ein Teeraum. Jedoch können sich die Frauen nicht auf regelmäßige
Dienste der Mühle verlassen, oft fehlen Diesel oder Ersatzteile. Auch
die Wasserpumpe arbeitet aus diesem Grund mangelhaft, so daß Frauen und
Mädchen wieder aus dem Trockenfluß (Wasserlöcher) Wasser holen müssen.

Für alle Dorfprojekte sind Männer angestellt (zwei Ladenbedienungen, ein
Ladenmanager, ein Buchhalter sowie zwei Männer, die ständig nach Dodoma
fahren, um den Laden mit Grundnahrungsmitteln und Konsumgütern von
staatlicher Stelle (RTC) zu versorgen.

Entwicklungspläne: Die Pläne für die nächste Zukunft umfassen den Bau
von drei Klassenräumen für die Schule, eine weitere 'duka', Bau eines
Hauses für einen Lehrer und die Aushebung von Gräben für den Weinanbau.

Politische Partizipation: Das Dorf besteht aus sechs Sektionen, eine
Frau ist 10-Zellenleiterin. Im Dorfrat sind von 25 Mitgliedern drei
Frauen. Jeweils eine Frau wurde in das Produktions- und Vermarktungs-,

---

(1) Eine Steuerabgabe gilt auch für das Bierbrauen, pro Faß 40 TSH.

das Sicherheits- und Verteidigungs- und das Bauten- und Transportkomitee
gewählt.

Die CCM verfügt in Ihumwa über 290 Mitglieder, von denen 45 Frauen sind.
Die UWT besitzt noch keine eigene Gruppe im Dorf, da die Voraussetzungen
noch nicht erfüllt sind. Es müssen zur Gruppenbildung 25 UWT-Mitglieder
im Dorf eingeschrieben sein, und dies für einen Zeitraum von drei
Jahren. Erst dann können sie die Antragsformulare für die Bildung einer
Gruppe einreichen. Durch diese lange Anlaufphase haben viele UWT-
Mitglieder ihr Interesse an UWT verloren. Dies drückt sich aus im
Nichtbezahlen ihrer ausstehenden Mitgliedsbeiträge und im 'Verlorenge-
hen' ihrer Mitgliedsausweise.

Probleme: Ihumwa hat keine eigenen Transportmittel; besonders wird das
Fehlen eines Lastwagens betont, mit dem man von der staatlichen RTC
Lebensmittel und andere Güter von Dodoma nach Ihumwa schaffen könnte.
Die pauschale Miete für einen Lastwagen beträgt, so der Dorfrat, 1.000
TSH. Auf die mangelnden Leistungen seitens der staatlichen Vermarktung
für das Dorf wird hingewiesen, so auf die ständige Knappheit bei Zucker,
Kleidung, Reis und Kochöl. Im Dorfrat meinte man, "früher hätten die
Leute diese Dinge nicht benötigt, heute wolle sie jeder".

Die Eisenbahnstation ist für die Dorfbewohner ein wichtiger Umschlag-
platz, 1980 durften sie Nahrungsmittel und Gebäck an Fahrgäste verkaufen, 1981 wurde es verboten. Auch war die Fahrt 1980 für sie von Ihumwa
nach Dodoma frei, seit 1981 müssen sie Fahrpreise entrichten, mit der
Folge, daß viele ihre Waren nach Dodoma tragen oder bis zur Hauptstraße
an die Bushaltestelle bringen.

Die Wasserversorgung des Dorfes ist nach wie vor ein Problem. Die Pumpen
sind von der Kapazität her für das große Dorf zu klein, und die Diesel-
versorgung klappt nicht gut, auch nicht für die Getreidemühle.

6.6 Zusammenfassende Analyse der vier Untersuchungsdörfer

Nach Darstellung der vier Dörfer werden nun die geschlechtsspezifische Partizipation, Dienstleistungen, Infrastruktur und Entwicklungspläne im Vergleich analysiert.

6.6.1 Geschlechtsspezifische politische Partizipation in den Untersuchungsdörfern

6.6.1.1 Mitgliedschaft bei CCM

Vergleicht man die Angaben der Mitgliederzahlen nach Geschlecht, kommt man zum Ergebnis, daß wesentlich mehr Männer als Frauen in der Partei sind. Den höchsten Anteil der männlichen CCM-Mitglieder verzeichnet man in Ihumwa (31 %) und Mpinga (24 %). Den höchsten Anteil der weiblichen Parteimitglieder haben Mlowa Barabarani (11 %) und Mpinga (7 %). Wie aus Tabelle 12 ersichtlich ist, ist die niedrigste CCM-Mitgliederzahl für Männer und Frauen im Dorf Nkulabi auszumachen.

6.6.1.2 Mitgliedschaft bei UWT

Die UWT als eine der Massenorganisationen der CCM ist in ihrer Funktion nur Frauen vorbehalten. Laut Auskunft einiger Dorffrauen wird ein Beitritt zur UWT nur für diese Organisation gewertet, bei Eintritt in die CCM wird eine Frau automatisch Mitglied der Frauenorganisation UWT. Solche Automatismen gibt es für Männer nicht. Die Mitgliederstruktur der UWT gliedert sich wie folgt: Den höchsten Anteil der UWT-Mitglieder verzeichnen wir in Mlowa Barabarani (9 %), die niedrigste Rate liegt in Ihumwa (3 %), wo noch keine eigene Dorfgruppe der UWT existiert (vgl. Tabelle 13).

Tabelle 12: Anzahl der Parteimitglieder in den Untersuchungsdörfern

Dorf	Gesamteinwohner Männer	Frauen	CCM-Mitglieder Männer	%	Frauen	%	Insgesamt Parteimitglieder	%	Einwohner Erwachsene
Mpinga	530*	922*	126 (319)**	23,8	63	6,8	189	13,0	1.452
Mlowa Barabarani	514	667	100 (149)	19,5	75	11,2	175	14,8	1.181
Nkulabi	K.A.	K.A.	203	-	51	3,1	254	-	K.A.
Ihumwa	780	953	245	31,4	45	4,8	290	16,7	1.733
Gesamt	1.824	2.542	674	21,1	234	5,6	908		4.366

* Mpinga: ohne Behinderte und Alte.

** eingeschriebene Parteimitglieder ohne regelmäßigen Mitgliedsbeitrag. Diese Angaben sind in bezug auf die CCM-Verfassung ausgewiesen worden, da jeder seine Mitgliedschaft verliert, wenn er nicht innerhalb von sechs Monaten seine monatlichen Mitgliedsbeiträge bezahlt (vgl.: The Constitution of Chama Cha Mapinduzi 1982:8).

K.A.: Keine Angaben

Tabelle 13: UWT-Mitgliedschaft in den Untersuchungsdörfern

Dorf	Gesamtein-wohnerinnen	Mitglieder bei UWT	%	Ortsgruppe
Mpinga	922*	70	7,6	x
Mlowa Barabarani	667	58	8,7	x
Nkulabi	K.A.	59	-	x
Ihumwa	953	ca. 25	2,6	-

*: ohne alte und behinderte Frauen

x: ja

-: nein

K.A. = keine Angabe

Vergleicht man die Mitgliederzahlen der Frauen in beiden politischen Organisationen, CCM und UWT, ist der Anteil der Frauen in beiden Organisationen in Mlowa Barabarani am höchsten (CCM 11 %, UWT 9 %) (1).

6.6.2 Partizipation der Frauen in der Dorfregierung

Die politische Partizipation von Frauen in den Dörfern Tanzanias ist immer noch nicht selbstverständlich; zuviele traditionelle Werte und Unsicherheiten seitens der Frauen mit politischer Macht sowie die ablehnende Haltung vieler Männer verhindern eine hohe Partizipationsrate. Die Anzahl der politisch aktiven Frauen in allen vier Dörfern ist

---

(1) Hier zeigt sich ein Widerspruch. Würde der offizielle Mechanismus (s.o.) funktionieren und jede Frau, die CCM-Mitglied ist, auch zum UWT-Mitglied werden, so müßten die Mitgliedszahlen zumindest gleich sein. Sie sind es aber nicht, wie die Tabelle zeigt, die die Dorfstatistik wiedergibt. Hier zeigt sich wieder einmal, wie vorsichtig man bei der Zuhilfenahme quantitativer Aussagen aus offizieller Quelle sein muß.

dementsprechend gering, von den 25 Mitgliedern des Dorfrates sind
anteilsmäßig nur wenig Frauen in den verschiedenen Komitees:

Tabelle 14: Partizipation der Frauen im Dorfrat der Untersuchungsdörfer

| Komitee | Frauenanteil je Dorf | | | |
	Mpinga	Mlowa B.	Nkulabi	Ihumwa
Sicherheit und Verteidigung	1	1	1	1
Produktion und Vermarktung	-	-	1	1
Finanzen und Planung	-	-	1	-
Bauten u.Transport	1	1	1	1
Bildung, Kultur u. soziale Wohlfahrt	-	2	1	-
Gesamtzahl % (25 = 100 %)	2	4	5	3
Anteil an Komitee-mitgliedschaften	8 %	16 %	20 %	12 %

Den höchsten Frauenanteil im Dorfrat haben Nkulabi (fünf Frauen) und
Mlowa Barabarani (vier Frauen) vorzuweisen, in Mpinga sind es nur zwei
Frauen, die an politischen Entscheidungen mitwirken.

Diese Ergebnisse decken sich mit empirischen Forschungen in anderen Regionen Tanzanias (1). In keinem Dorf hat eine Frau den Posten eines CCM-Sekretärs oder eines Dorfvorstehers inne. Die 10-Zellen-Organisation ist nach Auskünften in Mpinga und Mlowa Barabarani in den Händen der Männer, in Ihumwa interviewte ich die einzige 10-Zellenleiterin, in Nkulabi üben vier Frauen diese Funktion aus (2).

Zusammenfassend kann festgehalten werden, daß Frauen eine geringe politische Partizipation und wenig direkte politische Macht in den vier von mir untersuchten Dörfern ausüben, in allen offiziellen Funktionen der kommunalen Organisation sind sie stark unterrepräsentiert.

6.6.3 Dienstleistungen und Infrastruktur in den vier Dörfern

Bis Anfang der 70er Jahre lebten die meisten Wagogo in Streusiedlungen ohne soziale Dienstleistungen in nächster Nähe. Mit Gründung der Ujamaa-

---

(1) M. Mbilinyi: Women in the Rural Development of Mbeya Region. Government of Tanzania/FAO, Mbeya RIDEP Project, Mbeya 1982:69; B. Madsen: Women Mobilization of Peramiho 'A', Ruvuma Region, Copenhagen 1981:39; E. Croll: Socialist Development Experience: Women in Rural Production and Reproduction in the Soviet Union, China, Cuba and Tanzania, IDS, Brighton, Sussex 1979:37; M.A. Oomen-Myin: Involvement of Rural Women in Village Development in Tanzania: A Case Study in Morogoro District. University of Dar es Salaam, Faculty of Agriculture, Forestry and Veterinary Science Morogoro 1981:53; E. Tobisson: Women, Work, Food and Nutrition in Nyamwigura Village, Mara Region, TFNC Report No. 548, Dar es Salaam 1980:108, Collier/Radwan/Wangwe with Wagner: Labour and Poverty in Rural Tanzania. Ujamaa and Rural Development in the United Republic of Tanzania, Oxford 1986:112. Auf politischer Ebene Christen contra Traditionalisten (nicht geschlechtsspezifisch) geht Thiele in seinem Artikel (1986: 546 ff.) ein.
(2) Vgl. dazu K. Levine: The TANU Ten-House Cell System, in: Cliffe/Saul (Eds.): Socialism in Tanzania, Vol. I, Dar es Salaam 1972:329-337. Zur Parteipolitik auf Graswurzelebene B. Harris: Leadership and Institutions for Rural Development: A Case Study of Nzega Distrikt, in: Cliffe/Coleman/Doornbes (Eds.): Government and Rural Development in East Africa. Essays on Political Penetration, The Hague 1977:151-165; R.K. Mashauri: Leadership, Structure and Functions in a Ujamaa Village: A Case Study of Gallu, in: J.H. Proctor (Ed.): Building Ujamaa Villages in Tanzania. Studies in Political Science No. 2, University Dar es Salaam 1975:55-63.

178

dörfer (1) entstanden für sie staatliche soziale Dienste (Schule, Wasserversorgung, Hospital) und Handelsunternehmen (Dorfladen, Getreide- mühle, Transporte). Für die von mir erforschten Dörfer wurden folgende staatliche und kommunale Dienstleistungsbereiche etabliert:

Dorfläden: Jedes der vier Dörfer hat einen Dorfladen. Für die wachsende Bevölkerung werden in Ihumwa und in Mlowa Barabarani weitere Ujamaaläden geplant. Das mangelhafte Konsumgüterangebot für die Dorfbewohner/innen ist ein ständiges Ärgernis, bestimmte Grundnahrungsmittel und Güter sind oft nicht erhältlich, so daß nur der private Weg nach Dodoma bleibt, wobei meist zu viel höheren Preisen gekauft werden muß (privater Handel und Schwarzmarktpreise).

<u>Schaubild 3:</u> Soziale Infrastruktur der Dörfer

	Mpinga	Mlowa B.	Nkulabi	Ihumwa
Gesundheit	Erste-Hilfe-kasten	2 Apotheken 1 Hospital	1 Apotheke	1 Apotheke
Wasser	-	1 Bohrloch	eigene Brunnen im Dorf 1 Wassertank	1 Wasserpumpe
Schule	Primarschule	Primarschule	Primarschule	Pimarschule

Quelle: Angaben der Dorfverwaltungen 1981

---

(1) Die Umorientierung Tanzanias nach 1967 charakterisieren Harding/ Schubert/Traeder: "Die in der Konzeption der Ujamaa-Dörfer vorgenommenen Koppelungen von sozialpolitischen und wirtschaftlichen Zielsetzungen verdeutlichen, daß hier **unter Entwicklung nicht mehr** allein **quantitatives Wachstum** verstanden wird, sondern der Begriff Entwicklung in tansanischer Sicht auch gesellschaftspolitische Zielsetzungen umfaßt" (1981:124).

Schaubild 4: Handelsunternehmungen der Dörfer

	Mpinga	Mlowa B.	Nkulabi	Ihumwa
Transport	-	1 Lastwagen 1 Traktor	-	-
Dorfladen	1	1	1	1
Getreidemühle	-	1	1	1

Quelle: Angaben der Dorfverwaltungen 1981

Fortschritt, definiert aus der Sicht der Dorfbevölkerung, heißt Ausweitung der Dienstleistungen und Verbesserung des Warenangebotes. Nie wurde Fortschritt über höhere Produktivität in der Landwirtschaft (ob Ujamaa oder private Subsistenz) definiert. Die kaum entwickelte Lohnarbeit, die von den Dörfern bezahlt wird (Verkauf, Management und Vertrieb der Läden etc.), bleibt Männern vorbehalten. Nur unter Beamten des Staates finden wir Lehrerinnen und eine zuständige Frau für Kooperativen und Ujamaa in Mlowa Barabarani. Verbindet man dies Ergebnis mit dem der Partizipation der Frauen im politischen System der Dörfer, kann die These aufgestellt werden, daß die Männer aufgrund der schwachen politischen Stellung der Frauen im Dorf bezahlte Arbeit unter sich aufteilen, trotz massiver Kritik der Dorfbewohnerinnen am Management der Läden und am Angebot (Ihumwa, Mpinga, Nkulabi).

Gesundheitsdienst: In drei Dörfern wurden Apotheken eingerichtet (in Mlowa Barabarani allein zwei), nur in Mpinga gibt es lediglich eine Erste-Hilfe-Box. Schwere Krankheitsfälle der Dörfer müssen ins Hospital nach Dodoma eingeliefert werden, es gibt so gut wie keine Ambulanzen.

Öffentliche Wasserversorgung: Kein Dorf ist mit der öffentlichen Wasserversorgung zufrieden, in Mlowa Barabarani und Ihumwa sind die Kapazitäten der Wasserpumpen für das ganze Dorf ungenügend, in Nkulabi wurde dieses Problem durch den Bau verschiedener Brunnen gelöst. In Mpinga gibt es seit 1977 keine funktionierende Wasserversorgung, da die Wasserleitung von Kigwe unterbrochen ist. Somit müssen Frauen und Mädchen in drei Dörfern von saisonalen Flüssen Wasser holen.

Öffentliche Schuleinrichtungen: In allen Dörfern funktioniert das Schulsystem für die Klassen eins bis sieben, obwohl für die wachsende Kinderschar überall Klassenräume angebaut werden müssen und Häuser für Lehrer fehlen.

Transportwesen: Nur Mlowa Barabarani ist im Besitz eines eigenen Lastwagens und eines Traktors. Drei Dörfer verfügen über Zugang zu öffentlichen Verkehrsmitteln (je eine Bushaltestelle in Nkulabi und Mlowa Barabarani und eine Eisenbahnhaltestelle in Ihumwa), das vierte Dorf ist sehr entlegen, und erst ab Kigwe (ca. 9 km) gibt es Verbindungen nach Dodoma (Bus oder Bahn).

Getreidemühlen: In drei Dörfern wurde je eine Getreidemühle angeschafft, außer in Mpinga. Dies sagt aber nichts aus über die Häufigkeit der Inbetriebnahme, oft fehlen Diesel oder Ersatzteile. Dann steht die Mühle lange still.

Exkurs 4: Getreidemühle für wen?

Um entwicklungspolitisch die Diskussion über Frauenaktivitäten weiterzuführen, sei hier ein Beispiel beliebter Projekte analysiert. Getreidemühlen werden als Frauenförderung innerhalb der Entwicklungshilfe unter einkommenschaffenden Maßnahmen eingeordnet und realisiert. Aufgrund meiner Erfahrungen in den vier Dörfern der Dodomaregion komme ich zu folgendem Ergebnis: Die Getreidemühle ist eine definitive Arbeitserleichterung für Frauen - aber nicht für alle. Denn die Benutzung der Mühle muß bezahlt werden (um Diesel und Ersatzteile zu beschaffen), und arme Frauen haben dafür nicht genügend Geldeinkommen. Somit werden in den Dörfern die sozioökonomischen Strukturen zum Nachteil der armen Frauen verstärkt, denn sie haben keine Zeitersparnis und müssen weiter Hirse/Mais von Hand mahlen. Bei der Befragung wurde unter 'Erwerbstätigkeiten' von Frauen angegeben, daß arme Frauen bei reichen Haushalten als Lohnarbeiterinnen Mais stampfen und Hirse mahlen - weil sie teilweise billiger sind als die zu zahlende Gebühr für das Mahlen in der Dorfmühle.

Somit ist diese einkommenschaffende Projektart nur für die oberen und mittleren Schichten des Dorfes positiv zu beurteilen, nicht aber für arme Frauen. Der Einkommensunterschied verstärkt sich noch, indem die Frauen, die die Mühle benutzen, mehr Zeit für andere Erwerbstätigkeiten als arme Frauen haben. Um diesem Dilemma entgegenzusteuern, sollte man überlegen, ob nicht die Bezahlungsweise anders geregelt werden könnte, z.B. mit Naturalien (Hirse, Gemüse), obwohl auch hier arme Frauen kaum Tauschobjekte vorzuzeigen haben. Eine egalitäre Lösung wäre, die Kosten für die Mühle über das Dorf und nicht nur durch Frauenarbeit tragen zu lassen - schließlich essen alle das gemahlene Getreide. Die interviewten Frauen betrachten eine Mühle auch nicht als Frauenprojekt, sondern als Ausstattung des Dorfes (vgl. Mpinga), und bei den Überlegungen zu einkommenschaffenden Tätigkeiten wird als Projektmöglichkeit die 'Getreidemühle' nicht genannt, zum einen, weil in drei Dörfern eine ist, zum anderen, weil die Mühle wie ein Lastwagen oder eine Apotheke eingeordnet wird, nämlich als Dienstleistung des Dorfes.

6.6.4 Entwicklungspläne der Dörfer

Faßt man die Aussagen der Dorfräte zur Entwicklungsplanung der vier Dörfer zusammen, ergibt sich folgendes Bild:

Schaubild 5: Entwicklungspläne der Dörfer

Dorf	geplante Projekte
Mpinga	Bau 1 CCM Büros, 2 Häuser für Lehrer, 1 Büro für Hauptlehrer, 1 Klassenraum
Mlowa B.	Bau 1 duka, CCM Büro, Lagerraum, Straßen, Hühnerhaltung
Nkulabi	Bau 1 Klinik, 1 Schule, 1 CCM Büro
Ihumwa	Bau 1 duka, 3 Klassenzimmer, 1 Haus für Lehrer, Aushebung von Gräben für den Weinbau.

Quelle: Angaben der Dorfräte

Überragend ist in allen Dörfern die geplante große Bautätigkeit. In drei Dörfern (Ausnahme Mlowa Barabarani) sollen mehr Klassenräume und zusätzliche Lehrerwohnungen (in Ihumwa, Mpinga) errichtet werden. Daneben hat oberste Priorität der Bau der Administrationsgebäude, die allgemein 'CCM-Häuser' genannt werden, da sie das Parteibüro beherbergen.

Analysiert man dieses Resultat, ist eine primäre Ausrichtung auf das Ausbildungswesen (Schule und die Versorgung der Lehrer mit Wohnmöglichkeiten) zum einen und zum anderen auf die Etablierung der Partei durch Präsenz in allen Dörfern festzustellen. Der Zugriff des Staates auf die Dorfebene wird hiermit manifest und forciert. Die Präsenz der politischen Macht ist vorrangig, nicht eine Produktionssteigerung im Landwirtschaftsbereich für den Nutzen der Dorfbewohner/innen. Das bezahlte Personal des Staates nimmt damit auch graduell in den Dörfern zu, überall gibt es Dorfvorsteher und Dorfsekretäre der Partei, dazu kommen Dorfmanager, Lehrer, medizinisches Personal und Veterinärassistenten (in Nkulabi), landwirtschaftlicher Beratungsdienst (Bwana Shamba) und andere.

7 EMPIRIE: DIE SITUATION DER BÄUERINNEN

Nach Beschreibung der Dörfer soll, bevor die Ergebnisse der empirischen Erhebung dargestellt und analysiert werden, im folgenden das erhobene Sample vorgestellt werden.

7.1 Das Sample der Direkterhebung: Demographische Daten

7.1.1 Anzahl der interviewten Dorffrauen

Die Einzelinterviews mit Frauen der Dörfer Mpinga, Mlowa Barabarani, Nkulabi und Ihumwa erfaßten insgesamt 130 Frauen. Da die Dörfer unterschiedlich groß waren und folglich auch der weibliche Teil der wirtschaftlich aktiven Bevölkerung, wurden in den einzelnen Dörfern jeweils weniger bzw. mehr Frauen interviewt.

Tabelle 15: Verteilung der interviewten Frauen auf die einzelnen Dörfer

Mpinga	33	25 %
Mlowa Barabarani	29	22 %
Nkulabi	28	22 %
Ihumwa	40	31 %
Gesamt	130	100 %

Damit bekam das Dorf Ihumwa im Gesamtsample mit 31 % der direkten Einzelinterviews ein besonderes quantitatives Gewicht. Das entspricht in etwa seinem quantitativem Übergewicht in der Rangfolge der wirtschaftlich aktiven weiblichen Bevölkerung (1).

7.1.2 Altersstruktur

Der Autorin war daran gelegen, durch ihre Einzelinterviews Aussagen von wirtschaftlich aktiven Dorffrauen aller relevanten Altersgruppen zu erhalten. Dies ist, wie die folgende statistische Aufschlüsselung der Altersdaten der in Einzelinterviews erreichten Dorffrauen zeigt, gelungen, obgleich hier nicht steuernd eingegriffen wurde:

Tabelle 16: Altersstruktur der interviewten Dorffrauen

Altersgruppen (Jahre)	Mpinga	Mlowa B.	Nkulabi	Ihumwa	Alle Dörfer
	(Zahl der interviewten Frauen)				
17-25	12	3	9	9	33
26-35	6	10	7	16	39
36-45	4	7	6	8	25
46-60	11	9	6	7	33
Gesamt	33	29	28	40	130

(1) Die Erhebungen, bezogen auf die Gesamtheit der wirtschaftlich aktiven weiblichen Bevölkerung der vier Dörfer, sind im statistischen Sinn nicht repräsentativ, obgleich sie um die 5 % der wirtschaftlich aktiven Frauen erfaßten. Der Autorin konnte an einer solchen statistischen Repräsentanz auch gar nicht gelegen sein, da die demographische Zahlenbasis der einzelnen Dörfer zu ungleichmäßig und lückenhaft und der Sinn der Erhebungen nicht zensischer Natur war (siehe hierzu Anhang, statistische Dokumentation, Tabelle V).

Das erhobene Sample repräsentiert einen Schnitt durch die Kontinuität der verschiedenen Generationen der Frauen der vier Dörfer. Wobei zu bemerken ist, daß in Ihumwa im Vergleich die Altersgruppe zwischen 26 und 35 Jahren besonders stark im Interviewsample repräsentiert ist, während die alten Frauen zwischen 46 und 60 Jahren zwar nicht ganz, aber doch in den Hintergrund gedrängt sind. Am ausgewogensten ist das Altersprofil des Samples in Nkulabi. Die Gesamtheit der Einzelinterviews zeigt eine leichte zahlenmäßige Dominanz der Altersgruppe zwischen 26 bis 35 Jahren, die im wesentlichen aber auf die Interviewposition dieser Gruppe in Ihumwa zurückzuführen ist. Im Schnitt dominieren die Gruppen der jüngsten und ältesten in einem ausgeglichenen Gesamtsample, so daß das Ergebnis der Befragungen insbesondere für alle Altersgruppen fast gleichermaßen aussagekräftig ist und keinen Altersschwerpunkt beinhaltet. Da keine entsprechenden demographischen Daten der Gesamtpopulation der Dörfer zu erhalten waren, kann die Altersstruktur des Samples mit der Gesamtheit der weiblichen Bevölkerung in den vier Dörfern nicht verglichen werden.

7.1.3 Familienstand

Wie die Aufstellung zeigt, waren die meisten Interviewpartnerinnen verheiratet. Das zeigt m.E. durchaus schlüssig, daß die Mehrheit der wirtschaftlich aktiven Frauen aller Altersgruppen verheiratet war. Geschiedene, verwitwete und unverheiratete Frauen waren, wie meine Untersuchungen der vier Dörfer der Distrikte Dodomastadt und -land zeigen, die Ausnahme von der Regel - eine Minorität im ländlichen Milieu der Region (1).

---

(1) Vgl. dazu: C. Donner-Reichle: Migration und städtischer Arbeitsmarkt für Frauen in Tanzania. Ausbruch aus dem Patriarchat?, in: I. Lenz/R. Rott (Hrsg.): Frauenarbeit im Entwicklungsprozeß, Saarbrücken, Fort Lauterdale 1984:135-160 über die zunehmende Migration alleinstehender Frauen in die Städte Tanzanias.

Tabelle 17: Familienstand der interviewten Dorffrauen

| Familienstatus | Dorf | | | | |
| | Mpinga | Mlowa B. | Nkulabi | Ihumwa | Total |
		(Zahl der Frauen)			
Verheiratet	27	26	20	31	104
Geschieden	1	1	-	3	5
Verwitwet	-	1	5	1	7
Unverheiratet	5	1	3	5	14
Gesamt	33	29	28	40	130

7.1.4 Kinderzahl

Wie das Ergebnis der direkten Befragung der 130 Interviewpartnerinnen zeigt, hatte im Schnitt jede Frau zwischen drei und vier Kinder (1). Die Zahl und damit der Anteil der Mädchen überwog (52,32 %).

Tabelle 18: Kinderzahl der interviewten Dorffrauen

Dorf	Jungen	Mädchen	Kinder insgesamt
Mpinga	51	45	96
Mlowa B.	63	74	137
Nkulabi	46	59	105
Ihumwa	66	70	136
Insgesamt	226	248	474

(1) Statistisch gesehen, kommen 3,646 Kinder auf jede interviewte Frau. Erfaßt sind hier nur die lebenden Kinder.

7.1.5 Stand der formalen Ausbildung

Wie das Befragungsergebnis zeigt, sind fast 61 % der Frauen des Samples nicht zur Schule gegangen.

Tabelle 19: Schulbildung der interviewten Dorffrauen

Ausbildung	Dorf				
	Mpinga	Mlowa B.	Nkulabi	Ihumwa	Total
Kein Schul-besuch	24	17	13	25	79
Standard 1	1	2	1	-	4
Standard 2	-	-	-	-	-
Standard 3	-	-	-	2	3
Standard 4	2	3	2	5	12
Standard 5	-	1	1	-	2
Standard 6	-	1	3	2	6
Standard 7	6	5	8	6	25
Insgesamt	33	29	28	40	130

Besonders kraß war das Verhältnis in Mpinga (fast 73 % der Befragten hatten keinerlei Schule besucht). Dies korrelierte mit der Altersstruktur der interviewten Dorffrauen, die, wie gezeigt, in Mpinga einen relativ hohen Anteil der älteren Frauen auswies, also jene betraf, die durch die allgemeine Schulpflicht seit 1977 und die entsprechende Einrichtung von Dorfschulen nicht betroffen waren (1).

---

(1) S. Anhang Statistische Dokumentation, Tabelle VI.

7.1.6 Wohndauer der interviewten Frauen im jeweiligen Dorf

Die Auskunft der Frauen über das Jahr ihrer Ansiedlung in den Dörfern
spiegelt zweierlei wider:

a) Die Aussage der Dorfräte wurde bestätigt. In der Nähe der jetzigen
Dörfer bestanden schon vorher Ansiedlungen (49 Nennungen).

b) Die Operation Dodoma im Jahr 1971/72 verursachte für ca. 46 % der
Frauen den Umzug in die Dörfer.

Warum einige Familien Anfang der 70er Jahre in die Dörfer zogen, wurde
mit Vorteilen einer ärztlichen Versorgung (drei Nennungen in Mlowa
Barabarani) und der zentralen Lage der neuen Dörfer an der Straße (je
zwei Nennungen in Nkulabi und Mlowa Barabarani) begründet. Nach Operation Dodoma (so die Angaben der Gründe der Befragten, s. Anhang Statistische Dokumentation, Tabelle VII) war der Zuzug der Frauen in ihre
jetzigen Dörfer durch Heirat verursacht, also ein Zuzug in das Dorf des
Mannes.

7.2 Die Produktions- und Subsistenzgrundlage: Wirtschaftsbasis

Die agro-pastorale Produktionseinheit der Wagogo teilt sich in geschlechtsspezifische Arbeiten der Männer und Frauen. Die Ökonomiebasis
der Familie wurde durch Fragen nach Ackerbau (1) und Viehhaltung ge-
klärt; und es wurde danach gefragt, welche Arbeiten beispielsweise für
Frauen anfallen?

---

(1) Zur Anbauweise vgl. allgemeine Erörterung des Brandrodungshackbaus,
Stachel (1979)

7.2.1 Anbaufläche

Bei den Angaben zur Anbaufläche jeder Familie standen zwei Fragen im
Mittelpunkt, da nach Literaturangaben oft Frauen primär Felder für die
Subsistenz der Familie bearbeiten, während Männer zusätzlich eigene
Felder (mit Hilfe ihrer Frau/en) bestellen, über deren Erträge sie
verfügen (Rigby 1969). So wurde a) nach der Feldergröße gefragt, die die
Frauen als die von ihnen bearbeiteten betrachtet, d.h. mit denen sie die
Grundnahrungsproduktion der Familie sicherstellten, und b) nach even-
tuellen Feldern des Mannes.

Tabelle 20: Anbaufläche der Grundnahrungsproduktion pro Familie nach
Angaben der Frauen

Acres	Mpinga	Mlowa B.	Nkulabi	Ihumwa	gesamt
1- 2	13	4	5	3	25
3- 5	8	9	16	16	49
6- 8	2	6	2	5	15
9-12	1	4	-	3	8
13-15	-	3	-	-	3
K.A.	9	3	5	13	30
Total	33	29	28	40	130

K.A.: Keine Angaben

Von den 130 befragten Frauen konnten nur 30 keinerlei Angaben (23 %) zur
Größe der Felder machen, der höchste Anteil dieser Antworten kam aus
Mpinga (11) und Ihumwa (9). Die meisten Frauen (37 %) bewirtschafteten 3
bis 5 acres Land, dann folgte in der Häufigkeit die Gruppe mit 6 bis 8
acres (11,5 %), besonders in Mlowa Barabarani und Ihumwa.

Nur acht Frauen gaben an, daß ihr Haushalt 9 bis 12 acres Land besitzt. Lediglich in Mlowa Barabarani wurden 13 bis 15 acres Land zur Grundnahrungsproduktion angebaut, inklusive Verkauf von Überschüssen (drei Frauen, das sind 2,3 % der Befragten).

Vergleicht man die Anbaufläche pro Dorf, konzentrierte sich die Feldergröße in Mpinga zwischen 1 bis 5 acres mit der Tendenz um 3 acres, in Nkulabi war eine Konzentration vor allem bei 3 bis 5 acres festzustellen. In Ihumwa haben 16 Frauen 3 bis 5 acres Anbaufläche benannt, nur in Mlowa Barabarani ergab sich eine gleichmäßigere Verteilung über alle Größengruppen von 1 bis 15 acres Land, wobei die Mehrzahl der Frauen 3 bis 5 acres als die Fläche der von ihnen zur Subsistenz bebauten Felder angab.

7.2.2 Eigene Felder des Mannes

Auf die Frage, ob ihr Mann/Vater eigene Felder habe, antworteten mit ja nur 21 Frauen (16 %).

Tabelle 21: Besitz der Felder nach Angaben der Dorffrauen

Felder Mann	Dorf Mpinga	Mlowa B.	Nkulabi	Ihumwa	Total
Ja	8	4	3	6	21
Nein*	25	24	22	30	101
Zusammen	-	-	1	4	5
Frau hat eigene	-	1	1	-	2
Weiß es nicht	-	-	1	-	1
Total	33	29	28	40	130

* Eingerechnet Geschiedene, Witwen, unverheiratete Frauen.

Bei 101 der Befragten hatte der Mann kein eigenes Feld in Besitz. Zwei Frauen hatten Felder, die nur ihnen selbst gehörten (je eine in Nkulabi und in Mpinga). Fünf gaben an, daß sie ihre Felder mit ihrem Mann zusammen besäßen.

Diese Ergebnisse sind verständlich, nimmt man die Viehwirtschaft, eine traditionelle Aufgabe der Männer, zur Ökonomie der 'kaya' hinzu. Im Gegensatz zu rein ackerbaulichen Gesellschaften ist oft keine Zeit und kein Interesse vorhanden, noch zusätzlich eigene Felder zu bebauen (mit Hilfe der Frau/en), zumal es in der Dodomaregion kaum lohnende Verkaufsfrüchteproduktion gibt außer Weinbau, der sich erst in den letzten Jahren entwickelte.

7.2.3 Zugang zu Land

Mit dem 'Village Act' von 1975 wurde offiziell eine Politik der Landesbesitzarten für alle Dörfer festgelegt. Die Dorfregierung erhielt die politische Macht über die Allokation von Land innerhalb der Dorfgrenzen.

Gemäß dem 'Village Act' sollten drei Typen von Landbesitz eingeführt werden:
Individuelle Haushaltsfarm: Für die eigene Subsistenzproduktion und für den Bau eines Hauses wurde jedem einzelnen Haushalt Land zugewiesen.
Blockfarm (bega kwa bega): Individuelle Flächen eines großen Feldes sollten stückweise an je eine Familie mit der Auflage abgegeben werden, daß die Kulturauswahl und die Methode der Kultivierung von der Dorfregierung bestimmt wird. Die Erträge jeder Parzelle sollten aber an die bearbeitende Familie gehen(1).
Dorffarm (ujamaa shamba): Sie sollte von allen Erwachsenen bearbeitet werden.

Oft wird in der ausführlichen Diskussion in der Literatur zu Ujamaa nur der Begriff des bäuerlichen Haushalts verwandt, nur innerhalb der

---

(1) Nach 'blockfarming' hatte ich im Pretest gefragt, aber diese Frage wurde von keiner interviewten Frau verstanden, d.h. in den vier Dörfern gab es keine Konzeption für 'blockfarming'.

Tabelle 22: Zugang der Frauen zu Land

Dorf	Status der Frau	Zugang Dorfrat	Mann	Schwieger-eltern	Vater	Sohn	Mutter	Nachbarn	ohne Hilfe	Total
Mpinga	verheiratet	-	18	5	-	1	-	1	2	
	geschieden	-	-	-	-	-	-	-	1	
	Witwe	-	-	-	-	-	-	2	-	
	unverheiratet	-	-	-	1	-	2	-	-	
		-	18	5	1	1	2	3	3	33
Mlowa B.	verheiratet	2	22	-	-	-	-	1	1	
	geschieden	-	-	-	-	-	-	-	1	
	Witwe	-	-	-	-	-	-	-	1	
	unverheiratet	-	-	-	1	-	-	-	-	
		2	22	-	1	-	-	1	3	29
Nkulabi	verheiratet	6	7	5	-	-	-	-	2	
	geschieden	-	-	-	-	-	-	-	-	
	Witwe	1	4	-	-	-	-	-	-	
	unverheiratet	1	-	-	2	-	-	-	-	
		8	11	5	2	-	-	-	2	28
Ihumwa	verheiratet	1	21	5	1	-	-	2	1	
	geschieden	-	-	-	3	-	-	-	-	
	Witwe	-	-	-	-	-	-	-	1	
	unverheiratet	-	-	-	3	-	1	-	1	
		1	21	5	7	-	1	2	3	40
Total		11	72	15	11	1	3	6	11	130

Frauenforschung wird hinterfragt, ob Frauen die gleichen Rechte haben und diese auch als Zugriff auf bzw. realen Zugang zum Land verwirklichen können(1). Um dies zu eruieren, stellte ich die Frage, über wen Frauen in den vier Untersuchungsdörfern Zugang zum Land hätten, als Individuen oder nur in traditioneller Art via Verheiratung, also über den Ehemann.

Da in der Regel dem Oberhaupt der Familie ein Stück Land für die Familie zugewiesen wird, erhielten 72 der befragten Frauen (das sind etwas über 55 %) ihr Land zur Subsistenzproduktion von ihrem Mann oder bei Heirat direkt von den Schwiegereltern (11 %), oder vom Vater (9 %). Von der Dorfregierung bekamen nur 10 Frauen (7,7 %) Land zugewiesen (keine Nennung in Mpinga). Zugang zu Land ohne Einbeziehung anderer Personen (Verwandte, Dorfrat) hatten 11 Frauen, mittels Nachbarschaftshilfe sechs. Unverheiratete Frauen erhielten Land (meist sehr kleine Flächen von 0,25 bis 1 acre) vom Vater oder der Mutter.

Somit war das Postulat der Ujamaaideologie 'Gleichheit' im Zugang zu Land für Frauen in keiner Weise zutreffend. Ein gravierendes Faktum, konträr zu aller Ideologie egalitär sozialistischer Prägung im wirtschaftlichen Schwerpunkt einer Gesellschaft.

7.2.4 Anbau landwirtschaftlicher Produkte

Meine Untersuchungen bestätigen und zeigen: Die Nahrungsversorgung der Familie wurde primär mit Hirse (Lulu und Serena) und Mais sichergestellt. Sorghum hatte einen vergleichsweise geringen Stellenwert(2).

---

(1) Fortman (1982), (1979); Storgaard (1975-76); Mbilinyi (1977).
(2) Subsistenzkulturen wie Hirse oder Sorghum haben Vorzüge gegenüber Mais: Kurze Wachstumszeit, beide Kulturen werden zum Bierbrauen (in der Dodomaregion primär Hirse) genommen. Als trockenresistente Pflanzen sind sie widerstandsfähiger bei erratischen Regenfällen. Nachteil bei Sorghum ist die Anfälligkeit gegenüber Parasitenbefall. Vgl. Rehm/Espig: Die Kulturpflanzen der Tropen und Subtropen, Stuttgart 1986:36 und J.D. Acland: East African Crops. An Introduction to the Production of Field and Plantation Crops in Kenya, Tanzania und Uganda, Hongkong 1977:27-28.

Tabelle 23: Anbau landwirtschaftlicher Produkte

Anbaupro-dukte	Nennungen gesamt	Mpinga	Mlowa B.	Nkulabi	Ihumwa
Hirse	103	30	15	23	35
Lulu (Hirseart)	25	3	16	5	1
Serena(Hirseart)	19	-	13	3	3
Mais	111	26	29	20	36
Erdnüsse	86	29	14	17	26
Pigeon peas	52	15	9	7	21
Kürbisse	40	9	16	7	8
Sorghum	28	9	2	2	15
Erbsen	23	8	3	1	11
Bohnen	9	-	5	2	2
Süßkartoffeln	7	1	-	4	2
Cassava	7	1	-	4	2
Gemüse (Tomaten)	5	4	-	1	-
Wein	3	-	1	2	-
Gurken	4	-	3	-	1
Zuckerrohr	2	-	-	2	-
Ladyfingers	1	1	-	-	-

Die Ergänzung zum Getreide war der Anbau von Erdnüssen, Kürbissen und Pigeon Peas. Cassava, eine trockenresistente Knolle, seit der britischen Kolonialzeit im Dodomagebiet bekannt, wurde nur von 5,4 % der befragten Frauen als Anbaufrucht angeführt. Reine Verkaufsfrüchte wie Tomaten und die Weintraube wurden kaum genannt, d.h. eindeutiger Schwerpunkt der Feldarbeit der Bäuerinnen war die Subsistenzproduktion für die Familie.

7.2.5 Anbaumuster der Felder der Männer

Vergleicht man die Subsistenzfelder, die primär von den Frauen bearbeitet wurden, mit den Feldern der Männer, ergibt sich folgendes Bild:

Tabelle 24: Anbau landwirtschaftlicher Produkte auf den Feldern der Männer

Dörfer	Mpinga	Mlowa B.	Nkulabi	Ihumwa	
Anzahl der Männer mit eigenen Feldern					Insgesamt
	8	4	3	6	21

		Anbaufläche in acres			
(3x)	1	0,25	1	K.A.	
(2x)	3	0,5	1,5		
	4	1,5	3		
		4			

Anbauprodukte

	Mpinga	Mlowa B.	Nkulabi	Ihumwa	Insgesamt
Mais	4	-	1	1	6
Hirse	6	2	1	-	9
Sorghum	1	-	-	-	1
Wein	-	-	3	-	3
Pigeon Peas	1	2	-	-	3
Erdnüsse	1	-	-	-	1
Tomaten	1	-	-	4	5
Süßkartoffel	-	-	-	1	1

Mehrfachnennung möglich
K.A.: Keine Angaben

Erstens die Felder der Männer waren kleiner als die Subsistenzfelder, nur zweimal wurden relativ große Flächen mit 4 acres benannt (je einmal in Mpinga und Mlowa Barabarani).

Zweitens umfaßte die Bestellung der Felder die Subsistenzkulturen Hirse, Sorghum, Erdnüsse, Pigeon Peas und Mais. Daneben wurden gezielt für den Markt Tomaten (4x in Ihmuwa) und Wein (3x in Nkulabi) angepflanzt. Auffallend viele Männer (6x) bauten Getreide in Mpinga an, im Gegensatz zu Ihumwa. Hierbei spielte in Mpinga die Abgeschiedenheit des Dorfes eine große Rolle. In Mpinga bestanden noch sehr viele polygame Haushalte, in denen der männliche Haushaltsvorstand Getreide oder Vieh verkaufte. In Ihumwa wiederum war die Marktproduktion für Dodoma sehr gewinnbringend, so daß sich hier die Männer gezielt um Einkommen durch diese Tätigkeit bemühten.

7.2.6 Landwirtschaftliche Beratung der Bäuerinnen

Aus den vorigen Darstellungen wird die zentrale Bedeutung der Frauen in der Subsistenzproduktion deutlich, besonders hier in einer agro-pastoralen Gesellschaft, in der Männer eher Vieh- als Felderwirtschaft betreiben. Deshalb wurde nachgefragt, inwieweit der staatliche landwirtschaftliche Beratungsdienst (vertreten durch den zuständigen 'bwana shamba') sich um die Bäuerinnen kümmerte.

Tabelle 25: Landwirtschaftliche Beratung für Bäuerinnen

Antwort	Mpinga	Mlowa B.	Nkulabi	Ihumwa	Total	in %
Ja*	2	8	3	-	13	10 %
Nein	31	21	25	40	117	90 %
Auf Ujamaa-feldern* gesehen	1	11	7	3	22	17 %

* Mehrfachnennung möglich

Das Ergebnis war niederschmetternd, nur 10 % der Bäuerinnen haben eine landwirtschaftliche Beratung erhalten, davon die Mehrzahl in Mlowa Barabarani, in Nkulabi und Mpinga; in Ihumwa wurde noch nie (Stand 1981) eine Frau informiert oder beraten(1). Viele Frauen, die selbst noch nie beraten wurden, antworteten aber, daß sie den 'bwana shamba' schon auf den dörflichen Ujamaafeldern gesehen (also nicht mit ihm gesprochen) hätten, das waren immerhin 17 % aller Interviewten. Wieder war hier Mlowa Barabarani an erster Stelle, gefolgt von Nkulabi, Ihumwa und Mpinga.

Nun fragt man sich, welche Frauen erhielten eine Beratung? In Mlowa Barabarani waren dies die UWT-Sekretärin, die Frau des CCM-Vorsitzenden, die Schwiegertochter einer Frau, die im Dorfrat saß, sowie Frauen aus reichen Familien, die viel Land (14 acres) oder viel Vieh hatten und Lohnarbeiter/innen beschäftigten. In Nkulabi wurden die Frau des staatlichen Tierberaters und zwei Familien ohne großen Reichtum (weder nach der angegebenen Menge des Landes noch des Viehs) beraten. In Mpinga waren die UWT-Vorsitzende und die UTW-Sekretärin vom landwirtschaftlichen Berater besucht worden. Also wurden Frauen mit einem hohen Status aufgrund eigener politischer Funktion (UWT) oder aufgrund von Heirat (Tierberater, CCM-Vorsitzender) sowie Reichtum (Land und Vieh) gegenüber anderen Frauen bevorzugt, mit Ausnahme der beiden Fälle in Nkulabi. Diese Aussage stimmt allerdings nicht für Ihumwa, wo offensichtlich jegliche Beratung fehlte.

7.2.7 Lagerdauer des Getreides

Wie schon ausführlich bei Rigby (1969) beschrieben, besitzen alle Frauen in ihrer 'nyumba' (ihrem Haus) einen Getreidespeicher, in dem die von ihnen angebauten Hirseerträge für sie, ihre Kinder und den Mann gelagert werden. Bebaut der Mann eigene Felder, hat er einen eigenen Vorratsspeicher, über den nur er die Verfügungsgewalt hat, nicht seine Frau/en.

---

(1) Dies kann erklärt werden: "... the negative attitude of men towards women seems to play a role in the lack of contact of women with extension workers who are mostly men" (Oomen-Myin 1981:7). Zur Problematik in anderen afrikanischen Ländern vgl. Bukh (1979); Berger (1987).

In der entwicklungspolitischen Diskussion wird oft darüber nachgedacht, inwieweit diese Vorratsspeicher gegen Insekten ausreichend geschützt sind und wie lange sich das eingelagerte Getreide hält. In den vier von mir untersuchten Ujamaadörfern wurde ein Dorfspeicher in den Entwicklungsplänen vorgesehen bzw. schon gebaut (Stand 1981/82), um die Überschüsse der Dorfproduktion einzulagern. Die Frage nach der privaten Lagerung der Frauen über einen bestimmten Zeitraum ergab eine Vorstellung von der üblichen Zeitdauer, für die Vorräte gehalten wurden:

Tabelle 26: Getreidevorratshaltung

Angaben der Frauen*	Mpinga 1980	Mpinga 1981	Mlowa B. 1980	Mlowa B. 1981	Nkulabi 1980	Nkulabi 1981	Ihumwa 1980	Ihumwa 1981
Monate								
1- 2	-	-	-	1	-	1	-	4
3- 5	-	4	-	2	-	8	-	7
6- 8	3	4	-	3	-	3	2	3
9-12	12	8	5	16	5	9	17	3
13-15	1	1	1	-	-	1	2	-
16-18	-	-	-	-	1	-	-	-
19-24	5	1	-	6	-	-	3	1
Schlechte Ernte	-	3	-	-	-	2	1	3
Keinen Ertrag	-	2	-	-	-	-	-	7
Kaum Erträge, kaufen Getreide	-	9	-	2	-	-	-	15
Keine Angaben	-	-	-	-	-	1	-	2

* Mehrfachnennungen möglich

---

(1) Vgl. CDTF: Appropriate Technology for Grain Storage. Report of a Pilot Project, Dar es Salaam 1977.

Die Ernteerträge für 1981 waren schlecht ausgefallen, da durch die Dürre viele Kulturen vertrocknet waren bzw. geringe Erträge brachten. Deshalb gaben die interviewten Frauen von sich aus ein gutes Jahr (1980) an, im Vergleich zu 1981. Auffallend schlechte Ernteergebnisse wurden in Mpinga und Ihumwa 1981 verzeichnet, einige Familien hatten keinerlei Erträge, einige nur geringe, die nach der Ernte Mai-Juni schon im September aufgebraucht waren, so daß die Frauen sehr früh bis zur nächsten Ernte sieben bis acht Monate Hirse oder Mais im Dorfladen kaufen mußten.

Für ein normales Erntejahr betrug die Lagerdauer von Hirse (1980) in den vier Dörfern durchschnittlich neun bis 12 Monate. Kam eine schwache Ernte, waren die Speicher schnell leer. Gute Ernteerträge hatten 1981 wie 1980 einige Familien (16 in Mlowa Barabarani, neun in Nkulabi, acht in Mpinga). Die niedrigste durchschnittliche Lagerdauer wurde in Mpinga mit drei bis fünf Monaten angegeben, in Mlowa Barabarani und Nkulabi mit ein bis zwei Monaten. Das hing mit kleinen Anbauflächen, der Bodenbeschaffenheit und saisonalen Bedingungen zusammen. In Ihumwa kam dazu, daß viele Familien stark von der Marktproduktion des Gemüses abhängig waren und laut erhaltener Information eher Hirse bzw. Mais in Dodoma für den 'ugali' kauften, statt eine größere Fläche Getreide selbst anzupflanzen. Bei überdurchschnittlich guten bzw. hohen Ernteerträgen wurde angegeben, daß man 19 bis 24 Monate gelagert habe, und zwar in Mlowa Barabarani und Ihmuwa(1).

In Mlowa Barabarani erklärte eine Interviewpartnerin, daß für eine zweijährige Lagerung eine bestimmte Präservierung angewandt würde: Asche würde mit Hirse vermischt, falls das nicht hülfe, käme Glas auf den Vorratsspeicher, darüber würde feuchte Erde gepackt. Eine andere Frau besorgte sich lokale Medizin (eine bestimmte Blättermischung) vom Medi-

---

(1) Bei der Frage wurde darauf verzichtet, die Getreidemenge pro Familie festzustellen und dies in Korrelation zu den Familienmitgliedern zu setzen, um eine Durchschnittsmenge pro Person in einer bestimmten Monatsanzahl zu erreichen. Hier ging es um die Angaben der Frauen, wie sie subjektiv ihre Getreidevorräte einschätzten und wie sie sie evtl. mit verschiedenen Mitteln vor Insekten schützten.

zinmann, eine andere Bäuerin legte in den Hirsespeicher eine lokale Steinsorte (deren Namen sie nicht wußte).

Das Problem war also nicht die Lagerdauer an sich und damit die Unfähigkeit der Bäuerinnen, ihr Getreide längerfristig aufzubewahren, sondern es war darin zu sehen, daß nur bei relativ optimalen Ernteerträgen in klimatisch günstigen Jahren die Menge der Ernte für eine Lagerung bis zur nächsten Ernte ausreichte. Die Ergebnisse haben gezeigt, daß nur in wenigen Fällen die Menge einer Getreideernte so groß war, daß sie auch bis zu 24 Monate für den Konsum reichte. Für diesen Fall kannten die Frauen in den vier Dörfern, wie meine Untersuchungsergebnisse zeigen, durchaus Mittel und Wege zur Präservierung ihrer Ernten. Mit Sicherheit ließe sich hier durch Experten auch mit angepaßten Methoden einiges verbessern. Aber das Problem lag eben nicht so sehr in der Fähigkeit und Methode der Lagerhaltung, als in der beschränkten Menge der jährlichen Getreideernteergebnisse für die eigene Subsistenz. Angesichts dieser realen Problemlage muß m.E. auch die Planung der Dörfer zum Bau von Dorflagerhallen überdacht werden. Wo liegt hier der Bedarf? Und welche Erträge sollen in der Dodomaregion gelagert werden? Sinnvollerweise kann es sich bei diesen Lagern nur um Depots für Getreideerträge von außerhalb der Region handeln, also für Lager der Hungerhilfe. Eine Entwicklungskonzeption, die die Erstellung, den Aufwand und die Kosten dieser Lager damit begründet, daß diese gebraucht werden, um Produkte der Dörfer selbst zu lagern (als Dorfreserve oder für die Vermarktung an NMC), ist deshalb nur sehr selten in Übereinstimmung mit den wirklichen Verhältnissen der Menschen, der Bauern und Bäuerinnen in diesen Dörfern. Sie kann sich bestenfalls auf die Erträge der kommunalen Felder (Ujamaa) beziehen.

7.2.8 Hühnerhaltung

Zur Subsistenzgrundlage der Familienversorgung gehörte oft die Hühnerhaltung.

Tabelle 27: Hühnerhaltung: Eigenverbrauch und/oder Verkauf

Hühnerhaltung	Mpinga	Mlowa B.	Nkulabi	Ihumwa	Total
Anzahl					
1- 5	15	14	8	12	49
6-10	7	4	6	8	25
11-15	1	-	1	-	2
16-20	-	-	1	2	3
21-25	1	3	-	-	4
keine Angaben	-	-	-	3	3
keine Hühner	9	8	12	15	44
Verkauf Hühner	16	12	5	7	40
Verkauf Eier	3	2	3	1	9

Von den interviewten Frauen hielten sich 64 % Hühner. Für alle Untersuchungsdörfer galt für die Mehrzahl der Frauen, daß sie zwischen ein bis
10 Hühner besaßen, nur wenige verfügten über eine größere Anzahl von 21
bis 25 Stück wie in Mlowa Barabarani und Mpinga. Die Hühner wurden
sowohl für den Eigenbedarf als auch für den Verkauf gezogen, 40 Frauen
verkauften Hühner (Stand 1981: Ein Huhn kostete im Dorf je nach Größe
und Alter 15-50 TSH). Die Eier wurden nur von neun Frauen verkauft, da
es nicht so rentabel war (für ein Ei erhielt man 0,50 bis 1 TSH).

7.2.9 Vermarktung der Feldprodukte

Getreide oder Gemüse wurden nur dann verkauft, wenn genügend Überschüsse
produziert worden waren. Man reagierte sofort auf eine schlechte Ernte,
wie 1981 im Vergleich zu einem normalen Jahr (1980), indem man alles
zurückhielt. Dies wurde für alle Dörfer deutlich.

Tabelle 28: Verkauf von Anbauprodukten

Dorf	1980	1981
Mpinga	13	7
Mlowa Barabarani	11*	3
Nkulabi	2	2
Ihumwa	7	11**[1]
	33 (25%)	23 (18%)

* 2x Tauschgeschäfte Hirse gegen Vieh
** 1 Frau Verkauf 1980 und 1981
[1] 1x Tausch Gemüse gegen Mais, Hirse

Wie aus der Tabelle hervorgeht, wurde nicht nur verkauft, sondern auch noch getauscht. In Mlowa Barabarani gaben zwei Frauen an, daß in ihrer Familie Hirseüberschüsse gegen Vieh eingetauscht wurden. Also immer noch standen Wert/Prestige des Viehs höher als Reichtum in landwirtschaftlichen Produkten. Wer es sich leisten konnte, versuchte seine Viehherde zu vermehren (wie früher, vgl. vorkoloniales Kapitel). Aufgrund der schlechten Ausstattung der Dorfläden mit Konsumgütern kann man auch vermuten, daß die Anreize fehlten, sich bestimmte Luxusgegenstände zu kaufen. Dies wird sich erst ändern bzw. beweisen lassen, wenn der Zustand der Versorgung in den Dörfern Besserung erfahren hat.

In Ihumwa gab eine Frau an, daß sie Gemüse gegen Mais und Hirse eintausche. Das bedeutet, für sie war es sinnvoller, Gemüse für den Markt anzubauen und einen Teil für Getreide zu tauschen. Die Tendenz in Ihumwa zu mehr Verkauf von Gemüse (11 Frauen 1981) war im Gegensatz zu den anderen Dörfern ansteigend, da hier nicht auf die saisonalen Regen gewartet werden mußte und man durch die Nähe der Felder zum Sandfluß einer ständigen Bewässerung über das Jahr sicher war. Primär war Gemüseanbau(1) für den Markt in Ihumwa Männersache, viele Frauen betonten, daß sie mithülfen. Die Produkte verkaufte der Mann in Dodoma, und er verfügte über den Erlös. Alle Frauen des Dorfes gaben an, daß sie die Subsistenzfelder bearbeiten würden.

Generell verkauften 74 Frauen der vier Dörfer nie Feldprodukte, das sind 57 % der Befragten. Welche Erzeugnisse ihrer Subsistenzfelder die Frauen verkauften, war für jedes Dorf im Schwerpunkt unterschiedlich:

Tabelle 29: Verkauf von Anbauprodukten

Erzeugnisse	Mpinga		Mlowa B.		Nkulabi		Ihumwa	
	1980	1981	1980	1981	1980	1981	1980	1981
Erdnüsse	12	2	1	-	-	-	2	-
Mais	1	-	-	-	-	-	-	-
Hirse	1	1	10	3	1	1	2	1
Pigeon peas	2	-	-	-	-	-	-	-
Kürbisse	-	2	-	-	-	-	-	-
Gemüse	-	2	-	-	-	-	1	8
Süßkartoffeln	-	1	-	-	1	1	-	-
Sorghum	-	-	-	-	-	-	1	-
Cassava	-	-	-	-	-	-	1	-
Mangos, Guaven	-	-	-	-	-	-	-	1

Mehrfachnennungen möglich

---

(1) Unter Gemüse für den Markt verstanden die Dorfbewohner/innen nicht ihre traditionellen Arten wie Kürbisse oder Bohnen, sondern 'europäische' Sorten, von denen sie oft nicht einmal den Namen - weder in Swahili noch Englisch - kannten. Dies erfuhr ich in Gesprächen. Als ich fragte, wie Paprika und zwei Kohlsorten hießen, konnte mir niemand antworten. Sie wurden angebaut, weil in der Stadt große Nachfrage herrschte, und man hatte den Anbau von Nachbarn abgeschaut.

In Mpinga wurden hauptsächlich Erdnüsse verkauft (nur zwei Frauen hatten 1981 genügend zum Verkauf), in Mlowa Barabarani und Nkulabi nur je einmal Hirse und Süßkartoffeln (für 1980 und 1981). In Ihumwa waren die Verkaufserzeugnisse noch 1980 Erdnüsse (zweimal), Hirse (zweimal), Cassava und Sorghum (je einmal). 1981 veränderte sich das Bild, der Verkauf von Gemüse nahm zu und gewann an Bedeutung. Die Erlöse aus den Verkäufen zeigt Tabelle 30.

Tabelle 30: Einkommen aus dem Verkauf der Anbauprodukte 1980 und 1981

Einkommen TSH	Mpinga	Mlowa B.	Nkulabi	Ihumwa
20 - 50	5	1	-	-
50 - 100	2	1	1	2
100 - 200	2	2	1	2
200 - 400	4	-	1	3
400 - 500	1	1	-	2
500 - 1.000	-	-	-	1
1.000 - 3.000	-	5	-	2
7.000	-	1	-	-
Gesamt	20	14	3	17

Auffallend für Mpinga war die Häufigkeit des niedrigen Einkommens, das bei 20-50 TSH lag. In allen Dörfern lagen die meisten Einkünfte aus dem Verkauf von Getreide und anderen Anbaukulturen zwischen 50-400 TSH. Die obere Einkommensgrenze lag in Mpinga und Nkulabi bei 500 TSH, während in Mlowa Barabarani durch Maisanbau und in Ihumwa durch Verkaufsfrüchte wie Tomaten und Zwiebeln Einkünfte bis zu 3.000 TSH erzielt wurden. Eine Frau gab in Mlowa Barabarani den höchsten Verdienst mit 7.000 TSH an.

Im Pretest des Fragebogens wurde nach der Verfügungsgewalt über das Geld innerhalb der Familie gefragt. Die Reaktion der Frauen war immer ein erstauntes 'natürlich mein Mann', so daß die Frage in den Interviews gestrichen wurde. Nach meinen Erfahrungen in den täglichen Gesprächen - außerhalb der strukturierten Interviews mit Fragebögen - läßt sich ein Trend beschreiben: Bei kleinen Beträgen (meist bis 100 TSH) gab die Frau das Geld sofort wieder für Einkäufe im Dorfladen aus. Bei höheren Geldbeträgen aus dem Verkauf von Getreide u.a. setzte sofort die Verfügungsgewalt des Mannes ein, der seiner/en Frau/en etwas für Haushaltsausgaben abgab (vgl. Kapitel über Marktbeziehungen). In einigen polygamen Haushalten, wo Frauen vom Mann vernachlässigt wurden (d.h. er half weder bei der Feldarbeit - Roden - noch gab er ihr Geld), verfügten sie allein über ihre Verdienste, sie fühlten sich eher als alleinstehende Frauen aufgrund dieser Situation (Informationen aus Mpinga).

7.2.10 Erwerbstätigkeiten der Frauen

Da nicht alle Frauen für Haushaltsaufgaben (vgl. Kapitel Marktbeziehungen) vom Mann Geld (87 Nennungen) erhielten, 43 Frauen nicht immer oder nie mit einem Beitrag des Mannes für die Familienversorgung rechnen konnten, versuchten viele Frauen mit anderen zusätzlichen ökonomischen Aktivitäten Geld zu verdienen (s. Tabelle 31).

An erster Stelle stand das Bierbrauen, mit dem in Mpinga 19, in den anderen Dörfern je sechs Frauen Geld verdienten. Eine gezielte Marktproduktion des Töpferns fand in Ihumwa statt. Die Wasserbehälter wurden von den Frauen Ihumwas bis nach Dar es Salaam verkauft. Durch die Eisenbahnstation waren die Frauen viel marktkundiger und beweglicher als Frauen in den drei anderen Dörfern. In Nkulabi und Mlowa Barabarani produzierte je eine Frau Koch- und Wasserbehälter. Die Bushaltestellen machten es für fünf Frauen in Ihumwa und zwei in Mlowa Barabarani möglich, selbstgebackenes Gebäck ('buns') zu verkaufen. Je drei Frauen kochten Salz in

Tabelle 31: Erwerbstätigkeiten verheirateter Frauen

Aktivitäten*	Mpinga	Mlowa B.	Nkulabi	Ihumwa	Total
Salzherstellung	3	3	-	-	6
Verkauf von 'buns'[1]	-	2	-	5	7
Bierbrauen[2]	19	6	6	6	37
Lohnarbeit[2]	3	6	-	-	9
Grasschneiden u. -abbrennen	1	1	-	-	2
Milchverkauf	2	-	2	-	4
Verkauf von 'ghee'[3]	2	-	-	-	2
Verkauf von Feuerholz	-	3	-	-	3
Verkauf v. Körben	1	-	-	-	1
Handel	-	3	-	1	4
Wasserholen für Häuserbau	-	1	-	-	1
Erde für Töpferin beschaffen	-	1	-	-	1
Medizinverkauf	-	-	1	-	1
Verkauf von Mais u. Hirsehülsen an Bierbrauerinnen	-	-	1	-	1
Hirse von Hand mahlen	-	-	-	1	1
Verkauf von Holzkohle[4]	-	-	-	1	1
Verkauf von abgekochtem Fleisch	-	-	-	1	1
Zimmervermietung	-	-	-	1	1
Töpfern	-	1	1	12	14
Erwachsenenbildung	1	-	-	-	1

1) 'buns' = Selbstgebackenes Gebäck, kleine Trockenkuchen
2) Landarbeiterinnen
3) 'ghee' = Butterfett
4) zusammen mit Ehemann
* Mehrfachnennungen möglich

Mpinga und Mlowa Barabarani ab(1). Sechs Frauen führten als Lohnarbeiterinnen Feldarbeiten in Mlowa Barabarani aus, in Mpinga waren es drei.

In der nächsten Tabelle sind nach Familienstatus die unverheirateten, verwitweten und geschiedenen Frauen und ihre Erwerbstätigkeit gesondert aufgeführt, um nachzuprüfen, inwieweit sich ihre Aktivitäten von denen der verheirateten Frauen unterschieden.

Tabelle 32: Erwerbstätigkeiten unverheirateter Frauen

Aktivitäten	Mpinga	Mlowa B.	Nkulabi	Ihumwa
Frauen (Quersumme)	14	5	1	3(1)	5
Bierbrauen	2	2	-	-	-
Lohnarbeit (Landarbeiterin)	3	1	1	-	1
Lehrkraft für Erwachsenenbildung	1	-	-	1	
Händlerin	1	-	-	-	1

(1) 2x Geld v. Eltern

Mehrfachnennungen möglich

(1) Salzkochen ist eine Frauenarbeit. Die salzhaltige Erde wird von den Frauen gesammelt und in eine Kalabasse gefüllt, in der am Boden ein Loch ist, das mit Stroh abgedeckt wird. Man füllt Wasser ein und das Salz läuft unten heraus, wo es wiederum in einem anderen Gefäß aufgefangen wird. Danach wird das salzhaltige Wasser in einer Metallwanne gekocht, bis das Wasser verdampft ist und Salz übrig bleibt. Danach wird das feuchte Salz in der Sonne getrocknet und ist fertig zum Gebrauch.

Tabelle 33: Erwerbstätigkeiten geschiedener Frauen

Frauen	5	1	1	-	3

Kuchenverkauf	1	1	-	-	-
Lohnarbeit	1	1	-	-	-
(Landarbeiterin)					
Verkauf v. Salz-					
steinen	1	1	-	-	-
Salzherstellung	1	1	-	-	-
Bierbrauen	1	1	-	-	-

1 verlassene Frau (Mpinga)

Bierbrauen	1	1	-	-	-

Mehrfachnennungen möglich

Tabelle 34: Erwerbstätigkeiten verwitweter Frauen

Frauen	7	-	1	5	1

Körbeflechten	1	1	-	-	-
Wasserschleppen für					
Häuserbau	1	-	-	1	-
Feuerholzverkauf	2	-	-	2	-
Maisstampfen	1	-	-	1	-
Händlerin	2	-	-	1	1
Bierbrauen	2	-	-	2	-
Fleisch abkochen	1	-	-	1	-

Mehrfachnennungen möglich

Sechs Frauen (zwei unverheiratete, eine geschiedene, eine verlassene und
zwei verwitwete Frauen) brauten Bier, vier Frauen (drei unverheiratete,
eine geschiedene) waren als bezahlte Lohnarbeiterinnen tätig. Die anderen Aktivitäten waren sehr unterschiedlich, z.B. aufgrund ihrer Schulbildung konnte eine unverheiratete junge Frau in Nkulabi Erwachsenenbil-
dungskurse durchführen. Witwen in Nkulabi verdienten sich Geld mit dem

Verkauf von Feuerholz, Wasserschleppen für Häuserbau und Maisstampfen
für reichere Dorffrauen.

7.2.11 Einkommen der Frauen durch Erwerbstätigkeiten

Die Tätigkeiten brachten sehr unterschiedliche Einkommen:

<u>Tabelle 35:</u> Einkommen der verheirateten Frauen

Aktivitäten	Einkommen (TSH)	Häufigkeit	Mpinga	Mlowa B.	Nkulabi	Ihumwa
Bier	50- 100		3, n.B.	-	1	-
	101- 200		2, n.B.	2	1	1
	201- 300		2, n.B.	-	1	-
	301- 400	1x im Monat	3	1	1	1
	401- 500	2x im Monat	4	2	1	-
	501- 600	3x im Monat	2	-	-	-
	601- 700	2-3x Monat	1	-	-	-
	701- 800	2x im Monat	1	-	-	-
	801-1.000	2-3x Monat	1	-	-	2
	1.001-1.500	2x im Monat	-	1	1	2
Salzproduktion	30- 50	1 debbe	1, n.B.	1	-	-
	51-100			2	-	-
	101-150		2, n.B.			
Körbeverkauf	15- 20	1 Korb	1	-	-	-
Erwachsenenbildung	120	im Jahr	1	-	-	-
Töpfern	40 k.A.	bei Bedarf	-	1	1	10 k.A.
	300		-	-	-	1
	600-700		-	-	-	1
Selbstgebackenes	60-100	pro Tag	-	1	-	2
	101-150	pro Tag	-	1	-	3
Lohnarbeit:						
Roden	50-60	1 acre	-	2	-	-
	61-70	1 acre	-	1	-	-
Pflanzen	20	pro Tag	-	1	-	-
Unkrautjäten	50	pro Tag	-	1	-	-
	70	1 acre = 3 Tg.	-	1	-	-

Fortsetzung

Aktivitäten	Einkommen (TSH)	Häufigkeit	Mpinga	Mlowa B.	Nkulabi	Ihumwa
Medizinverkauf	100-400	pro Monat	-	-	1	-
Verkauf v. Mais-Hirsehülsen an Bierbrauerinnen	12	1 debbe	-	-	1	-
Verkauf von abgekochtem Fleisch	500, 40-50	pro Monat	-	-	1	-
Hirsemahlen	200	pro Monat	-	-	-	1
Holzkohleverkauf (mit Mann)	50-70	pro Tag 3x im Mon.	-	-	-	1
Zimmervermietung	50	pro Monat	-	-	1	-
Verkauf von gekochten Süßkartoffeln	200	pro Monat	-	-	1	-
Grasschneiden	50	bei Bedarf	1	-	-	-
Grasabbrennen	50-60	pro Stück	-	1		
Milchverkauf	2	1 Fl = 2 TSH	2	-	-	-
	100	1 Fl =1,50 TSH	-	-	2	-
Gheeverkauf	20-30	1 Fl. 25-30	1	-	-	-
	31-50		1	-	-	-
	50-100		-	-	1	-
Feuerholzverkauf	6-7	1 Bündel	-	3	-	-
Zwischenhandel	100-200		-	2	-	1
	1.000		-	1	-	-
Wasserholen für Häuserbau	k.A.		-	1	-	-
Maisstampfen	k.A.		-	-	1	-

n.B. = nach Bedarf
k.A. = keine Angaben
Mehrfachnennungen möglich

Tabelle 36: Einkommen unverheirateter Frauen

Aktivitäten	Einkommen in TSH	Häufigkeit/ Einheit	Mpinga	Mlowa B.	Nkulabi	Ihumwa
Bierbrauen	400-1.000	3x im Monat	1	-	-	1
	1.000-3.000	3x im Monat	1	-	-	-
Landarbeiterin für Lohn	100 in Mpinga	nach Bedarf	1	1	-	-
	20-30 in Mlowa B.	nach Bedarf	-	-	-	-
Gemüseverkauf	Mpinga 15; Ihumwa 500	pro Ernte	1	-	-	2
Erdnüsseverkauf	k.A.		1	-	-	-
Erwachsenenbildung	120	im Jahr	-	-	1	-
Handel	40	nach Bedarf	-	-	-	1
Taschengeld Eltern			-	-	2	1

k.A. = keine Angaben

Für verheiratete Frauen war das Bierbrauen mit Abstand am profitabel-
sten, allerdings waren die Angaben nicht genau, da je nach Menge des
Biers und seiner Zusammensetzung (z.B. wenn man mehr Zucker zusetzte,
konnte ein höherer Preis für das fertige Bier verlangt werden) der Erlös
ausfiel. An zweiter Stelle folgte der Verkauf der Wasserkrüge der Frauen
in Ihumwa (bis 700 TSH), gegenüber traditionellem Kochgeschirr, das in
Mlowa Barabarani für eine Töpferin 40 TSH einbrachte. An dritter Stelle
folgte der Handel (bis 1.000 TSH). Andere Bereiche wie Feldarbeit wurden
je nach Größe der Fläche bezahlt(1), mühselige Salzproduktion erbrachte
nur wenig Erlös (1 debbe zwischen 30-50 TSH), Selbstgebackenes setzte
einen Vorrat von Zutaten voraus, als Tagesumsätze wurden zwischen 60-150
TSH genannt.

Schlüsselt man wieder die Erwerbstätigkeiten der unverheirateten Frauen
(Tabelle 36) in bezug auf Einkommen auf, so zeigt sich, daß auch hier
Bierbrauen die profitabelste Arbeit war. In Mpinga verdienten zwei
unverheiratete Frauen damit 400-3.000 TSH (je nach Bedarf wurde gebraut), in Mpinga galt diese Beschäftigung auch für geschiedene und
verwitwete Frauen als gute Erwerbsquelle. Lohnarbeit auf dem Feld wurde
von unverheirateten Frauen in Mpinga und Mlowa Barabarani ausgeübt sowie
von einer geschiedenen Frau in Mpinga. Zwei unverheiratete Frauen in
Nkulabi und eine in Ihumwa erhielten Taschengeld für ihre Konsumwünsche
von ihren Eltern, alle anderen Interviewten arbeiteten selbständig für
ihren Bedarf und halfen mit bei der Feldbestellung der Mutter.

Vergleicht man die Erwerbstätigkeiten verheirateter Frauen (Tabelle 35)
mit denen geschiedener (Tabelle 36), unverheirateter (Tabelle 37) und
verwitweter Frauen (Tabelle 38), ist kaum ein Unterschied festzustellen.
Allerdings ist eine größere Tendenz zu abhängiger Arbeit (Lohnarbeit;
Feld- und Hausarbeit, vgl. Nkulabi) bei Witwen festzustellen. Die Ein-
kommen variierten innerhalb der Gruppe der verheirateten Frauen, in
Relation zu unverheirateten, geschiedenen und verwitweten Frauen war ihr
Einkommen tendentiell höher, da sie regelmäßigere Aktivitäten hatten,

---

(1) In Mlowa Barabarani erhielten Arbeiterinnen für je 1 acre Un-
    krautjäten 70 TSH, dafür arbeitete eine Frau drei Tage.

Tabelle 37: Einkommen geschiedener und verlassener Frauen

Aktivitäten	Einkommen in TSH	Häufigkeit/ Einheit	Mpinga	Mlowa B.	Nkulabi	Ihumwa
Lohnarbeit Pflügen	30	nach Fläche	1	-	-	-
Salzsteine	1	1 Stück	1	-	-	-
Salzherstellung	1	1 Tasse	1	-	-	-
Gemüseverkauf	90, 300		-	-	-	2
Hirse	170	1 Sack	-	-	-	1
Bierbrauen	500	pro Behälter	-	-	-	1

Einkommen verlassener Frauen

| Bierbrauen | 3000 | pro Behälter | - | - | - | - |

Tabelle 38: Einkommen verwitweter Frauen

Aktivitäten	Einkommen in TSH	Häufigkeit/ Einheit	Mpinga	Mlowa B.	Nkulabi	Ihumwa
Korbflechten	15	1 Woche	-	1	-	-
Wasserholen für Häuserbau	k.A.	nach Bedarf	-	-	-	1
Feuerholzverkauf	6-7	pro Bündel	-	-	-	-
Maisstampfen	k.A.	nach Bedarf	-	-	1	-
Handeln	k.A.	nach Bedarf	-	-	-	1
Bierbrauen	247	pro Jahr	-	-	-	1
Kürbisverkauf	80	4 Kürbisse	-	-	-	1
Abgekochtes Fleisch verkaufen	40-50	pro Monat	-	-	-	1

Mehrfachnennung möglich
k.A. = keine Angaben

während unverheiratete Frauen, besonders wenn sie bei der Mutter mithal-
fen, unregelmäßiger für sich arbeiteten, um beispielsweise ihre Bedürfnisse (Hautöl, Seife) befriedigen zu können.

7.2.12 Vieheigentum der Männer

Die geschlechtsspezifische Arbeitsteilung und Eigentumsfrage innerhalb
der Wagogogesellschaft zeigte sich sehr klar in der Viehwirtschaft. Die
Informationen der Frauen über diesen Teil der Ökonomie beruhten auf zwei
Fragen: einmal danach, ob ihre Männer Vieheigentum hätten und zum
anderen danach , welche Aufgaben ihnen dabei zufielen. 78 Frauen sagten
aus, daß ihre Männer oder sie selbst bzw. ihre Väter kein Vieh hätten,
gegenüber 52 Frauen (40 %), deren Männer Vieheigentümer waren, wie
Tabelle 39 ausweist.

Der höchste Anteil der Vieheigentümer wurde in Mpinga (mit 51 %), dann
in Nkulabi (39 %) festgestellt. Die große Anzahl der Tiere in Mpinga
ergab sich allein schon aus einer Antwort. Der Mann einer interviewten
Frau war ein reicher Vieheigentümer und hatte nach Angaben seiner Frau
ca. 500 Rinder, 100 Ziegen, 40 Schafe und sieben Esel. Diese Herde wurde
aufgeteilt und teilweise zur Pflege an besitzlose Männer gegeben. Dies
deckte sich mit Antworten von drei Frauen, die aussagten, daß ihr Mann
kein Vieheigentum habe, aber für Vieheigentümer Vieh hüte (je einmal in
Ihumwa, Mpinga und Nkulabi). Diese Praxis wurde also noch fortgesetzt,
wie sie Rigby 1969 beschrieben hat.

Rechnet man die Viehstückzahl pro Eigentümer aus, ergibt sich ein
Durchschnitt von 27,7 Stück Vieh pro Eigentümer. Dies ist allerdings
ein durch Extreme verzerrtes Bild (der reiche Vieheigentümer aus Mpin-
ga). Klar zeigen auch diese Angaben, wie sehr die sozioökonomische
Differenzierung in den Dörfern der Region fortgeschritten war, wobei
Tiereigentum eine ganz besonders wichtige Kenngröße war.

Tabelle 39: Vieheigentum der Männer

Dorf	Vieheigentum			Rinder	Ziegen	Schafe	Esel	Total
	nein	nicht bekannt	ja*					
Mpinga	16	-	17	605	254	66	1	926
Mlowa B.	21	-	8	102	50	7	3	162
Nkulabi	18	-	11	36	96	8	-	140
Ihumwa	23	1	16	92	106	18	-	216
	78	1	52	835	506	99	4	1444

* Vier Frauen (drei in Mpinga, eine in Mlowa Barabarani) nannten hier eigenes Vieh.

7.2.12.1 Aufgaben der Frauen in der Viehwirtschaft

Die Aufgaben der Frauen bei der Viehhaltung umfaßten folgende Tätigkeiten:

Tabelle 40: Aufgaben der Frauen bei der Viehzucht

Dorf	Vieheigentümer	Melken	Butterproduktion	Verkauf von Milch oder Butter	Hüten
Mpinga	17	8	4*	5	-
Mlowa B.	8	3	1	1	-
Nkulabi	11	4	1	1	1
Ihumwa	16	7	-	-	4
Gesamt	52	22	6	8	5

* Eine Nennung, Tausch von zwei Flaschen 'ghee' gegen Hirse
Mehrfachnennung möglich

Insgesamt hatten 42 % der Frauen, deren Antworten Vieheigentum ihres Mannes positiv bestätigten, Aufgaben in der Tierhaltung. 22 Frauen molken, sechs stellten aus Milch Butterfett her. Milch und 'ghee' waren primär für den eigenen Bedarf, nur acht Frauen verkauften Milch oder Butterfett. Eine Frau in Mpinga tauschte direkt zwei Flaschen 'ghee' gegen einen Korb Hirse. Mit Hüten der Tiere wurden vier Frauen in Ihumwa und eine Frau in Nkulabi beauftragt. Für die tägliche Subsistenzarbeit der Frauen spielte also Viehhaltung eine untergeordnete Rolle.

7.2.12.2 Rolle des Brautpreises in der Wagogogesellschaft, Stand 1981

Vieh definiert sich laut Rigby "as the basic value units in Gogo social values" (1969:47). Es gilt hier am Beispiel des Brautpreises nachzuprüfen, inwieweit sich soziale Wertvorstellungen zugunsten einer Monetarisierung seit der Untersuchung Rigbys in den frühen 60er Jahren bis 1981/82 durchgesetzt haben.

In den Dörfern Temanghuku und Cilungulu (1962) stellte Rigby fest, daß der durchschnittliche Brautpreis 15 Stück Rinder und 11 Ziegen betrug. In einer Untersuchung von Thiele (1984:104) wurde der Brautpreis für Nkulabi vor 1970 mit 14,6 Rindern und 14,9 Ziegen angegeben, nach 1970 fiel der Brautpreis auf 9,4 Rinder und 9,7 Ziegen. Waren vor 1970 nur 2 % der Befragten 'paying some cash', so stieg deren Anteil auf 13 % nach 1970. In Mlowa Barabarani betrug ab 1970 der Brautpreis 12,1 Rinder und 10,5 Ziegen, der Anteil derjenigen, die Geldbeträge gaben, lag bei 13 %. Aus meiner Befragung von 1981/82 geht folgendes hervor (Tabelle 41): Die Anzahl der Kühe wird in der Mehrzahl zwischen 11 bis 20 Stück in allen Dörfern angegeben, bei der Anzahl der Ziegen ergab sich ein weniger einheitliches Bild. Eine Mehrzahl der befragten Frauen in Mpinga erwarteten als Brautpreis 5 bis 10 Ziegen, in Ihumwa waren 13 Frauen von dieser Zahl ausgegangen; gleichzeitig benannten 14 weitere Frauen in Ihumwa 16 bis 20 Ziegen als Teil des Brautpreises. Die Bargeldangaben schwankten zwischen 100 bis 8.000 Shilling, die präzisesten Vorstellungen zum Geldanteil wurden in Ihumwa ermittelt. In das Bild des traditionellen Dorfes Mpinga paßte die Aussage von 19 Frauen, daß Bargeld kein Teil des Brautpreises sei.

Generell ist zu bemerken, daß die Frauen immer den höchsten zu erwartenden Brautpreis(1) benannt haben. Dies wurde klar, als einige Frauen die tatsächlichen Brautpreise ihrer Töchter oder junge Frauen ihren eigenen Brautpreis nannten, aber oft einen höheren angaben, als im Dorf realistisch zu erzielen wäre.

---

(1) Vgl. zur Diskussion des Terminus 'Brautpreis': J. Ballot: Heiratstransaktion in Afrika südlich der Sahara. Zur Diskussion des 'Brautpreises', in: G. Völger/K.v. Welck (Hrsg.): Geliebt. Verkauft. Getauscht. Geraubt. Zur Rolle der Frau im Kulturvergleich, Bd. 2, Köln 1985: 528-535. G. Goody: Production and Reproduction, Cambridge 1977 reprint.

Tabelle 41: Brautpreisvorstellungen der Frauen in den vier Untersuchungsdörfern

	Kühe Dorf				Ziegen Dorf				Bargeld TSH Dorf				keine Angaben zu Bargeld Dorf			
Zahlen	Mp.	M.B.	Nk.	Ih.	Mp.	M.B.	Nk.	Ih.					Mp.	M.B.	Nk.	Ih.
5-10	6	5	3	6	16	9	4	13					19	8(1)	1(2)	7(3)
11-15	11	8	10	12	3	7	10	7								
16-20	12	12	8	17	8	8	8	14								
21-25	-	-	1	2	-	-	1	2								
26-30	-	-	1	1	-	-	-	-								

Zahlen	Bargeld TSH Dorf Mp.	M.B.	Nk.	Ih.
100- 500	-	3	1	-
501-1.000	3	2	1	6
1.001-1.500	1	1	-	1
1.501-2.000	1	-	4	6
2.001-2.500	4	1	4	3
2.501-3.000	2	2	4	5
3.001-4.000	2	4	3	5
4.001-5.000	-	3	1	2
5.001-6.000	1	1	-	1
6.001-8.000	-	1	-	2

1) Drei Frauen keine Angaben auch zu Vieh
2) Zwei Frauen keine Angaben
3) Geld und fünf Kühe

Mp. = Mpinga
M.B. = Mlowa Barabarani
Nk. = Nkulabi
Ih. = Ihumwa

220

Beispiel: Eine 20jährige hatte in Mlowa Barabarani einen Brautpreis von 10 Rindern und fünf Ziegen erhalten, gab als durchschnittlichen Kaufpreis des Dorfes aber 18 Rinder und 14 Ziegen an. Auch spielte der Rang der Braut (erste Frau oder zweite Frau) eine Rolle bei der Höhe des Brautpreises, so wurde für eine Zweitfrau weniger verlangt. In Mpinga erzählte mir eine 60jährige Frau, verheiratet, aber ohne Kinder, daß ihr Mann sie 1980 um die Erlaubnis gefragt hätte, eine Zweitfrau zu nehmen, um Kinder zu zeugen. Diese zweite Frau wurde mit einem Brautpreis von neun Rindern und fünf Ziegen bedacht.

Natürlich spielten die Einkommensunterschiede der Familien eine große Rolle, eine 18jährige jungverheiratete Frau nannte mir ihren Brautpreis in Nkulabi mit 18 Rindern und 15 Ziegen, eine andere Frau nannte im gleichen Dorf den Brautpreis ihrer Tochter mit acht Rindern und 15 Ziegen. Wenn junge Frauen Kinder mit in die Ehe brachten, war das nicht gleichbedeutend mit niedrigerem Brautpreis, sondern war eher abhängig von a) dem Reichtum der Familie, die den Brautpreis aufbringen mußte, und b) dem Status als erste oder zweite Frau in der Ehe.

Meine Fragen in bezug auf den Brautpreis waren: Was sind die heutigen Brautpreise ausgedrückt in Vieh? Und: Angenommen, jemand hat kein Vieh, was ist der Brautpreis heute in Geld?

Am offensichtlichsten war der Wert des Viehs als Brautpreis noch in Mpinga. Sehr viele Frauen konnten die Brautpreise nicht in Geld angeben[1]. Eher entrüstete Antworten wie: "In Mpinga (und Mlowa Barabarani) muß der Brautpreis in Vieh bezahlt werden" oder "Ich habe noch nie gehört, daß Geld gezahlt wird" sind typisch gewesen[2]. Entweder wurde also dieses Ansinnen, den Brautpreis in Geld zu nennen, als abwegig betrachtet oder die Frauen, auch in den anderen Dörfern, rechneten

[1] Das zeigen die Antworten in Mpinga, 57 % der Befragten konnten keine Geldangaben zum Brautpreis machen, in Mlowa Barabarani waren es 27,5 %, in Ihumwa 17,5 % und in Nkulabi 14 %, die keine monetären Brautpreisbegriffe hatten.
[2] Der große Unterschied in der Bewertung des Viehs liegt in der Dorfökonomie Mpingas im Vergleich zu Ihumwa begründet, wo sich durch stärkere Einbindung in die Marktökonomie andere Wertvorstellungen entwickelt haben.

einfach um: Ein Rind kostet soundsoviel, also sind 15 Rinder gleich X Shilling. In Nkulabi erklärte mir eine Bäuerin, wenn die Familie kein Vieh hätte, würde für den Brautpreis Geld verwendet, um Vieh für den Brautpreis anzuschaffen, denn: "Ohne Vieh als Brautpreis ist die Tochter in den Augen vieler Eltern nicht richtig verheiratet". Geld war nur in Verbindung mit Vieh (auch in Ihumwa) akzeptabel.

Die Vorstellungen über a) die Institution des Brautpreises und b) die Art des Preises (in Vieh oder Geld) unterlagen aber auch in der Dodomaregion Veränderungen; unterschiedliche Auffassungen zwischen junger und alter Generation entwickelten sich. Viele ältere Frauen beklagten bitter, daß viele junge Dorfbewohnerinnen einfach heirateten, ohne die Eltern zu fragen. Wenn der junge Mann keine Unterstützung seiner Familie hatte bzw. diese nicht Willens war, ihm zum Zeitpunkt seiner gewünschten Heirat Vieh oder Geld zu geben, war die Konsequenz für viele junge Paare, aus dem Dorf wegzugehen. Eine 20jährige junge Frau (verheiratet, ein Kind) meinte in Ihumwa, daß solche Paare, wenn sie wieder ins Dorf zurückkämen und der Mann keinen Brautpreis im nachhinein an die Eltern seiner Frau bezahlte, nie im Dorf akzeptiert würden.

Die Familienverpflichtungen änderten sich auch in bezug auf den Brautpreis: Verfügte ein Mann über kein Vieh oder Geld, unterstützte ihn seine Familie, hatte er aber bezahlte Arbeit, so mußte er alles alleine aufbringen (Information: 39jährige Frau, verheiratet, sieben Kinder, Ihumwa). Dieser Trend wird sich mit zunehmender Lohnarbeit und Einbeziehung der Wagogogesellschaft in die Marktökonomie verstärken.

Zusammenfassend kann also der These Rigbys auch für das Jahr 1981 zugestimmt werden, daß die Basiseinheiten der sozialen Werte für die Wagogo immer noch über Vieh und nicht über Geld definiert waren. Dies erklärt sich auch aus der Notwendigkeit einer Ökonomie, in der Vieh gerade in Hungerszeiten eine Überlebenssicherung für weite Teile der Bevölkerung darstellte und auch in Normalzeiten notwendigerweise komplementär zum Ackerbau gehörte.

7.2.13 Erträge der Ujamaafelder

Die Produktionserträge der Ujamaafelder waren die Jahre über in Tanzania immer sehr niedrig(1). Diese Aussage gilt auch für meine vier Untersuchungsdörfer in der Dodomaregion.

Die Angaben der befragten Frauen waren innerhalb der Dörfer sehr unterschiedlich. Einige meinten, sie hätten 1980 nichts von den Ujamaafelderträgen erhalten. Die Antworten müssen mit Vorsicht behandelt werden, da es sich offenbar eher um Angaben über individuelle Zuwendungen aus den Erträgen der Ujamaaernten handelte, die nicht für alle Haushalte des jeweiligen Dorfes zu verallgemeinern sind. Dies soll hier kurz für jedes Dorf gesondert dargestellt werden.

Mpinga: Jede Frau erhielt 1981 je nach Bodenbeschaffenheit des Stück Landes, das sie bearbeitete, 1 bis 1,5 debbe Hirse.

Mlowa Barabarani: 1981 erhielt jede interviewte Frau 1 debbe Hirse für ihre Arbeit.

Nkulabi: 1979 erhielt jede Familie 30 TSH für die Ujamaa-Arbeit, 1980 und 1981 wurde nichts an die Dorfbewohner/innen ausbezahlt (weder in bar noch natura), so daß eine kritische bzw. abweisende Haltung gegenüber dem Dorfvorsteher in allen Diskussionen festzustellen war, da dieser in keiner Dorfversammlung über die Erträge der Ujamaafelder berichtete und viele Frauen vermuteten, daß er alles selbst kassiert habe.

Ihumwa: Für 1980 und 1981 wurde von der Mehrzahl der Frauen angegeben, nichts von den Ujamaafeldern in bar oder natura erhalten zu haben. Nur eine befragte Frau hatte 1981 4 kg Hirse bekommen.

Diese Ergebnisse spiegeln für jedes Dorf die Intensität wider, mit der die Ujamaafeldarbeit von den Dorfbewohnern durchgeführt wurde.

---

(1) Boesen et al. (1977); Ergas (1980), v. Freyhold (1979); Buntzel (1976); Ghai/Green (1979).

In Mlowa Barabarani funktionierte das System kommunaler Arbeit offensichtlich am besten; aufgrund personeller Schwierigkeiten wurde kommunale Arbeit in Nkulabi fast mehrheitlich verweigert; in Mpinga war der Ertrag für die arbeitenden Frauen in der gleichen Größenordnung wie in Molwa Barabarani. In Ihumwa war das Ujamaafeld dermaßen unbedeutend, daß die Dorfbewohner/innen ihre Arbeitsschwerpunkte klar auf privater Basis sahen.

Diese Dorfergebnisse decken sich mit einer 1986 erschienenen Studie (Collier/Radwan/Wangwe), die 600 Haushalte in 20 Dörfern in acht verschiedenen Regionen Tanzanias im Jahre 1980 in einer Haushalts- und Dorferhebung erfaßte. Collier und seine Kollegen haben errechnet, daß durchschnittlich 8 % des kultivierten Landes kommunal bewirtschaftet wird, dabei setzen sie einen relativ hohen Erlös mit 9.500 TSH pro 'ujamaa shamba' eines Dorfes im Jahre 1979 an. Dadurch erhält ein Haushalt für sich im Durchschnitt 28 TSH aus der kommunalen Arbeit, während er aus privater Arbeit auf seinen Feldern ein durchschnittliches Einkommen von 2.160 TSH erwirtschaftet (ibidem 1986:115). McHerny hat 1977 für die kommunale Produktion der Dodomaregion ein jährliches Durchschnittseinkommen von 0,30 TSH ausgerechnet (in Fortmann 1982:199).

Es kann festgehalten werden, daß die kommunale Feldarbeit für die Familien einen unbedeutenden Teil ihres Wirtschaftseinkommens bzw. ihrer Subsistenzgrundlage darstellte.

7.2.13.1 Strafmaßnahmen bei Nichtpartizipation an der Ujamaa-Arbeit

Ujamaa-Arbeit ist für alle Dorfbewohner über 18 Jahre eine Verpflichtung. Personen, die der Aufforderung ihrer 10-Zellenleiter zur Arbeit nicht folgen, müssen mit einer Strafe rechnen. Die Werte der Strafhöhe in Geld wurden von den interviewten Frauen ohne mein Nachfragen sofort angegeben, als ich nach ihrer Ujamaa-Aktivität fragte.

Tabelle 42: Strafen für Verweigerung von Ujamaa-Arbeit

Strafen	Mpinga	Mlowa B.	Nkulabi	Ihumwa
TSH	30-45	35	10-75	15-75

Laut Information erhielt in Nkulabi der 10-Zellenleiter, der eine bei der Ujamaa-Arbeit nicht anwesende Person dem Dorfrat gemeldet hatte, 5 TSH, der Restbetrag wurde an die Dorfkasse (General Account)(1) abgeführt. Eine Frau berichtete, daß nicht nur der 10-Zellenleiter, sondern im Prinzip jeder/e Dorfbewohner/in andere anzeigen könne, die nicht zur Ujamaa-Arbeit erschienen sind. Dafür erhielten sie in Nkulabi 10 TSH von der zu bezahlenden Strafe.

Die Höhe der Strafe wird vom Dorfrat und/oder Dorfsekretär(2) festgelegt. Diese richtet sich nach der Häufigkeit des Fehlens, nach der Einmaligkeit des Vorfalls oder der ständigen Mißachtung dieser Verpflichtung. Es gibt allerdings die Möglichkeit, sich von allen Ujamaa-Arbeiten befreien zu lassen. Eine Frau in Mpinga bezahlte pro Monat zusammen mit ihrem Mann 100 TSH für eine Freistellung(3). Kann jemand die Strafe nicht in Geld bezahlen, werden Güter wie Hühner, Kleidungsstücke oder Möbel (Stühle) requiriert und verkauft.

Exkurs 5: Ujamaa und Realität

Wenn der kommunale Ackerbau weder in den vier Untersuchungsdörfern noch landesweit (s. Collier et al. 1986) für die bäuerlichen Familien nen-

---

(1) In Mlowa Barabarani existierte ein gesondertes Konto nur für Strafgelder, vgl. Anhang Tabelle I.
(2) Thiele beschreibt für Mlowa Barabarani, daß die Strafen mit Hilfe der Dorfmilitia eingezogen werden (1985:95 f.).
(3) Collier/Radwan/Wangwe analysieren, daß die kommunale Arbeit disproportional von der ärmeren Dorfbevölkerung ausgeführt wird (1986: 116).

nenswerte Beiträge zum Wirtschaftseinkommen und zur Subsistenz erzeugten, für welchen Teil der tanzanischen Ökonomie war die Ujamaa-Arbeit dieser Menschen dann von Bedeutung?

Die ökonomischen Begründungen der Ujamaa-Arbeit waren: die Erhöhung der Produktivität, Mechanisierung und Einführung moderner Agrarmethoden in Ujamaadörfern. Die Empirie Ende der 70er/Anfang 80er Jahre hat gezeigt, daß der Anteil des durch Ujamaa-Arbeit erwirtschafteten ackerbaulichen Gesamtertrages im Vergleich zur Individualproduktion der dörflichen Einzelhaushalte relativ unbedeutend war. Die Bedeutungslosigkeit beruhte zum einen darauf, daß die jeweiligen Haushalte für ihre geleistete Ujamaa-Arbeit verschwindend geringe Erträge direkt zurückerhielten, zum anderen darin, daß die Ujamaaerträge sowohl für die Dorfökonomie als auch für die Gesamtwirtschaft Tanzanias in ihrer Gesamtheit relativ unbedeutend waren. Die Ratio der Ujamaafelderwirtschaft kann also, wenn überhaupt, nicht so sehr in ihrer ökonomischen, effektiven Bedeutung und Nützlichkeit gelegen haben.

Wo wäre sie also zu suchen? Es könnte bestenfalls damit argumentiert werden, daß durch Ujamaa ein Organisationsprinzip einheitlicher kohärenter, politischer Macht bis in die Dorfebene hinein umgesetzt wurde. Der Sinn läge also nicht so sehr im unmittelbaren ökonomischen Ertrag, sondern in der Durchsetzung der politischen Kontrolle bis hinein in die wirtschaftliche Tätigkeit eines Dorfes, zu der alle arbeitsfähigen Mitglieder verpflichtet sind. Mit Blick auf die Zukunft wäre die Form dieser Kontrollmechanismen sicherlich variabel im Toleranzbereich zentral-/dezentralisierender Machtumsetzung.

7.2.14 Arbeitsteilung bei der Feldarbeit

Die Arbeitsteilung der Geschlechter wurde für die Viehwirtschaft bereits kurz dargestellt. Hier geht es nun um den Arbeitseinsatz von Frauen und Männern in der Feldproduktion.

7.2.14.1 Arbeitsbelastung der Frauen mit Feldarbeit

Die geschlechtsspezifische Arbeitsteilung innerhalb der Wagogogesellschaft Anfang der 60er Jahre wurde ausführlich von Rigby (1969) dargestellt. Hier geht es uns nicht um eine Aufstellung der verschiedenen
Arbeiten der Subsistenzbestellung, sondern darum, herauszufinden, inwieweit Männer ihren Frauen bei der Feldarbeit tatsächlich helfen.

Tabelle 43: Arbeitsbelastung bei der Feldarbeit*

Arbeitsaufteilung	Mpinga	Mlowa B.	Nkulabi	Ihumwa	
Frauen arbeiten allein ohne Mann	14	14	17	22	67
teilweise Hilfe der Männer	17	9	10	15	51
alle Arbeiten gemeinsam mit Mann	2	6	1	3	12
	33	29	28	40	130

* Bezogen auf die Subsistenzfelder der Familie

Auf meine Befragung nach der Hilfeleistung der Männer antworteten 67
Frauen in den vier Dörfern, daß sie alle Feldarbeit ohne Hilfe ihres
Mannes oder anderer Männer (eingerechnet unverheiratete, verwitwete und
geschiedene Frauen) leisteten, 51 (48,5 %) Frauen wurden von ihren

Männern in der Feldarbeit unterstützt(1). 12 Frauen meinten, daß sie alle Arbeiten gemeinsam mit ihrem Mann verrichteten, ob Roden, Säen, Unkrautjäten oder Ernten.

Aber ohne Hilfe des Mannes bedeutet nicht, daß die Frauen alle Feldarbeiten alleine erledigten. Die Mitarbeit von Kindern, Eltern oder Schwiegereltern wurde oft (ca. 22,3 %) angegeben (am häufigsten in Ihumwa). Die Mitarbeit bzw. gegenseitige Hilfe der Frauen in einem polygamen Haushalt wurde von nur 5,4 % der Befragten angeführt. Nachbarschaftshilfe wie 'working groups' wurden nur zweinmal in Ihumwa erwähnt, offensichtlich hat sich eher Lohnarbeit durchgesetzt.

---

(1) Arbeitszeitmessungen, die einen guten Überblick der Arbeitsbelastung von Mann und Frau geben, wurden in Tanzania von etlichen Forschern durchgeführt, vgl. Friis-Hansen: Changes in Land Tenure and Land Use since Villagization and their Impact on Peasant Agricultural Production in Tanzania. The Case of the Southern Highlands, 1987; Kamuzora: The Dynamics of Labour in African Smallholder Agriculture: The Sources of Labour for a New Cash Crop, Tea, in Bukoba District, Ann Arbor 1980:140 f. Fortmann: Women and Tanzania Agricultural Development, 1979:281. Generelles Problem ist die Bewertung der Frauenarbeit, vgl. E. Boulding: Measures of Women's Work in the Third World: Problems and Suggestions, in: Buvinic, Lycette, McGreevey (Eds.): Women and Poverty in the Third World, Baltimore/London 1983:286-300. B. Rogers setzt sich kritisch mit den statistischen Maßstäben auseinander: "By explaining away women's work as if it were a measure of welfare rather than an element in production, the international statistical authorities - and this is one area where the United Nations has considerable influence - are making it clear that there will be no interference with the Keynesian approach to output" (1980:60). Seither haben sich verschiedene Organisationen wie die ILO mit der Beurteilung von Frauenarbeit intensiv auseinandergesetzt: R. Anker: Research on Women's Roles and Demographic Change: Survey Questionnaires for Households, Women, Men and Communities with Background Explanations, ILO 1980, R. Anker: Female Labour Force Activity in Developing Countries: A Critique of Current Data Collection Techniques, ILO 1983 (Population and Labour Policies Programme Working Paper, No. 136).

Tabelle 44: Mitarbeit bei der Feldarbeit

Arbeitsteilung	Mpinga	Mlowa B.	Nkulabi	Ihumwa	Total
Mitarbeit Kinder, Eltern, Schwiegereltern	7	3	8	11	29
Mitarbeit der Mitfrau/en	2	1	1	3	7
Nachbarschaftshilfe	-	-	-	2	2
Lohnarbeit allgemein	10*	16*	10*	8	44
Bezahlte Pflugarbeiten	9	10	8	7	34
Bezahltes Unkrautjäten	1	6	2	1	10

* Je eine Nennung, daß die Arbeit nicht in Geld, sondern in Naturalien gezahlt wurde.

Überraschend viele Frauen (44 Nennungen = 33,9 %) gaben an, bestimmte Arbeiten auf den Feldern durch Lohnarbeit verrichten zu lassen, davon der höchste Anteil in Mlowa Barabarani (16mal), je zehnmal in Mpinga und Nkulabi, achtmal in Ihumwa. Gesondert aufgezählt wurden Pflügen und Unkrautjäten (34mal resp. 10mal). Diese Feldarbeit wurde fast immer mit Geld entlohnt. Nur dreimal wurde sie in Naturalien (in 'pombe' und 'pigeon peas' in Nkulabi, in Hirse in Mlowa Barabarani und in 'pombe' in Mpinga) abgegolten. In der Regel wurde in der Subsistenzproduktion ohne Lohnarbeit gepflanzt und geerntet, dies war immer Frauen- bzw. Familienangelegenheit.

7.2.14.2 Arbeitseinsatz der Frauen auf den Feldern des Mannes

In den vier Dörfern hatten nur 21 Männer (16,15 %) neben den Subsistenzfeldern der Frau/en eigene Felder (vgl. Kapitel Wirtschaftsbasis).
Diesen Männern wurde bei der Bearbeitung von acht Frauen geholfen:

Tabelle 45: Arbeitseinsatz der Frauen auf den Feldern des Mannes

	Mpinga	Mlowa B.	Nkulabi	Ihumwa	Total
Frauen-mitarbeit	1	1	4	2	8

Der Arbeitseinsatz der Frauen war recht unterschiedlich geregelt. In
Nkulabi arbeitete eine Frau auf den Feldern ihres Mannes zum Pflanzen
und bei der Ernte mit, eine weitere Frau unterstützte ihren Mann während
des gesamten Pflanzzyklus. Sowohl in Nkulabi als auch in Mlowa Barabarani und Mpinga wurde eine andere Variante des Arbeitseinsatzes verein-
bart. Wenn die eigene Frau aufgrund ihrer Feld- und Hausarbeit keine
Zeit hatte, dem Mann auf seinen Feldern zu helfen, mußte sie ersatzweise
für ihre Arbeitskraft eine andere Aushilfe bezahlen, in Form von Naturalien oder Geld (Mlowa Barabarani: 1 debbe Erdnüsse für Ersatzarbeits-
kraft, in Mpinga: Geld). In drei polygamen Haushalten in Mpinga waren
die Frauen verpflichtet, gemeinsam auf den Feldern des Mannes zu arbeiten, die Erträge wurden unter den Frauen aufgeteilt, wobei der Mann
einen Teil für seine Bedürfnisse behielt. In fünf Fällen berichteten die
Frauen, daß sie keinen Ertrag von den Feldern des Mannes als Lohn für
ihre geleistete Arbeit erhielten. Vergleicht man das Sample der 130
Befragten, so waren diese acht Frauen, die neben Subsistenzfeldern und
Hausarbeit sowie Ujamaa-Aktivitäten auf den Feldern des Mannes mitarbeiten mußten, eher die Ausnahme.

7.2.15 Entscheidungsstruktur des Arbeitseinsatzes

Betrachtet man nun die Entscheidungsstruktur über den Arbeitseinsatz
innerhalb der Familie und Haushalte, so erhält man folgendes Bild:

Tabelle 46: Entscheidungsstruktur über Arbeitseinsatz bei der Feldarbeit

Entscheidung	Mpinga	Mlowa B.	Nkulabi	Ihumwa	Total
Frau über ihre Arbeit	13	12	20	22	67
Mann über Frau	10	15	4	9	38
Eltern über unver- heiratete Frauen	4	1	2	5	12
Jeder kann allein entscheiden	6	1	2	4	13
Insgesamt	33	29	28	40	130

67 Frauen (51,5 %) gaben an, über ihre Arbeitszeit selbst zu verfügen.
Dies stimmt mit der vorigen Tabelle über ihre Arbeitsbelastung (d.h.
Feldarbeit ohne Hilfe des Mannes) überein. 29 % der befragten Frauen
wurden von ihrem Mann angewiesen, welche Arbeiten sie verrichten müßten.
Hier war die höchste Häufigkeit in den Dörfern Mlowa Barabarani und
Mpinga zu finden. Bei unverheirateten Frauen, die alle bei den Eltern
wohnten, kamen die Anweisungen meistens von den Eltern. 10 % der Frauen
meinten, daß jeder/jede selbst über seinen/ ihren Arbeitseinsatz verfügen könnte. In Mpinga (sechs Frauen) bezog sich dies auf polygame
Haushalte, in denen die einzelnen Frauen je nach Zuwendung bzw. Nichtbeachtung des Mannes über ihre Zeit und Arbeit allein entschieden.

7.2.15.1 Arbeitsorganisation der Ujamaa-Arbeiten

Gemäß 'Village Act' von 1975 müssen alle Dorfbewohner ab 18 Jahren an Ujamaa-Arbeiten partizipieren(1). Im Zusammenhang mit der Organisierung dieser Aktivitäten interessierte zum einen, wer den Frauen die Anweisung gibt, also der 10-Zellenleiter oder der Ehemann/Vater, zum anderen, ob überhaupt alle Frauen an Ujamaa-Aktivitäten teilnehmen und wenn nicht, welche Gründe sie dafür angeben.

Tabelle 47: Arbeitsorganisation und Partizipation der Frauen an Ujamaa-Aktivitäten

Arbeitsauf-forderung	Mpinga	Mlowa B.	Nkulabi	Ihumwa	Total
10-Zellenleiter	28	25	19	37	109
Ehemann	-	-	-	-	
Partizipationsgrad					
Partizipation	28	25	19	37	109
Keine Partizipation	5	4	9	3	21
Total	33	29	28	40	130

---

(1) Dabei wurde die Diskussion anderer Forscher/innen zur Frage, ob nun Männer oder Frauen mehr Arbeitsstunden in Ujamaa-Aktvitäten leisten, u.a. nicht berücksichtigt. McHenry (1982:50) behauptet, daß in der Dodomaregion Männer mehr Arbeitstage und Arbeitsstunden als Frauen für Ujamaa-Arbeiten aufbringen (wie in der Kigoma- und Kilimanjaroregion, dagegen sei in der Iringaregion der Frauenanteil an Ujamaa-Aktivitäten höher). Durch teilnehmende Beobachtung in den vier Dörfern kann ich nur festhalten, daß immer ca. 90 % der anfallenden Arbeiten von Frauen ausgeführt wurden, während wenige Männer dabeistanden und den Frauen Anweisungen gaben. Dies ist aber nur ein Eindruck, der nicht empirisch mit Zahlen belegt wurde. Andere Ergebnisse präsentieren Collier/Radwan/ Wangwe in ihrem Sample: "women worked 37 per cent more days than men on household shambas and 15 per cent more on communal shambas" (1986:113) (vgl. auch Fortmann: 1982).

Von den 130 interviewten Frauen nahmen 109 (84 %) an Ujamaa-Arbeiten teil. Allerdings meinten sie, daß ihr Einsatz nicht immer jede Woche fest sei, je nachdem, ob eigene Arbeiten prioritär seien, gingen sie nicht zu den Ujamaa-Aktivitäten und nähmen lieber eine Strafe in Kauf (vgl. Kapitel Strafen Ujamaa-Arbeit). 21 Frauen gaben an, nie bei Ujamaa-Aktivitäten im Dorf zu partizipieren. Das kam am meisten in Nkulabi (neun Frauen) vor, gefolgt von Mpinga und Mlowa Barabarani. In Ihumwa nahmen nur drei Frauen nicht an Ujamaa-Arbeiten teil, vergleicht man aber die kleine Anbaufläche des Dorfes mit den Subsistenzfeldern der Frauen, kann es sich bei regelmäßiger Teilnahme nur bzw. hauptsächlich um andere Ujamaa-Arbeiten (Gebäudebau) gehandelt haben(1).

Tabelle 48: Gründe der Nichtpartizipation von Frauen bei Ujamaa-Arbeiten

Gründe	Mpinga	Mlowa B.	Nkulabi	Ihumwa
zu alt	2	1	4	1
andere Familien-mitglieder parti-zipieren	-	-	2	1
andere Aktivitäten	-	1	-	-
wohnen zu weit weg vom Dorf	-	-	3	-
keine Angaben	3	2	-	1
Total	5	4	9	3

(1) Von Männern wurden auch außerökonomische Zwänge gegenüber Frauen im Dorf angewandt, um sie zu einer bestimmten Ujamaa-Arbeit zu veran-lassen. In Ihumwa erzählten mir aufgebrachte Frauen, daß sie eines Morgens (in Ihumwa wurden die vorgeschriebenen Ujamaatage kaum ein-gehalten, da niemand großen Wert darauf legte) zur Maismühle gingen, um ihr Getreide mahlen zu lassen. Da kamen einige 'elders' des Dorfes und befahlen ihnen, sie sollten Wasser zum Herstellen von Lehmziegeln für den Bau der zweiten Dorfduka holen. Die Frauen weigerten sich. Kurzerhand wurde die Mühle abgestellt mit der Drohung, daß sie erst wieder angeschaltet würde, wenn die Frauen ausreichende Wassermengen herbeigeschafft hätten. Den Frauen blieb nichts anderes übrig, als zähneknirschend nachzugeben (12.10.81 in Ihumwa).

Aus der Tabelle geht hervor, daß der primäre Grund für Nichtpartizipation an Ujamaa das Alter der jeweiligen Frauen war (eine subjektive
Altersgrenze wurde angegeben, die von 45 bis 60 Jahre reichte). Als
weiterer Grund wurde genannt, daß andere Mitglieder der Familie zur
Ujamaa-Arbeit gingen. In Mlowa Barabarani meinte die Frau eines Pfar-
rers, mit Kirchengruppen hätte sie genügend zu tun und könnte deshalb
nicht an Ujamaa teilnehmen. Drei Frauen in Nkulabi gaben die Entfernung
ihrer Häuser (ca. 3 bis 4 km vom Dorfzentrum) als Erklärung an. Keine
Angaben machten sechs Frauen.

Zusammenfassend bleibt festzuhalten, daß alle Ujamaa-Aktivitäten, seien
es Feldarbeit oder sonstige kommunale Arbeiten, immer vom jeweiligen 10-
Zellenleiter angeordnet wurden. Dies bestätigten alle befragten Frauen
der Untersuchungsdörfer. Somit wurde dieser Arbeitseinsatz über die
Dorfverwaltung, d.h. die unterste Verwaltungsebene des tanzanischen
Staates geregelt. Bei Nichtmitwirkung der einzelnen Erwachsenen reagierte sie mit Strafen.

Vergleicht man den Arbeitszeitaufwand(1) jeder Woche mit dem Ernteertrag
der Ujamaafelder, so zeigt sich, daß die Produktivität sehr niedrig war,
nicht nur in Relation zur Fläche pro Erwachsenen, sondern auch zum
Gesamtinput (z.B. Mechanisierungsgrad). Der Aufbau einer Infrastruktur
(Schule, Laden) wurde von den interviewten Frauen eher akzeptiert als
die landwirtschaftliche Seite kommunaler Arbeit, da sie für sich und die
Familie Vorteile vom Ausbau der Infrastruktur erhofften.

Für die Wagogogesellschaft kann jedenfalls anhand der vier von mir
untersuchten Dörfer festgestellt werden, daß der Ujamaa-Ansatz die agro-
pastorale Produktionseinheit nicht groß verändert hat zugunsten einer
ackerbaulichen und kommunalen Produktion; die Wirtschaftseinheit der
'kayas', die die Subsistenz sichern, blieb bestehen. Der Zugriff des

---

(1) In der Haushaltsuntersuchung von Collier/Radwan/Wangwe wurde errechnet, daß etwa 20 % der Arbeitszeit in kommunale Arbeit auf kommunalen Feldern investiert wird und etwa weitere 5 % in nichtlandwirt-
schaftliche Ujamaa-Aktivitäten (1986:115).

Staates mittels Verwaltung und politischer Präsenz hat mit den Dorfgründungen zugenommen, was zum Zeitpunkt meiner Untersuchung im Aufbau
war, so daß es sehr spannend wäre, einige Jahre danach diesen Aspekt des
Dorflebens noch einmal zu untersuchen.

7.3 Marktbeziehungen

Alle Frauen werteten die Einrichtung eines Dorfladens ('duka') als Fortschritt. Zur Zeit der Untersuchung herrschte in allen Läden ein sehr
mangelhaftes Konsumgüterangebot. (Auf dieses Problem wird an anderer
Stelle eingegangen, vgl. Kapitel Probleme im Dorf.) Hier interessiert,
inwieweit die Haushalte, insbesondere die Frauen in die Waren-Geldzirku-
lation eingebunden waren, und über welche Beträge (inklusive Herkunft
des Geldes) sie verfügten.

7.3.1 Einkäufe in der Dorfduka

Es wurde nachgefragt, welche Güter des täglichen Bedarfs die Frauen in
der 'duka' einkauften (siehe Tabelle 49).

Die wichtigsten fünf Güter aller befragten Frauen waren: Zucker, Kleidung (khangas), Seife, Kochöl und Maismehl (Maismehl hat sich vor Reis
als Grundnahrungsmittel für reichere Haushalte durchgesetzt). Salz wurde
von vielen Frauen gekauft, ein Grundnahrungsmittel, das Priorität vor
anderen hat. So meinte beispielsweise eine Frau in Mlowa Barabarani,
wenn das Geld knapp wäre, würde sie eher auf Seife oder Kochöl verzich-
ten als auf Salz. Generell zu berücksichtigen ist bei allen Antworten,
daß einige Frauen betonten, daß sie oft wochenlang nichts in der 'duka'
einkaufen gingen, weil sie über kein Geld verfügten.

235

Tabelle 49: Einkäufe der Frauen in der Dorfduka

Einkäufe	gesamt	Mpinga	Mlowa B.	Nkulabi	Ihumwa
Zucker	100	24	20	23	33
Kleidung	92	28	21	17	26
Kochöl	58	9	16	13	20
Hautpflegeöl	18	3	5	2	8
Maismehl	49	14	7	8	20
Seife	61	23	11	9	18
Streichhölzer	26	7	7	7	5
Kerosin	23	8	4	4	7
Reis	34	2	8	10	14
Rasierklingen	2	-	1	1	-
Kochgeräte	4	-	1	3	-
Orangensquash	2	-	2	-	-
Batterien (Radio)	3	-	-	1	2
Bettücher	1	-	-	1	-
Nahrungsmittel*	1	-	-	1	-
Hacken	1	-	-	1	-
Tee	4	-	2	2	-
Nähnadeln	4	-	3	1	-
Zwiebel	1	-	-	1	-
Salz	30	-	12	15	3
Milchpulver	1	-	1	-	-
Bohnen	7	1	1	3	2
Süßigkeiten	1	-	-	1	-

* Unspezifische Angaben einer Interviewten

Vergleicht man die Konsummuster der vier Dörfer, waren Kleidungsstoffe und Zucker gleichermaßen die am meisten gekauften Artikel. Insgesamt war der Kauf von Konsumgütern in Mpinga am geringsten im Vergleich zu Mlowa Barabarani und Nkulabi (dies hing nicht nur vom Geldeinkommen, sondern auch von der schlechten Angebotsseite der 'duka' ab). Ihumwa war ein Sonderfall, da viele Frauen Tomaten, Zwiebeln u.a. in Dodoma verkauften, konnten sie dort wichtige Grundnahrungsmittel einkaufen, die sie nicht im eigenen Dorfladen erhielten.

7.3.2 Ausgaben für Konsumgüter

Für die Grundnahrungsmittel und Güter des täglichen Bedarfs gaben die Frauen nach eigenen Angaben folgende Beträge aus:

Tabelle 50: Ausgaben der Frauen pro Monat in der Dorfduka (in TSH)

TSH	Mpinga	Mlowa B.	Nkulabi	Ihumwa	Total
keine Einkäufe	-	1	-	-	1
10- 20	-	-	1	-	1
21- 30	2	1	1	-	4
31- 50	2*	2	3	2	9
51- 100	8*	5	4	4	21
101- 150	4	2	1	2	9
151- 200	3	4	7	8	22
201- 300	3*	2	1	7	13
301- 400	1	1	-	2	4
401- 500	-	-	2	4	6
501- 700	-	2	2	1	5
701- 900	-	2	-	-	2
1.000-1.300	-	3	-	-	3
keinen Betrag genannt	10	4	6	10	30
Total	33	29	28	40	130

* Mittelwerte, Frauen betonten, daß sie mehr Geld benötigten, wenn sie ein- bis zweimal im Jahr ein 'khanga' (Kleidungsstoff) kaufen wollten.

Die geringsten Geldausgaben waren in Mpinga zu verzeichnen (dies korreliert mit den Angaben, daß die Frauen im Vergleich zu den anderen Dörfern weniger einkauften), die meisten der befragten Frauen gaben im Monat etwa 50 bis 150 TSH aus. In Mlowa Barabarani zeigte sich die soziale Stratifikation im Dorf auch beim Einkauf im Dorfladen, während in Mpinga 400 TSH die Höchstgrenze waren, waren dies in Mlowa B. 1.300 TSH. In Nkulabi lagen die mehrheitlichen Ausgaben bei 150 bis 200 TSH, in Ihumwa eher bei 150 bis 300 TSH, die Höchstgrenze wurde in den beiden letztgenannten Dörfern mit 700 TSH angegeben.

Bei den Antworten ist zu berücksichtigen, daß viele Frauen nur Schätzungen angeben konnten. In Mpinga gaben rund 30 % der Frauen an, nicht zu überblicken, wieviel Geld sie pro Monat ausgaben (dies sagten auch 25 %

aus Ihumwa). Die Ausnahme war eine Witwe in Mlowa Barabarani, die nie in
der 'duka' einkaufte, sondern direkt mit anderen Frauen tauschte.

Ein Schwerpunkt der Aussagen lag darin begründet, daß die Frauen nicht
alle Konsumgüter in der 'duka' mangels Angebot einkaufen konnten. Viele
Befragte gaben an, daß z.B. ihre Männer nach Viehverkauf sackweise
Maismehl oder Zucker über Beziehungen einkauften. Grundnahrungsmittel,
die im Dorf nicht genügend angeboten wurden.

Unverheiratete Frauen kauften im Auftrag der Mutter die gleichen Güter
für die Familie ein. Wie oben beschrieben, gaben sie für sich selbst das
eigenverdiente Geld oder das Taschengeld der Eltern (10 bis 100 TSH je
nach Familie) für Seife, Hautpflegeöl und Kleidungsstoffe aus.

7.3.3 Herkunft des Geldes

Da viele Frauen die Antwort gaben, daß sie nicht immer über Geld verfügten, um in der 'duka' einzukaufen, interessiert als nächstes die Herkunft des Geldes:

Tabelle 51: Herkunft des Geldes verheirateter Frauen* für Ausgaben in
der Dorfduka (in TSH)

Geld vom Mann	gesamt	Mpinga	Mlowa B.	Nkulabi	Ihumwa
immer	87[+]	23	22	13	29
manchmal	7	1	3	3	-
nie	10	3	1	2	4
Eigenverdienst der Frauen	87	25	23	13	26

+ Von 87 Frauen, die immer Geld von ihrem Mann erhielten, waren 16
(18,4 %) ohne Nebenverdienst, davon waren zwei krank, eine schwanger.
* Mehrfachnennungen möglich

87 der verheirateten Frauen antworteten, daß sie regelmäßig vom Mann
Geld für Einkäufe des täglichen Bedarfs erhielten. Für den Kauf von
Kleidungsstücken wurde in der Regel ein- bis zweimal im Jahr eine
Extrasumme gegeben. Von den 87 Frauen sagten 16 (1), daß sie ohne einen
Nebenverdienst wären, d.h. daß sie neben der Subsistenzproduktion und
Hausarbeit keine zusätzlichen Tätigkeiten ausübten wie z.B. das Bier-
brauen. Sieben Frauen erhielten manchmal Geld von ihrem Mann, 'nie'
erklärten 10 Frauen, davon vier in Ihumwa.

Da Zuwendungen der Männer für den Bedarf der Familie nicht ausreichten,
gingen 87 Frauen einem eigenständigen Verdienst (vgl. Kapitel Erwerbstätigkeiten der Frauen) nach. Damit war der Anteil von Frauen, die nur
auf Geld des Mannes angewiesen waren, relativ klein, die meisten Frauen
verdienten durch andere Aktivitäten zusätzlich zur Feldproduktion ein
Einkommen, um in den Dorfläden Konsumgüter einkaufen zu können.

7.4 Dorfangelegenheiten aus Sicht der Frauen

Aktive Partizipation und Mitentscheidung über die Dorfentwicklung, wie
in Ujamaadörfern theoretisch gefordert, setzt ein breites Informations-
wissen über die laufenden Aktivitäten und Pläne voraus. Wie war nun der
Wissensstand der Dorfbewohnerinnen in bezug auf kommunale Aktivitäten,
an denen sie partizipieren sollten?

7.4.1 Informationsstand über kommunale Feldarbeit

Als erstes wurde nach landwirtschaftlichen kommunalen Projekten, d.h.
nach der Planung der Ujamaafeldarbeit gefragt, ob Ujamaafelder existierten und was auf diesen Felder angebaut würde.

---

(1) Dazu gehörten Frauen, deren Männer entweder reiche Vieheigentümer
oder Regierungsangestellte (Eisenbahnangestellte in Ihumwa) waren.
In Mlowa Barabarani hat eine Bäuerin die Auskunft gegeben, daß sie
zusammen mit ihrem Mann ihre großen Felder mit Lohnarbeitern/innen
bearbeiten ließ und deshalb keine Zeit für andere Aktivitäten hätte.
Diese Beispiele waren Ausnahmen; von den 16 Frauen ohne Erwerb waren
zwei krank und eine schwanger.

Tabelle 52: Kommunale Felder und Anbaumuster nach Angaben der Dorffrauen

Ujamaafelder	Nkulabi	Mlowa B.	Mpinga	Ihumwa	Total
Ja	24	29	33	39	125
Erdnüsse	1	-	-	-	1
Weinanbau	11	10	7	-	28
Getreide	24	26	32	30	112
(Lulu und Serena)					
Kassava	7	5	-	8	-
Nein	2	-	-	-	2
Weiß es nicht	2	-	-	1	3

* Mehrfachnennungen möglich

In den Dörfern Mlowa Barabarani und Mpinga wußten alle interviewten Frauen über die kommunale Feldarbeit Bescheid, im Gegensatz zu Nkulabi (zweimal nein und zweimal keine Angabe) und Ihumwa (einmal keine Angabe). Das Anbaumuster wurde überwiegend richtig angegeben, wie es auch vom Dorfrat offiziell vertreten wurde, dabei lag die Nennung des Getreideanbaus an erster Stelle, Weinbau wurde von sehr wenigen Frauen für alle Dörfer benannt. Eine Erklärung mag sein, daß je nach ihrer Dorfzelle Frauen aus bestimmten Sektionen nur auf den Getreideflächen in Ujamaa-Arbeit aktiv waren, während sich nur wenige Gruppen gezielt um den Weinbau bemühten. Dazu kommt, daß der Weinanbau eine relativ kleine Fläche in Anspruch nahm und die Erträge für die Dorfbewohner/innen keine Bedeutung hatten (vgl. Kapital Dorfbeschreibungen).

7.4.2 Informationsstand über die Größe der Ujamaafelder

Bei den Angaben zum Umfang der Ujamaafelder in den Dörfern (in acres) kamen folgende Ergebnisse zustande.

Tabelle 53: Anzahl der Ujamaafelder (in acres)

Ujamaafelder	Mpinga		Mlowa Barabarani		Nkulabi		Ihumwa	
	acres	Angaben d.Frauen	acres	Angaben d.Frauen	acres	Angaben d.Frauen	acres	Angaben d.Frauen
Getreide	505	500 500 500 686 560	500	600 10xN	133	4 (4xN) 8 70 12	84	12 19 30
Wein	5	12	k.A.	12 12 2 2xN	13	3	4	-
Kassava	-	4xN		12xN		3	k.A.	
Keine Angaben		29		17		22		37
Richtige Informationen		3x		10x				

k.A. = keine Angaben
N = nur Nennung, keine Flächenangabe

Der Wissensstand über Anbaumuster und Fläche war in Mlowa Barabarani am höchsten, 10 Frauen gaben exakte Auskünfte über den Getreideanbau. Drei Frauen in Mpinga wußten fast genau die Anzahl der acres des Hirseanbaus. Nur wenige der Interviewten konnten in Nkulabi und Ihumwa Angaben zu kommunalen Feldaktivitäten machen. In Ihumwa waren dies nur drei Frauen, die überhaupt über Ujamaa-Aktivitäten Bescheid wußten (Getreide, nicht Weinanbau), im Gegensatz zu den anderen Dörfern. Während in Mpinga die Zahl der acres für Hirse eher überschätzt wurde, wurden diese in Nkulabi und Ihumwa weit unter der tatsächlichen Fläche angegeben. Diese offensichtlichen Schätzungen der Frauen zeigen, wie wenig im Dorf über Ujamaa-Aktivitäten bekannt war, in Nkulabi lag es wohl eher am Führungsstil des Dorfvorsitzenden, während in Ihumwa Ujamaa-Aktivitäten allgemein sehr klein geschrieben wurden.

7.4.3 Wissensstand über geplante Entwicklungsprojekte der Dörfer

Nach den Befragungsergebnissen sollen kurz die geplanten Projekte der vier Dörfer entsprechend den Auskünften der Dorfräte dargestellt werden, um sie dann mit den Informationsstand der Frauen zu vergleichen.

Mpinga: In diesem Dorf waren die Projekte auf den Bau des CCM-Büros, zwei Häuser für Lehrer, ein Klassenzimmer und ein Büro für den Schuldirektor ausgerichtet. 16 Frauen wußten über den Bau des CCM-Büros Bescheid, je drei über den Klassenzimmerbau und die Lehrerhäuser, dazu kamen 11 Frauen, die nicht wußten, für welchen Zweck gebaut wurde, deshalb antworteten sie einfach mit 'Ziegelproduktion'.
Fünf Frauen nannten als Projekt Straßenreparaturen, vier den Bau einer Küche für das Hospital in Kigwe, 16 Frauen berichteten über die Vorbereitung der Ujamaafelder (Gras verbrennen etc.), drei Frauen kannten keine Aktivitäten und eine meinte, es gäbe keine.

242

Tabelle 54: Wissensstand der Frauen über Entwicklungspläne der Dörfer

E-Projekte*	Nkulabi	Mlowa B.	Mpinga	Ihumwa
Klinikbau	13	2	1	1
weitere Klassenzimmer	4	2	3	21
Bau einer Apotheke	2	-	-	-
Bau einer Dorflagerhalle	-	12	-	-
Häuser für Lehrer	-	16	3	4
Latrinenbau	-	2	-	-
Bau des CCM-Büros	-	18	16	-
Straßenreparaturen	-	3	5	1
Bau eines Gerichtsgebäudes	-	1	-	-
Bau einer Dorfduka	-	1	-	24
Grasabbrennen und Vorbereitung der Dorfshamba	5	4	16	14
Bau einer Küche für das Kigwe Hospital	-	-	5	-
Ziegelherstellung für Gebäude		7	11	1
Ziegelproduktion für Mühle	-	-	-	3
weiß es nicht	10	-	3	2
keine Pläne	1	-	1	-

* E - Entwicklungsprojekte

Mlowa Barabarani: Geplante Dorfprojekte waren Straßenbau, Hühnerzucht, Bau eines weiteren Dorfladens, des CCM-Büros und einer Dorflagerhalle für das Getreide der Ujamaafelder. Die befragten Frauen gaben eine große Breite von Aktivitäten an. Nicht alle stimmten mit den offiziellen Aussagen überein. 12 Frauen wußten vom Bau der Dorflagerhalle, 18 vom Bau des CCM-Büros, 16 vom Bau von Häusern für Lehrer (zusätzlich meinten sieben Frauen, es würden Ziegel für Häuser hergestellt, sie wüßten aber nicht, für wen oder wofür). Drei Frauen benannten den Straßenbau, zwei einen Klinikbau, zwei den Bau von weiteren Klassenzimmern, zwei Latrinenbau, eine den Bau eines Gerichtsgebäudes, eine den Bau einer weiteren Dorfduka, und vier Frauen nannten das Grasabbrennen und Vorbereiten der Ujamaafelder.

Nkulabi: Geplante Projekte umfaßten hier den Bau eines CCM-Bürotraktes, einer Klinik und weiterer Klassenräume. Bei den Antworten der interviewten Frauen wurde am häufigsten der Klinikbau (13) genannt, viermal der Bau von Klassenzimmern und zweimal der Bau einer Apotheke. Diese Information war falsch und bezog sich sicher auf den Klinikbau. Fünf Frauen nannten als Aktivität, die im Moment (August 1981) lief, das Abbrennen von Gras auf den Ujamaafeldern zur Vorbereitung auf die neue Pflanzzeit. 10 Frauen wußten nichts über die laufenden oder geplanten Projekte. Eine Frau meinte, es gäbe gar keine Pläne.

Ihumwa: Geplante Dorfprojekte waren drei weitere Klassenräume der Schule, ein Haus für einen Lehrer, eine weitere Dorfduka und das Ziehen von Gräben zur Irrigation von Weinfeldern. 24 Frauen benannten den Bau von Häusern für Lehrer (eine Frau wußte von der Ziegelherstellung, nicht aber für welchen Zweck, und drei Frauen meinten, sie dienten zum Bau einer Mühle). Eine Frau nannte Straßenreparaturen als Aktivität, 14 Frauen gaben Grasabbrennen der Ujamaafelder an und nur zwei wußten über die Dorfaktivitäten nicht Bescheid.

Fazit zum Wissensstand über Dorfprojekte: Bei allen Antworten zeigte sich, daß die Frauen keinen Unterschied machten zwischen offiziell geplanten Projekten und sich ständig wiederholenden Aktivitäten des Dorfes wie die Vorbereitung der Ujamaafelder. Nur wenige Frauen gaben falsche Informationen (Bau einer Apotheke in Nkulabi, Bau eines Gerichtsgebäudes in Mlowa Barabarani, Klinikbau in Mpinga).

Die Aktivitäten waren den meisten wenigstens teilweise bekannt, wenn auch oft der Zweck nicht klar war, gerade dies war auffallend in Mpinga

(11 Frauen) und Mlowa Barabarani (sieben Frauen), wo man zwar über die Ziegelherstellung informiert war, aber nicht wußte, für welchen Bau. Dafür kam in Mlowa Barabarani beispielsweise die detaillierte Information, daß am Tag 16 Ziegelsteine pro Person produziert werden müßten.

Die größte Unkenntnis zeigten Frauen in Nkulabi (10), weniger in Mpinga (drei) und Ihumwa (zwei). In Mlowa Barabarani wußten alle Interviewten zumindest eine Aktiviät anzugeben. Daß es keine Pläne/Projekte auf Dorfebenen gäbe, meinten nur je eine Frau in Nkulabi und in Mpinga.

Insgesamt kann also festgehalten werden, daß ein relativ guter Wissensstand der Dorffrauen über offizielle Aktivitäten vorhanden war. Die Dorfpläne wurden auf den Dorfversammlungen bekanntgegeben, so die Frauen, und jeder Zelle (10 Häuser) waren dann bestimmte Aufgaben zugeteilt. Inwieweit sich Männer und Frauen gleichberechtigt an den Aktivitäten beteiligten, war dabei eine andere Sache. In Mlowa Barabarani war für mich sehr auffällig, daß beim Bau des CCM-Gebäudes über Wochen hinweg fast nur Frauen jeden Morgen, an dem ich kam, Wasserkrüge auf dem Kopf zum Mischen der Substanz für die Ziegel an die Baustelle brachten, drei bis fünf Männer (fundis) gaben an, wo das Wasser hingeschüttet werden sollte.

7.4.4 Informationsstand über Verwendungszweck des Dorffonds

Jedes Dorf hatte seinen eigenen Fonds für die laufenden Ausgaben für verschiedene Dienstleistungen wie einen Traktor, eine Getreidemühle, einen Laden; daneben sollten geplante Projekte (z.B. weiterer Häuserbau) mitfinanziert werden, mit Unterstützung von Geldern des RDD. Wie nun mit dem Geld umgegangen, für welche Zwecke es ausgegeben wurde, beantworteten die Frauen folgendermaßen:

Tabelle 55: Informationsstand der Frauen über Verwendungszweck des Dorffonds

Antworten	Nkulabi	Mlowa B.	Mpinga	Ihumwa	Total
Weiß es nicht	21	8	19	29	77 (59%)
Hört es auf Dorf-versammlungen	5	19	14	10	48 (37%)
Für Dorfprojekte	-	2	-	1	3
Kritik: Nie richtig erklärt	1	-	-	-	1
Es gibt kein Geld	1	-	-	-	1
Total	28	29	33	40	130

77 der befragten Frauen (59 %) aller Untersuchungsdörfer wußten über die Verwendung des Dorffonds nicht Bescheid. Die höchste Unwissenheitsquote kam aus Ihumwa und Nkulabi. Immerhin noch 48 Frauen (37 %) konnten auf meine Frage mit der Erklärung antworten, daß sie über den Verwendungszweck des Dorffonds auf den Dorfversammlungen 'hören', meist kam der Zusatz: "Ich kann es aber nicht erklären" oder "Wenn ich zuhause bin, habe ich die Informationen wieder vergessen". Der höchste Anteil der Frauen, die über den Dorffonds Bescheid wußten, war in Mlowa Barabarani (19) und Mpinga (14) anzutreffen. Eine Frau kritisierte in Nkulabi, in der Dorfversammlung würde nie richtig erklärt, was mit dem Geld geplant wäre, und eine andere Frau in Nkulabi meinte, es gäbe überhaupt kein Geld für Dorfaktivitäten.

Erklären konnten die Verwendung des Dorffonds zwei Frauen in Mlowa Barabarani, davon eine Frau, die dem Dorfrat selbst angehörte und eine reiche Bäuerin, die auch Zugang zum landwirtschaftlichen Beratungsdienst hatte(1). In Ihumwa wußte eine Frau, die aktives Mitglied der UWT und Mitglied im Verteidigungsunterkomitee des Dorfes war, Bescheid(2).

Damit ist wieder einmal bewiesen, daß politische Entscheidungsträger ausreichende Informationen haben - auch offensichtlich reiche Bäuerinnen -, die der Mehrheit der Frauen in ihrem täglichen Kontext nicht einsehbar sind. Dies hing nicht nur von der politischen Partizipation ab (die Benachteiligung der Mehrzahl der Frauen bei der Partizipation an der Macht im Dorf drückte sich im wesentlich geringeren Wissensstand im Vergleich zu den wenigen Frauen, die politische Funktionen innehatten, aus), sondern u.a. auch von der Art der Erklärungen in den Dorfversammlungen. Offensichtlich waren diese Dörfer keine Graswurzeldemokratien(3), sondern vom Dorfrat wurden Informationen an die Dorfbewohner/innen so weitergegeben, daß man schnell wieder die vorgetragenen Zahlen und Details vergaß. Bei den Antworten der Frauen wurde aber klar, daß ihnen der Zusammenhang der Dorfökonomie mit den Dorfprojekten nicht klar war, da sie die Verwendung des Geldes nicht in Beziehung zu Dorfaktivitäten setzten.

7.4.5 Probleme des Dorfes

Aus der Sicht der Frauen gab es in ihren Dörfern die folgenden Probleme:

---

(1) Die reiche Bäuerin: Fonds für 'duka', Reparatur des Traktors, Maismühle; Vertreterin des Dorfrates: 1981 ist die Ernte schlecht ausgefallen, wir müssen aus dem Fonds Getreide bei der National Milling Corporation in Dodoma einkaufen.
(2) Der Fonds hatte ein Konto für die 'duka', Einkauf von Diesel für die Mühle, Maiskauf in Dodoma für die Dorfbewohner.
(3) Vgl. u.a. Boesen/Storgard-Madsen/Moody (1977); van Hekken/ Thoden van Velzen (1972).

Tabelle 56: Probleme der Dörfer aus der Sicht von Dorfbewohnerinnen

Probleme	Mpinga	Mlowa B.	Nkulabi	Ihumwa	Total
keine	12	19	5	11	47
weiß keine	1	3	11	4	19
Wasserversorgung	11[1]	1[2]	-	3	15
keine Getreidemühle	5	-	-	4[3]	9
kein Hospital	5	-	3	-	8
mangelnder Transport	7	-	-	6[4]	13
ungenügendes Angebot in 'duka'	5	1	4	6	16
nicht ausreichende Nahrungsmittelversorgung im Dorf (inklusive Angebot in 'duka')	5	3	-	11	19
kein Frauenladen	-	-	-	2	2
keine UWT-Gruppe im Dorf	-	-	-	2	2
zuviel Ujamaa-Arbeiten, keine Zeit für UWT-Aktivitäten	-	1	-	-	1
Strafe zahlen	-	1	-	-	1
Dorfvorsteher kooperiert nicht mit Dorfbewohnern/innen	-	-	5	-	5
Dorfleistung unterstützt UWT nicht	-	-	1	-	1
will über Probleme nicht reden	-	-	1	-	1

* Mehrfachnennung möglich
1) Eine Frau erwähnte Wassermangel für Tiere und Menschen
2) Wasserpumpe ist ab und zu funktionsunfähig
3) Kein Diesel für Betrieb
4) Transport mit Eisenbahn nach Dodoma kostet jetzt (1981) 10 TSH pro Fahrt, zuvor kostenlos

Überraschend viele Frauen (47) meinten, in ihrem Dorf gäbe es gar keine Probleme. Diese Antwort wurde am häufigsten in Mlowa Barabarani gegeben, kam aber auch häufiger in Ihumwa. Nkulabi war ein Sonderfall aufgrund von Unstimmigkeiten mit dem Dorfvorsteher. 'Ich weiß nichts' wurde elfmal in Nkulabi geantwortet, dagegen meinten nur fünf Frauen, daß es keine Probleme in ihrem Dorf gäbe. Eine offensichtliche Abgrenzung gegenüber Dorfangelegenheiten und ein Rückzug in die Privatsphäre scheinen dafür die Ursache gewesen zu sein, denn fünf Frauen in Nkulabi beschwerten sich, daß der Dorfvorsteher sie um das Getreide der Ujamaafelder betrogen und auf Dorfversammlungen nicht erklärt habe, wo das Getreide sei. Für sie als Dorfbewohnerinnen hatte dies zur Konsequenz, daß sie keinen Erlös (weder in Geld noch in Naturalien) für die Arbeit erhielten.

Doch zurück zu den Problemen, die angesprochen waren. 19 Frauen (die Mehrheit aus Ihumwa, elfmal) beschwerten sich über das mangelnde Getreideangebot in der 'duka'. Die schlechte Ernte von 1981 veranlaßte viele Frauen notgedrungen, schon unmittelbar nach der Ernte Getreide kaufen zu müssen. Nur in Nkulabi wurde nicht von Nahrungsmitteldefiziten gesprochen. Ein anderer wichtiger Punkt der Kritik, der die Frauen als Ernäherinnen ihrer Familie besonders betraf, wurde mangels Angebot der 'duka' generell angesprochen. Es fehlte (in der Priorität der Reihenfolge) immer an: Zucker, Kleidung und Speiseöl. Dies wurde in drei Dörfern gleich stark kommentiert. Eine Ausnahme war Mlowa Barabarani; hier wurde dies Problem nur einmal erwähnt. Die mangelhaften Transport- und Mitfahrgelegenheiten waren ein großes Problem für die Frauen in Mpinga. In Ihumwa beschwerten sich einige Frauen über den Fahrpreis der Eisenbahn nach Dodoma, der ihnen zu hoch war - 1980 war die Fahrt noch frei gewesen. Die schlechte Wasserversorgung war ein besonderes Problem in Mpinga (elfmal angesprochen), Wasserholen aus dem Fluß dauerte hin und zurück ca. eine Stunde. Auch in Ihumwa (dreimal) war die Entfernung zum Sandfluß Grund zur Klage. Das Fehlen einer Getreidemühle in Mpinga (fünfmal) und in Ihumwa der Dieselmangel für den Betrieb der Mühle waren weitere Beschwerdepunkte, ebenso das Fehlen eines Hospitals in Mpinga und Nkulabi.

Vergleicht man die Antworten pro Dorf, so handelte es sich schwerpunkt-
mäßig in Mpinga um Beschwerden über eine mangelhafte Basisinfrastruktur.
In Mlowa Barabarani waren es kleinere Mängel, die den Frauen auffielen.
In Ihumwa zeigten sich bei verschiedenen Antworten die internen Ausein-
andersetzungen im Dorf. Da die Frauen Ihumwas mit dem Angebot des
Dorfladens unzufrieden waren, erhofften sie sich von einem eigenen
(gleiche Idee wie schon die Frauen in Mpinga) Laden das gewünschte
Angebot.

Insgesamt drehten sich alle von den Frauen angesprochenen Probleme um
den Bereich ihrer täglichen Arbeitsbelastung (Wasser, Mühle, Einkaufs-
möglichkeiten) und um fehlende soziale Infrastruktur (Hospital) oder
Transport- bzw. Mitfahrmöglichkeiten. Interne Schwierigkeiten im Dorf
wurden gezielt von Frauen in Nkulabi in den Antworten ins Visier genommen. Schwierigkeiten der Frauen, die mit UWT bestimmte Projekte
(Laden) in Angriff nehmen wollten (Ihumwa, Mpinga), wurden genannt,
ebenso Beschwerden über grundsätzlich mangelndes Interesse der Dorfleitung (Nkulabi) gegenüber Frauenaktivitäten unter Leitung der UWT.

Keine Frau erwähnte interessanterweise den männerspezifischen Aufgaben-
kreis der Viehwirtschaft und dortige Probleme. Ihre Sichtweise war von
ihrer eigenen täglicher Überlebensarbeit geprägt, der Sorge, daß in den
Dörfern nicht genügend Nahrungsmittel nach der schlechten Ernte vorhanden wären. Die Frauen konzentrierten sich pragmatisch auf praktische
Versuche, bestimmte Probleme zu lösen (der Wunsch nach einem eigenen Laden ist dafür ein Paradebeispiel).

7.5 Politikverständnis: Bewußtsein der Dorffrauen

Die Veränderungen im politischen Strukturgefüge der Wagogogesellschaft
wurden u.a. Anfang der 60er Jahre durch folgende Ereignisse in Gang
gebracht: 1962 erfolgte die Entmachtung der Häuptlinge und die Übernahme
ihrer Funktionen durch Dorfexekutivbeamte, Dorfentwicklungskomitees und
weitere Verwaltungsebenen. Die Dorfentwicklungskomitees sollten administrative Aufgaben, die früher der Häuptling und die Unterhäuptlinge
wahrgenommen hatten, übernehmen.

Rigby(1) war bei Wahlen zu den Dorfentwicklungskomitees (1963) anwesend und beschrieb, daß von der Divisionsverwaltungsebene ein Beamter in die Dörfer kam und die Bewohner aufforderte, 20 Männer und zwei bis drei Frauen zu wählen (1977:89 f.). Parallel dazu wurde von der TANU eine Politik verfolgt, die die traditionellen Führungsfunktionen langsam schwächte, u.a. durch die Schaffung(2) des Systems der 10-Häuser-einheiten (ten-cells) mit jeweils einem gewählten Repräsentanten (der gleichzeitig im Dorfentwicklungskomitee mitarbeiten sollte).

Allerdings war Anfang bis Mitte der 60er Jahre das Werte- und Normensystem der Wagogogesellschaft noch sehr stark geprägt durch ihre eigenen traditionellen Gesellschaftsformen, beispielsweise in der Gültigkeit des Wertes, aufgrund dessen sich ein Mann für eine Führungsaufgabe legitimieren kann. Es galten Charakteristika wie: "...wealth in cattle and children and the headship of a large homestead; the widsom of age, and the value of political egalitarianism in a society primarily lacking in roles of secular political authority and leadership" (1971:433). Die traditionellen 'leader' unterschieden sich von der modernen Elite im Dorf. Rigby nennt sie externe Elite, da sie oft nicht aus Ugogo stammten und kein Cigogo sprachen (1971:424 ff). Die neue Elite unterschied sich durch Ausbildung, Kleidung und ihre Häuser von den Wagogo.

Die Wertesysteme der Wagogo unterlagen aber einem Wandel. Noch Anfang der 60er Jahre schickte man bewußt nur die jüngeren Söhne zur Schule, von denen 65 % bei einer Befragung 1962 (Rigby 1971:431) angaben, nicht die Berufe der modernen Elite anzustreben. Dennoch wurde mit Vereinheit-lichung der Sprache (Kiswahili) eine Voraussetzung dafür geschaffen, daß auch Erwachsene mit Hilfe von Alphabetisierungskursen ihren Bildungs-

---

(1) Rigbys historische Ableitung (1971) gibt einen guten Überblick, im Anhang eine Kopie der Hierarchie in Ugogo unter den Briten und dann das neue politische System unter der TANU seit 1963.
(2) Für die Singidaregion wurde diese Phase sehr gut von Jellicoe (1978), dokumentiert. Zur Entwicklung der 'Zellen' der Partei vgl. J.H. Proctor (Ed.): The Cell System of the Tanganyika African National Union. University of Dar es Salaam, Dar es Salaam 1971 (Studies in Political Science; 1).

stand aufbesserten und so mehr mit neuen Ideen und Meinungen konfrontiert wurden. Das Ringen der alten Führungselite(1) mit Neuem, z.B.
Christen kontra Traditionalisten, besteht aber heute noch (vgl. Thiele
1986).

Festzuhalten bleibt, daß traditionelle Führungsfunktionen von Männern
ausgeübt wurden und erst mit Schaffung der Dorfentwicklungskomitees
gezielt von Beamten den Dorfbewohnern/innen erklärt wurde, daß sie auch
einen bestimmten Anteil von Frauen wählen müßten. Leider konnten keine
empirischen Daten zu diesem Thema gefunden werden. Durch die Art der
Integration von Frauen in die offizielle Dorfpolitik, die nicht vom Dorf
selbst diskutiert wurde und daher auch nicht aus einem dorfeigenen
Meinungsbildungsprozeß resultierte, sondern von "oben" aufgesetzt war,
kann von keiner gewachsenen Entwicklung und Bewußtseinsbildung ausgegangen werden. Seit Mitte der 60er Jahre - zumindest verbal von der modernen Elite propagiert - ist die Einbeziehung der Frauen in die Politik
zum Thema erhoben worden.

7.5.1 Partizipation der Frauen im Dorfrat

Wie sah das nun Anfang der 80er Jahre aus? Hatte sich viel zugunsten der
Frauen verändert? Hatten sie ihrem Anteil an der Bevölkerung entsprechend zu 50 % der Sitze im Dorfrat inne?

Wie schon im Kapitel zu den Dörfern beschrieben, ist kein nennenswerter
Fortschritt erzielt worden: In Mlowa Barabarani waren vier, in Nkulabi
fünf, in Ihumwa drei und in Mpinga zwei Frauen im jeweiligen Dorfrat,
der 25 Mitglieder umfaßt. Die Quote umfaßte also zwischen 8 und 20 % der
Komiteesitze.

---

(1) Die Kämpfe um Einfluß und Macht gegenüber der Regierung zeigten sich
    u.a. in der Weigerung vieler Wagogovieheigentümer, Viehsteuern zu
    bezahlen. Ihre Parlamentsabgeordneten mußten etliche Versammlungen
    abhalten, um sie dazu zu überreden (November 1965, im April 1966
    hatten jedoch immer noch einige reiche Vieheigentümer nicht bezahlt;
    Rigby 1977:95).

Tabelle 57: Angaben der Interviewpartnerinnen über die Anzahl der Frauen im Dorfrat

Dörfer	keine Angaben	viele	1	2	3	4	5	6	16	nur Männer	Total
Mpinga	16	-	2	6	5	-	1	-	1	2	33
Mlowa B.	13	1	2	3	6	-	-	4	-	-	29
Nkulabi	17	-	2	2	2	1	3	1	-	-	28
Ihumwa	23	-	4	5	5	1	2	-	-	-	40
	69	1	10	16	18	2	6	5	1	2	130

Nun ist nicht nur wichtig zu wissen, wie wenig Frauen im Dorf Politik mitbestimmten, sondern auch, wie die 'Basis', d.h. die Dorffrauen selbst darüber Bescheid wußten, wieviele Frauen ihres Dorfes im Dorfrat aktiv mitarbeiteten (vgl. Tabelle 57). Auf diese Frage hatten 69 (53 %) Frauen keine Antwort. Der Rest war darüber informiert, daß Frauen im Dorfrat arbeiteten (Ausnahme in Mpinga, zwei Frauen behaupteten, nur Männer seien im Dorfrat), aber nur wenige konnten die exakte Anzahl der Frauen nennen. In Mpinga wußten sechs Frauen die richtige Antwort, in Ihumwa fünf, in Nkulabi drei, dagegen kam in Mlowa Barabarani, in dem Dorf, das sonst durch die Informiertheit der Befragten auffiel, keine richtige Antwort.

Dazu ist zu bemerken: Die Interviewten richteten sich bei dieser Frage oft danach, wen sie persönlich kannten, also Frauen aus ihrer Bekanntschaft/Verwandtschaft oder aus ihrer Sektion des Dorfes.

7.5.2 Anteilnahme der Frauen an Dorfversammlungen

Die nächste Frage konzentrierte sich darauf festzustellen, warum so wenige Frauen über die Zusammensetzung des Dorfrats Bescheid wußten. Lag es daran, daß sie nicht zu den Dorfversammlungen gingen, die offiziell einmal im Monat in jedem Dorf stattfinden?

Tabelle 58: Anteilnahme der Frauen an den Dorfversammlungen

Antwort	Nkulabi	Mlowa B.	Mpinga	Ihumwa	Total
ja	21	23	26	28	98
manchmal	3	5	6	9	23
nein	4	1	1	3	9

Tabelle 59: Aktive Beteiligung der Frauen an Dorfversammlungen

Dorf	weiß nicht	ja	nein	gehe nicht	Total
Mpinga	1	27	5	-	33
Mlowa B.	2	19	8	-	29
Nkulabi	3	20	1	4	28
Ihumwa	4	28	8	-	40
Insgesamt	10	94	22	4	130

Regelmäßig gingen 98 der befragten Frauen (75 %) zu den Dorfversammlungen, unregelmäßig 23. Daß sie 'nie' an Versammlungen teilnähmen, sagten neun Frauen aus. Die unregelmäßige Partizipation wurde folgendermaßen erklärt: Verhinderung durch Zeitknappheit(1), z.B. durch kranke Kinder zu Hause, Feld- und Hausarbeit. In einigen Familien wurde abgesprochen, wer jeweils von Fall zu Fall zur Versammlung sollte. Junge Frauen waren überwiegend sehr stolz und sich ihrer Erwachsenenrolle sehr bewußt bei der Antwort, ob sie zu Dorfversammlungen gingen. Viele erklärten mir genau, in welchem Jahr sie zum ersten Mal an einer Versammlung teilgenommen hätten. Die Frauen, die nie zu Versammlungen wollten, zeigten offenkundiges Desinteresse, oder sie wiesen darauf hin, daß der Mann ginge, was ihre Nichtteilnahme erklärte. Drei Frauen (zwei alte, eine 18jährige) wiesen auf ihren schlechten Gesundheitszustand hin.

Kommentare zum Stil der Dorfversammlung wurden ebenfalls abgegeben. Bemängelt wurde die Kommunikation, da Kiswahili benutzt wurde, das nicht alle Frauen konnten (zwei in Mlowa Barabarani und eine in Mpinga).

---

(1) In der Ruvumaregion fand Lewin folgendes Ergebnis: "While men debate enthusiastically, it is women who fall asleep during ujamaa meetings ... They have merely worked so hard in the course of the day to make ujamaa living a reality that they are too exhausted to stay awake" (Lewin 1973:191).

Vergleicht man nun die Häufigkeit der Anwesenheit der Frauen bei Dorfversammlungen mit dem schwachen Informationsstand über die Zusammensetzung der Dorfräte, so ist hier nicht, wie vermutet, festzustellen, daß
wenige Frauen an Versammlungen partizipierten. Im Gegenteil, 75 % der
Befragten waren immer auf den Versammlungen, wußten aber nicht über die
geschlechtsspezifische Zusammensetzung des Dorfrates Bescheid. So kann
gefolgert werden, daß die wenigen Frauen im Dorfrat eine zurückhaltende
Rolle in der Öffentlichkeit (also bei Versammlungen) einnahmen und kaum
vor den Dorfbewohnern/innen Reden hielten. Deshalb war interessant zu
sehen, ob Frauen die traditionelle Auffassung, daß nur Männer über
Politik in der Öffentlichkeit redeten, immer noch hatten.

94 Interviewte bejahten, daß auch Frauen in den Dorfversammlungen
sprächen, "Ich sah sie reden, aber selten." Nur wenige antworteten "Ich
frage auch", d.h. stelle meine Fragen in der Dorfversammlung. 22 Frauen
meinten, daß niemals Frauen öffentlich geredet hätten. Einige Frauen
(10) wußten hierzu keine Angaben zu machen. Diese Ergebnisse korrelieren
damit, daß ein bestimmter Prozentsatz der Befragten selten bzw. nie zu
Dorfversammlungen ging. Insgesamt zeigen die Antworten jedoch, daß sich
das Verhaltensmuster wohl verändert hat. Frauen waren nicht mehr zu
schüchtern, in Gegenwart von Männern auf Versammlungen zu reden.

7.5.3 Politische Macht für Frauen?

Nach dieser Bestandsaufnahme wurde die persönliche Meinung der Frauen
erfragt, ob sie sich denn eine Frau in der Funktion eines Dorfvorstehers
oder Dorfsekretärs denken könnten.

Mit 'Ja' antworteten 84 Frauen (65 %), davon sehr viele in Ihumwa (33),
gefolgt von Nkulabi (19), Mlowa Barabarani (18) und Mpinga (14). Aufgeschlüsselt nach Alter der Befragten ergaben sich keine auffälligen
Meinungsunterschiede älterer und jüngerer Frauen in bezug auf Frauen in
politischen Positionen; die generelle Ausnahme war Mpinga, hier gab es
eine mehrheitliche Ablehnung (51 %) gegenüber der Möglichkeit von Dorf-
vorsteherinnen. Diese Meinung wurde von jungen (sieben Verneinungen

gegenüber vier Bejahungen) und älteren Frauen (sieben Verneinungen von Frauen im Alter von 46 bis 60 gegenüber vier Bejahungen) gleichermaßen geteilt. Weder zu einer positiven noch negativen Antwort konnten sich 10 Frauen durchringen, und das in allen Dörfern (drei in Ihumwa, drei in Mlowa Barabarani, je zwei in Mpinga und Nkulabi).

Welche Argumente wurden für eine Bejahung genannt? Eine sehr wichtige Voraussetzung war nach Meinung der Interviewten die Schulausbildung, denn eine solche Frau müßte schriftliche Arbeiten erledigen können. Eine Vorbildfunktion hatten andere Dörfer und die Stadt Dodoma, in der Frauen in der Verwaltung hohe Positionen einnahmen. So das Argument: "Warum nicht auch bei uns?", wenn es dort möglich ist, so die Überlegung, dann auch hier in unserem Dorf. Frauen, so eine andere Argumentation, waren teilweise auch schon 10-Zellenleiterinnen, also könnten sie auch andere Dorfpositionen übernehmen. Und zum Schluß eine sehr pragmatische Einstellung: Wenn eine Frau in die Funktion eines Dorfsekretärs gewählt wurde, mußte sie auch Stimmen der Männer erhalten haben und somit von ihnen akzeptiert worden sein.

Die Gründe dafür, daß Frauen diese Posten nicht wahrnehmen könnten, wurden auf drei Ebenen gesehen. Ältere Frauen argumentierten aus traditioneller Sicht, daß Frauen Männer einfach nicht 'führen' könnten, außerdem wären sie zu schüchtern, vor vielen Menschen frei zu sprechen. Als nächstes wurde die fehlende Schulbildung angesprochen, Frauen wären nicht in der Lage, Formulare auszufüllen ('to fill out forms'). Hier wurde vorausgesetzt, daß Männer einen großen Bildungsvorsprung hätten, obwohl es im einzelnen nicht stimmen mußte.

Viele junge Frauen, die mit 'Nein' geantwortet hatten, gaben nicht diese Begründungen an, sondern bezogen sich auf die Arbeit, die sie täglich im Feld und im Haus verrichteten. Ihre Antwort: eine Frau, die diesen Posten ausfüllen sollte, hätte zusätzlich zu ihren täglichen Pflichten dazu keine Zeit. Angesichts dieser Doppelbelastung kamen sie zum Resultat, daß Frauen die Zeit für Versammlungen und Reisen nach Dodoma fehlte (22jährige Frau, Mpinga), oder 'Frauen hätten zuviel Arbeit - da die Männer meist nichts arbeiteten, könnten diese Zeit für solche Funktionen investieren' (29jährige Frau, Ihumwa).

Tabelle 60: Frauen in der Funktion des Dorfvorstehers oder Dorfsekretärs

Dorf	Alter	weiß nicht	pro Dorf	ja	pro Dorf	nein	pro Dorf
Mpinga	15-25	1		4		7	
	26-35	1		3		2	
	36-45	-		3		1	
	46-60	-	2	4	14	7	17
Mlowa B.	15-25	-		3		-	
	26-35	1		7		2	
	36-45	-		2		4	
	46-60	2	3	6	18	2	8
Nkulabi	15-25	-		6		2	
	26-35	-		5		2	
	26-45	2		3		1	
	46-60	-	2	5	19	2	7
Ihumwa	15-25	1		8		-	
	26-35	-		13		3	
	36-45	2		5		1	
	46-60	-	3	7	33	-	4
Insgesamt	130		10		84		36

Bei der Diskussion dieser Frage hatte ich subjektiv immer das Gefühl, daß die Interviewpartnerinnen sehr strenge und hohe Maßstäbe an Frauen, die eine solche Funktion wahrnehmen könnten, anlegten, die sie bei Männern nicht hatten, da Politik ein akzeptiertes Männerressort war und ist.

7.6 Frauenaktivitäten - Realität und Vorstellungen

Die meisten Frauen gaben an, neben der Feld- und Hausarbeit ökonomische Aktivitäten zur Erlangung von Bargeldeinkommen auszuüben. Eine Möglichkeit bestand über Projekte der Frauenorganisationen UWT. Im folgenden sollen die realen UWT-Projekte und Stellungnahmen der Frauen zu solchen Aktivitäten herausgearbeitet werden.

7.6.1 UWT-Mitglieder

Wie in anderen Regionen Tanzanias versuchte UWT mit Frauengruppen in den Dörfern Projekte durchzuführen, die meist unter die Sparte 'einkommenschaffend' fielen. Also kein soziales Kaffeekränzchen, sondern explizit dem Wunsch der Frauen folgend Projekte, die Einkommensmöglichkeiten, die sie dringend benötigten, ermöglichten? Stimmt diese These oder wurde auch auf politischer Ebene bzw. anderer Basis(1) - politische Erziehung - dem formulierten Auftrag UWTs als Massenorganisation der Partei entsprochen?

Die Realität in den vier Dörfern zeigte folgendes Bild: Mitglieder der UWT waren in Mpinga 70 Frauen (7,4 % der Dorfbewohnerinnen), in Mlowa Barabarani 58 (8,7 %), in Nkulabi 59 (es liegen keine Angaben zur geschlechtlichen Aufteilung der Gesamtbevölkerung vor) und in Ihumwa 25 (2,6 %). UWT erreichte über ihre Mitglieder zwischen 2 und 8 % der

---

(1) U.a. erhebt sich die Frage, ob die Dorffrauen UWT als Instrument sahen, ihre Rolle in der ländlichen Entwicklung zu verändern.

Frauen im Dorf (vgl. Tabelle UWT in den Dörfern)(1). Trotz dieser geringen Partizipation interessierte mich, ob alle Frauen im Dorf über UWT-Aktivitäten Bescheid wußten.

7.6.2 Frauenprojekte in den Dörfern

Absichtlich wurde nicht nach UWT-Projekten gefragt, sondern die Möglichkeit offengelassen, auch andere frauenbezogene Aktivitäten zu benennen. Hierbei wurde nur von zwei Frauen in Mlowa Barabarani eine traditionelle Tanzgruppe erwähnt, alle anderen Interviewpartnerinnen bezogen die Frage automatisch auf UWT-Aktivitäten. Die Ergebnisse der Frage sind Tabelle 61 zu entnehmen.

Nur in Mlowa Barabarani wurde 1981 gerade ein Hauswirtschaftskurs (Kinderkleidung nähen, Anleitung im Gebrauch einer Nähmaschine, Keki(2)-Herstellung) durchgeführt, an dem drei der befragten Frauen teilnahmen. In allen anderen Dörfern wurde überwiegend darauf verwiesen, daß 1980 die letzte UWT-Aktion - Herstellung des lokalen Biers ('pombe') - gewesen sei.

1981 wurden die verschiedenen Schwierigkeiten in den Dörfern für das Nichtvorhandensein irgendeiner UWT-Aktivität verantwortlich gemacht: Probleme mit der UWT-Führung in Nkulabi, Unstimmigkeiten über das verdiente Geld und seine Verwendungszwecke in Mpinga sowie der Plan einer eigenen Frauenduka, mangelnde Kooperation und Initiative in Mlowa Barabarani von seiten der UWT-Vorsitzenden, Unstimmigkeiten bei der Verwendung des Geldes aus den Verdiensten der 80er Jahre auch in Ihumwa.

---

(1) Mbilinyi (1982:49) errechnet für die Mbeyaregion einen UWT-Anteil von 5,6 % der weiblichen Bevölkerung.
(2) 'Keki' sind Kekse oder eine Art Kuchen.

Tabelle 61: Frauenprojekte der Dörfer

Projekte	Mpinga	Mlowa B.	Nkulabi	Ihumwa	Total
Ja	8	11	6	2	27
Davon: 'pombe' (letztes Jahr) UWT	8	-	5	1	14
Hauswirt- schaftskurs	-	8	-	-	8
Tomatenanbau UWT	-	1	1	-	2
Tee- u. Keks- verkauf UWT	-	2	-	1	3
UWT hat dieses Jahr keine Aktivitäten	3	2	5	3	13
Tanzgruppe, nicht UWT	-	2	-	-	2
Nein	19	2	3	30	54
Weiß es nicht	3	12	14	5	34
Total	33	29	28	40	130

Bei allen Diskussionen in den vier Untersuchungsdörfern kristallierte sich der Unmut heraus, daß die UWT-Leitungsgremien des Distrikts und im Dorf ziemlich autokratisch vorgingen und den Mitgliedern mitteilten, was zu tun sei ('we are told'). Es fanden auf Basisebene zu wenig echte Diskussionen statt, die die Wünsche der Frauen berücksichtigten. Undurchsichtige Verfahren in Geldsachen haben schließlich dazu geführt, daß sich die Frauen überall für neue UWT-Projekte verweigerten und in einer Wartestellung verharrten.

Allerdings waren nicht alle Dorfbewohnerinnen über UWT-Projekte informiert, so sagten 34 Frauen (davon 14 in Nkulabi und 12 in Mlowa Barabarani) aus, daß sie über Frauenprojekte keine Informationen hätten, dazu kamen 54 Frauen, die verneinten, daß es solche Aktivitäten gäbe (30 in Ihumwa und 19 in Mpinga). Das zusammen sind fast 68 % meiner Interviewpartnerinnen.

Exkurs 6: UWT-Gruppen sechs Monate später

Bei Nachuntersuchungen ein halbes Jahr später hatte sich wenig verändert: In Mlowa Barabarani wählte man im März 1982 eine neue UWT-Vorsitzende, von der sich die Frauen mehr Kooperationsbereitschaft erhofften. Neue Aktivitäten gab es noch nicht, geplant war ein Gemüsegarten, ein Frauenladen (es fehlte noch die Genehmigung des Dorfrates) und Kochen für Gefangene in Untersuchungshaft sowie die Etablierung eines Teeraums. Der Laden sollte nach der Regenzeit gebaut werden, dafür erhielt die UWT-Gruppe einen Kredit vom Dorf.

Der Hauswirtschaftskurs wurde unterbrochen, da die Frauen jetzt auf den Feldern arbeiteten und keine Zeit hatten; nach der Erntezeit (Mai-Juni) sollte er fortgesetzt werden.

In Nkulabi wurde im November 1981 wieder 'pombe' gebraut, diesmal aufgrund der Unstimmigkeiten innerhalb UWTs auf individueller Basis. Die Steuer für Bierbrauen wurde mit 25 TSH pro Frau veranschlagt. Bierbrauen, so die Information, konnte mit einem Startkapital von 25 TSH (das entsprach dem Wert einer debbe Hirse) begonnen werden.

Die Mitgliederzahl sollte sich in Ihumwa erhöht haben, aber immer noch
existierte keine UWT-Gruppe im Dorf(1). Dafür hatten die Mitglieder als
Aktivität mit einem Teeraum begonnen, der dann schon im April 1982
geschlossen war, zum einen aus Zuckermangel, zum anderen wegen Cholera
im Dorf (Februar-März, ein Kind starb). Die Frauen hatten ein eigenes
Konto für ihren Teeraum und hofften, bald wieder zu öffnen. Ansonsten
gab es keine Pläne für UWT-Aktivitäten.

Die UWT ist in Mpinga durch ihre Unstimmigkeiten nicht viel weiter
gekommen, die Vorsitzende ist noch nicht abgelöst worden, und die
Sekretärin hatte ins nächste Dorf, nach Kigwe, geheiratet und kam nicht
oft nach Mpinga. In der Zwischenzeit wurde wieder 'pombe' gebraut, und
als Projekt galt Kochen für Verhaftete, die nach Dodoma überführt werden
sollten. Immer noch existierten Schwierigkeiten wegen des geplanten
Frauenladens; der Dorfrat hat zugestimmt, aber auf Distriktebene wurde
er verweigert, so daß die Frauen mit diesem Projekt in der Luft hingen.
Sie hatten aber wieder Pläne für das Jahr: sie wollten eine eigene
'shamba' (Lulu und Serena) bearbeiten, eventuell auch eine Weinshamba
beginnen.

Große Veränderungen haben sich in allen Dörfern also nicht ergeben, da
viele strittige Punkte noch ungeklärt waren.

7.6.3 Interesse an Verdienstmöglichkeiten

Nach Bestandsaufnahme der desolaten Situation innerhalb der UWT-Gruppen
in den Dörfern wurde nach der generellen Bereitschaft gefragt, inwieweit
Frauen Interesse an Projekten hätten, bei denen sie Geld verdienen
könnten und wie ihre Männer dazu stehen würden (vgl. Tabelle 63). Ihre
eigenen Überlegungen zur Praktikabilität der Umsetzung solcher Vorstellungen in ihrem Dorf wurden zum Schluß diskutiert.

---

(1) Vgl. Satzung der UWT, UWT-Kapitel.

Mit 'Ja' beantworteten die Frage nach dem Interesse an Projekten 74 % der Frauen, mit 'Nein' 25 %, unentschieden gaben sich nur zwei. Die Mehrzahl der Frauen, die mit 'Nein' antworteten, war in Mpinga (14) anzutreffen. Nach den Gründen gefragt, warum sie - und die Frauen in den anderen Dörfern - kein Interesse an solchen Projekten hätten, wurden drei Kategorien von Antworten gegeben:

Tabelle 62: Interesse der Frauen an Projekten, die ihnen Geldeinkommen verschaffen

Antwort	Mpinga	Mlowa B.	Nkulabi	Ihumwa	Total
Ja	19	20	24	33	96
Nein	14	8	3	7	32
Weiß nicht	-	1	1	-	2
Total	28	29	33	40	130

1. Zuviel Zeitaufwand mit der Hausarbeit, mit den Kindern und der Feldarbeit. Also eine kritische Einschätzung ihrer Arbeitsbelastung, die es ihnen nicht ermöglichte, an zusätzlichen Aktivitäten zu partizipieren. Hier einige persönliche Antworten dieser Frauen: In Mpinga erhielt eine 29jährige Frau, fünf Kinder, verheiratet, sieben Mitfrauen, kein Geld von ihrem Mann, sie mußte die Feldarbeit allein bewältigen; eine 48jährige Frau in Mlowa Barabarani, verheiratet fünf Kinder hatte zuviel zu tun; auch in diesem Dorf meinte eine 37jährige Frau, sechs Kinder, verheiratet, daß sie als Lohnarbeiterin auf den Feldern anderer Familien Geld verdiente und zu der normalen Arbeit zusätzlich keine Zeit hätte. Eine Frau aus wohlhabender Familie mit 12 acres Landbesitz hatte auch keine Zeit, da sie sowohl selbst auf den Feldern arbeitete als auch Lohnarbeiter/innen beaufsichtigen mußte.

2. Das nächste Argument war das Alter. Sieben Frauen gaben dies als Grund an, dabei waren sie von 32 bis zu 60 Jahren alt. Krankheit nannten

zwei Frauen (je eine in Nkulabi und in Ihumwa), eine Großmutter (Ihumwa) meinte, sie hätte jetzt schon zuviel Arbeit mit den Enkeln.

3. Weitere Gründe waren individueller Art: Eine 18jährige Frau, verheiratet (Frau des Duka-Managers in Ihumwa), meinte, sie wollte sich von niemand etwas befehlen lassen; eine andere 18jährige Frau, zwei Kinder, unverheiratet, gab als Grund an, sie wollte nur Bäuerin sein. Eine 39jährige Frau in Mlowa Barabarani, Analphabetin, meinte, sie könnte aufgrund fehlender Schulausbildung an so einer Aktivität nicht teilnehmen. In Mpinga argumentierte eine 35jährige Frau, verheiratet, drei Kinder, daß sie aufgrund der schlechten Bezahlung für Ujamaa-Arbeiten im Dorf lieber individuell arbeitete und dafür einen gerechten Lohn erhielte.

Zusammengefaßt waren die Gründe einer negativen Haltung zu Frauenprojekten: fehlende Zeit und hohe Arbeitsbelastung, Alter und Krankheit, Mißtrauen gegenüber Profitverteilung in Gruppen und mangelndes Selbstvertrauen.

7.6.4 Haltung der Männer gegenüber Frauenaktivitäten

Nun können diese Gründe auch die Tatsache verschleiern, daß eventuell der jeweilige Ehemann es seiner/en Frau/en verboten hat, zu einer Projektarbeit außerhalb des Hauses mit anderen Frauen zusammenzukommen. Beispielsweise führten UWT-Sekretärinnen auf Distriktsebene als ihre Beobachtung an, daß viele Männer ihren Frauen eine Teilnahme an UWT-Aktivitäten verbaten[1]. Um dem nachzugehen, stellte ich in meinen Interviews die direkte Frage an die Dorffrauen, wie sich ihr Mann zu ihrer Teilnahme an Frauenprojekten verhalten würde (siehe Tabelle 63).

---

(1) Dieses Verhalten untersuchte auch B.J. Chijumba (1983) in Städten Tanzanias 1975-79 und kam zu ähnlichen Ergebnissen: Über die Hälfte der befragten Männer würde gegen eine Lohnarbeit ihrer Frau votieren (1983:76). Auch in Kenya gibt es dieses Problem; vgl. C. Donner-Reichle: Nach 10 Jahren Bewußtsein für Frauen geschaffen, in: E+Z, 1985:15.

Kein Problem von seiten ihres Mannes erwarteten 41 % der befragten
Frauen, aber 31 % gaben an, daß sie die Meinung ihres Mannes nicht
kennten. Dies war auffällig häufig in den Dörfern Mpinga und Ihumwa.
Glatt verweigern würden 7 Männer nach Meinung ihrer Frauen deren Partizipation an einem Frauenprojekt. Von einer Ermutigung durch ihren Mann
sprachen zwei Frauen in Nkulabi und eine Frau in Mlowa Barabarani. Bei
unverheirateten Frauen meinten vier, daß ihre Eltern nichts dagegen
hätten, wenn sie an einem Frauenprojekt partizipieren. Nur eine Frau
meinte, ihre Eltern würden ihr die Teilnahme nicht erlauben (Mpinga).

Tabelle 63: Verhalten der Männer gegenüber Frauenprojekten

Antwort	Mpinga	Mlowa B.	Nkulabi	Ihumwa	Total
Kein Problem	11	14	14	24	53
Ermutigen	-	1	2	-	3
Verweigern	2	2	-	3	7
Er hat keine Meinung dazu	1	-	1	-	2
Weiß seine Meinung nicht	14	8	4	14	40
Eltern haben nicht dagegen (unv.)	-	1	1	2	4
Eltern sind dagegen (unv.)	1	-	-	-	1
Er hat nichts dazu zu sagen	1	-	-	-	1
Ohne Mann	3	3	6	7	19
Total	33	29	28	40	130

Tabelle 64: Pläne für Geldeinkommen: Vorstellungen der Frauen

Mpinga	Mlowa Barabarani	Nkulabi	Ihumwa
12x Bierbrauen	2x eigener Laden	1x eigener Laden	8x Gemüsegarten
7x eigener Laden	2x Tee- u. Kuchenverkauf	1x Kinderkleidung nähen	11x eigener Laden
1x Produktion von Salz	1x Restaurant	1x Schuluniformen nähen	6x 'hoteli'
2x Töpfeproduktion	1x Bar(mit Flaschenbier)	1x Gartenbau: Tomaten u. Zwiebeln	6x 'pombe' herstellen
2x Kinderkleidung	1x Nähen	1x 'shamba': Mais, Hirse	4x Töpfeproduktion
2x 'shamba'	1x Wirtschaftskurs	2x Kekiproduktion zum Verkauf an der Bushaltestelle	3x Stickerei an Tischtüchern, Verkauf an der Eisenbahn
1x Körbeproduktion	1x Kleinmarkt zum Verkauf von Gemüse	1x UWT: Khangas verkaufen	3x Kinderkleidung
1x Restaurant zum Verkauf von Tee und Speisen			1x Weinanbau
1x Tee für Schulkinder			1x Teezimmer
			1x Kochkurs

Keine Idee:

| 13 Frauen | 16 Frauen | 13 Frauen | 15 Frauen |

266

Die Aussage einer Interviewpartnerin aus Mpinga, 'er hat nichts zu sagen', kam von einer Frau, die sieben Mitfrauen hatte und die weder Geld noch Arbeitshilfe von ihrem Mann erhielt. So nahm sie sich auch das Recht, allein über ihren Arbeitseinsatz zu entscheiden, der ihr Einkommen verschaffen sollte.

7.6.5 Pläne und Vorstellungen der Frauen über Verdienstmöglichkeiten

Zuletzt wurde nach eigenen Vorstellungen über Möglichkeiten des Verdienstes durch Frauenaktivitäten gefragt. Drei unterschiedliche Reaktionen waren festzustellen: a) Einige Frauen hatten klare Vorstellungen; b) damit verbanden einige Befragte aber sofort die Organisation bzw. Qualität der jeweiligen UWT-Gruppe im Dorf, was meist in heftiger Kritik mündete; und c) ein großer Teil der Frauen (44 %) hatte keine Idee zu einkommenschaffenden Aktivitäten.

Nun zuerst zu den Frauen, die präzise Pläne nannten. Eine sichere rentable Aktivität schien den Interviewpartnerinnen das traditionelle Bierbrauen zu sein(1). In Nkulabi (4x) wurde es an erster Stelle genannt, ebenso in Mpinga (12x) und an dritter Stelle der Prioritäten in Ihumwa (6x). In Mlowa Barabarani wurde Bierbrauen nicht erwähnt. Eine Frau nannte zwar den Verkauf von Bier, aber sie wollte Flaschenbier aus Dodoma in einer Bar ausschenken. Die höchste Priorität in Ihumwa hatte die Etablierung eines eigenen Frauenladens, in Mpinga stand ein solcher Plan an zweiter Stelle, in Mlowa Barabarani und in Nkulabi wurde dieser Wunsch kaum genannt.

Auffallend bei der Beantwortung war, daß in Ihumwa viele Frauen gleichzeitig zwei bis vier Aktivitäten nannten, in den anderen Dörfern meist nur ein bis zwei. So erklären sich die hohen Nennungen eines von Frauen betriebenen Gemüsegartens (8x) in Ihumwa, gefolgt vom Wunsch, ein Hotel

---

(1) Dies gilt auch für Frauengruppen in anderen Regionen, vgl. Koda, Mbilinyi, Muro, Nkebukwa, Nkhoma, Tumbo-Masabo, Vuorela: Women's Initiatives in the United Republic of Tanzania. A technical report ILO, Geneva, 1987.

zu betreiben (6x). Eine weitere rentable Arbeiten aus Sicht der Frauen war in Ihumwa und Mpinga die Töpferproduktion, danach kamen in Ihumwa die Stickerei an Tischtüchern, um sie an der Eisenbahnhaltestelle zu verkaufen, sowie das Nähen von Kinderkleidung. Dies wurde auch in Mpinga, in Nkulabi (Kinderkleidung, Schuluniformen) und in Mlowa Barabarani (Nähen) angegeben. Im Bereich der Dienstleistungen war der Komplex 'Restaurant' oder 'Teezimmer' sowie Verkauf von selbstgebackenen Kuchen zu nennen. Subsistenz- oder Verkaufsfrüchteproduktion als mögliche Einkommensquelle wurde kaum erwähnt. Wenn, dann in zwei Dörfern(1), ausgerichtet auf Verkaufsgemüse (Ihumwa 8x und Nkulabi 2x) und Weinanbau (1x Ihumwa), in Mpinga wurde unpräzise eine 'shamba' genannt, und in Mlowa Barabarani wurde Landwirtschaft als geldbringende Aktivität nicht in Erwägung gezogen. Dagegen hielt eine Bäuerin in Mlowa Barabarani die Etablierung eines Kleinmarktes im Dorf für Gemüseverkauf für sinnvoll, um den Frauen die Möglichkeit zu geben, ihre Überschußproduktion zu verkaufen. In Nkulabi war eine Idee, daß Frauen einen Khangahandel (bedruckte Baumwollstoffe) eröffnen sollten, da im Dorfladen das Angebot so schlecht war. Daneben gab es eine überraschend hohe Anzahl von Frauen, die sich keine Einkommensquellen vorstellen konnten (44 %).

Analysieren wir nun die Art der vorgeschlagenen Projekte, so sind folgende Tendenzen erkennbar: Frauen knüpften an ihren eigenen Erfahrungen an, z.B. Pombebrauen und Töpferproduktion (in Ihumwa verkauften Frauen große Wasserbehälter bis nach Dar es Salaam, von der Eisenbahnhaltestelle sind nach Auskunft einiger Informantinnen Frauen gemeinsam nach Dar es Salaam gefahren, um mit hohem Profit ihre Krüge zu verkaufen) sowie Körbe- und Salzproduktion, und zum anderen wollten sie Mißstände in ihrem täglichen Arbeitsbereich, die nicht durch sie verursacht worden waren, zu ihrem Vorteil beheben. Dies wurde ganz klar erkennbar in dem Wunsch nach einem eigenen Laden. In Mpinga gab es

---

(1) Die landwirtschaftlichen Projekte (ob nun Getreide- oder Gemüseanbau) wurden von den Frauen durch folgende Merkmale charakterisiert: Unternehmen auf kommunalem Land, das ihnen vom Dorfrat zur Verfügung gestellt werden soll - also keine Frau trat ein Stück Land ab, das sie als Subsistenzfeld innehatte -, sie begannen praktisch ohne Startkapital (um Düngemittel etc. zu kaufen) mit dem Ziel, nicht für Eigenkonsum, sondern für den Markt zu produzieren.

aufgrund der Transportprobleme und der Art des Managements des Dorfladens (wenig Produkte, Bedienung bestimmter Kunden prioritär) eine große Unzufriedenheit unter den Frauen. Sie erhofften sich bei ihrem Ladenprojekt, daß sie aus eigener Erfahrung die Wünsche der Frauen besser kennen, mehr Energie bei der Beschaffung von Produkten zur Befriedigung von Grundbedürfnissen aufbringen und auch besser bedienen würden. Dies aber ohne jeglichen Hintergrund in Management, Kalkulation, Buchführung, also ohne spezielle Kenntnisse, nur aus dem Glauben heraus, diesen Mißstand selbst aktiv beheben zu können.

In Ihumwa war zum Zeitpunkt der Interviews schon ein zweiter Laden im Gespräch, da im Dorf aufgrund der Einwohnerzahl und der Entfernungen zum Dorfzentrum eine 'duka' ungenügend schien. Viele Frauen kannten nach häufigem Besuch (Verkauf von Gemüse auf dem Markt entweder zusammen mit dem Mann und auch allein) die Hauptstadt Dodoma und waren über Einkaufsquellen informiert und wollten deshalb den zweiten Laden in eigener Regie führen.

Ein klares Bedürfnis und eine Notwendigkeit waren die Herstellung von Kinderkleidung oder Schuluniformen. In Nkulabi gab es keinen Schneider (in der Dodomaregion ein Männerberuf) und in den anderen Dörfern wurde es für die Frauen teuer, die Kinder mit Kleidung auszustatten, da es auch keine Möglichkeit gab, im Dorfladen Nadel, Faden oder Schere zu kaufen, um kleine Näharbeiten (Flicken) auszuführen. Kleidernähen wurde nicht als typisch traditionelle Arbeit der Frauen verstanden, im Gegenteil, es galt als professionelle Männerarbeit. Zwar konnten Kleider gekauft werden (in Dodoma), aber sie waren sehr teuer, so daß Frauen diese Arbeit lernen und selbst produzieren wollten, um zuerst ihre Familie und dann im Dorf weitere Mütter bedienen zu können. Eine neuere Einkommensquelle seit Bestehen der Ujamaadörfer war der Verkauf von Tee und selbsthergestelltem Gebäck innerhalb des Dorfes und an Haltestellen (Bus: Mlowa Barabarani, Nkulabi; Eisenbahn: Ihumwa). Da in der Dorfduka sehr selten Flaschenbier, geschweige denn Soft Drinks zum Verkauf bereitstanden, und Sirup teuer war, hatte sich Tee als Getränk neben Wasser überall durchgesetzt (Milch wurde meist nur für den Eigenbedarf verwendet). Das Problem beim Teeverkauf war nicht der Tee, sondern die Kochstelle, das dazugehörende Geschirr, Zucker, Milch und natürlich ein geeigneter Raum. In Gesprächen tauchte immer wieder der Wunsch auf, der Dorfrat sollte Frauen ein Haus für ein Hotel/Restaurant oder eine Teestube zur Verfügung stellen, aber bisher war es ein schwieriges Unterfangen, da diese Art von Infrastruktur erst langsam im Kommen ist.

Vorrang hatten offizielle Gebäude wie Büros der CCM, Dorfverwaltung, Getreidespeicher und Laden. Anzuzweifeln ist, vorausgesetzt Räumlichkeiten wären vorhanden, ob die Frauen ohne vorheriges Training in sämtlichen Bereichen (Management, Planung, Lagerhaltung, Buchführung) größere Projekte dieser Art implementieren könnten. Dies wurde aber wie bei der Forderung nach einem eigenen Laden von den Frauen selbst überhaupt nicht als Problem empfunden oder gesehen.

7.6.6 Problem der Organisierung von Frauenaktivitäten

Implizit und explizit war in Diskussionen mit Frauen herauszuhören, daß sie für die Implementierung der Projekte/ Aktivitäten und bei möglichen auftretenden Schwierigkeiten immer sofort an eine Betreuung durch UWT oder als wichtigste Institution im Dorf an den Dorfrat dächten, also nicht an ein gemeinsames Treffen und Diskutieren der Frauen zur Überwindung der Probleme, sondern an Einbeziehung politischer und administrativer Gremien, die sie kannten. Die möglichen Projekte wurden zwar als gemeinsame Aktion der Frauen verstanden, aber für Entwicklung/Ausarbeitung der Pläne für Aktivitäten waren ihrer Ansicht nach eben offizielle Stellen (UWT, Dorfrat) zuständig.

Aufgrund der bestehenden Aufteilung: hier Dorfpläne und Ujamaa-Arbeiten für alle Erwachsenen, da Frauenaktivitäten durch UWT (keine Frau nannte Kirchengruppen), konnten sich die Interviewpartnerinnen nicht vorstellen, daß eine Einkommenssteigerung durch erhöhte Produktivität ihrer täglichen Subsistenzarbeit überhaupt möglich wäre - das Beispiel der Ujamaafelder und ihrer niedrigen Produktivität (abgesehen von Mlowa Barabarani) gab ihnen auch keinen Anlaß dazu. Für sie war Geldverdienst eindeutig nur über Mehrarbeit, Zusatzarbeit außerhalb ihres täglichen Arbeitsbereiches denkbar, und das mit Tätigkeiten, die sie kannten und auch privat ausführten. Dabei war m.E. folgendes überraschend: Vergleicht man einkommenschaffende Projekte für Frauen in anderen afrikanischen Ländern(1), so wird meist Mangel an Geld zur Finanzierung bzw. an Startkapital angegeben. Dies wurde hier von keiner Frau erwähnt. Woran liegt das?

Über Finanzierung haben nur wenige Frauen nachgedacht: In Nkulabi keine Frau; in Mlowa Barabarani wurden Kredite von der Bank (einmal) und von UWT (einmal) angegeben; in Mpinga verwiesen drei Frauen auf verdientes Geld durch UWT-Aktivitäten (Bierverkauf), das als Startkapital dienen könnte; in Ihumwa meinte eine Frau, der Dorfrat sollte ihnen einen Kredit verschaffen; eine andere war für Selbsthilfe, alle Frauen sollten einen Beitrag leisten.

Also hatten in zwei Dörfern (Mpinga und Mlowa Barabarani) UWT-Gruppen Kapital, das auf der Bank lag, und somit meinten Frauen, das Startkapital für neue Aktivitäten wäre kein Problem. In den anderen Dörfern wurde Kreditbewilligung als Lösung gesehen, nicht als Hindernis(2). Die Ignoranz über Probleme der Geldbeschaffung hing mit den täglichen Erfahrungen der Bäuerinnen zusammen, denn in den meisten Haushalten wurden nur kleine Summen für Konsumgüter ausgegeben. Man kann also die These aufstellen, daß im Leben der Frauen Geld bisher eine sekundäre Rolle spielte, vor allem verstärkt durch die Tatsache, daß zum Zeitpunkt der empirischen Forschung kaum Konsumgüter oder wichtige Grundnahrungsmittel über die Dorfduka erhältlich waren und man sich primär auf die eigene Produktion verlassen mußte. Geld als Notwendigkeit, ja, aber nur in beschränktem Maße.

---

(1) Hier einige Beispiele: UNDP: Rural Women's Participation in Development, Evaluation Study No. 3, New York 1980; UNDP: Women's Participation in Development: In Inter-Organizational Assessment, Evaluation Study No. 13, New York 1985; Klingshirn: Frauen und ländliche Entwicklung in Afrika. Fallbeispiele aus Ghana und Togo, München, Köln, London 1982; R. Frey-Nakonz: Vom Prestige zum Profit: Zwei Fallstudien aus Südbenin zur Integration der Frauen in die Marktwirtschaft, Saarbrücken, Fort Lauderdale 1984; R. Feldmann: Women's Groups and Women's Subordination: An Analysis of Policies towards Rural Women in Kenya, in: Review of African Radical Political Economy, No. 27/28, 1984.
(2) Es wurde allerdings noch nie ein Kreditantrag bei einer Bank gestellt, so daß die Frauen aufgrund mangelnder Erfahrung mögliche Schwierigkeiten nicht beurteilen konnten.

Eine andere Überlegung zielt auf die untergeordnete Rolle der Ujamaaproduktion; für ihre Arbeit erhielten die Bäuerinnen kein Geld, sondern - wenn überhaupt - einen Anteil an der Produktion. Die Geldwirtschaft war generell wenig entwickelt, so daß dies für ihre Arbeit, ob auf dem Feld oder im Haushalt, nicht den Stellenwert einnahm wie in anderen Regionen Tanzanias mit höherer Arbeitsproduktivität (Mbeya- oder Arusharegion) und monetären Wirtschaftsläufen.

Für Frauen war das größte Problem: 'Wer soll die Projekte organisieren'. Es wurde Unzufriedenheit mit dem jeweiligen Führungsstil der UWT-Leitung des Dorfes laut, ihrer Inaktivität, aber es kam auch die Kritik, daß Frauen nicht kooperierten. Bei Beurteilung der Kritik an UWT muß berücksichtigt werden, daß dies Frauen waren, die entweder direkt auf die Frage nach Einkommensmöglichkeiten konkrete Pläne oder nur Kritik an UWT hatten.

Tabelle 65: Unzufriedenheit mit UWT-Führung

Unzufriedenheit mit UWT-Führung	Ruf nach Dorfvorsitzenden
Nkulabi: 5	1
Mlowa Barabarani: 6	3
Mpinga 11	4
Ihumwa[1) 4	3

1) UWT-Gruppe soll sich konstituieren

Im einzelnen wurde die Kritik wie folgt begründet: In Mpinga sprach die UWT-Vorsitzende nur Cigogo, und durch diese Tatsache war sie für die Ausübung ihres Amtes denkbar schlecht geeignet (bei Dorfversammlungen wurde Swahili gesprochen), da die Unkenntnis von Kiswahili, auch bei älteren Frauen, nicht entschuldigt wurde und als Makel galt. So charakterisierte man sie als 'schüchtern' gegenüber Männern und als inaktiv. Immer wieder - auch bei den anderen Dörfern - kam die Klage, daß von UWT

keine Versammlung einberufen würde, um weitere Aktivitäten zu bespre-
chen, vorzuschlagen und einzuleiten. Hinzu kam oft ein Mißtrauen gegenüber UWT, da das Geld nach der letzten Aktion (Bierbrauen) nicht an die
beteiligten Frauen verteilt worden, sondern auf die Bank gekommen war
und so für sie subjektiv nicht erfaßbar und erreichbar war.

In Mlowa Barabarani wurde die UWT-Vorsitzende mit dem Argument angegrif-
fen, sie wäre faul und die UWT-Sekretärin sollte deshalb die Leitung der
Gruppe übernehmen. Bei einem Interview mit der zuständigen Beamtin für
Kooperativen und Ujamaa wurde erwähnt, daß die Dorffrauen sogar Formu-
lare vom Distrikt angefordert hätten, um eine Änderung der Besetzung der
Spitzenpositionen zu erreichen (Interview in Mlowa Barabarani 13.10.81).

In Nkulabi wurde das Managementproblem auch in der UWT-Leitung gesehen,
wobei Vorwürfe, wo das verdiente gemeinsame Geld geblieben wäre (keine
Erklärung von der UWT-Vorsitzenden), im Mittelpunkt der Kritik standen.

In Ihumwa existierte zum Zeitpunkt der Interviews keine UWT-Gruppe.
Somit war hier die Frage nach Organisation prioritär. Vier Frauen
meinten, man könnte trotzdem mit der UWT Aktivitäten entwickeln. Fünf
waren für sofortige Vereinnahmung UWTs "in irgendeiner Form". Eine
50jährige sagte im Interview, sie könnte so ein Projekt leiten, während
fünf Frauen keinen als Ansprechpartner vorzuschlagen wußten.

Diese Ratlosigkeit gab es auch in den anderen Dörfern. Einige Frauen
wollten den Dorfvorsitzenden bemühen, die Frauen zusammenzurufen und
ihnen Anleitungen zum Gelderwerb durch bestimmte Projekte zu geben: in
Mpinga vier, in Mlowa Barabarani drei (plus eine Frau, die die 'elders'
befragen wollte), in Ihumwa drei und in Nkulabi eine Frau. Die Regierung
als 'counterpart' wurde nur einmal in Mlowa Barabarani in die Pflicht
genommen.

Andererseits wurde auch Kritik unter Frauen geübt: schlechte Zusammenarbeit und wenig Initiative wurden in Nkulabi und in Mlowa Barabarani
genannt.

Eine optimistische Einstellung existierte auch: "Wir wählen Frauen als Leiterinnen und beginnen"; diese Antwort kam dreimal in Ihumwa, "Frauen sollen einander anstacheln" in Mpinga einmal.

Vergleicht man die schwierige Situation für Frauenaktivitäten mit zahlreichen Selbsthilfegruppen in Kenya, ist auf den ersten Blick die Reaktion der Frauen nicht einsichtig. Aber setzt man ihre Frage - "Wer soll uns denn organisieren? Keiner ist da, um uns zu organisieren" - in Relation zum politischen System Tanzanias, wird ihr Standpunkt erklärbar. Nach der Unabhängigkeit, und in der Dodomaregion massiv seit Gründung der Ujamaadörfer (vgl. Operation Dodoma), wird in allen Dörfern von der Partei und ihren Massenorganisationen, also auch der UWT, alles von oben für die Dorfbewohner/ innen 'organisiert', durch das System der 10-Häuserzellen seit 1964, dem Aufbau des Dorfes von der untersten Ebene - Zell- und Sektionsebene - bis zum Dorfrat mit seinen Unterkomitees. Kurz, die Eigeninitiative wird systematisch gelähmt, beispielsweise für gemeinsame Aktivitäten, die administrativ geplant und implementiert werden.

Mißtrauen im Umgang mit gemeinsam erwirtschaftetem Geld und mangelnde Führungsqualitäten zeigten, daß innerhalb der jeweiligen UWT-Gruppen offensichtlich keine gemeinsame Basis vorhanden war, Wünsche und Vorschläge zu diskutieren. Immer wurde eine Organisation - ob UWT oder ein Unterkomitee des Dorfrates - als Voraussetzung für eine Aktivität gesehen, ohne diese Vorbedingung schien es nicht zu gehen.

Schließlich ist zu berücksichtigen, daß vor Bildung der Ujamaadörfer die meisten Frauen in Streusiedlungen gelebt hatten und ihre Erfahrungen auf Dorfebene erst später machten. Folgerichtig wurden deshalb als Grundlage für Gruppenaktivitäten die politischen Instanzen angesprochen.

Will man Aktivitäten fördern, so ist u.a. eine Grundvoraussetzung die Einführung eines Trainingsprogramms für Frauengruppen auf Dorfebene (Projektmöglichkeiten, Zusammenarbeit in einer Gruppe etc.). Interessant ist auch ein anderer Aspekt: Keine Frau kam auf die Idee, finanzielle Mittel von ausländischen Entwicklungsorganisationen zu verlangen, oder auch von seiten der Regierung oder UWT, um so bestimmte Inputs, seien es Trainingskurse oder Seminare für Frauen, zu ermöglichen, aus denen dann Projekte mit Fremdfinanzierung hervorgehen. Zum Zeitpunkt der Untersuchung gab es einige Entwicklungsprojekte in der Region, aber die Frauen kamen noch nicht auf die Idee, hier Projektanträge zu stellen. Dieser Schritt war noch nicht Teil ihrer Realität.

7.6.7 Selbsthilfe - (k)ein politisches Instrument in Tanzania?

Die Definitionen der 'Selbsthilfe' sind sehr unterschiedlich, oft wurden mit dem Begriff Selbsthilfe der jeweiligen historischen Zeitepoche bestimmte Arbeiten charakterisiert. Nehmen wir das Beispiel der 'working groups' oder 'beer-parties'. In traditionellen Gesellschaften bedeutete Selbsthilfe Familien- und Nachbarschaftshilfe, mit der reziprok anfallende landwirtschaftliche Arbeiten oder auch Häuserbau bewältigt wurden. Dies entgalt man nicht mit Geld, sondern mit Nahrungsmitteln und Alkohol ('pombe').

In der Kolonialzeit wurde 'gemeinsames Arbeiten' auf infrastrukturelle Arbeiten (Straßenbau, Antierosionsmaßnahmen) bezogen, und Ende der 50er Jahre wurde Selbsthilfe mit der Etablierung von Genossenschaften und 'Communitiy Development' verbunden.

Waren also traditionell persönliche, verwandtschaftliche Kontakte und Kooperation Voraussetzung für Selbsthilfe, änderte sich dies in der Kolonialzeit ins abstrakt Öffentliche der 'public work', eine oft mit Zwangsmaßnahmen (Strafen für nichtbezahlte Steuern etc.) verbundene Mobilisierung zur Selbsthilfe. Wichtiges Moment hierbei war, daß die Maßnahmen nicht von den Partizipierenden selbst initiiert wurden, sondern von außen, der Kolonialregierung und ihren Beamten.

Unter den Frauen gab es traditionell auch Selbsthilfegruppen, um sich gegenseitig zu unterstützen oder soziale Obligationen zu erfüllen (Heirat, Begräbnis etc.). Diese Frauengruppen wurden nach einer These von Swantz (1985) bei Bildung der UWT nicht einbezogen, sondern zerstört.

276

Nur UWT war die offiziell gewünschte Frauenorganisation der Partei. Zum Zeitpunkt der Gründung von UWT bestand nämlich das Problem, daß viele inoffizielle und traditionelle Frauengruppen existierten, die nirgends registriert waren - eine Voraussetzung, um in UWT aufgenommen zu werden - und somit weder erfaßt noch in die neue Frauenmassenorganisation einbezogen wurden. Die 'social leaders', so Swantz, informeller Frauengruppen wurden also ignoriert. Eine Partizipation von 'unten' wurde nicht gewünscht und die Realität von Selbsthilfe wurde von der Partei nur über ihren Transmissionsriemen UWT definiert.

Holmquist sieht einen ähnlichen Prozeß genereller Art für Selbsthilfe auf Dorfebene; denn die Bürokratie habe kein Interesse an Selbsthilfe, da diese Prozesse ihre Managementfunktion und Ideologie beeinträchtigen. Es entstand schon nach der Unabhängigkeit Kenyas und Tanzanias ein Streit zwischen der 'rural petty bourgeoisie" (Holmquist:1979)(1) und den Bürokraten um den Charakter von Entwicklungsprojekten in den Dörfern(2), denn die Dorfbewohner verstanden unter Selbsthilfe Etablierung sozialer Infrastrukturen (Schulen, Hospitäler etc.) im Gegensatz zu Bürokraten, die mittels Selbsthilfe eine landwirtschaftliche Produktivitätssteigerung erreichen wollten. Holmquist bezeichnet diese Haltung als ziel- und zweckgerichtet im Eigeninteresse des Staates und der Bürokratie: ..."its means of survival through the control of surplus peasant production" (1979:137).

Von offizieller Seite wurde die Dezentralisierung in Tanzania 1972 als eine Reform verstanden, mit der eine überlieferte Verwaltungsstruktur

---

(1) Der Charakter und der Anteil von Selbsthilfe hing ab ... "upon the balance of power in rural areas between two segments of the petty bourgeoisie: a rural segment (wealthy peasants, African trading and commercial elements, and local immobile civil servants); and a bureaucratic segment (transferable civil servants at the national level, and, in Tanzania, salaried party officials) that was tansferable throughout the country and was largely recruited on the basis of educational attainment" (1979: 132).
(2) Die Machtkämpfe zwischen Vertretern aus Dörfern gegenüber lokalen Parteifunktionären und Regierungsbeamten beschreibt schon für das Ruvuma-Siedlungsprogramm L. Cliffe: The Policy of Ujamaa Vijijini and Class Struggle in Tanzania, in: Cliffe/Saul (Eds.): Sozialism in Tanzania, Vol. II, Dar es Salaam 1973: 195-211.

den sozialistischen Zielen besser angepaßt werden sollte, d.h. die Eigeninitiative der Bevölkerung sollte gefördert werden. Nyerere beschreibt: "We have to work out a system which gives more local freedom for both decision and action on matters primarily of local impact, within a framework which ensures that the national policies of socialism and self-reliance are followed everywhere" (1972:2). Die Realität der Umsetzung bescherte den Regionen und Distrikten wesentlich mehr Beamte, die planen und implementieren sollten (Friedrich/Schnepf/Székely 1982: 27 ff.). Die Folge war, daß der Prozentsatz der Selbsthilfeprojekte von 64 % 1971-72 auf 29 % 1974-75 fiel (1).

Eine Studie der Universität Dar es Salaam (Leonard et al. 1975) kommt zur These, daß sich die Macht der lokalen Beamten zugunsten von Partei und gewählten Offiziellen in den Dörfern ausweitete. Diese Situation verhinderte eine eigenständige, eigendynamische Entwicklung von Aktivitäten in den Dörfern(2), alles wird vorgeplant.

Holmquist zieht daraus folgendes Fazit: This experience should once again give pause to those who believe that a large and modern bureaucracy is necessarily an instrument for peasant welfare. It may well be the very opposite - a structure for surplus appropriation that takes more than it gives, while tending to preclude peasant participation, local organization, mass skill development, and the use of local resources and technology" (1979:147).

Kommen wir wieder zurück auf die Frauen und mögliche Projekte, die ihnen Einkommen schaffen sollten. Nach diesem Exkurs wird klar, daß sie auf-

---

(1) Leonard/Hyden/Maeda/Mushi (75) zit. in:Holmquist (1979).
(2) Vergleicht man die Selbsthilfegruppen im Nachbarstaat Kenya mit den Entwicklungen in Tanzania, die eine hohe Rate aufwiesen, so zeigt sich eine Kombination von offizieller Einmischung, Ermunterung und lokaler Initiative und Führungsschicht. Die Projekte umfassen Bau von Kindergärten, Primär- und Sekundärschulen, Gesundheitszentren, lokale Straßen und Viehdips. Frauengruppen hatten daneben noch einkommenschaffende Aktivitäten als Gruppen (vgl. Feldmann: 1984). Da die Mehrzahl der Aktivitäten der Selbsthilfe im Konstruktionsbereich lagen, fielen für den Staat später laufende Kosten an (Holmquist 1984:73).

grund der politisch-administrativen Struktur im Dorf weder an Selbsthilfe gewöhnt waren noch an Unterstützung vom Dorfvorsteher (das Gegenteil in Nkulabi) oder Dorfsekretär, denn deren Haltung gegenüber Dorfbewohnern/innen entsprach nicht immer den Bedürfnissen der Menschen. Frauen waren folglich qua Geschlecht doppelt benachteiligt, da sie für die Bürokraten keine Zielgruppe ökonomischen Fortschritts darstellten und somit nicht gefördert wurden. Als Subsistenzproduzentinnen waren sie zwar anerkannt, aber nicht als potentielle innovative Trägerinnen des Fortschritts, die man mit modernen Kenntnissen und Inputs (verbessertes Saatgut, Düngemittel etc.) fördern sollte. Von dieser Seite hatten die Frauen kaum etwas zu erwarten. Da die Bürokratie die Geschlechterrolle nicht in Frage stellte und verändern wollte, blieben die Frauenaktivitäten untergeordnete Marginalien für die Administratoren. So wurde die Situation der Frauen durch Managementmängel der UWT, die Unwilligkeit der Bürokratie bzw. das Verharren im Status quo auf Dorf- und Distriktebene erschwert. Beide Komponenten wirkten sich - im Falle der vier Untersuchungsdörfer - lähmend auf mögliche Aktivitäten der Frauen aus.

8 ABSCHLIESSENDES FAZIT

Hydens Thesen der 'uncaptured peasantry' ließen sich am Beispiel der agro-pastoralen Gesellschaft der Wagogo nicht nachvollziehen. Die bäuerlichen Haushalte produzierten primär Gebrauchswerte für die direkte Konsumption neben der einfachen Produktion von Waren für Surplus, und, wie Bernstein analysiert: "Commodity production becomes an economic necessity for the peasantry. In order to meet its needs for cash the household produces commodity which become, through the process of circulation, material elements of constant capital and variable capital" (1979:7).

Um die Einflüsse kapitalistischer Penetration in seinem Modell abzuschwächen, schreibt Hyden (1): "The majority of peasant producers in Africa falls into the category of those who merely press their noses against the shop-window at the market place ... They do not mind obtaining goods from the market-place, but these are not acquired with a view to overturning existing social relations and forms of production" (1986:691). Genau das stimmte für die untersuchten Dörfer nicht, bestimmte Produkte wie Salz, Zucker, Kochöl, Streichhölzer gehörten in allen Haushalten zum täglichen Konsum, und die Frauen beklagten sich über das schlechte Warenangebot der 'dukas'. Doch damit nicht genug, sie wollten ihre Situation verändern und in eigener Regie Läden betreiben, aus dem Wunsch heraus, für ihre Bedürfnisse zu sorgen. Die Männer, die die 'dukas' betrieben, versorgten zuerst sich und ihre Klientel (Verwandtschaft, politisch und ökonomisch einflußreiche Familien). Dadurch minderte sich das ohnehin schlechte Warenangebot für die anderen Dorfbe-

---

(1) Eine Erwiderung Hydens auf die Kritik von Kasfir, daß Bauerngesellschaften nicht 'self-sufficient' sind (1986). Auch Mbilinyi geht davon aus, daß es nur eine beschränkte Möglichkeit der Bauern gibt, sich 'zurückzuziehen', da sie von bestimmten Produkten und durch notwendige Ausgaben (Schulgebühren) vom Markt abhängig sind. Sie geht ein auf den Aspekt der sich ständig verschlechternden Einflüsse der Terms of Trade, aufgrund derer die Konsumption von Waren zurückgegangen sei: "It is incorrect to interpret this to be forms of peasant resistance to commoditisation. Rather, the peasants are increasingly unable to reproduce themselves with the means of production at their disposal. This is observable as an everlowering standard of living" (1980:10).

wohner zusätzlich. Ein Rückzug aus der materiellen kapitalistischen Reproduktion wurde nicht freiwillig angestrebt. Festzustellen war lediglich eine ökonomische Zwangslage, in der ländliche Produzenten auf keinerlei Angebotsanreize reagieren konnten.

Bei seiner Analyse der bäuerlichen Produktionsweise geht Hyden richtig davon aus, daß die Bauern (nicht die Bäuerinnen, CDR) noch über Produktionsmittel - Land und Vieh - verfügten, als einfache Warenproduzenten somit keine Proletarier waren, und noch die Kontrolle über Organisation und Produktion der Haushalte hatten. Aber am Beispiel der Dodomaregion wurde belegbar, daß dies nur bedingt zutraf, denn in den Ujamaadörfern mußten offiziell alle Erwachsenen eine bestimmte Zeit pro Woche (oft drei Tage) für Ujamaa-Arbeiten zur Verfügung stehen, dabei war die landwirtschaftliche Produktion nicht das wichtigste Element der Gemeinschaftsarbeiten, sondern die Bautätigkeit. Bäuerliche Haushalte waren folglich in ihrer eigenständigen Verfügung über Arbeitszeit und Arbeitskraft beschnitten. Diese öffentlichen Arbeiten wurden außerhäuslich organisiert und kontrolliert, und zwar durch die 10-Zellenleiter und den Dorfrat. Dem konnten sich die Dorfbewohner/innen nicht entziehen, obwohl die Arbeiten für ihre direkte Subsistenz nicht von unmittelbarer Bedeutung (Getreideerträge), sondern im Dienstleistungssektor und in sozialer Infrastruktur angesiedelt waren.

Die aktive Rolle des Staates in Funktion seiner Beamten nahm in den Untersuchungsdörfern stetig zu - und es kann nicht eindeutig entschieden werden, ob die Bauern ohne seine Intervention ihre soziale und ökonomische Reproduktion hätten aufrechterhalten können. Die Angebote an Schulen, Hospitälern u.a. wurden positiv aufgenommen, ein wesentlicher Fortschritt durch die Ujamaapolitik, selbst wenn eine drastisch fehlgeschlagene Politik der Erhöhung landwirtschaftlicher Produktivität festgestellt werden mußte. Die Wagogo haben bis zur Operation Dodoma den Staat - und vice versa! - ignoriert, soweit es ging, während der ständig wiederkehrenden Hungersnöte wurde die Nahrungsmittelversorgung durch den Staat als selbstverständlich erachtet. Im Gegensatz zu anderen Regionen Tanzanias, die sich viel früher in ihrer marktorientierten Produktion staatlichen Eingriffen nicht entziehen konnten, war die Situation der

Dodomaregion als unterentwickeltes Gebiet eine andere, der Staat überließ die 'rückständigen' Viehzüchter mit einem Standbein in der Landwirtschaft ihrem Schicksal.

Später diente die Region dem Experiment der Ujamaapolitik. Dazu schien sie den Herrschenden des Landes geeignet. Konnte man doch Experimente durchführen, ohne die Einnahmequellen des Staates (Exportproduktion) zu stören. Die Wagogo verweigerten sich nicht - allerdings kam es zu beobachteten Zwangsumsiedlungen - mitzuspielen, schließlich hatten sie keine andere Chance, da sich nach der letzten Hungersnot 1969 eben kein Ausweg des Überlebens à la Hyden in eine funktionierende Subsistenzproduktion anbot.

Die Dorfbildungen waren eindeutig der größte Eingriff in die bisherige Lebens- und Wirtschaftsweise der Wagogo. Neue Verwaltungsstrukturen kamen von außen, die äußere Kontrolle der Haushalte wuchs enorm (z.B. Strafen bei Nichterscheinen zu Ujamaa-Arbeiten). Eine neue Elitenbildung entwickelte sich aus der neuen politischen Struktur (Dorfvorsteher, Dorfsekretär) und das Zusammenleben mit Regierungspersonal wie Schullehrern, Veterinären in den Dörfern. Bestimmte Vorteile der neuen Infrastrukturen ließen sich nicht leugnen. Je nach Dorfrat wurde die Ujamaapolitik in der Landwirtschaft stringenter oder laxer implementiert (Vergleich Mlowa Barabarani und Ihumwa). Für die Dorfbewohner hatte dies geringe Konsequenzen für ihre unmittelbare Reproduktion, nur die für Ujamaa im landwirtschaftlichen Bereich erbrachte Arbeitszeit und Energie war - ihrer Meinung nach - verschwendet.

Eine klar erkennbare Taktik wurde oft gegen diese landwirtschaftlichen Tätigkeiten angewandt, man fehlte (und bezahlte die Strafe), man(n) schickte seine Frau, man arbeitete schlampig und ließ während der Erntezeiten die Ujamaafelder stehen, bis die eigenen Felder abgeerntet waren. Dies alles geschah mit Einverständnis der Dorfregierung, ein pragmatischer Kompromiß auf Dorfebene. Hatte der Dorfrat selbst noch weniger Interesse an Ujamaalandwirtschaft (Ihumwa), so baute man, um sich den Behörden in Dodoma nicht zu offen zu verweigern und um 'Strafexpeditionen' auszuweichen, einfach Kassava auf schlechtem Boden an -

der bewußt für diesen Zweck ausgesucht wurde - und meldete dies als landwirtschaftliche Ujamaabestellung des Dorfes, aber man bearbeitete das Ujamaafeld nicht weiter. Im Dorfbericht hieß es dann, die Kassava sei vertrocknet. Eine andere Art der Nichtbeachtung der Ujamaalandwirtschaft war die Bestellung von kleinen Anbauflächen im Verhältnis zur Gesamtbevölkerung (Ihumwa). Manchmal weigerte sich die Dorfbevölkerung aus Protest gegen das schlechte Management im Dorf (Nkulabi) die Ujamaafelder abzuernten.

Trotzdem kann die wachsende Präsenz des Staates nicht geleugnet werden, die auffallend hohen Bauaktivitäten in jedem Untersuchungsdorf - hier überall das erste Ziel, ein CCM-Haus zu errichten - zeigen, daß immer mehr Verwaltung und Staatspersonal in die Dörfer kam, damit wuchs der Zugriff des Staates auf dem Lande ständig, statt sich zu verringern, wie Hyden sagt.

Gehen wir nun ein auf die Rolle der Frauen in den Ujamaadörfern. Einiges hat sich für sie verändert: Mehrarbeit in der landwirtschaftlichen Produktion, da die Ujamaalandwirtschaft als zusätzliche Belastung für sie hinzukam. Ihre soziale Stellung veränderte sich insofern, als sie offiziell die Möglichkeit hatten, aktiv die Dorfpolitik mitzubestimmen. In der Realität stellten sie aber höchstens 20 % der Mitglieder der Dorfregierungen. In Komitees arbeiteten sie zwar mit, in den Planungskomitees, in denen alle politisch relevanten Entscheidungen fielen und die Weichen für die Dorfentwicklung gestellt wurden, saß keine einzige Frau. Die unterste Ebene der politischen Partizipation der 10-Zellenleiter war ebenfalls primär eine Männersache. Es gab keine einzige weibliche Dorfvorsteherin oder -sekretärin in den von mir untersuchten Dörfern und m.W. auch nicht in den anderen Dörfern der Region.

Aufgrund ihrer geringen politischen Macht konnten sich die Männer auch die lukrativen, durch die Dorfgründungen entstandenen bezahlten Posten untereinander aufteilen. In den Dörfern waren die Stellen des Ladenmanagers, des Buchhalters u.a. in ihrer Hand. Keine Frau war in diese neuen Arbeitszusammenhänge eingegliedert. Damit entwickelte sich wieder eine neue Benachteiligung der Frauen, die so aus der Dorfentwicklung im monetären Sektor ausgeschlossen blieben und wieder dem Klischee und der Realität entsprachen, im 'unterentwickelten' Sektor der Subsistenz zu arbeiten.

Die soziale Realität war immer noch sehr traditionell, es gab keine unverheirateten Frauen mittleren Alters. Anerkannt waren nur verheiratete Frauen. Junge ledige Mütter wurden noch nicht sozial geächtet wie in Kenya, konnten aber oft nur Zweitfrau in einem polygamen Haushalt werden. In meinen Diskussionen kam die Auffassung der Dorfbewohner/innen klar zum Ausdruck, daß sie ledige Mütter nicht als Makel empfänden, schließlich wäre die Fruchtbarkeit des Mädchens bewiesen worden.

In einer Umbruchsituation befand sich die Bewertung des Brautpreises: 1. Vieh war immer noch das wichtigste Zahlungsmittel, Geld ohne Viehbeitrag wäre undenkbar gewesen (ein Zeichen des Stellenwerts des Viehs in ihrer Gesellschaft). 2. Eltern hatten nicht mehr grundsätzlich die Kontrolle über ihre Kinder. Einige Jugendliche, die nicht Willens waren, auf die Brautpreisaktion zu warten oder bei denen die Eltern mit der Wahl des Partners nicht einverstanden waren, migrierten in Städte, da sie bei Zuwiderhandeln aufgrund der sozialen Normen nicht mehr im Dorf hätten leben können.

Fazit: Ujamaadörfer haben Frauen kaum Verbesserungen gebracht, außer im Bereich sozialer öffentlicher Infrastruktur: Krankenstationen, Schulen, Getreidemühlen, manchmal Wasserversorgung. Teilweise waren jedoch Maßnahmen wie Trinkwasserversorgung im Dorf und Getreidemühlen, durch die zeit- und arbeitsintensive Arbeitsprozesse wegfallen würden, nicht genügend realisiert, teils wegen des Desinteresses der Männer (Mpinga - keine Rohre mehr repariert), teils wegen objektiver ökonomischer Knappheiten (Diesel, Ersatzteile für Mühlen). Ein ständig wachsendes Problem war die Feuerholzbeschaffung. In unmittelbarer Nähe der Dörfer nahm die Abholzung zu, immer weitere Wege mußten in Kauf genommen werden. Also waren kaum Zeitersparnisse bei Frauenarbeiten festzustellen. Innerhalb der sozialen Stratifikation der Dörfer kamen wohlhabendere Haushalte eher in den Genuß der neuen Infrastruktur als arme Frauen (Bezahlung bei Getreidemühlen).

Die Arbeitsbelastung durch Landwirtschaft hat zugenommen. Die Subsistenzfelder mußten bestellt werden, und die Ujamaa-Arbeiten waren primär Frauensache (auch wieder mit der Tendenz, daß ärmere Frauen mehr Zeit hierfür aufbringen mußten, da sie die Strafen nicht so leicht bezahlen konnten), ob Feld- oder Bautätigkeiten (Wasserholen für Lehmherstellung der Ziegel, Bausteine). Bezahlte 'fundis' waren Männer. Die schweren körperlichen Arbeiten waren Frauensache. Da das Geldeinkommen für die Reproduktion nicht ausreicht bzw. unzureichend vom Mann aufgebessert wurde, mußten Frauen, um tägliche Gebrauchsprodukte kaufen zu können, zusätzlich Einkommen schaffen. Neben Bierbrauen (der lukrativsten Art, hier konnten wieder primär wohlhabendere Frauen investieren: Kauf von Zucker und Besitz von Überschüssen an Mais oder Hirse) waren kaum ertragreiche Möglichkeiten vorhanden.

Nimmt man die Eingangsthesen von Mblinyi für UWT und vergleicht sie mit der erfahrbaren Realität der Dodomaregion, muß festgehalten werden: UWT strebte keine Veränderung der Gesellschaftsstruktur, keine eventuell gerechtere Verteilung von Arbeit und Einflußsphären an, sondern versuchte innerhalb der existierenden Strukturen den Bäuerinnen bestimmte Angebote zu machen. In den Dörfern bestand keine Interessenidentität aller Frauen bei UWT-Aktivitäten. Bestimmte soziale Gruppen wie geschiedene Frauen wurden nach Möglichkeit ausgeschlossen. Die UWT-Angestellten versuchten nicht, mehr Rechte für Bäuerinnen zu fordern, z.B. Zugang zu Produktionsmitteln, Zugang zu landwirtschaftlicher Beratung. Die traditionelle geschlechtsspezifische Struktur der bäuerlichen Gesellschaft wurde verfestigt, indem Frauenprojekte nicht primär im Agrarbereich ansetzten (z.B. mit verbessertem Saatgut etc.), sondern in Dienstleistungsbereichen.

Für die Anforderungen eines ökonomisch profitorientierten Projektes war UWT katastrophal schlecht ausgerüstet: zu wenig Personal, das zudem nicht die dafür notwendige Ausbildung hatte, über zuwenig Geld verfügte (Transportkosten) und eher UWT verwaltete als Frauen in ihrer Rolle als Bäuerinnen unterstützte. Auch das Postulat, als politische Organisation für die Frauen in Tanzania einzutreten, war auf Dorfebene wirkungslos. Die Entwicklungsvorstellungen der UWT liefen von oben nach unten, wobei alle Entscheidungen über mögliche Aktivitäten UWTs zuerst mit der CCM abgestimmt werden mußten und der Bewilligung der Dorfregierung bedurften.

Die 'Entwicklung' der Frauen wurde also durch die Partei bestimmt, UWT als implementierendes Organ hatte zwar eine verbal anerkannte Funktion, wurde aber in den Dörfern nicht ernst genommen. Im Gegenteil, man konnte gerade damit Probleme, die vor allem Bäuerinnen angingen (z.B. Getreidemühle, Wasserversorgung etc.) von der politischen Ebene des Dorfrats und der Dorfversammlung fernhalten und auf UWT abschieben und so als 'Unterproblem' behandeln und als sekundär einordnen, wohlwissend, daß UWT eine uneffektive Organisation war und nicht energisch auftrat.

Nichtsdestotrotz rief UWT meist negative Gefühle bei Männern hervor, in der Befürchtung, daß ihre Vorrangstellung ihren Frauen gegenüber beschnitten werden könnte. Dies zeigte das Verhalten vieler Männer (ob Stadt oder Dorf), ihren Frauen die Partizipation an UWT-Projekten zu verweigern. Außer, daß Frauen dort Informationen erhielten, könnte durch diese Projekte - so ihre Befürchtungen - eine unabhängige ökonomische Situation entstehen, die sie vermeiden wollten.

Kommen wir auf die Auswahl der Dörfer zurück, lassen sich folgende Entwicklungen aufzeigen: In Mpinga, das durch die Benachteiligung in seiner Infrastruktur auffiel, zeigte sich, daß die Frauen - gleich welchen Alters - durchweg konservativer als die Frauen der anderen Dörfer, speziell in bezug auf Brautpreis und Leitungsfunktionen der Frauen in der Politik argumentierten. Ihre Produktion und Reproduktion war sehr traditionell, Warenproduktion spielte eine geringe Rolle, die Zirkulationssphäre des Marktes dominierten Männer. Für die Frauen Mpingas spielte die Tauschwertproduktion keine große Rolle.

In Mlowa Barabarani zeichneten sich alle Frauen durch einen bemerkenswert hohen Informationsstand über die Angelegenheiten ihres Dorfes aus (im Gegensatz zu Nkulabi). Soweit beurteilt werden kann, waren hier die sozialen Unterschiede im Dorf am größten bzw. für Außenstehende am besten sichtbar, Reichtum lag in Mlowa Barabarani weniger als in Mpinga im Eigentum an Vieh als in der Überschußproduktion des Getreides (Mais, Hirse) begründet.

In Nkulabi war die Verweigerung gegenüber der Dorfleitung (korrupter Dorfvorsteher) offensichtlich, der Rückzug in die haushälterische Produktion und Reproduktion muß als Protest gegen die angenommene Veruntreuung von Ujamaageldern interpretiert werden. Personal von außen hatte es sehr schwer, mit den Dorfbewohnern zusammenzuarbeiten, Mißtrauen prägte das Dorfleben.

Ihumwa als unternehmerisches, für den Markt produzierendes Dorf zeichnete sich durch übereinstimmendes dörfliches (inklusive der Führung) Desinteresse an Ujamaa aus. Die Frauen hatten durch die Nähe der Stadt und der Eisenbahnhaltestelle einen wesentlich höheren Informationsstand über die Außenwelt als die Bäuerinnen der drei anderen Dörfer. Je nach ihrer ökonomischen Situation und ihren Fähigkeiten versuchten sie gezielt, in Marktbeziehungen einzutreten, mit Gemüseanbau (oft aber als mithelfende Arbeitskraft des Mannes), der Herstellung von Krügen etc. Allerdings war ihre Subsistenzgrundlage immer noch die gleiche wie in anderen Untersuchungsdörfern. Eine mögliche Arbeitsteilung im Dorf könnte sich anbahnen, wenn einige Frauen, die Felder in der Nähe des saisonalen Flusses (Zugang zu Wasser) besitzen, sich auf Gemüseproduktion spezialisieren und für die tägliche Konsumption Getreide von anderen Bäuerinnen kaufen oder tauschen würden. Eine andere Arbeitsspezialisierung hat sich durchgesetzt, Handwerker produzierten gezielt für den Markt in Dodoma Gebrauchsgegenstände (Hocker, Stößel, Mörser und 'Airport Art') für den kleinen Touristenmarkt. Man gewann den Eindruck, daß Vieh eine untergeordnete Rolle in seiner ökonomischen Relevanz spielte, da andere Möglichkeiten der Warenproduktion vorhanden waren.

Die Dorfbewohner/innen definierten Entwicklung als Bereitstellung sozialer Dienstleistungen und Infrastrukturen, demgegenüber definierten Beamte im Kilimo in der Stadt Dodoma Entwicklung als Produktionssteigerung in den verschiedenen Sektoren der Landwirtschaft. Große Hoffnungen setzte man dort auf den wachsenden Weinbausektor (der eine Klassendifferenzierung in den Dörfern vorantrieb) und die wenigen anderen Verkaufsfrüchte wie Sonnenblumen, Kastor und Simsim. Die Implementierung des Ziels erhöhter landwirtschaftlicher Produktivität hatte in der Dodomaregion kaum an Realität gewonnen. Ein negatives Verhältnis zu den Wagogo bestimmte die Kommunikation und das Verhalten der meisten Bürokraten der Region, die aus anderen Gebieten Tanzanias stammten. Die Wagogo hatten den Ruf, rückständig zu sein, somit wußte man am besten, was für sie gut war. Dementsprechend zeigte man immer wenig Verständnis für die viehwirtschaftliche Komponente der Wagogo, nur Landwirtschaft sollte unterstützt und als Sektor ausgebaut werden, Vorurteile dominierten.

Diese Einschätzung war schon bei der Formulierung der Entwicklungsziele der Arusha-Deklaration vorherrschend. Rigby verzeichnet, daß 1967 die Regierung ... "make no mention of the choices of pastoralism or agriculture" (in: Nkanga 1969:49). Rigby kritisiert weiter, daß traditionelle Techniken und Werte der Viehzüchter nicht einmal im Ansatz als verbesserungswürdig befunden würden, mit den Viehherden hätte man eine florierende Ökonomie aufbauen können. Aber da, so seine Analyse, Viehherdenentwicklung nicht arbeitsintensiv wäre und so die Arbeitslosenprobleme nicht zu lösen gewesen wären, hätte man auf Landwirtschaft gesetzt.

Das speziell auf die Wagogo bezogene Argument der Rückständigkeit aufgrund ihrer Wirtschaftsform galt für Frauen generell. Schon 1969 erhob Dumont die Forderung: "Agricultural progress in Tanzania can no longer be the result of action limited to export products. In future it must move to having, as its primary concern, the improvement of the condition of the women peasants, and of the quality of rural food supply" (1969:14). Vergleicht man damit die gesamte Entwicklungsplanung Tanzanias (Fünfjahrespläne, neue Agrarpolitik seit 1983), so wurde eben dieser unterschätzte Faktor, die weibliche Arbeitskraft in der Landwirtschaft, stets weiter ignoriert. Auf Dorfebene bedeutete dies keine Beratung der Bäuerinnen durch den 'bwana shamba'. Es wurde kein Versuch unternommen, ihre Subsistenzproduktion zu verbessern oder sie in die Marktfrüchteproduktion zu integrieren. Solange gängige Entwicklungskonzepte nicht überdacht werden auf a) das Tierhaltungspotential der Region mit entsprechend ausgedehntem Weideflächenmanagement und b) daraufhin,

daß ohne Partizipation der Bäuerinnen keine ländliche Entwicklung stattfinden kann, wird eine Produktionssteigerung, eine Entwicklung der
Region insgesamt nicht stattfinden.

ANHANG

Zur Methodik der Feldforschung

Meine empirische Studie in der Dodomaregion hat zum Ziel, Probleme tanzanischer Entwicklungsrealität aufzuzeigen und nicht an die länger zurückliegende 'Tanzaphilia' (Ansprenger 1980, 1981) anzuknüpfen.

Die Anlage der Untersuchung

Von 1980-1983 war mein Wohnsitz Dodoma, von dieser Situation ausgehend, konnte ich die Vorarbeiten für den Antrag einer Forschungsgenehmigung in sechs Monaten leisten und eine Auswahl der Dörfer treffen. Prof. Marjorie Mbilinyi erklärte sich freundlicherweise bereit, die Funktion meiner lokalen Beraterin für das Forschungsvorhaben zu übernehmen, eine Grundvoraussetzung für die Forschungsgenehmigung. Nach vielen Diskussionen mit ihr und anderen Wissenschaftlern/innen des Institute of Development Studies (IDS) der University of Dar es Salaam reichte ich den Antrag ein und erhielt nach langer Wartezeit die Erlaubnis durch den "Baraza La Taifa La Utafiti Wa Kisayansi" (Tanzania National Scientific Research Council) im Jahr 1981. Die Forschung vor Ort wurde ohne Assistenten der Universität, nur mit Hilfe einer von mir engagierten Übersetzerin durchgeführt. Nach der festgesetzten Forschungszeit hatte ich weiter Kontakt zu Frauen in den vier Untersuchungsdörfern, so daß beispielsweise die Entwicklung der UWT-Gruppen über längere Zeit mitverfolgt werden konnte.

Vor der empirischen Feldforschung fand eine Sekundäranalyse anhand des verfügbaren Materials über das Untersuchungsgebiet und -thema in Dar es Salaam bei folgenden Institutionen statt:
- University of Dar es Salaam, East African Section der Bibliothek, IDS, BRALUP, ERB
- Tanzania Food and Nutrition Center
- Community Development Trust Fund
- ILO
- FAO

- UNICEF und
- British Council.

In Dodoma wurde weiteres Material ausgewertet sowie die Möglichkeit genutzt, Interviews durchzuführen:
- Hauptsitz UWT und Distriktbüros
- Prime Minister's Office (PMO)
- Capital Development Authority (CDA)
- Verwaltung Kilimo (Regional- und Distriktebene).

Aufgrund meiner Wohnsituation konnten Bücher oder Studien in Dar es Salaam nicht ausgeliehen werden. Erschwerend kam hinzu, daß sehr häufig für mich interessante und wichtige Arbeiten ausgeliehen waren. Auch die Möglichkeit zum Fotokopieren war äußerst begrenzt, so daß die traditionelle Exzerptarbeit notwendig wurde. Von den katalogisierten Arbeiten (u.a. viele unpublizierte BAs und MAs), die Mascarenhas/ Mbilinyi (1983) in ihrer Bibliographie aufführen, waren die meisten nicht zugänglich – entweder ausgeliehen oder nicht auffindbar. Insgesamt muß die Quellenlage und Literaturausstattung in Dar es Salaam als nicht besonders günstig beurteilt werden.

In Dodoma verfügt CDA über eine Bibliothek. Bei anderen offiziellen Stellen konnten Reporte, Erhebungen und Statistiken eingesehen werden. Es konnten z.B. auch vom PMO (Frauen- und Kindersektion) Studien ausgeliehen werden, hier erwies sich der Wohnort als vorteilhaft.

Die Feldforschungen

Aufgrund der bisherigen Forschung über die agro-pastorale Gesellschaft der Wagogo und der empirischen Studien zur Situation der Frauen generell in der Dodomaregion wollte ich bewußt einen Teilaspekt aufzeigen, und zwar: wie Bäuerinnen in der Region 'die ländliche Entwicklung', die auf Ujamaa beruhen sollte, täglich erleben. Dabei ist mir folgendes bewußt: "Man kann davon ausgehen, daß keine Untersuchung alles leisten kann, sondern jeweils nur Abschnitte behandelt" (Friedrich, 1973:159).

Aufgrund der traditionellen Kommunikationsstruktur innerhalb afrikanischer Gesellschaften, die es beispielsweise für einen Forscher schwer machen, Frauen ohne Beisein männlicher Verwandter zu interviewen, nahm ich diesen für mich positiven Fakt bewußt zum Anlaß, gezielt mit Frauen zusammenzuarbeiten. Denn über Fakten, die die Bäuerinnen betreffen, über ihre persönliche Einschätzung von Problemen und Vorstellungen können diese selbst am besten Auskünfte geben. Ganz deutlich bewußt war und ist mir bei dieser Herangehensweise - konzentriert auf ein Geschlecht -, daß der komplementäre Teil, dieses Mal aus Sicht der Männer, fehlt. Hinzugefügt werden muß, daß m.E. die männliche Sichtweise der Wagogo von den Forschern (Rigby, Mbogoni, Thiele) eingehend abgehandelt wurde, so daß sich der komplementäre 'Rest' etwas auffüllen läßt(1). Realistischerweise glaube ich nicht, daß ich als Frau viel Informationen über ihre Viehwirtschaft erhalten hätte. Es wäre kulturell nicht akzeptabel gewesen, allein als verheiratete Frau mit Männern und Viehherden tagelang unterwegs zu sein, um in eine Sphäre einzudringen, in der Frauen kaum beteiligt sind.

Das Untersuchungsgebiet in der Dodomaregion

Im Umkreis der Stadt Dodoma wurden vier Ujamaadörfer ausgesucht, die die Heterogenität der Entwicklung der Region widerspiegeln. Dies waren Ihumwa (Dodomastadtdistrikt), Nkulabi (Dodomastadtdistrikt), Mlowa Barabarani (Dodomalanddistrikt) und Mpinga (Dodomalanddistrikt).

---

(1) Da Forscher oft immer dann, wenn sie ihrem Forschungsinteresse Genüge getan haben, auch feststellen, wo noch Forschungsdefizite sind, möchte ich hier festhalten, daß ich im Zuge meiner Arbeit solche Lücken feststellte, von denen eine mir auch aus praktisch entwicklungspolitischer Sicht gravierend erscheint und die zu schließen sicher eine wichtige Aufgabe für weitere empirische Forschungen in der Dodomaregion wäre: eine möglichst vorurteilsfreie Erforschung der Formen und Spezifika der Viehwirtschaft der Wagogo und ihrer Subsistenz - wie auch ihrer Produktionspotentiale. Zum Glück hat sich in der Entwicklungsforschung und -praxis ein teilweise zaghaftes positives Denken gegenüber Viehzüchtern entwickelt, in dem man nicht mehr nur Ackerbau als entwicklungsfördernd ansieht, sondern auch die Viehkomponente ernster nimmt als früher (vgl. Livingstone 1977; Schwartz 1986).

Die Dörfer wurden nach ihrem Ruf und aufgrund der unterschiedlichen Verkehrsverbindungen ausgewählt, um nachzuprüfen, inwieweit z.B. Abgeschiedenheit und eine eher traditionelle Lebens- und Produktionsart (Mpinga) im Vergleich zu einer mehr marktorientierten Produktion (Ihumwa) die Situation der Frauen in bezug auf ökonomische und politische Partizipation unterschiedlich beeinflussen.

Nach Erhalt der Forschungserlaubnis gab es eine Reihe von wichtigen Vorstellungsgesprächen in der Region, die für meine Einführung als Wissenschaftlerin in den Dörfern unerläßlich waren: beim RDD in Dodoma, den jeweiligen DDDs der Distrikte Dodomastadt und Dodomaland sowie der Hauptsekretärin der Frauenorganisation UWT, ihrem Stab in Dodoma, der Regionalsekretärin und den zwei Distriktsekretärinnen(1).

Mrs. Chiphana und Mrs. Lukuwi (Distriktsekretärinnen UWT) führten mich gemeinsam in die vier ausgewählten Ujamaadörfer ein. Überall war eine Dorfversammlung anberaumt worden, bei der Vertreter/innen des Dorfrates sowie UWT-Leiterinnen und Mitglieder der Organisation anwesend waren. Nach meiner Einführung zum Forschungsvorhaben und zu meiner Person ergaben sich lebhafte Diskussionen, wobei sich immer das Interesse der Frauen herauskristallisierte, an meiner Befragung teilzunehmen(2). Ein großer Vorteil war für mich die Wohnsituation, da ich selbst in Dodoma lebte und die täglichen Schwierigkeiten (oft kein Wasser, keine Elektrizität, Lebensmittelknappheit), die mir später von Frauen berichtet wurden, aus eigener Anschauung kannte.

---

(1) Da schon genügend Interviewaufzeichnungen mit leitenden UWT-Funktionärinnen existieren (Madabida, Geiger, Koda), wollte ich die Arbeitsbereiche und Meinungen des UWT-Personals auf unterer Verwaltungsebene kennenlernen und dokumentieren.
(2) Nach Information der Dorffrauen war ich die erste weiße Wissenschaftlerin, die an ihren Meinungen, ihren Aussagen Interesse zeigte. Wie engagiert die Frauen bei meiner Untersuchung waren, zeigt ein kleines Beispiel: Beim ersten Besuch und der Vorstellung meiner Person und Arbeit blieb ich mit dem VW-Bus kurz vor dem Dorf Mpinga im Sand stecken und ein etwa 1 km langer Weg ins Dorfzentrum mußte zurückgelegt werden. Als ich das erwähnte, wurde sofort von den anwesenden Frauen versprochen, bis in einer Woche die Straße zu reparieren, was auch geschah.

Erhebungsmethoden

Auf Distriktebene wurden vorstrukturierte Interviews mit einzelnen
Beamten durchgeführt, die über die Situation der Region und die vier
Untersuchungsdörfer Auskunft gaben. Vorstrukturierte Interviews und
Gruppeninterviews (Mai 1976: 75 ff.) fanden in allen Dörfern mit Mit-
gliedern des Dorfrates und Mitgliedern der Frauenorganisation statt. In
diesen Gesprächen wurden allgemeine Daten über die Dörfer resp. über die
Aktivitäten der UWT-Ortsgruppe erhoben. Die Hauptmethoden waren aber die
teilnehmende Beobachtung und die mündliche Befragung anhand eines stan-
dardisierten Fragebogens, wobei Fakt- und Meinungsfragen (Mayntz/Holm/
Hübner 1978:103) berücksichtigt wurden.

Die teilnehmende Beobachtung, die in der Literatur zur empirischen
Sozialforschung empfohlen wird, erwies sich als besonders nützlich, um
Arbeitsvorgänge der Frauen kennenzulernen. Beim Versuch meinerseits,
z.B. Hirse zwischen zwei Steinen zu mahlen, konnten viele Informationen
en passant übermittelt werden (in welcher Gegend die Frauen die Mahl-
steine selbst sammeln, wieviel Stunden pro Tag sie für ihre Familie Mehl
mahlen), die sich gut in das Bild fügten, das aus den Interviews entstand.

Mit Hilfe eines standardisierten Fragebogens wurden insgesamt in einer
Zufallsstichprobe 130 Frauen in den vier Dörfern interviewt. Dabei
wurden in einem Pretest a) der inhaltliche und b) der zeitliche Ablauf
überprüft. Zwei Fragen wurden gestrichen und einige zum besseren Verständnis umformuliert, die Zeitdauer von etwa 45 Minuten wurde von den
Interviewten als nicht zu lange erachtet. Nach einem zweiten Durchlauf
des Pretests konnte die Untersuchung beginnen (Fragebogen siehe Anhang).
Wichtig bei der Herangehensweise an das Interview war, daß jeder Frau
zuerst der Sinn der Befragung erklärt wurde und danach die Aufforderung
kam, mich zuerst oder - je nach Belieben - nach dem Interview über mich
auszufragen. So entstanden sehr spontane Diskussionen, z.B. auch Ver-
gleiche über die 'Frauenwelt in Europa und Afrika'.

Im Fragebogen ging es teilweise um Meinungen, die immer in offenen
Fragen formuliert waren und um Vorschläge von den Interviewten zu

bestimmten Sachverhalten. Hier konnte es passieren, daß erst eine nachdenkliche Pause eintrat, um dann teilweise mit sehr präzisen Ideen und Meinungen zu reagieren. Die Interviews wurden bewußt in die Zeit nach der Ernte gelegt, in der die Bäuerinnen öfter zu Hause anzutreffen sind und auch mehr Muße haben als zu den Hauptsaisonzeiten der landwirtschaftlichen Produktion.

Zusammenfassend für die Feldforschung gilt, daß sich durch die Kombination von Befragung, teilnehmender Beobachtung, Gruppeninterviews sowie Dokumenten- und Sekundärmaterialanalyse Einsichten in das Zusammenspiel einer Vielzahl von Faktoren in unterschiedlichen Situationen und Handlungsmustern ermitteln ließen. Anhand der Frauenorganisation konnten beispielsweise bestimmte Handlungsabläufe (Entscheidungs-, Planungs- und Implementierungsprozesse mit all ihren spezifischen Schwierigkeiten) durch die Motivation der Interviewten und ihre Absichten identifiziert werden.

Zu Kapitel 5

Tabelle I: Beschäftigungsstrukturen in der Dodomaregion

Beschäftigung	Männer	Frauen	Insgesamt
Kultivatoren	153.620	221.979	381.599
Viehzüchter	429	54	483
Fischer/Jäger	224	4	228
Mischkultur	14.734	8.097	22.831
Landwirtschaftliche Arbeiter	161	104	265
Handwerker/Maschinentechniker	6.494	94	6.588
Verkauf/Sekretärarbeiten	5.791	1.505	7.296
Technische Berufe	6.965	2.994	9.959
Manager/Verwaltung	826	27	853
Nicht landwirtschaftliche Arbeiter	2.659	658	3.317
Andere Arbeiter	4.147	1.215	5.362
Studenten, Schüler	98.662	84.807	183.469
Andere unbeschäftigt	169.562	179.982	349.544
Nicht spezifiziert	159	50	200
Insgesamt	410,433	510,570	972.003

Quelle: Population Census (1978:42)

Tabelle II: Beschäftigung im Dodomastadtdistrikt

Beschäftigung	Männer	Frauen	Insgesamt
Kultivatoren	6.391	11.132	17.523
Viehzüchter	37	5	42
Fischer/Jäger	26	4	30
Mischkultur	248	148	336
Landwirtschaftliche Arbeiter	65	54	119
Handwerker/Maschinen- techniker	4.202	94	4.296
Verkauf/Sekretär- arbeiten	5.149	1.263	6.412
Technische Berufe	2.443	1.219	3.662
Manager/Verwaltung	335	27	362
Nicht landwirtschaft- liche Arbeiter	1.469	369	1.838
Andere Arbeiter	1.867	674	2.541
Studenten	8.569	7.532	16.101
Andere unbeschäftigt	13.353	18.498	31.851
Nicht spezifiziert	4	-	4
Insgesamt	44.158	41.019	85.577

Quelle: Population Census Vol. IV (1978:42)

Tabelle III: Beschäftigung im Dodomalanddistrikt

Beschäftigung	Männer	Frauen	Insgesamt
Kultivatoren	153.229	210.847	364.076
Viehzüchter	392	49	441
Fischer/Jäger	198	-	198
Mischkultur	14.486	7.949	22.435
Landwirtschaftliche Arbeiter	96	50	146
Handwerker/Maschinentechniker	2.292	-	2.292
Verkauf/Sekretärarbeiten	642	242	884
Technische Berufe	4.522	1.775	6.297
Manager/Verwaltung	491	-	491
Nicht landwirtschaftliche Arbeiter	1.190	289	1.479
Andere Arbeiter	2.280	541	2.821
Studenten	90.093	77.275	167.368
Andere unbeschäftigt	156.209	161.484	317.633
Nicht spezifiziert	155	50	205
Insgesamt	426.275	460.551	886.826

Quelle: Population Census Vol. IV. (1978:42)

Zu Kapitel 7

Tabelle IV: Buchführung in Mlowa Barabarani (in TSH)

Projektname	Stamm-kapital	Bestandsaufnahme am 1.10.81		Schuldner	insgesamt
		Kassen-bestand	Bankgut-haben		
Ladenkonto	139.691,65	33.015,45	138.598,70		310.405,80
Getreidema-schinenkonto	67.872,55	2.535,65	35.827,45		106.235,65
Transport-konto	414.114,00	3.737,10	20.529,90	N.M.C. 19.656,00	458.037,00
Landwirt-schaftskonto	68.000,00	17,20	42.226,45		110.243,65
Viehkonto	42.000,00	2.643,00	6.452,15		51.095,15
Strafenkonto	-	1.415,50	8.804,55		10.220,05
Waldkonto	135 acres		11.234,60		11.234,60
Gemeindeent-wicklungs-zentrums-, Hauswirt-schafts- und Workshop-konto		5.554,00	3.692,60		9.246,60
UWT-Konto		280,00	1.265,60		1.545,60
CCM-Konto			126,00		126,00
Traktorkonto	270.000,00				270.000,00
Fond für Vorschule			800,00		800,00
Insgesamt (Alle Konten)	1.001.678,20	49.997,90	218.763,80	19.656,00	1.339.190,00

Tabelle V: Relation weiblicher Arbeitskräfte zur Zahl der
interviewten Frauen

Dorf	a) weibliche Arbeitskräfte	b) interviewte Frauen	Relation b:a
Mpinga	K.A. [1]	33	- [1]
Mlowa B.	583	29	4,97 %
Nkulabi	368	28	7,61 %
Ihumwa	953	40	4,20 %
Gesamt ohne			
Mpinga	1.904	97	5,09 %
Insgesamt	- [1]	130	- [1]

1) K.A. = keine Angaben
Quellen: a) Angaben der offiziell geführten Dorfstatistiken
b) CDR Direkterhebungen

301

Tabelle VI: Kein Schulbesuch, aufgeschlüsselt nach Alter

Dorf Mpinga

Alter	kein Schulbesuch	insgesamt befragt
17-25	5	12
26-35	5	6
36-45	4	4
46-60	10	11
	24 (72,7 %)	33

Dorf Mlowa Barabarani

Alter	kein Schulbesuch	insgesamt befragt
17-25	-	3
26-35	5	10
36-45	3	7
46-60	9	9
	17 (58,6 %)	29

Dorf Nkulabi

Alter	kein Schulbesuch	insgesamt befragt
17-25	2	9
26-35	2	7
36-45	5	6
46-60	4	6
	13 (46,4 %)	28

<u>Dorf Ihmuwa</u>

Alter	kein Schulbesuch	insgesamt befragt
17-25	4	9
26-35	7	16
36-45	7	8
46-60	7	7
	25 (62,5 %)	40

Setzt man die Anzahl der interviewten Frauen in Relation zum Schulbesuch, hat die Mehrzahl der Frauen keine Schule besucht (Ihumwa 58,5 %, Mlowa Barabarani 58,6 %, Nkulabi 46,4 %, Mpinga 72,7 %).

Tabelle VII: Wohndauer im Untersuchungsdorf

Dörfer		Jahreszahlen												Keine	Total
	vor 1970	1970	1971	1972	1973	1974	1975	1976	1977	1978	1979	1980	Angaben	
Mpinga	-	4	15	4	1	2	1	1	1	-	3	-	1	33
Mlowa Barabarani	5	-	14	-	4	2	-	2	-	-	-	-	2	29
Nkulabi	2	-	5	2	2	2	1	2	-	1	3	1	7	28
Ihumwa	5	-	9	11	-	2	-	3	2	3	1	1	3	40
Total	12	4	43	17	7	8	2	8	3	4	7	2	13	130

Tabelle VIII:* Gründe für den Zuzug ins Untersuchungsdorf

Dörfer	Heirat	Straßennähe des Dorfers	Hospital/Apotheke	in der Nähe geboren
Mpinga	1	-	-	18
Mlowa Barabarani	8	2	3	7
Nkulabi	10	2	-	8
Ihumwa	6	-	-	16

* Zusatzantworten einiger Frauen zu Tabelle VII.

Pretested Questionnaire, standardized for Women in the Villages

I Demographical Background
Age, marital status
Living children (by sex)
Did you have some formal education? If yes, to which standard?

Question concerning ujamaa village: How long are you living in this village?

II Economic Basis
How many acres of land are you cultivating? What crops are you growing?
Are you producing for home consumption only or do you sell some of your products?
Did you get land from your husband or from the village council?
Do you get some advise for your shamba from the bwana shamba?
Do you have some chicken?
Are you selling chickens or eggs?
Has your husband own fields? How many acres? What kind of crops is he growing?
Are you selling some products on the market?
Does your husband own cattle? How much? What are your tasks with cattle?
What is the bridewealth today?

III Division of Labour
Which work are you doing on the shamba and which your husband?
Are you working on the fields of your husband?

IV Organisation of Work
Are you deciding when you want to work on your fields? Is somebody helping you?
Who is telling you to work in ujamaa (fields, other activities)?

V Relations to Market Economy

What are you buying in the village duka? (Monthly?)
How much money are you spending per month for your household?
From whom are you getting the money? Your Husband?
Do you earn some cash income by yourself?

VI Consciousness about the Village

What are the problems of your village generally?
Are there agricultural projects(*) going on in your village?
What are the development plans of your village?
How is the village fund used?

VII Political Consciousness of Women about Women in Politics

How many women are in the village council? If none, why?
Are you attending village meetings with regularity? If not, why?
Are women speaking about problems as well as men in the village meetings?
Could you imagine a women as village chairman or village secretary? Why/Why not?

VIII Activities of Women/Projects

Are there women programmes/activities in your village?
Are you a member of a group?
Would you be interested to work in a project if you received out of it cash income?
What would be your husbands opinion if you would like to work in a women's project?
What should be changed according to your opinion in your village that you and other women could earn some money? Who should assist you? Who should organise?

(*) Projects: Nicht im Sinn von bilateraler, multilateraler oder NGO-Projekte. Hier beziehen die Dorfbewohnerinnen 'projects' auf offizielle Aktivitäten, die vom Dorfrat beschlossen wurden.

Ein typischer Frauenarbeitstag in Tanzania

Erhoben von M. Mbilinyi, 1980:40-41

Work Schedule

5 am	water from well
6.30	back home, go to maize shamba behind the house (20 minutes walk each way), weeding
11.30	back home, prepare lunch (milet ugali, greens)
2.30	eating
3.30	take water for her mother
4.45	back home, rest 1/2 hour
5.15	go to shamba across the road (20 minutes walk each way), weeding the millet field
7.00	back home, go to well
8.15	back home, prepare dinner (rice, bought by guest, with coconut)
9.15	eating, rest, bathe
10.00	sleep

"This is a typical working day not only for this woman in particular, but for all women I have thus far observed and/or worked with. The time spent in agriculture production was 6 3/4 hours, and in domestic labour it was 8 hours."

(Mbilinyi 1980:41)

Tanzania:

Anteil der Frauenarbeit in der Landwirtschaft

Hacken und Unkrautjäten	70 %
Ernten	60 %
Ernte nach Hause tragen	80 %
Lagerung des Getreides	80 %
Lebensmittelverarbeitung	90 %
Vermarktung von Überschüssen	60 %
Säen und Versorgung der Haustiere (Hühner, Ziegen)	50 %

Quelle: Chale zit. in: Rogers (1982:33)

POPULATION BY SEX

Urban population	2257921	male	8350494
Rural population	14778578	Female	8686005
Total	17 036499		17036499

Source: Population Census 1978

AVERAGE LIFE EXPECTANCY 1967 - 78 IN YEARS

	1967	1973	1978
Male	45	47	50
Female	47	50	52.5

Source: SIDA; 1982

Quelle: Hannan-Andersson, 1985

Interview with Mrs. Nancy Tesha, Acting Assistant Director in the Prime Minister's Office, Unit for Women and Children, 11.5.82.

1. Why do you have a special women's organization as UWT in Tanzania?

T: To mobilize women to join CCM and UWT, helping women to uplift their live.

2. How are you seeing the role of women in your country's development?

T: Women are citizens like men, thus we have no discrimina-tion on women. The role of women is to build with men a socialist country.

3. Are women playing a part in politics?

T: We are not very far from political decision, after independence we didn't expect a race to put women on the same level as men. There are only a few women in politics, like members of parliament, but we have done a lot so far, we women have to put ourselves in positions. The government is expecting from us this step, so we try to make policy, it is up to women to struggle for this.

4. Can you explain what do you understand under mobilization of women?

T: Mobilization means to uplift women who are under you, to get them up on your level. In villages women must be more educated and trained etc. Women of higher classes should uplift other women to their standard. On organization level, the government mobilizes women in special programmes like on topics of culture and traditions. UWT's task is to mobilize women by their campaigns, by their day-to day activities, in conferences. They are teaching women to become more self-confident.

5. Speaking of UWT, what is in your opinion the attitude of men (villages/towns) towards UWT?

T: Men are not much impressed by the performance of UWT, are disappointed, especially in towns. Why? They cannot see the impact of UWT's work, they expect more to see. Quite a number of leaders speak a lot and then are not fullfilling their tasks. This is a wastage of time, we are talking too much on women's liberation.

6. How are you seeing UWT as an organization, their problems?

T: The type of women leaders UWT has now, is not effective, their way of thinking is limited. In future leaders should be selected more careful (it is also wrong that leaders are of the same level as those who are electing them). Rural women expect rural women to lead (who are also uneducated) and there we got stuck, illiteracy is a serious problem within UWT. Conflicts arise between illiterate and literate leaders. What can be done? A two-sided action for UWT is needed: women should not complain on the exisiting problems. First men need education to know what women want. Second women should work out what to do and proceed. Women should give a good performance in work, not waiting that jobs are given to them because it is 'our right'. In government men are in jobs not because they are men but because of their performance. Women are asked a) to be able to implement things, to support CCM and affiliates b) to form themselves in different groups; i.e. cooperatives, or UWT groups, and c) UWT should be more active to mobilize women politically.

7. Up to now UWT was solely responsible for women groups. Are there plans to change this structure?

T: We in the Community Development Dept. in PMO are analysing the problem. Up to now, UWT was managing economic activities, but showed a poor performance. We try to split UWT (responsible for political questions) and women groups (economic). UWT as a party organ has its role in politics. We had a long friction what UWT is supposed to do, to mobilize, to encourage women to form cooperatives and start with economic projects. Now we recognize that this was too much for the organization. Women in UWT should have socio-economic activities, but together with other women in guidance of other government depts, like community development. We can't do without UWT, because they have organized branches throughout the country. But we should not speak of UWT but of women as general in Tanzania - they are all involved in raising the living standard of their families. Community development in PMO is dealing with all women. In July 1981 the PMO re-established - after dismantling it in 1972 - the Dept. of Community Development, which has the section 'women and children'. Between 1972 up to 1981 we have been under the Department of Ujamaa and Cooperatives. Planning on women projects and policy guidelines are coming from us, UWT programmes have to be approved by us. Sponsering agencies like UNICEF are within our unit. We must run as others walk - this is the situation for women in Tanzania.

312

Schaubild I: Das Häuptlingssystem in Ugogo unter den Briten

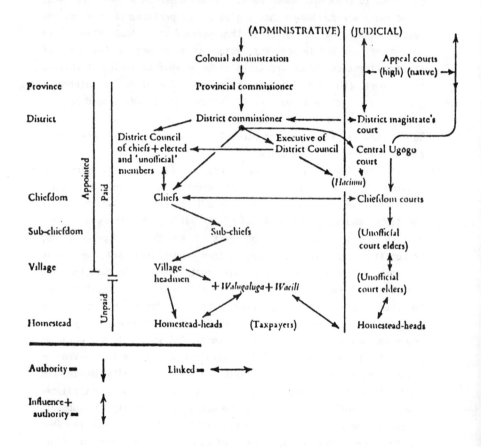

Quelle: Rigby (1971:434)

Schaubild II: Das lokale Regierungssystem in Ugogo seit 1963

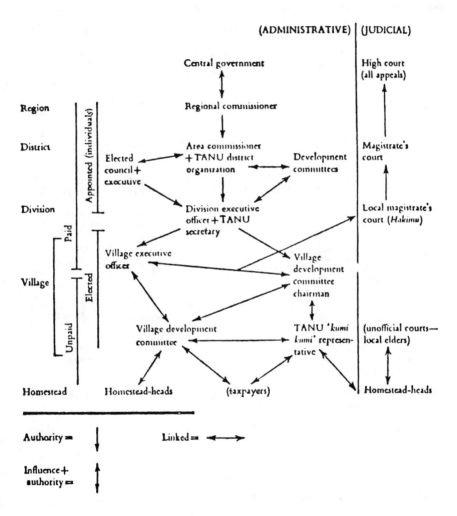

Quelle: Rigby (1971:435)

314

BIBLIOGRAPHIE

Monographien, Aufsatzsammlungen und Dokumente

Acland, J.D.: East African Crops, FAO, London 1971, 4th rep. 1977

Adler, J.H.: Entwicklungshilfe für Kleinbauern. Erwartungen und Erfahrungen der Weltbank, in: R. Hanisch/R. Tetzlaff (Hrsg.): Die Überwindung von Armut in der Dritten Welt, Frankfurt 1979, S. 185-199

Ahlers K./Donner J. et al.: Die vorkapitalistischen Produktionsweisen, Erlangen 1973

Ahmad, Z./Loutfi, M.F.: Programme on Rural Women, ILO, Geneva 1981

Ahmad, Z.: Women Workers in Rural Areas, Their Struggle to Organise. Paper Prep. for the ILO Workshop on Projects for Improving Employment Conditions of Rural Women. Harare, Zimbabwe, 5.-9. Sept. 1983

Ake, C.: Ideology and Objective Conditions, in: I.D. Barkan/J.J. Okumu (Eds.): Politicy and Public Policy in Kenya und Tanzania, New York 1979, S. 117-128

Alavi, H.: The Structure of Peripheral Capitalism, in: H. Alavi/T. Shanin (Eds.): Introduction to the Sociology of Developing Societies, London 1982, S. 172-192

Alavi, H.: State and Class under Peripheral Capitalism, in: H. Alavi/T. Shanin (Eds.): Introduction to the Sociology of Developing Societies, London 1982, S. 289-307

Allen, J. v.: African Women 'Modernization and National Liberation', in: L.B. Iglitzin/R. Ross (Eds.): Women in the World - A Comparative Study, Santa Barbara 1976, S. 25-54

Allen, C./Williams, G. (Eds.): Sociology of 'Developing Societies'. Sub-Saharan Africa, London, Basingstoke 1982

Alopaeus-Stahl, D.: Social Politics in Tanzania, SIDA, Dar es Salaam 1979

Alopaeus-Stahl, D.: A SIDA Report on Tanzanian Women Activities and Development Cooperation, Dar es Salaam 1979

Alpers, E.A.: Ivory and Slaves in East Central Africa, London 1975

Amey, A.: Urban-Rural Relations in Tanzania: Methodology. Issues and Preliminary Results, University of Dar es Salaam 1976 (ERB Paper 76.12)

Anand, A.: Rethinking Women and Development, in: Women in Development. A Resource Guide for Organization and Action, ISIS, Geneva 1983

Anker, R.: Research on Women's Roles and Demographic Change: Survey Questionnaires for Households, Women, Men and Communities with Background Explanations, ILO, Geneva 1980

Anker, R.: Female Labour Force Activity in Developing Countries: A Critique of Current Data Collection Techniques, ILO, 1983 (Population and Labour Policies Programme / Working Paper; No. 136)

Ansprenger, F.: Über Sinn und Unsinn von Regionalstudien unter besonderer Berücksichtigung Tansanias, in: W. Pfennig/K. Voll/H. Weber (Hrsg.): Entwicklungsmodell Tansania: Sozialismus in Afrika, Frankfurt, New York 1980, S. 6-10

Ansprenger, F.: Gewerkschaften in Afrika, Fachbereich Politische Wissenschaft, Berlin 1981 (Ocational Papers; H. 3)

Ansprenger, F.: Afrika. Utopia oder Abstellgleis der Politischen Wissenschaft? In: F. Nuscheler (Hrsg.): Dritte Welt Forschung. Entwicklungstheorie und Entwicklungspolitik, 1985 (PVS; Sonderheft Nr. 16), S. 407-415

Arbeitsgruppe Bielefelder Entwicklungssoziologen (Hrsg.): Subsistenzproduktion und Akkumulation, Saarbrücken, Fort Lauderdale 1978

Arkadie, B. van: Macro-Economic Policies and Agricultural Performance: Tanzanian Pilot Study: First Report, OECD, Paris 1983

Association of African Women for Research and Development (AAWORD): Report of Working Groups on Women in Rural Development. Seminar: African Women and Development. "The Decolonization of Research", Dakar 1977

Atteslander, P.: Methoden der empirischen Sozialforschung, Berlin, New York 1975

Babu, A.M.: African Socialism or Socialist Africa? London 1981

Bader, Z.: Private Property and Production in Bukoba District, Unpubl. MA, University of Dar es Salaam 1975

Bald, D.: Deutsch-Ost-Afrika 1909-1914. Eine Studie über Verwaltung, Interessengruppen und wirtschaftliche Erschließung, München 1970

Bald, D.: Koloniale Penetration als Ursache des afrikanischen Widerstandes in Tansania (1905-1907), in: W. Pfennig/K. Voll/H. Weber (Hrsg.): Entwicklungsmodell Tansania: Sozialismus in Afrika, Frankfurt, New York 1980, S. 76-93

Ballot, J.: Heiratstransaktionen in Afrika südlich der Sahara. Zur Diskussion des 'Brautpreises', in: G. Völger, K.v. Welck (Hrsg.): geliebt, verkauft, getauscht, geraubt. Zur Rolle der Frau im Kulturvergleich, Köln 1985, S. 528-535

Bank of Tanzania: Tanzania: Twenty Years of Independence (1961-1981). A Review of Political and Economic Performance, Dar es Salaam o.J.

Barkan, J.D./Okumu, J.J.: Politics and Public Policy in Kenya and Tanzania, New York 1979

Barker, J.: The Debate on Rural Socialism in Tanzania, in: B.U. Mwansasu/C. Pratt (Eds.): Towards Socialism in Tanzania, Dar es Salaam 1979, S. 95-124

Bates, M.: Social Engineering, Multi-Racialism, and the Rise of TANU: The Trust Territory of Tanganyika 1945-1961, in: D.A. Low/A. Smith (Eds.): History of East Africa, Vol. III, Oxford 1976, S. 157-195

Bates, R.H./Lofchie, M.C. (Eds.): Agricultural Development in Africa. Issues of Public Policy, New York 1980

Bates, R.H.: Markets and States in Tropical Africa, Berkeley 1981

Baumgarten, J.: Deutsch-Afrika und seine Nachbarn im Schwarzen Erdteil, Berlin 1890

Bay, E. (Ed.): Women and Work in Africa, Boulder, Colorado 1982

Beckford, G.L.: Persistent Poverty. Underdevelopment in Plantation Economies of the Third World, London, Morant Bay (Jamaika) 1983

Belshaw, D.G.R.: Decentralised Planning and Poverty-Focused Rural Development: NTRA-Regional Planning in Tanzania, University of Dar es Salaam 1977 (ERB Paper; 77.5)

Belshaw, D.G.R.: Decentralised Planning and Poverty Focused Rural Development: Inter-Regional Planning in Tanzania, in: K.S. Kim/R. Mabele/M. Schultheis (Eds.): Papers on the Political Economy of Tanzania, Nairobi, London, Lusaka, Ibadan 1979, S. 47-64

Beneria, L.: Reproduction, Production and the Sexual Division of Labour. Rural Employment Policy Research Program, Working Paper, ILO, 1978

Beneria, L.: Conceptualizing the Labour Force: The Underestimation of Women's Economic Activities, in: N. Nelson (Ed.): African Women in the Development Process, London 1981

Bennholdt-Thomsen, V.: Subsistence Production and Extended Reproduction, in: K. Young/R. Wolkowitz/R. McCullagh (Eds.): Of Marriage and the Market. Women's Subordination in International Perspektive, London 1981, S. 16-29

Bergen, J.P. van: Development and Religion in Tanzania. Sociology and Soundings on Christian Participation in Rural Transformation, Madras 1981

Bernstein, H. (Ed.): Underdevelopment and Development. The Third World Today, Middlesex 1973

Bernstein, H.: Capital and Peasantry in the Epoch of Imperialism, University of Dar es Salaam 1977 (ERB Occasional Paper; No. 77.2)

Bernstein, H.: Concepts for the Analysis of Contemporary Peansantries, University of Dar es Salaam 1979 (ERB Occasional, Paper 78.2)

Berry, L./Kates, R.W.: Planned Irrigated Settlement. A Study of Four Villages in Dodoma and Singida Regions, Tanzania, Dar es Salaam 1970 (BRALUP Research Paper; No. 10)

Berry, L.: Dodoma Population Density, University of Dar es Salaam 1971 (BRALUP Research Paper; No. 42)

Bertell, T.: Effects of Finnish Development Cooperation on Tanzanian Women. Tanzanian Rural Women and their Crucial Role in Development. University of Helsinki, Institute of Development Studies 1985 (Report 5/8)

Bienefeld, M.A.: Labour in Tanzania, in: L. Cliffe/J.S. Saul (Eds.): Socialism in Tanzania, Vol. I, Nairobi, Dar es Salaam 1972, S. 338-346

Bienefeld, M.A.: Occupational Structure and Industrial Distribution of Wage Earners, in: K.S. Kim/R.B. Mable/M.J. Schultheis (Eds.): Papers on the Political Economy of Tanzania, Nairobi 1979, S. 245-252

Bienen, H.: Tanzania: Party Transformation and Economic Development, Princeton 1967

Birdsall, N./McGreevey, W.P.: Women, Poverty and Development, in: M. Buvinic/M.A. Lycette/W.P. Mc Greevey: Women and Poverty in the Third World, Baltimore, London 1983

Bisilliat, J.: A Summarized Report, in: J. Bisillliat/G. Courade/ J. Diallo-Leguen/A. Morel (Eds.): Femmes et Politiques Alimentaires. ORSTOM-C.I.E. 14-18 janvier 1985, Paris 1985, S. 34-44

Black, A./Baker Cottrell, A. (Eds.): Women and World Change, Beverly Hills, London 1981

Blomström, M./Hettne, B.: Development Theory in Transition. The Dependency Debate and Beyond: Third World Responses, London 1984

Blumberg, R.L.: Rural Women in Development, in: A. Black/A. Baker Cottrell (Eds.): Women and World Change, Beverly Hills, London 1981, S. 32-56

Bock, G./Duden, B.: Arbeit aus Liebe - Liebe als Arbeit. Zur Entstehung der Hausarbeit im Kapitalismus, in: Gruppe Berliner Dozentinnen (Hrsg.): Frauen und Wissenschaft. Beiträge zur Berliner Sommeruniversität für Frauen, Juli 1976, Berlin 1977

Boesen, J./Raikes, P.: Political Economy and Planning in Tanzania, Institute for Development Research, Copenhagen 1976

Boesen, J./Storgard Madsen, B./Moody, T.: Ujamaa-Socialism from Above, Scandinavian Institute of African Studies, Uppsala 1977

Boesen, J.: Tanzania from Ujamaa to Villagization, in: B.U. Mwansasu/ C. Pratt (Eds): Towards Socialism in Tanzania, Dar es Salaam 1979, S. 125-144

Boserup, E.: Women's Role in Economic Development, London 1970

Boserup, E./Liljencrantz, C.: Integration of Women in Development Why, When, How, UNDP, 1975

Boulding, E.: Measures of Women's Work in the Third World: Problems and Suggestions, in: M. Buyinic, M.A. Lycette, W.P. McGreevey (Eds.): Women and Poverty in the Third World, Baltimore, London 1983, S. 286-300

Brain, J.L.: Less than Second-Class: Women in Rural Settlement Schemes in Tanzania, in: N.J. Hafkin/E.G. Bay (Eds.): Women in Africa, Standford 1976, S. 265-282 (Studies in Social and Economic Change)

Brandström, P./Hultin, J./Lindström, J.: Aspects of Agro-Pastorialism in East Africa, Scandinavian Institute of African Studies, Uppsala 1979 (Research Report; No. 51)

Brandt, H. et al.: Strukturverzerrungen und Anpassungsprogramme in den armen Ländern Afrikas. Herausforderung an die Entwicklungspolitik, DIE, Berlin 1985

Breitengroß, J.P.: Wirtschaft und Wirtschaftspolitik in Tanzania, in: W. Pfennig/K. Voll/H. Weber (Hrsg.): Entwicklungsmodell Tansania: Sozialismus in Afrika, Frankfurt, New York 1980, S. 133-167

Brett, E.A.: Colonialism and Underdevelopment in East Africa. The Politics of Economic Change in 1919-39, London 1978 repr.

Brown, W.: Assessment of Land Use in Villages around the Capital City of Dodoma, University of Dar es Salaam 1977 (BRALUP Research Report; No. 23)

Bryceson, D.F./Mbilinyi, M.: The Changing Role of Tanzanian Women in Production: From Peasants to Proletarians, University of Dar es Salaam 1979 (BRALUP Service Paper; No. 78/5)

Bryceson, D.F.: The Proletarization of Women in Tanzania. BRALUP Workshop on Women' Studies and Development, Dar es Salaam 1979

Bryceson, D.F./Sachak, N.: Proceedings of the Workshop on Women's Studies and Development, University of Dar es Salaam 1979 (BRALUP Research Paper; No. 60)

Bryceson, D.F.: Women's Employment and Activities in Rural Areas of Tanzania. Paper to be Pres. at the Women's Research Conference in Copenhagen, 1980

Bryceson, D.F./Kirimbai, M. (Eds.): Subsistence or Beyond? Money Earning Activities of Women in Rural Tanzania. BRALUP and UWT, University of Dar es Salaam 1980 (BRALUP Report; No. 45)

Büttner, K./Loth, H.: Philosophie der Eroberer und koloniale Wirklichkeit in Ostafrika 1884-1918, Berlin (DDR) 1981

Bujra, J.M.: "Urging Women to Redouble Their Efforts" ... Class, Gender and Capitalist Transformation in Africa, in: C. Robertsen/ J. Berger (Eds.): Women and Class in Africa, New York, London 1986, S. 117-140

Bukh, J.: The Village Women in Ghana, Scandinavian Institute of African Studies, Uppsala 1979

Buntzel, R.: Entwicklung kleinbäuerlicher Exportproduktion in Tanzania, Saarbrücken 1976

Burman, S.: Fit Work For Women, London 1979

Burton, R.F.: The Lake Regions of Central Africa. A Picture of Exploration, Vol. I, London 1860

Buvinic, M./Lycette, M.D./McGreenray, W.P.: Women and Poverty in the Third World, Baltimore, London 1983

Camaroff, J. (Ed.): The Meaning of Marriage Payments, London 1980

Cameron, V.L.: Across Africa. Vol. I, London 1877

Capital Development Authority (CDA): A Portrait of Dodoma, Dar es Salaam 1976 repr.

Caplan, A.P.: Choice and Constraint in a Swahili Community, London 1975

CDA: Building the National Capital, Dodoma 1981

Cedillo, V.G.: Rural Development through Ujamaa - A Tanzania Case Report. Vienna Institute for Development, Wien 1973 (Occassional Paper; 73/1)

Cernea, M.M. (Ed.): Putting People First. Sociological Variables in Rural Development. Pubpl. for the World Bank, Washington 1985

Chama Cha Mapinduzi: The CCM Guidelines 1981, Dar es Salaam 1981

Chambers, R./Belshaw, D.: Managing Rural Development, Lessons and Methods from Eastern Africa, IDS, Sussex, 1973 (Discussion Paper; No. 15)

Chambers, R.: The Crisis of Africa's Rural Poor: Perceptions and Priorities, Institute of Development Studies, University of Sussex, Brighton 1985 (Discussion Paper; No. 201)

Chapman Smock, A.: Women's Economic Roles, in: T. Killick (Ed.): Papers on the Kenyan Economy. Performance, Problems and Policies, London, Nairobi 1982, S. 219-227

Chin' Yole, E.Y.: A Study of Wine Growing in Dodoma Rural District, Institute of Rural Development Planning, Morogoro 1980

Christiansson, C.: Soil Erosion and Sedimentation in Semi-Arid Tanzania. Studies of Environmental Change and Ecological Imbalance, Uppsala 1981

Claus, H.: Die Wagogo. Baessler Archiv, Beiheft II, Leipzig, Berlin 1911

Cliffe, L./Saul, J.S.: The District Development Front in Tanzania, in: L. Cliffe/S. Saul (Eds.): Socialism in Tanzania. An Interdisciplinary Reader, Vol. 1, 1972, S. 302-327

Cliffe, L.: Tanzania-Socialist Transformation and Party Development, in: J. Cliffe/J.S. Saul (Eds.), 1972, S. 266-276

Cliffe, L.: Democracy in a One-Party-State: The Tanzania Experience, in: J. Cliffe/J.S. Saul (Eds.), 1972, S. 241-247

Cliffe, L.: Personal or Class Interest: Tanzanias Leadership Conditions, in: J. Cliffe/J.S. Saul (Eds.), 1972, S. 254-264

Cliffe, L./Cunningham, G.L.: Ideology, Organisation and the Settlement Experience in Tanzania, in: J. Cliffe/J.S. Saul (Eds.), 1973, S. 131-140

Cliffe, L.: The Policy of Ujamaa Vijijini and the Class Struggle in Tanzania, in J. Cliffe/J.S. Saul (Eds.), 1973, S. 195-211

Cliffe, L.: Nationalism and the Reaction to Enforced Agricultural Change in Tanganyika during the Colonial Period, in: L. Cliffe/J.S. Saul (Eds.), 1973

Cliffe, L./Saul, J.S. (Eds.): Socialism in Tanzania. An Interdisciplinary Reader Vol. 1, Vol. 2, Nairobi, Dar es Salaam 1972, 1973

Cliffe, L./Lawrence, P./Lutrell, W./Migot-Adholla/Saul, J.S.: Rural Cooperation in Tanzania, Dar es Salaam 1975

Cliffe, L.: The Method of Political Economy of Socialist Practice in Rural Tanzania, in: L. Cliffe/W. Luttrell/S. Migot-Adholla/ J.S. Saul (Eds.): Rural Cooperation in Tanzania, Dar es Salaam 1975, S. 174-201

Cliffe, L.: Underdevelopment or Socialism? A Comparative Analysis of Kenya and Tanzania, in: R. Harris (Ed.): The Political Economy of Africa, Cambridge, Mass. 1975, S. 137-186

321

Cliffe, L.: 'Penetration' and Rural Development in the East Africa Context, in: L. Cliffe/J.S. Coleman/M.R. Doornbos (Eds.): Government and Rural Development in East Africa. Essays on Political Penetration, The Hague 1977, S. 19-43

Cliffe, L.: Class Formation as an 'Articulation' Process: East African Cases, in: H. Alavi/T. Shanin (Eds.): Introduction to the Sociology of Developing Countries, London 1982, 262-278

Cohen, J.M.: Land Tenure and Rural Development in Africa, in: R.H. Bates/M.F. Lofchie (Eds.): Agricultural Development in Africa, New York 1980, S. 349-400

Coleman, J.S.: The Concept of Political Penetration, in: L. Cliffe/ J.S. Coleman/M.R. Doornbos (Eds), The Hague 1977, S. 3-15

Collier, P./Radwan, S./Wangwe, S. with Wagner, A.: Labour and Poverty in Rural Tanzania. Ujamaa and Rural Development in the United Republic of Tanzania, Oxford 1986

Community Development Trust Fund of Tanzania in Collaboration with the Institute of Adult Education, Economic Development Bureau: Appropriate Technology for Grain-Storage, Dar es Salaam 1977

Coulson, A.: A Simplified Political Economy of Tanzania, University of Dar es Salaam 1974 (ERB Paper; 74.3)

Coulson, A. (Ed.): African Socialism in Practice. The Tanzania Experience, Notthingham 1979

Coulson, A.: Tanzania. A Political Economy, Oxford 1982

Croll, E.J.: Socialist Development Experience: Women in Rural Production and Reproduction in the Soviet Union, China, Cuba and Tanzania, IDS, Sussex 1979

Dauber, R./Cain, M.L. (Eds.): Women and Technological Change in Development Countries, Boulder, Colorado 1981

Davidson, B.: Vom Sklavenhandel zur Kolonisierung. Afrikanisch-europäische Beziehungen zwischen 1500-1900, Reinbeck b. Hamburg 1966

Desselberger, H.: Kolonialherrschaft und Schule in Deutsch Ostafrika, in: W. Pfennig/K. Voll/V. Weber (Hrsg.): Entwicklungsmodell Tansania: Sozialismus in Afrika, Frankfurt, New York 1980, S. 94-118

Deutscher Bundestag: Parlamentarierinnen in Deutschen Parlamenten 1919-1983, Bonn 1983 (Materialie Nr. 82)

Dinham, B./Hines, C.: Agrobusiness in Africa. A Study of the Impact of Big Business on Africas Food and Agriculture Production, London 1983

Dixon, R.B.: Rural Women and Work. Strategies for Development in South Asia, Baltimore, London 1978

Donner-Reichle, C.: Die Last der Unterentwicklung - Frauen in Kenia, Berlin 1977

Donner-Reichle, C.: Migration und städtischer Arbeitsmarkt für Frauen: Tanzania: Ausbruch aus dem Patriarchat?, in: I. Lenz/R. Rott (Hrsg.): Frauenarbeit im Entwicklungsprozeß, Saarbrücken, Ford Lauderdale 1984, S. 135-160

D'Onofrio-Flores, P.M./Pfafflin, S.M.: Scientific Technological Change at the Role of Women in Development, Boulder 1982

D'Onofrio-Flores, P.M.: Technology, Economic Development, and the Division of Labour by Sex, in: P.M. D'Onofrio-Flores/S.M. Pfafflin (Eds.), 1982, S. 13-28

Duden: Das Herkunftswörterbuch. Eine Ethymologie der deutschen Sprache, Bibliographisches Institut Mannheim, Wien, Zürich 1963 (Der Duden; Bd. 7)

Dumont, R.: Tanzania Agriculture after the Arusha Declaration. A Report by Professor Dumont, Issued by the Ministry of Economic Affairs and Development Planning, Dar es Salaam 1969

Dumont, R.: Socialism and Development, London 1973

ECA: The Role of Women in African Development. World Conference of the International Women's Year. E/Conf. /BP./8, Mexico 1975

Eckhardt, W./Friedrich, U./Orth, M./Schmidt, E./Schnepf, R. (Hrsg.): Raumplanung und ländliche Entwicklung in Tansania, Dortmund 1982 (Dortmunder Beiträge zur Raumplanung; Nr. 27)

The Economist Intelligence Unit (EIU): Quarterly Economic Review of Tanzania, Mozambique No 1-4, 1980; No 1-4, 1981; No 1-4, 1982; No 1-4,1983, London

EIU.: Quarterly Economic Review of Tanzania, Mozambique Annual Supplement, London 1983

Eggert, J.: Missionsschule und sozialer Wandel in Ostafrika. Der Beitrag der Deutschen Evangelischen Missionsgesellschaften zur Entwicklung des Schulwesens in Tanganyika 1891-1938, Bielefeld 1970

Ehrlich, C.: The Poor Country: The Tanganyikan Economy from 1945 to Independence, in: D.A. Low/A. Smith (Eds.): History of East Africa, Vol. III, Oxford 1976, S. 290-330

Ellis, F.: Agriculture Pricing Policy in Tanzania 1970-79. Implications for Agricultural Output, Rural Incomes and Crop Marketing Cases, Dar es Salaam 1980 (ERB Paper; 80.3)

Ellman, A.O.: Agriculture Improvements through Co-operative Farming in Tanzania, a Brief Outline, University of Dar es Salaam 1969 (ERB Paper; 69.23)

Ellman, A.O.: Progress, Problems and Prospects in Ujamaa Development in Tanzania, Dar es Salaam 1970 (ERB Paper; 70.18)

Ellman, A.O.: Development of Ujamaa Policy in Tanzania, in: L. Cliffe/ P. Lawrence/W.Luttrel/S. Migot-Adholla/J.S. Saul (Eds.): Rural Cooperation in Tanzania, Dar es Salaam 1975, S. 312-345

Ellman, A.O.: Group Farming Experience in Tanzania, in: P. Dorner (Ed.): Cooperative and Commune. Groups Farming in the Economic Development of Agriculture, Madison, Wisconsin 1977, S. 239-276

Elson, D./Pearson, R.: The Subordination of Women and the Internationalisation of Factory Production, in: K. Young/C. Wolkowitz/ R. McCullagh (Eds.): Of Marriage and the Market. Women's Subordination 1981, S. 144-166

Epstein, T.S./Penny, D.H. (Eds.): Opportunity and Responses. Case Studies in Economic Development, London 1972

Evans, A.: Gender Relations, Rural Transformation and Technological Change, in: J. Bissiliat et al.: Femmes et Politiques Alimentaires, Paris 1985, S. 419-431

Eresund, P./Tesha, N.: The Situation of Children, 0-15 Years in Tanzania, Stockholm SIDA, 1979

Etienne, M./Leacock, E. (Eds.): Women and Colonialization. Anthropological Perspectives, New York 1980

FAO: Women in Developing Agriculture, in: The State of Food and Agriculture, Rome 1983

Feldman, D.: The Economics of Ideology. Some problems of Achieving Rural Socialism in Tanzania, in: C. Leys (Ed.): Politics and Change in Developing Countries, Cambridge 1969, S. 85-112

Feldman, R.: Custom and Capitalism. A Study of Land Tenure in Ismani, Tanzania, University of Dar es Salaam 1971 (ERB Paper; 71.14)

Fimbo, G.M.: Land, Socialism and Law in Tanzania, in: G. Ruhumbika (Ed.): Towards Ujamaa. Twenty Years of TANU Leadership, Nairobi, Kampala, Dar es Salaam 1974, S. 230-274

Fischer, K.M.: Probleme der Konzeption und Umsetzung einer armutsorientierten Förderungsstrategie für ländliche Entwicklung, in: R. Hanisch/R. Tetzlaff (Hrsg.): Die Überwindung ländlicher Armut in der Dritten Welt, Frankfurt 1979, S. 57-81

Fortmann, L.: Women and Tanzania Agricultural Development, in: K.S. Kim/ R.B. Mabele/M.J. Schultheis (Eds.): Progress on the Political Economy of Tanzania, Nairobi 1979, S. 278-287

Fortmann, L.: Peasants, Officials and Participation in Rural Tanzania. Experience with Villagisation and Decentralisation, Ithaca 1980

Fortmann, L.: Women's Work in a Communal Setting: The Tanzania Policy of Ujamaa, in: E. Bay (Ed.): Women and Work in Africa, Boulder, Colorado 1982, S. 191-205

Frank, A.G.: Kapitalismus und Unterentwicklung in Lateinamerika, Frankfurt 1968

Fresco, L.: Food Security and Women: Implications for Agricultural Research, in: J. Bisilliat et al.: Femmes et Politiques Alimentaires, Paris 1985, S. 94-107

Freyhold, M. von: Ujamaa Villages in Tanzania. Analysis of a Social Experiment, London 1979

Freyhold, M. von: Wozu die Weltbank Tansania verholfen hat: Der Einfluß der Weltbank auf die landwirtschaftliche Entwicklung Tansanias von 1967-1977, in: R. Hanisch/R. Tetzlaff (Hrsg.): Die Überwindung der ländlichen Armut in der Dritten Welt, Frankfurt 1979, S. 201-212

Frey-Nakonz, R.: Vom Prestige zum Profit: Zwei Fallstudien aus Südbenin zur Integration der Frauen in die Marktwirtschaft, Saarbrücken, Fort Lauderdale 1984

Friedrich, U./Schnepf, R./Székely, S.: Politisches System und Planungsorganisation, in: W. Eckhardt/U. Friedrich/M. Orth/E. Schmidt/ R. Schnepf (Hrsg.): Raumplanung und ländliche Entwicklung in Tansania, Dortmund 1982:20-40 (Dortmunder Beiträge zur Raumplanung; Nr. 27)

Friedrichs, J.: Methoden empirischer Sozialforschung, Opladen 1973

Friedl, E.: Women and Men. An Anthropologist's View, Stanford 1975

Friis-Hansen, E.: Changes in Land Tenure and Land Use since Villagization and their Impact on Peasant Agricultural Production in Tanzania. The Case of the Southern Highlands, Copenhagen 1987

Geisler, G.: Der Preis der Frauen. Wirtschaftsethnologische Untersuchungen vom Brautpreis in Afrika, Bern 1985

Gerhard, U.: Verhältnisse und Verhinderungen. Frauenarbeit, Familie und Rechte der Frauen im 19. Jahrhundert. Mit Dokumenten, Frankfurt 1978

Ghai, D./Lee, E./Maeda, J./Radwan, S. (Eds.): Overcoming Rural Underdevelopment. Proceedings of a Workshop on Alternative Agrarian Systems and Rural Development, Afrika, Tanzania, 4.-14. April 1979, ILO, Geneva 1979

Ghai, D./Green, R.H.: Ujamaa and Villagisation in Tanzania, in: D. Ghai/ A.R. Khan/E. Lee/S. Radwan (Eds.):Agrarian Systems and Rural Development, London 1979, S. 232-256

Ginneken, W. van: Rural and Urban Income Inequalities in Indonesia, Mexico, Pakistan, Tanzania und Tunesia, ILO, Geneva 1976

Glickman, H.: Traditional Pluralism and Democratic Processes in Mainland Tanzania, in: J. Cliffe/J.S. Saul (Eds.): Socialism in Tanzania. An Interdisciplinary Reader, Vol. 1, 1972, S. 127-144

Goody, J.: Production and Reproduction. A Comparative Study of the Domestic Domain, Cambridge 1977 rep. (Cambridge Studies in Social Anthropology; No. 17)

Goody, J.: Entwicklungsgeschichtliche Überlegungen zu Brautpreis und Mitgift, in: G. Völger/K.V. Welck (Hrsg.): geliebt, verkauft, getauscht, geraubt. Zur Rolle der Frau im Kulturvergleich, Köln 1985, S. 88-101

Gottlieb, M: Health Survey of Selected Households, Rural and Urban, Mainland Tanzania, 6 Districts, Summer 1972, University of Dar es Salaam 1974 (ERP Paper; 74.1)

Goulbourne, H.: The Role of the Political Party in Tanzania since the Arusha Declaration, in: H. Goulbourne (Ed.): Politics and State in the Third World, London 1979, S. 201-221

Green, R.H.: Toward Ujamaa and Kujitegemeàs, Income Distribution and Absolute Poverty Eradication Aspects of the Tanzania Transition to Socialism, University of Dar es Salaam 1974 (ERP Paper; 74.11)

Green, R.H.: Toward Socialism and Self Reliance: Tanzania's Striving for Sustained Transition Projected, The Scandinavian Instiute of Africa Studies, Uppsala 1977 (Research Report; No. 38)

Green, R.H.: Tanzanian Political Economy Goals, Strategies and Results: 1967-74: Notes and Interim Assessment, in: B.U. Mwansasu/C. Pratt (Eds.): Towards Socialism in Tanzania, Dar es Salaam 1979, S. 19-45

Green, R.H./Rwegasiva, D.G./Arkadie, B. van: Economic Shocks and National Policy Making: Tanzania in the 1970s. Institute of Social Studies, The Hague 1980 (Research Report Series; No. 8)

Green, R.H.: "No Worst there is None"? Tanzanian Political Economic Crises 1978-????, in: J. Carlsson (Ed.): Recession in Africa, Uppsala 1984, S. 108-140

Grohs, E.: Kisazi. Reiferiten der Mädchen bei den Zigua und Ngulu Ost-Tansanias, Berlin 1980

Gugler, J.: The Second Sex in Town, in: F.C. Steady (Ed.): The Black Women Cross-Culturally, Cambridge, Mass. 1981, S. 169-184

Guyer, J.: Women's Farming and the Food Supply of Yaounde. History and Prospects, in: J. Bissiliat et al. (Eds.): Femmes et Politiques Alimentaires, Paris 1985, S. 510-519

Hafkin, N.J./Bay, E.G. (Eds.): Women in Africa. Studies in Social and Economic Change, Stanford 1976

Hanisch, R./Tetzlaff, R. (Hrsg.): Die Überwindung der ländlichen Armut in der Dritten Welt, Frankfurt 1979

Hannan-Andersson, C.: Swedish Development Assistance to Tanzania. The Women's Dimension, Dar es Salaam 1984

Hansen, N.M.: Development from Above: The Centre-Down Development Paradigm, in: W.B. Stöhr/D.R.F. Taylor (Eds.): Development from Above or Below, Chichester, New York 1981, S. 15-38

Harding, L./Schubert, J./Traeder, H.: Entwicklungsstrategien in Afrika. Elfenbeinküste, Malawi, Sambia und Tanzania. Eine vergleichende Studie zum Verhältnis von Entwicklung, Abhängigkeit und Außenpolitik, Hamburg 1981

Harris, B.: Leadership and Institutions for Rural Development: A Case Study of Nzega Distrikt, in: L. Cliffe/J.S. Coleman/M.R. Doornbos (Eds.): Government and Rural Development in East Africa, The Hague 1977, S. 151-165

Harris, O.: Households as Natural Units, in: K. Young/C. Wolkowitz/ R. McCullagh (Eds.): Of Marriage and the Market. Women's Subordination in International Perspective, London 1981, S. 49-68

Hauck, G.: Das Elend der bürgerlichen Entwicklungstheorie, in: B. Tibi/ V. Brandes (Hrsg.): Handbuch 2, Unterentwicklung, Frankfurt, Köln 1975, S. 36-63

Hauck, G.: Types of Colonial Mode of Production. Paper Read at the Seminar 'Underdevelopment and Subsistence Reproduction in Southeast Asia, 12.-23. April, Bielefeld 1978

Hay, M.J./Stichter, S.: African Women: South of the Sahara, London 1984

Hegt, A.M.: Report on the Role of Women in the Implementation of the Small-Scale Irrigation Schemes in Dodoma Region, Tanzania, unpubl. Report, ILO, 1982

Hekken, P.M. van/Thoden van Velzen, H.U.E.: Land Scarcity and Rural Inequality in Tanzania. Some Case Studies from Rungwe District, Mouton, The Hague, Paris 1972

Helleiner, G.K.: Economic Incentives and Development Penetration, in: L. Cliffe/J.S. Coleman/M.R. Doornbos (Eds.), The Hague 1977, S. 139-149

Heyer, J./Roberts, P./Williams, G. (Eds.): Rural Development in Tropical Africa, London 1981

Herzog, J.: Traditionelle Institutionen und Nationale Befreiungsrevolution in Tanzania, Berlin (DDR) 1975

Heuer, P./Siebolds, P./Steinberg, F.: Urbanisierung und Wohnungsbau in Tansania. Strategien und Instrumente zur Lösung der Urbanisierungsprobleme in Tansania, 3. Institut für Wohnungsbau und Stadtplanung, TU Berlin 1979 (IWOS Bericht zur Stadtforschung; 3)

Hill, F.: Ujamaa: Africa Socialist Productionism in Tanzania, in: H. Desfosses/J. Levesque (Eds.): Socialism in the Third World, Praager 1975, S. 216-251

Hill, F.: Village Socialism: Dodoma 1969-71, in: A. Coulson (Ed.): African Socialism in Practice. The Tanzanian Experience, Nottingham 1979, S. 106-113

Hindess, B.; Hirst, P.Q.: Pre-Capitalist Modes of Production, London 1975

Hoeven, R.van der: Meeting Basic Needs in a Socialist Framework. The Example of Tanzania, ILO, Geneva 1979

Hofmeier, R.: Der Beitrag des Verkehrswesens für die wirtschaftliche Entwicklung Tansanias, München 1970

Hofmeier, R.: Staatliche Entwicklungsplanung in Tansania. Instrumente zur sozialistischen Transformation von Wirtschaft und Gesellschaft oder Hilfsmittel zur Stärkung der Stellung der Staatsbürokratie? in: R. Hanisch/R. Tetzlaff (Hrsg.):Staat und Entwicklung, Frankfurt, New York 1981, S. 433-472

Hofmeier, R.: Tanzania, in: D. Nohlen/F. Nuscheler (Hrsg.): Ostafrika und Südafrika. Unterentwicklung und Entwicklung, Hamburg 1982, S. 162-185 (Handbuch der Dritten Welt; Band 5)

Hofmei er, R.: Tanzania - Entwicklungsmodell oder Entwicklungsbankrott? in: Jahrbuch Dritte Welt 1, München 1983

Holmquist, F.: Class Structure, Peasant Participation and Rural Self-Help, in: J.D. Barkan/J.J. Okumu (Eds.): Politics and Public Policy in Kenya and Tanzania, New York 1979, S. 148-153

Hoselitz, B.F.: Wirtschaftliches Wachstum und sozialer Wandel, Berlin 1969

Hove, E.C.: Tanganyika: 11 years in Central Africa, London 1892

Hulls, R.H.: An Assessment of Agricultural Extension in Sukumaland Western Tanzania, University of Dar es Salaam 1971 (ERB Paper; 71.7)

Hyden, G.: Political Development in Rural Tanzania, Lund 1968

Hyden, G.: 'We must run while others walk'. Policy-Making for Socialist Development in the Tanzania-Type of Policies, University of Dar es Salaam (ERB Paper; 75.1)

328

Hyden, G.: Political Engineering and Social Change: A Case Study of Bukoba District, Tanzania, in: L. Cliffe/J.S. Coleman/M.R. Doornbos (Eds.): Government and Rural Development in East Africa, The Hague 1977, S. 183-199

Hyden, G.: The Resilience of the Peasant Mode of Production: The Case of Tanzania, in: R.H. Bates/M.C. Lofchie (Eds.): Agricultural Development in Africa. Issues of Public Policy, New York 1980, S. 218-243

Hyden, G.: Beyond Ujamaa in Tanzania. Underdevelopment and an Uncaptured Peasantry, Berkeley, Los Angeles 1980

Hyden, G.: No Shortcuts to Progress. African Development Management in Perspective, London, Ibadan, Nairobi 1983

Hyera, B.A.: Women: Tanzania, in: G.M. Daniels (Ed.): People-Questions, Tanzania, New York 1975, 29-32

Iglitzin, L.B.: The Patriarchal Heritage, in: L.B. Iglitzin/R. Ross (Eds.): Women in the World. A Comparative Study, Santa Barbara 1976, S. 7-24

Iliffe, J.: A Modern History of Tanganyika, Cambridge 1979

ILO: Participation of Women in Economic Activities and their Working Conditions in African Countries (Statistical Analysis), Geneva 1978

ILO: Towards Self-Reliance. Development, Employment and Equity Issues in Tanzania, ILO Jobs and Skills Programme for Africa, Addis Abeba 1978

ILO: Women, Technology and the Development Process. An ILO Contribution to the African Regional Meeting on the UN Conference on Science and Technology for Development (UNCSTD), Cairo 1978

ILO: Overcoming Rural Underdevelopment. Proceedings of a Workshop on Alternative Agrarian Systems and Rural Development, Geneva 1979

ILO: Women in Rural Development. Critical Issues, Geneva 1980

ILO: Basic Needs in Danger. A Basic Needs Oriented Development Strategy for Tanzania, Addis Ababa 1982

ILO: Women's Initiatives in the United Republic of Tanzania. A Technical Report, ILO, Geneva 1987

Ingle, C.R.: Compulsion and Rural Development. Paper prep. for Joint Annual Meeting of the African Studies Ass. (USA) and the Committee on African Studies in Canada, Montreal 1969

Ingle, C.R.: From Village to State in Tanzania. The Politics of Rural Development, Ithaca, London 1972

James, R.W./Fimbo, G.M.: Customary Land Law of Tanzania. A Source Book, Nairobi, Kampala, Dar es Salaam 1973

Jedruszek, J.: Development in Employment and Productivity in Tanzania 1967-1977, University of Dar es Salaam 1978 (ERB Paper; 78.5 and 78.6)

Jellicoe, M.R.: An Experiment in Mass Education among Women, in: Occasional Papers on Community Development, Kampala, Nairobi, Dar es Salaam 1962, S. 1-46

Jellicoe, M.R.: The Long Path. A Case Study of Social Change in Wahi, Singida District, Tanzania, Nairobi 1978

Jones, W.O.: Agricultural Trade within Tropical Africa: Historical Background, in: R.H. Bates/M.C. Lofchie (Eds.): Agricultural Development in Africa, Issues of Public Policy, New York 1980, S. 10-45

Kamuzora, C.L.: The Dynamics of Labour in African Smallholder Agriculture: The Sources of Labour for a New Cash Crop, Tea, in Bukoba District, Ann Arbor 1980

Kaniki, M.H.Y. (Ed.): Tanganyika under Colonial Rule, Singapore 1980

Kanzeni, A.S.: Prerequisites for Effective Agricultural Extension Service with Reference to Tanzania, University of Dar es Salaam 1980 (BRALUP Research Paper; No. 67)

Kazimito, A.A.: Prospects for Building Ujamaa Villages, in: L. Cliffe/ J.S. Saul (Eds.): Socialism in Tanzania. An Interdisciplinary Reader, Vol. 2, Dar es Salaam 1973, S. 186-188

Kherry, A.S.: Extra Martial Pregnancies and the Position of Women, Unpubl. B.A., Department of Sociology, University of Dar es Salaam 1979

Kiambo/Tenn (Eds.): A History of Tanzania, Nairobi 1969

Ki-Zerbo, J.: Die Geschichte Schwarz-Afrikas, Wuppertal 1979

Kikopa, J.R.K.: Human Rights: The Position of Women and Children in Tanzania. BRALUP Workshop on Women's Studies and Development, University of Dar es Salaam 1979

Kirimbai, M.: The Impact of Domestic Water Supply Projects on the Rural Population and their Role in Production and Reproduction in Dodoma Rural District. Unpubl. MA, University of Dar es Salaam 1981

Kjaerby, F.: Problems and Contradictions in the Development of Ox-Ploughing in Tanzania, Uppsala 1982

Kjekshus, H.: The Ruling Party: Essays on TANU, in: The Party. Essays on TANU, University of Dar es Salaam, Dar es Salaam 1976, S. 1-18 (Studies in Political Science; No. 6)

Kjekshus, H.: Ecology Control and Economic Development in East Africa History. The Case of Tanganyika 1850-1950, London 1977

Klein, M.A.: Peasants in Africa: Historical and Contemporary Perspectives, Beverly Hills 1980

Kleine, E.: Die Eigentums- und Agrarverfassungen im vorkolonialen Tanganyika. Ein Beitrag zur Herausbildung der Gesellschaftlichen Klassen, Göttingen 1972

Klingshirn, A.: Frauen und ländliche Entwicklung in Afrika. Fallbeispiele aus Ghana und Togo, München, Köln, London 1982

Koda, B.: The Emancipation of Women in Tanzania and the Role of UWT, Unpubl. MA, University of Dar es Salaam 1975

Koda, B.: The Role of UWT in Rural Development, Paper Pres. at the BRALUP Workshop on Women's Studies and Development, University of Dar es Salaam 1979

Koda, B.: The Involvement of Women in Small-Scale Industries in Tanzania (Case Study Dar es Salaam City), University of Dar es Salaam 1980 (IDS Paper)

König, R. (Hrsg.): Grundlegende Methoden und Techniken der empirischen Sozialforschung, Band 2, Stuttgart 1973

Kuenne, W./Pinter, R.: Socio-Economic Development and the Need for Qualified Manpower. Manpower Policy and Their Results in Tanzania. Manpower Report Prep. for the Ministry of Manpower Development Administration, FES, Dar es Salaam 1981

Kuitenbrouwer, J.: Continuity and Discontinuity in Community Development Theory, Institut of Social Studies, The Hague 1973

Laaser, W.: Afrikanischer Sozialismus und Genossenschaftspolitik in Tansania, Bamberg 1977

Ladner, J.: Tanzanian Women and Nation Building, in: F.C. Steady (Ed.): The Black Women Cross-Culturally, Cambridge/Mass. 1981, S. 107-117

Lee, E.: Basic-Needs Strategies: A Frustrated Response to Development from Below?, in: W.B. Stöhr/D.R.F. Taylor (Eds.): Development from Above or Below, Chichester, New York 1981, S. 107-122

Lele, U.: The Design of Rural Development: Lessons from Africa, Baltimore, London 1975

Leonard, L.; Marshall, D.R. (Eds.): Institutions of Rural Development for the Poor. Decentralization and Organizational Linkages, Berkeley 1982

Levine, K.: The TANU Ten-House Cell System, in: L. Cliffe/J.S. Saul (Eds.): Socialism in Tanzania. An Interdisciplinary Reader, Vol. 1, Dar es Salaam 1972, S. 329-337

Lewin, R.: Matetereka, in: L. Cliffe/J.S. Saul (Eds.): Socialism in Tanzania. An Interdisciplinary Reader, Vol. 2, Dar es Salaam 1973, S. 185-194

Leys, C.: Tanganyika: The Realities of Independence, in: L. Cliffe, J.S. Saul (Eds.): Socialism in Tanzania. An Interdisciplinary Reader, Vol. 1, Dar es Salaam 1972, S. 187-195

Ligate, N.E.: Some Measures Intended to Relieve Sexism in Tanzania Education at Non-Formal Primary and Secondary Levels: Policy Implications. Paper Pres. as Part Fulfillment of a 10 Week Course Entitled "Training for Development Planning and Women. An African Perspective", Arusha, Tanzania 1981

Lipton, M.: Village Studies and Alternative Methods of Rural Research, in: B. Dasgupta (Ed.): Village Studies in the Third World, Dehli 1978, S. 15-26

Listowel, J.: The Making of Tanganyika, London 1965

Little, K.: African Women in Towns. An Aspect of Africa's Social Revolution, Cambridge 1973

Livingstone, I.: Results of a Rural Survey: The Ownership of Durable Goods in Tanzanian Households and some Implications for Rural Industry, University of Dar es Salaam 1970 (ERP Paper; No. 70.1)

Livingstone, I./Ord, H.O.: Agricultural Economics for Tropical Africa, Studies in the Economics of Africa, London 1981

Lofchie, M.: Africa's Agricultural Malaise, in: G.M. Carter/P. O'Meara (Eds.): African Independence: The First Twenty-Five Years, Bloomington, Indiana 1985

Lohmeier, J.: Tanzania: eine Politische Ökonomie der Regionalentwicklung, Hamburg 1982

Lomayawi, J.B.: Work: Tanzania, in: G.M. Daniels (Ed.): Tanzania: People-Questions, New York 1975, S. 24-28

Loufti, M.: Rural Women. Unequal Partners in Development, ILO Geneva 1980

Loufti, M.: Strategies for Improving the Employment Conditions of Rural Women. Paper Pres. for the ILO Workshop on Initiatives for Improving Employment Conditions of Rural Women, Harare, Zimbabwe 5.-9. Sept. 1983

Low, D.A./Smith, A. (Eds.): History of East Africa, Vol III, Oxford 1976

Low, A.: Agricultural Development in Southern Africa: A Household-Economics Perspective on the Food Crisis, London 1986

Lundquist, J.: Tanzania: Socialist Ideology, Bureaucratic Reality, and Development from Below, in: W.B. Stöhr/D.R.F. Taylor (Eds.): Development from Above or Below? Chichester, New York 1981, S. 329-350

Luttrell, L.W.: Villagization, Co-operative Production and Rural Cadres; Strategies and Tactics in Tanzania Socialist Rural Development, University of Dar es Salaam 1971 (ERB Paper; 71.11)

Mackenzie, W.: The Livestock Economy of Tanzania, University of Dar es Salaam 1973 (ERB Paper; 73.5)

Mackintosh, M.M.: Domestic Labour and the Household, in: S. Burman (Ed.): Fit work For Women, London 1979, S. 153-172

Mackintosh, M.M.: Gender and Economics. The Sexual Division of Labour and the Subordination of Women, in: K. Young/C. Wolkowitz/ R. McCullagh (Eds.): Of Marriage and the Market. Women's Subordination in International Perspective, London 1981, S. 1-15

Madabida, R.R.: The Umoja wa Wanawake wa Tanganyika. Its Role in Tanzania. Unpubl. Undergradutate Political Science Diss., University of Dar es Salaam 1974

Madsen, B.: Women Mobilization and Women Integration in Tanzania. Case Study from the Village of Peramino 'A', Ruvuma Region, Centre of Development Research, Project Progr. A. 8/8, Copenhagen 1981

Maguire, A.G.: Toward 'Uhuru' in Tanzania: The Politics of Participation, Cambridge 1969

Mai, D.: Methoden sozialökonomischer Feldforschung - eine Einführung, Saarbrücken 1976 (Occacional Paper; No. 6)

Makweta, J.: The Role of the UWT in the Mobilization of Women for Economic Development in Tanzania, Unpubl. MA, University of Dar es Salaam 1974

Malima, K.A.: Subsistence Accounting and Development Planning in Africa, University of Dar es Salaam 1970 (ERB Paper; 70.14)

Malima, K.A.: Planning for Self-Reliance. Third Five-Year Development Plan Tanzania's, University of Dar es Salaam 1978 (ERB Paper; 78.1)

Mamozai, M.: Herrenmenschen. Frauen im deutschen Kolonialismus, Reinbeck b. Hamburg 1982

Mangold, V.: Die Agrarverfassung Tansanias. Von vorkapitalistischen Verhältnissen zum nichtkapitalistischen Entwicklungsweg, Marburg 1974

Mascarenhas, A.C.: Tanzania Country Study on Rural Employment Promotion, ILO, Geneva 1976

Mascarenhas, A.C.: Settlement and Population Re-Distribution in Dodoma, University of Dar es Salaam 1977 (BRALUP Research Paper; No. 47)

Mascarenhas, A.C.: After Villagization-What?, in: B.U. Mwansasu/C. Pratt (Eds.): Towards Socialism in Tanzania, Dar es Salaam 1979, S. 145-165

Mascarenhas, O./Mbilinyi, M.: Women in Tanzania. An Analytical Bibliography. Scandinavian Institute of African Studies, Uppsala, SIDA, Stockholm 1983

Mashauri, R.K.: Leadership Structure and Functions in a Ujamaa Village: A Case Study of Gallu, in: J.H. Proctor (Ed.): Building Ujamaa Villages in Tanzania, Dar es Salaam 1975, S. 55-63

Mayntz, R./Holm, K./Hübner, P.: Einführung in die Methoden der empirischen Soziologie, 4. Aufl., Opladen 1978

Mbilinyi, M.: The Participation of Women in African Economics, University of Dar es Salaam (ERB Paper; 71.12)

Mbilinyi, M.: The Transition to Capitalism in Rural Tanzania, University of Dar es Salaam 1974 (ERB Paper; 74.7)

Mbilinyi, M.: Analysis of the Decision to Educate in Rural Tanzania, Education Dept., University of Dar es Salaam 1974

Mbilinyi, M.: Women: Producers and Reproducers in Underdeveloped Capitalist Systems. Paper Pres. to the Twelfth Annual Social Science Conference of East African Universities, University of Dar es Salaam 1976

Mbilinyi, M.: Women: Producers and Reproducers on Peasant Production, University of Dar es Salaam 1977 (ERB Occational Paper; 77.3)

Mbilinyi, M.: The Changing Position of Women in Peasant Commodity Production: The Case of the Shambaa Kingdom. Paper Pres. to the Symposium of Women and Work in Africa, April 25.- May 1, University of Illinois 1979

Mbilinyi, M.: The Unity of 'Struggles' and 'Research': The Case of Peasant Women in West Bagamoyo, Tanzania. Paper Pres. to the Institute of Social Studies, Workshop on 'Women's Struggles and Research', The Hague 1980

Mbilinyi, M.: Peasant Women Struggles in Production and Reproduction. Paper Pres. to the K.U.L.U. Women's Research Conference, Copenhagen Juli 10-13, Copenhagen 1980

Mbilinyi, M.: The Future of Women in Africa. Paper Pres. to the National Seminar on Alternative Futures for Africa. Continental and Regional Previews, Dalhousie University 1981

Mbilinyi, M.: The Place of Women in Economic, Political and Ideogical Systems in Sub-Saharan Africa. Paper Pres. to the First All Africa Law Conference on the Individual Under African Law, University of Botswana and Swaziland, University College of Swasiland 1981

Mbilinyi, M.: The Health of Children: the Crisis of Tanzania, University of Dar es Salaam 1981 (IDS Paper)

Mbilinyi, M.: Notes on the Question of Promotions of Women in the Wage Labour Force in Tanzania. Paper to be Pres. at the Evaluation Workshop on Women's Advancement Programme by Ford Foundation, Dec. 1981

Mbilinyi, M.: Women in Rural Development of Mbeya Region. Government of Tanzania/FAO/Mbeya RIDEP Project GCP/URT/OSS (DEN). R.C. Office, Mbeya 1982

Mbilinyi, S.M.: Estimation of Peasant Farmers' Costs of Production. The Case of Bukoba Robusta Coffee, University of Dar es Salaam 1968 (ERB Paper; 68.1)

Mbilinyi, S.M.; Mabele, R./Kyomo, M.L.: Economic Struggle of TANU Government, in : G. Ruhumbika (Ed.): Towards Ujamaa. 20 Years of TANU Leadership, Kampala, Nairobi, Dar es Salaam 1974, S. 59-107

Mbogoni, L.E.Y.: Ecological Crisis and Food Production in Dodoma District: 1920-1960. Unpubl. MA, University of Dar es Salaam 1981

Mbwiliza, J.F.: Classes, Class Struggle and the State during the Transition to Socialism in Tanzania, History Dept. University of Dar es Salaam 1981

McEachern, D.: Capitalism and Colonial Production: An Introduction, in: A. Alavi/P.L. Burns/G.R. Knight/P.B. Mayr/D. McEachern: Capitalism and Colonial Production, London 1982, S. 1-21

McHenry, D.E.: Tanzania's Ujamaa Villages, Institute of International Studies, Berkeley 1979

McLoughlin, P.M.F. (Ed.): African Food Production Systems, Baltimore 1970

Meghji, Z.: Nature of Female Urban Employment, Paper Pres. to the BRALUP Workshop on Women's Studies and Develop-ment, University of Dar es Salaam 1979

Meillassoux, C.: Die wilden Früchte der Frau. Über häusliche Produktion und kapitalistische Wirtschaft, Frankfurt 1976

Meyns, P.: Nationale Unabhängigkeit und ländliche Entwicklung in der 3. Welt. Das Beispiel Tanzania, Frankfurt 1978

335

Meyns, P.: Die Landwirtschaft Tanzanias nach der Nahrungsmittelkrise von 1974/75, in: W. Pfenning/K. Voll/H. Weber (Hrsg.): Entwicklungsmodell Tansania: Sozialismus in Afrika, Frankfurt, New York 1980, S. 168-203

Migot-Adholla, S.E.: Rural Development Policy in Tanzania, 1961-77, in: J.D. Barkan/J.J. Okumu (Eds.): Politics and Public Policy in Kenya and Tanzania, New York 1979, S. 154-178

Mittelman, J.H.: Underdevelopment and the Transition to Socialism. Mozambique and Tanzania, New York, London, Toronto, Sydney, San Francisco 1986

Mohiddin, A.: African Socialism in Two Countries, London 1981

Molnos, A.: Attitudes towards Family Planning in East Africa, Munich 1968

Molyneux, M.: Women in Socialist Societies. Problems of Theory and Practice, in: K. Young/C. Wolkowitz/R. McCullagh (Eds.): Of Marriage and the Market. Women's Subordination in International Perspective, London 1981, S. 167-202

Mongi, V.J.: Strategies and Methods Used by UWT as a National Women's Organisation to Involve Women in Policy and Decision-Making in Tanzania, in: A. Pala/T. Awori/A. Krystal (Eds.): The Participation of Women in Kenya Society, Nairobi 1978, S. 210-223

Msambichaka, L.A.: A Theoretical Analysis for the Fundamentals of Agricultural Development in Non-Capitalist Developing Tanzania in the State Sector and Agricultural Producer Cooperatives, University of Dar es Salaam 1974 (ERB Paper; 74.12)

Msambichaka, L.A./Mabale, R.B.M.: Agricultural Credit and the Development of Ujamaa Villages in Tanzania, University of Dar es Salaam 1974 (ERB Paper; 74.10)

Msambichaka, L.A.: Agricultural Mechanization in Ujamaa Villages. Prospects and Problems, University of Dar es Salaam 1977 (ERB Paper; 75.7)

Mwansasu, B.V./Pratt, C.: Toward Socialism in Tanzania, Dar es Salamm 1979

Mshangama, A.H.: TANU Cells: Organ of One-Party Democratic Socialism, in: H. Proctor (Ed.): The Cell Systems of the Tanganyika Africa National Union, Dar es Salaam 1971, S. 20-31

Müller, J.O.: An Empirical Method for the Assessment Goals in Rural Cooperations, Prerequisite for an Analytical Approach to Evaluation, FAO, Rome 1976

Mujwahuzi, M.: A Survey of Rural Water Supply in Dodoma District, University of Dar es Salaam 1978 (BRALUP Research Paper; No. 57)

Munslow, B. (Ed.): Africa: Problems in Transition to Socialism, London, New Jersey 1986

Munzinger-Archiv: Länderhefte: Tansania, 16/83, Ravensburg 1983

Muro, A.: The Study of Women's Position in Peasant Production and their Education and Training: A Case Study of Diozile I Village in Bagamoyo District, Unpubl. MA, University of Dar es Salaam 1979

Muro, A.: Women in Agricultural Production and their Education and Training: A Case Study of Diozile I Village in Bagamoyo District, Paper Pres. at the BRALUP Workshop on Women's Studies and Development, University of Dar es Salaam 1979

Murphy, K.: Programming for Women in East Central and Southern Africa; A Non-Governmental Organisation's Analysis on Experience, Paper Pres. at the Seminar 59 'The Role of Women in Development', IDS, Brighton, Sussex 1977

Mushi, S.S./Kjekshus, H.: Aid and Development. Some Tanzanian Experiences, Norwegian Institute of International Affairs, 1982

Mwaga, D.Z.: The Impact of Farmers' Training in the Rural Areas: Mwapwa, Unpubl. BA, University of Dar es Salaam 1972

Mwansasu, B.U./Pratt, C.: Tanzania's Strategy for the Transition to Socialism, in: B.U. Mwansasu/C. Pratt (Eds.): Towards Socialism in Tanzania, Dar es Salaam 1979, S. 3-18

Mwpachu, J.V.: Operation Planned Villages in Rural Tanzania: A Revolutionary Strategy for Development, in: A. Coulson (Ed.): African Socialism in Practice. The Tanzanian Experience, Nottingham 1979, S. 114-127

Nabudere, D.: Imperialism in East Africa, Vol I, 1981, Vol. II 1982, London 1982

Nangebauer, M.: Possibilities and Conditions for the Introduction of State or Co-operative Large-Scale Farming in Developing Countries, University of Dar es Salaam 1977 (ERB Paper; 77.2)

N'gasi, A.P.: Rural Leadership in Tanzania. A Study of the Process of Selection, Recruitment and Consiliation. Unpubl. MA, University of Dar es Salaam 1976

Nellis, J.R.: A Theory of Ideology. The Tanzanian Example, Nairobi 1972

Nelson, N. (Ed.): African Women in the Development Process, London 1981

Nene, D.S.: A Survey on African Women Petty Traders and Self Employed in Town and Country in South Africa, Paper Pres. for ILO Tripartite African Regional Seminar Rural Development and Women, Dakar, Senegal 1981

New African Yearbook: Tanzania, London 1981-82, S. 337-351

Newland, K.: Women, Men and the Division of Labour, Washington DC 1980, (Worldwatch Paper; No. 37)

Newiger, N.: Village Settlement Schemes. The Problems of Co-operative Farming, in: H. Ruthenberg (Ed.): Smallholder Farming and Smallholder Development in Tanzania, Munich 1968, S. 259-274

New Internationalist (Hrsg.): Frauen - Ein Weltbericht, Berlin 1986

Newman, K.S.: Women and Law: Land Tenure in Africa, in: N. Black/ A. Baker Cottrell (Eds.): Women and World Change, Beverly Hills, London 1981, S. 120-138

Ngoye, C.J.K.: The Position of Women in Tanzania. David Owen Centre for Population Growth Studies, Cardiff 1980

Njohole, B.: Building Party Cells in Tanzania, in: J.H. Proctor (Ed.): Building Ujamaa Villages in Tanzania, Dar es Salaam 1971, S. 1-19

Nkebukwa, A.: The Performance of UWT-Tuke Consumer Co-operative Society, Morogoro, Tanzania, in: World Employment Programme. Rural Development and Women: Lessons from the Field, ILO/DANIDA/80/INT/35, ILO, Vol. II, Geneva 1985, S. 99-100

Nskela, A.: Socialism and Social Accountability in a Developing Nation. Problems in the Transformation of the Tanzania Economy and Society, Nairobi 1978

Nurske, R.: Problems of Capital Formation in Underdeveloped Countries, New York 1953

Nuscheler, F.: Bankrott der Modernisierungstheorien?, in: D. Nohlen/ F. Nuscheler (Hrsg.): Handbuch Dritte Welt, Bd. 1. Theorien und Indikatoren von Unterentwicklung, Hamburg 1974, S. 195-207

Nuscheler, F. (Hrsg.): Dritte Welt Forschung. Entwicklungstheorie und Entwicklungspolitik, Opladen 1985 (PVS; Sonderheft Nr. 16)

Nyerere, J.K.: Ujamaa-Essays on Socialism, Dar es Salaam 1968

Nyerere, J.K.: Decentralisation, Dar es Salaam 1972

Nyerere, J.K.: Freiheit und Entwicklung. Aus neuen Reden und Schriften, Texte zur Arbeit von dienste in übersee (dü), Stuttgart 1975

Nyerere, J.K.: Socialism and Rural Development, in: J.K. Nyerere: Freedom and Socialism, Dar es Salaam 1977

Nyerere, J.K.: The Arusha Declaration - Ten Years After, Dar es Salaam 1977

O'Barr, J.F.: Ten House Cells and Their Leaders: Micropolitics in Pare-District, Tanzania, Unpubl. Ph. D, Northwestern University, Illinois 1970

Obbo, C.: Women's Careers in Low Income Areas as Indicators of Country and Town Dynamics, in: D. Parkin (Ed.): Town and Country in Central and Eastern Africa, Oxford 1975, S. 288-293

Obbo, C.: African Women. Their Struggle for Economic Independence, London 1980

Ogot, B.A./Kieran, J.A.: Zamani - A Survey of East African History, Nairobi 1968

Okumu, J.J.: Party and Party-State Relations, in: J.D. Barkan, J.J. Okumu: Politics and Public Policy in Kenya and Tanzania, New York 1979, S. 43-63

Olle, W./Schoeller, W.: World Market, State and National Conditions and Labour, University of Dar es Salaam 1977 (ERB Occacional Paper; No. 77)

Omari, C.K.: Some Aspects of Family Life Education in African Society: the Tanzanian Case, Dept. of Sociology, University of Dar es Salaam 1980

Oomen-Myin, M.A.: Involvement of Rural Women in Village Development in Tanzania: A Case Study in Morogoro District. Faculty of Agriculture, Forestry and Veterinary Science, University of Dar es Salaam, Morogoro 1981

Othman, H. (Ed.): The State in Tanzania, London 1979

Pala Okeyo, A.: Daughters of the Lakes and Rivers: Colonia-lization and the Land Rights of Luo Women, in: E. Etienne/E. Leacock (Eds.): Women and Colonization. Anthropological Perspectives, New York 1980, S. 186-213

Pala, A.: Definitions of Women and Development: An African Perspective, in: F.C. Steady (Ed.): The Black Women Cross-Culturally, Cambridge Mass. 1981, S. 209-214

Palmer, I.; Buchwald, U. von: Monitoring Changes in the Conditions of Women. A Critical Review of Possible Approaches, United Nations Research Institute for Social Development, United Nations, Geneva 1980

Palmer, I.: The Impact of Agricultural Development Schemes on Women's Roles in Food Supply, in: J. Bisilliat/G. Courade/Y. Diallo-Leguen/A. Morel (Eds.): Femmes et Politiques Alimentaires, Paris 1985, S. 268-279

Park, P./Jackson, T.: Lands of Plenty, Lands of Scarity, Oxford 1985

Parking, D. (Ed.): Town and Country in Central and Eastern Africa, Oxford 1975

Parsons, T.: The Social System, Glencoe III, 1951

Parsons, T.: Societies, Evolutionary and Comparative Perspectives, Englewood, Cliffs, New York 1966

Party, J.-L. (Hrsg.): Methoden und Probleme sozialwissenschaftlicher Forschung unter natürlichen Bedingungen, Bern, Stuttgart, Wien 1982

Patton, M.: Dodoma Region 1929 to 1959: A History of Famine, University of Dar es Salaam 1971 (BRALUP Research Report; No. 44)

Pelt, P. van: Bantu Customs in Mainland Tanzania, Tabora 1971

Pelzer White: Two Models for the Socialist Transformation of Agriculture: Implications for Gender Relations, in: J. Bisilliat et al.: Femmes et Politiques Alimentaires, Paris 1985, S. 292-303

Pfennig, W./Voll, K./Weber, H. (Hrsg.): Entwicklungsmodell Tansania. Sozialismus in Afrika, Frankfurt, New York 1980

Phillips, T.A.: An Agricultural Notebook, London 1977

Pinckbeck, I.: Der Einfluß der 'Agrarian Revolution' auf Art und Umfang der produktiven Tätigkeit von Frauen verschiedener Bevölkerungsgruppen in der englischen Landwirtschaft zwischen 1750-1850, in: H. Rosenbaum (Hrsg.) Seminar: Familie und Gesellschaftsstrukturen, Materialien zu den sozio-ökonomischen Bedingungen von Familienformen, Frankfurt 1978, S. 230-251

Pine, F.: Family Structure and the Division of Labour: Female Roles in Urban Ghana, in: H. Alavi/T. Shanin (Eds.): Introduction to Sociology of 'Developing Societies', London 1982, S. 387-405

Pratt, C.: The Critical Phase in Tanzania 1945-1968. Neyerere and the Emergence of a Socialist Strategy, Cambridge 1976

Pratt, C.: Tanzania's Transition to Socialism: Reflections of a Democratic Socialist, in: B.U. Mwansasu/C. Pratt (Eds.): Towards Socialism in Tanzania, Dar es Salaam 1979, S. 193-236

Pratt, D.J./Gwynne, M.D. (Eds.): Rangeland Management and Ecology in East Africa, London, Sydney, Auckland, Toronto 1977

Prime Minister's Office: Curriculum for Home Economics Certificate - Course, Ujamaa and Cooperative Develop-ment Department, Dodoma o.J.

Prime Minister's Office (Hotuba ya Waziri Mkuu): Ndugu C.D. Msuya ML, Katika Ufunguzi wa Semina ya Kuandaa Mpango Wa Maendeleo wa Wanawake (1981-85). Itakayofanyika Katika Chyo Cha Eliumu Ya Taifa Chang'ombe-Tarehe 30 Novemba 1981' - The Opening Speech by the Prime Minister Ndugu C.D. Msuya in a Preparatory Seminar for Women Development Plan (1981-85) which will be held at the College of National Education-Chang'ombe 30th Nov 1981 (übersetzt aus dem Kiswahili von Ms. Patricia Runawira)

Prime Minister's Office: Maoni Juu Ya Mpango Wa Kuwaendeleza Wanawake (World Plan of Action for the Second Half of the UN Decade for Women) 1980-85 Kufuatana Na Mapendezekezo Yaliyotolewa Na UWT (Comments on the World Plan of Action for the Second Half of the UN Decade for Women 1980-85 According to the Proposals from UWT (übersetzt aus dem Kiswahili von Mr. M.S. Tene), Dodoma 1981

Prime Minister's Office: Special Development Policy of Women in Tanzania, Draft, Dodoma 1982 (übersetzt aus dem Kiswahili von Ms. Patricia Runawira)

Proctor, J.H. (Ed.): The Cell System of the Tanganyika African National Union, University of Dar es Salaam 1971 (Studies in Political Science; No. 1)

Proctor, J.H.: Building Ujamaa Villages in Tanzania, University of Dar es Salaam (Studies in Political Science; No. 2) 1975

Rahman, M.A.: Transition to Collective Agriculture and Peasant Participation-North Vietnam, Tanzania and Ethiopia, ILO, Geneva 1980

Raikes, P.: State and Agriculture in Tanzania, Tanzania Centre for Development Research, Copenhagen 1978

Rangsami, A.: Women's Roles and Strategies During Food Crisis and Famines, in: J. Bisilliat et al.: Femmes et Politiques Alimentaires, Paris 1985, S. 108-118

RDD Dodoma: Dodoma Region Interim Development Plan. Vol. I: Land Use Planning and Natural Resources; VOl. II: Water Resources; Vol. III: Agriculture; Vol. IV: Livestock, Village Development, Rural Credit, Industry & Crafts, Crop Storage, Regional Perspective, Office of the Regional Development Director, Dodoma 1980

RDD Dodoma: Tanzania Dodoma Region Interim Development Plan. Main Report. Office of the Regional Development Director, Dodoma Jan. 1980

Rehm, S./Epsig, G.: Die Kulturpflanzen der Tropen und Subtropen, Stuttgart 1976

Reining, P.: Social Factors and Food Production in an East African Peasant Society: The Haya, in: P.M.F. McLoughlin (Ed.): African Food Production Systems, Baltimore 1970, S. 41-90

Reiter, R.R. (Ed.): Toward an Anthropology of Women, New York, London 1975

Reynolds, D.R.: An Appraisal of Rural Women in Tanzania, USAID, Nairobi 1975

Rhumbika, G. (Ed.): Towards Ujamaa 20 Years of TANU Leadership, Kampala, Nairobi, Dar es Salaam 1974

Rigby-Williams, J.: Social Action and Urbanization in Africa, in: D. Oloo (Ed.): Urbanization. Its Social Problems and Consequences, Nairobi 1969, S. 211-233

Rigby, P.: Changes in Local Government in Ugogo and the National Elections, in: L. Cliffe (Ed.): One Party Democracy, Nairobi 1967

Rigby, P.: Cattle and Kinship among the Gogo. A Semi-Pastoral Society of Central Tanzania, Ithaca, London 1969

Rigby, P.: Pastoralism and Prejudice: Ideology and Rural Development in East Africa, in: R.J. Apthorpe/P. Rigby (Eds.): Society and Change in Eastern Africa, Nkanga, Edition No. 4, Kampala 1969, S. 42-52

Rigby, P.: Politics and Modern Leadership Roles in Ugogo, in: V. Turner (Ed.): Colonialism in Africa 1870-1960, Vol. 3. Profiles of Change. African Society and Colonial Rule, Cambridge 1971, S. 393-438

Rigby, P.: Local Participation in National Politics, Ugogo, Tanzania, in: L. Cliffe/J.S. Coleman/M.R. Doornbos (Eds.): Government and Rural Development in East Africa, The Hague 1977

Rigby, P.: Persistent Pastoralists. Nomadic Societies in Transition. London 1985

Rimmer, D.: The Economic Imprint of Colonialism and Domestic Food Supplies in British Tropical Africa, in: R.J. Rotberg (Ed.): Imperialism, Colonialism and Hunger; East and Central Africa, Lexington (Mass.), Toronto 1983, S. 141-165

Robertson, C./KLein, M. (Eds.): Women and Slavery in Africa, London 1983

Roberton, C.: Berger, I. (Eds.): Women and Class in Africa, New York, London 1986

Rodney, W.: Afrika. Die Geschichte einer Unterentwicklung, Berlin 1975

Rodney, W.: The Political Economy of Colonial Tanganyika 1890-1930, in: M.H.Y. Kaniki (Ed.), 1980, S. 128-163

Röhnelt, G.: Die bundesdeutsche Entwicklungshilfe für Tansania seit 1961. Institut für Wirtschafts- und Sozialgeographie der J.W. Goethe-Universität Frankfurt, Frankfurt 1980 (Frankfurter wirtschafts- und sozialgeographische Schriften; Heft 38)

Rogers, B.: The Domestication of Women. Discriminating in Developing Societies, London 1980

Rostow, W.W.: Stadien des wirtschaftlichen Wachstums, Göttingen 1960

Rothlach, R.: Der Wandel der Wanjamwesi-Gesellschaft in vorkolonialer Zeit und die Ideen Nyereres über die traditionelle afrikanische Gesellschaft, München 1975

Rott, R.: Arbeit, Produktionsweisen und Arbeitsmarkt (Saarbrücken 1982 (Occasional Paper; No. 19)

Rubin, G.: The Traffic in Women: Notes on the 'Political Economy' of Sex, in: R.R. Reiter (Ed.): Toward an Anthropology of Women, New York, London 1975, S. 157-210

Rudengren, J./Swantz, M.L.: Village Skills Survey Report of the Pre-Pilot and Pilot Surveys, University of Dar es Salaam 1976 (BRALUP Research Paper; No. 42)

Rudengren, J.: Peasants by Preference? Socio-Economic and Environmental Aspects. Rural Development in Tanzania, Stockholm 1981

Ruthenberg, H.: Agricultural Development in Tanganyika, Berlin, Heidelberg, New York 1964

Ruthenberg, H. (Ed.): Smallholder Farming and Smallholder Development in Tanzania, Munich 1968

Rweyemanu, J.F.: Underdevelopment and Industrialization in Tanzania, Nairobi 1974

Sabot, R.H.: The Social Costs of Urban Surplus Labour, OECD, Paris 1977

Sabot, R.H.: Economic Development and Urban Migration. Tanzania 1900-1971, Oxford 1979

Sachak, N.: Creating Employment Opportunites for Rural Women: Case Study of Dodoma Rural District, Paper Pres. at the BRALUP Workshop on Women's Studies and Development, University of Dar es Salaam 1979

Sacks, K.: Engels Revisited: Women, the Organization of Production, and Private Property, in: R.R. Reiter (Ed.): Toward an Authropology of Women, New York, London 1975, S. 211-234

Sahlins, M.: Stone Age Economics, London 1976

Samoff, J.: Tanzania Local Politics and the Structures of Power, London 1974

Savané, M.A.: The Employment of Women with Social Change and Freedom of Women: The Case of Africa, in: S. Amin (Ed.): Human Resources, Employment and Development, Vol. 5, New York 1984, S. 52-64

Satzinger, W.: Stadt, Land, Region: Die raumordnungspolitische Dimension der Tansanischen Entwicklungsstrategie, in: W. Pfennig/K. Voll/ H. Weber (Hrsg.): Entwicklungsmodell Tansania: Sozialismus in Afrika, Frankfurt, New York 1980, S. 349-373

Saul, J.S.: Class and Penetration in Tanzania, in: L. Cliffe/ J.S. Saul (Eds.):Socialism in Tanzania. An Interdisciplinary Reader, Vol. 1, Dar es Salaam 1972, S. 118-126

Saul, J.S.: The State in Post-Colonial Societies: Tanzania, in: H. Gouldbourne (Ed.): Politics and States in the Third World, London 1979, S. 70-91

Schneider, H.K.: Livestock and Equality in East Africa. The Economic Basis for Social Structure, Bloomington, London 1979

Schneider-Barthold et al.: The Effect of Agricultural Policy on Peasant Production and Marketing in Tanzania, Case Studies in the Kilimanjaro Region, 2nd Report, DIE, Berlin 1982

Schoeller, W.: Underdevelopment and Choice of Technology. ERB, University of Dar es Salaam 1977

Schwartz, S.: Ökonomie des Hungers, Berlin 1986

Seidman, A.: Planning for Development in Sub-Saharan Africa, Dar es Salaam 1974

Sembajwe, I.S.L.: Population Characteristics of Dodoma Region, University of Dar es Salaam 1980 (BRALÚP Research Programm; Nr. 64)

Seminar Für Landwirtschaftliche Entwicklung, Institut für Sozialökonomie der Agrarentwicklung TU Berlin: Baseline Survey in Coconut Growing Areas of Tanzania, Berlin 1982

Sender, J.: Some Preliminary Notes on the Political Economy of Rural Development in Tanzania Based on a Case-Study in the Western Usambaras, University of Dar es Salaam 1974 (ERB Paper; 74.5)

Senshi, I./Loxley, J.: Financing Ujamaa - State Resources and Cooperative Development, in: L. Cliffe/W. Luttrell/S. Migot-Adholla/ J.S. Saul (Eds.): Rural Cooperation in Tansania, Dar es Salaam 1975, S. 538-554

Sethuraman, S.V. (Ed.): The Urban Informal Sector in Developing Countries, ILO, Geneva 1981

Shapiro, K.H.: Efficiency and Progressiveness in Peasant Agriculture: A Research Proposal for Geita District, University of Dar es Salaam 1969 (ERB Paper; Nr. 69.53)

Sharman, A.: Improving Nutrition in Bukoba District, in: L. Cliffe/ S. Coleman/M.R. Doornbos (Eds.): Government and Rural Development in East Africa, The Hague 1977, S. 201-222

Sharpley, J.: The Impact of External and Domestic Factors on Tanzania's Agriculture Surplus and Foreign Exchange Earnings in the 1970's, OECD, Paris 1983

Shields, N.: Women in the Urban Labour Markets of Africa: The Case of Tanzania. World Bank, Washington DC 1980 (Staff Working Paper; Nr. 380)

Shivji, I.G.: Tanzania: The Silent Class Struggle, in: The Silent Class Struggle, Dar es Salaam 1973, (Tanzanian Studies; No. 2), S. 1-60

Shivji, I.G.: Class Struggles in Tanzania, Dar es Salaam 1976

SIDA: Women in Developing Countries - Case Studies of Six Countries, Stockholm 1974

SIDA: The Women's Dimension in Development Assistance. SIDA's Plan of Action. Stockholm Mai 1985

Simms, R.: The African Women as Entrepreneur: Problems and Perspectives on their Roles, in: F.C. Steady (Ed.): The Black Woman Cross-Culturally, Cambridge/Mass. 1981, S. 141-168

Sirowy, E.: Frauenarbeit, Dienst am Herrn für die Herren? oder: Befreiung auch für die Frauen? Kirchliche und staatliche Frauenorganisation in Tansania, in: J. Beringhausen/B. Kerstan (Hrsg.): Die unsichtbare Stärke; Frauenarbeit in der Dritten Welt, Entwicklungsprojekte u. Selbsthilfe, Saarbrücken 1984, S. 185-202

Skutsch, M.: Institutionalisierte Dorfplanung in Tansania und Möglichkeiten der eigenständigen Planung durch die Dorfbevölkerung, in: W. Eckhardt/U. Friedrich/M. Orth/E. Schneid/R. Schnepf (Hrsg.): Raumplanung und ländliche Entwicklung in Tansania, Dortmund 1982, S. 44-75

Slater, H.: Africa and the Production of Historical Knowledge, Paper to the Discussion at the History Seminar, 28. August 1980, University of Dar es Salaam

Stachel, G.: Brandrodungshackbau in Afrika, Probleme der Produktivitätssteigerung traditioneller Anbausysteme, Institut für Internationale Zusammenarbeit, Wien 1973

Stanley, H.M.: How I found Livingstone in Central Africa, hrsg. von H. Pleticha, Stuttgart 1983

Staudt, K.: The Effects of Government Agricultural Policy on Women Farmers: Preliminary Findings from Idakho Location, Kakamega District, IDS, University of Nairobi 1975 (Working Paper; No. 225)

Staudt, K.: Women Farmers and Inequities in Agricultural Services, in: E.G. Bay (Ed.): Women at Work in Africa, Boulder 1982, S. 207-224

Staudt, K.: Stratification: Implications for Women's Politics, in: C. Robertson/I. Berger (Eds.): Women and Class in Africa, New York, London 1986, S. 197-215

Staudt, K.: Women's Politics, Capitalistic Transformation, and the State in Sub-Saharan Africa, in: I. Markovitz (Ed.): Studies in Power and Economic Class in Africa, New York 1986

Steady, F.C.: The Black Women Cross-Culturally, Cambridge, Mass. 1981

Steady, F.C.: The Black Women Cross-Culturally: An Overview, in: F.C. Steady (Ed.): The Black Women Cross-Culturally, Cambridge, Mass. 1981, S. 7-41

345

Stevens, M.: Women, Kinship and Capitalist Development, in: K. Young/ C. Wolkowitz/R. Mc Cullagh (Eds.): Of Marriage and the Market. Women's Subordination in International Perspective, London 1981, S. 112-126

Stöhr, W.B./Taylor, D.R.F. (Eds.): Development from Above or Below?, Chichester, New York, Brisbane, Toronto 1981

Stolcke: Women's Labours. The Naturalisation of Social Inequality and Women's Subordination, in: K. Young/C. Wolkowitz/R. McCullagh (Eds.): Of Marriage and the Market. Women's Subordination in International Perspective, London 1981, S. 30-48

Stuhlman, F.: Deutsch Ostafrika. Mit Emir Pascha ins Herz von Afrika, Berlin 1894

Sudarkasa, N.: Female Employment and Family Organization in West Africa, in: F.C. Steady (Ed.): The Black Women Cross-Culturally, Cambridge/Mass. 1981, S. 49-63

Svendsen, K.E.: General Problems of Rural Development Policy in Tanzania, L. Cliffe/J.S. Saul (Eds.): Socialism in Tanzania. An Interdisciplinary Reader, Vol. 2, Dar es Salaam 1973, S. 180-185

Swantz, M.-L./Bryceson, D.F.: Women Workers in Dar es Salaam, 1973/74. Survey of Female Minimum Wage Earners and Self-Employed, University of Dar es Salaam 1976 (BRALUP Research Paper; No. 43)

Swantz, M.: Strain and Strength among Peasant Women in Tanzania, University of Dar es Salaam 1977 (BRALUP Research Paper; No. 49)

Swantz, M.: Women and Tanzania Agricultural Development, in: K.S. Kim/ R. Mabele/M. Schultheis (Eds.): Papers on the Political Economy of Tanzania, Nairobi, London, Lusaka, Ibadan 1979, S. 278-287

Swantz, M.: Research, Participation and Local Needs, in: I. Gould (Ed.): Needs, Participation and Local Development. Proceedings of the EAD Basic Needs Workshop, Helsinki 1979, Helsinki 1981, S. 1-10

Swantz, M.: Women in Development: A Creative Role Denied? The Case of Tanzania, London, New York 1985

Szlajfer, H.: Economic Surplus and Surplus Value: An Attempt at Comparison, University of Dar es Salaam 1979 (ERB Occasional Paper; 78.3)

Tadesse, Z.: Women and Technology in Peripheral Countries: A Overview, in: S.M. O'Onofrio-Flores/S.M. Pfafflin (Eds.): Scientific-Technological Change and the Role of Women in Development, Boulder, Colorado 1982, S. 77-111

Tandon, Y. (Ed.): Debate on Class, State and Imperialism, University of Dar es Salaam, Dar es Salaam 1982

Tanzania Bureau of Statistics: 1967 Population Census Dar es Salaam, Bureau of Statistics, Ministry of Economic Affairs and Development Planning, 6 Volumes, Dar es Salaam o.J.

Tanzania Bureau of Statistics: 1978 Population Census, Bureau of Statistics, Dar es Salaam 1982

Tarimo, C.: The Role of "Umoja wa Wanawake wa Tanganyika" in the Country, Dar es Salaam 1973

Temu, P.: The Ujamaa Experiment, in: U.S. Kim/R.B. Mabele/M.J. Schultheis (Eds.): Papers on the Political Economy of Tanzania, Nairobi, London, Lusaka, London 1979, S. 197-201

Tetzlaff, R.: Koloniale Entwicklung und Ausbeutung, Berlin 1970

Tetzlaff, R.: Der begrenzte Handlungsspielraum der tansanischen Staatsklasse zur Überwindung von Abhängigkeit und Unterentwicklung. Zum Verhältnis von Bauern und Bürokraten, in: W. Pfennig/K. Voll/W. Weber (Hrsg.): Entwicklungsmodell Tanzania: Sozialismus in Afrika, Frankfurt, New York 1980, S. 42-68

Tetzlaff, R./Töpper, B.: Gibt es "Spezifika" des Staates in peripherkapitalistischen Entwicklungsländern?, in: R. Hanisch/R. Tetzlaff (Hrsg.): Staat und Entwicklung, Frankfurt, New York 1981, S. 57-84

Tetzlaff, R.: Überlegungen zur "Entstaatlichung" afrikanischer Gesellschaften: ein Ausweg aus der Krise? Vorgelegt auf dem Kongreß der Vereinigung der Afrikanisten Deutschlands (VAD), Berlin (W) 5.-8.12.86

Thiam, A.: Black Sisters Speak out: Feminism and Oppression in Black Africa, London, Dover 1986 (translated by Blair, D.S.)

Thiele, G.: Villages as Economic Agents: The Accident of Social Reproduction, in: R.G. Abrahams (Ed.): Villagers, Villages and the State of Modern Tanzania, Cambridge 1985, S. 81-103

Thompson, E.P.: Plebeische Kultur und moralische Ökonomie, Frankfurt, Berlin 1980

Tibaijuka, A.K.: An Outline of Agriculture in Tanzania, A Summary Report to SIDA, Swedish University of Agriculture Sciences, International Rural Development Centre, Uppsala 1981

Tinker, I.: The Adverse Impact of Development On Women, in: I. Tinker/M. Bo Bramsen/M. Buvinič (Eds.): Women and World Development, New York, Washington, London 1976, S. 22-34

Tobisson, E.: Women, Work, Food and Nutrition in Nyamwigura Village, Mara Region, Tanzania. Tanzania Food and Nutrition Centre, Report No. 548, Dar es Salaam 1980

Tordorff, W.: Government and Politics in Tanzania, Nairobi 1967

The United Republic of Tanzania: Survey of Employment and Earnings 1977-78. Bureau of Statistics, Ministry of Planning and Economic Affairs, Dar es Salaam 1981

The United Republic of Tanzania: The Economic Survey 1981, by the Ministry of Planning and Economic Affairs, Dar es Salaam 1982

The United Republic of Tanzania, Ministry of Agriculture: The Tanzania National Agricultural Policy (Final Report). Task Force on National Agriculture Policy, Dar es Salaam Oct. 1982

The United Republic of Tanzania, Ministry of Planning and Economic Affairs: Structural Adjustment Programme for Tanzania, Dar es Salaam 1982

The United Republic of Tanzania, Ministry of Agriculture: The Agricultural Policy of Tanzania, March 31st 1983, Dar es Salaam 1983

The United Republic of Tanzania: Third Five Year Plan for Economic and Social Development, Vol. I, Vol. II, Dar es Salaam 1976-1981

The Wellesley Editorial Committee (Eds.): Women and National Development: The Complexities of Change, Chicago, London 1977

Turner, V. (Ed.): Colonialism in Africa 1870-1960, Profiles of Change, Vol. 3, Cambridge 1971

United Nations Protein Advisory Group: Women in Food Production, Food Handling and Nutrition, with Special Emphasis on Africa. Final Report, New York 1977

University of Dar es Salaam: The Party Essays on TANU (by M. Mosha et al.), Dar es Salaam 1976 (Studies in Political Science; No. 6)

Urdang, S.: Fighting Two Colonialisms: The Women's Struggle in Guinea-Bissau, in: J.M. Cohen/Daniel (Eds.): Political Economy of Africa, London, New York 1981, S. 213-220

Urigo, A.P.: Farming Systems and Soil Erosion Hazards in Tanzania, Dar es Salaam 1980 (Inaugural Lecture Series; No. 29)

UWT: Report of the UWT Activities for the Year 1978/79, Dodoma 1980 (übersetzt von Ms. P. Runawira aus dem Kiswahili)

UWT: Taarifa Ya/Mwaka 1978 na 1979, Dodoma. Dodoma 1979 (The 1978-1979 UWT Operations Report: Dodoma Region) (übersetzt von Mr. M.S. Tene aus dem Kiswahili)

UWT: Taarifa Ya/Mwaka. Dodoma Rural District: Report on Women's Activities from Jan.-Dec. 1981, Dodoma 1982 (übersetzt von M. Bulegi aus dem Kiswahili)

UWT: Taarifa Ya Mwaka. Dodoma Urban District, Report on Women's Activities from Jan.-Dec. 1981, Dodoma 1982 (übersetzt von M. Bulegi aus dem Kiswahili)

Velzen, H.U.E.T. van: Staff, Kulaks and Peasants: A Study of a Political Field, in: L. Cliffe/J.S. Coleman/M.R. Doornbos, The Hague 1977, S. 223-250

Völger, G.; Welck, K. von (Hrsg.): Geliebt, verkauft, getauscht, geraubt. Zur Rolle der Frau im Kulturvergleich. Bd. 1 und Bd. 2, Köln 1985

Vuorela, U.: Women's Role in Production and Reproduction: Some Reflections on Relationships between Men and Women in Tanzania and Finland. Paper Pres. at BRALUP Workshop on Women's Studies and Development, University of Dar es Salaam 1979

Watzal, L.: Ujamaa - Das Ende einer Utopie? Die politische Bedeutung einer philosphischen anthropologischen Konzeption, München 1982

Weekes-Vagliani, W.: The Integration of Women in Development Projects, OECD, Paris 1985

Weekes-Vagliani, W.: Towards an Analytical Framework: Women, Food Self-Sufficiency and Food Strategies, in: J. Bisilliat et al.: Femmes et Politiques Alimentaires, Paris 1985, S. 317-324

Wehler, H.-U.: Bismarck und der Imperialismus, München 1976

Wesel, R.: Das Konzept der integrierten ländlichen Entwicklung: Neuansatz oder Rhetorik?, Saarbrücken, Fort Lauderdale 1982

Whitworth, A.: The Case for Price Control in Tanzania, with Particular Reference to Locally Manufactured Products, University of Dar es Salaam 1978 (ERB Paper; 78.2)

Whitehead, A.: "I'm Hungry, Mum". The Politics of Domestic Budgeting in: K. Young/C. Wolkowitz/R. McCullagh (Eds.): Of Marriage and the Market. Women's Subordination in International Perspective, London 1981, S. 88-111

Wijnaraja, P.: Basic Needs and Rural Development, in: J. Gould (Ed.): Needs, Participation and Local Development Proceedings at the EAD. Basic Needs Workshop, Helsinki 1979, Helsinki 1981, S. 11-28

Wilde, J.C. de: Case Studies: Kenya, Tanzania and Ghana, in: R.H. Bates/M.F. Lofchie (Eds.): Agricultural Development in Africa Issues of Public Policy, New York 1980, S. 113-169

Wilson, M.: For Men and Elders: Change in the Relations of Generations and of Men and Women among the Nyakyusa-Ngonde People 1875-1971, London 1977

Wipper, A.: Women's Voluntary Associations, in: M.J. Hay/S. Stichter (Eds.): African Women South of the Sahara, London, New York 1984, S. 69-86

Wisner, B.: Man-Made Famine in Eastern Kenya: The Interrelationship of Environment and Development, IDS, Brighton 1976 (Discussion Paper; No. 96)

Wolf-Graaf, A.: Frauenarbeit im Abseits. Frauenbewegung und weibliches Arbeitsvermögen, München 1981

Woods, R.: Peasants and Peasantries in Tanzania and their Role in Socio-Political Development, in: L. Cliffe/P. Lawrence/W. Luttrell/ S. Migot-Adhulla/J.S. Saul (Eds.): Rural Cooperation in Tanzania, Dar es Salaam 1975, S. 39-50

World Bank: Recognizing the "Invisible" Women in Development: The World Bank's Experience, Washington DC 1979

World Bank: Economic Memorandum on Tanzania, Washington 1981 (Report; No. 3086-TA)

World Bank: Accelerated Development in Sub-Saharan Africa: An Agenda for Action, Washington DC 1981

Yeager, R.: Tanzania. An African Experiment, Boulder, London 1982

Young, K./Wolkowitz, R./McCullagh, R.(Eds): Of Marriage and the Market. Women's Subordination in International Perspective, London 1981

Zecha, G./Lukesch, H.: Die Methodologie der Aktionsforschung, Analyse, Kritik, Konsequenzen, in: J.-L. Patry (Hrsg.): Feldforschung, Methoden und Probleme Sozialwissenschaftlicher Forschung unter natürlichen Bedingungen, Bern, Stuttgart, Wien 1982, S. 367-387

Zanzig, H./Weiss, M.: Die Rolle der Frau in Afrika, Hamburg 1984

Zapf, W. (Hrsg.): Theorien des sozialen Wandels, Köln 1969

Zeitschriften und Periodika

Africa News: Tanzania's Plight Reflects an African Problem, in: Africa News, Jan. 12, 1981

Ahmad, Z.: The Rural Women's World: Overworked and Underpaid, in: Third World Affairs, 1986, 314-324

Ahooja-Patel: Another Development with Women, in: Development Dialogue, No. 1-2, 1982

Ansprenger, F.: Außenpolitik eines afrikanischen Staates: Tanzania, in: vierteljahresberichte (FES), Nr. 34, 1968

Ansprenger, F.: Versagen und Leistung des unabhängigen Afrikas, in: Aus Politik und Zeitgeschichte. Beilage zur Wochenzeitung Das Parlament, B. 29-30/86, 19.7.1986, S. 3-15

Baldus, R.D.: Changing the Structure of the Tanzania Cooperative Movement, in: Die dritte Welt, 9. Jg., Nr. 1/2, 1981, S. 133-178

Barker, J.: Gaps in the Debates about Agriculture in Senegal, Tanzania and Mozambique, in: World Development, Vol. 13, No. 1, 1985, S. 59-76

Barth Eide, W.: Reflections on Women, Culture and Food, in: Jipemoyo, No. 4, 1980, S. 115-144

Beneria, L./Sen, G.: Accumulation, Reproduction and Women's Role in Economic Development: Boserup Revisited, in: Signs, Vol. 7, No. 2, 1981, S. 279-298

Beneria, L.: Conceptualizing the Labour Force: The Underestimation of Women's Economic Activities, in: The Journal of Development Studies, Vol. 17, No. 3, 1981, S. 10-28

Berger, M.: Agricultural Extension for Women Farmers in Developing Countries: Institutional Constraints, in: Quarterly Journal of International Agriculture, Vol. 26, No. 1, Jan-March 1987, S. 28-45

Bernstein, H.: Notes an Capital and Peasantry, in: Review of African Political Economy, No. 10, 1977, S. 60-73

Bernstein, H.: Notes on State and Peasantry: The Tanzanian Case, in: Review of African Political Economy, No. 21, May-Sept. 1981, S. 44-62

Bernstein, H.: Kapitalismus und kleinbürgerliche Produktion. Klassenverhältnis und gesellschaftliche Arbeitsteilung, in: Peripherie, Nr. 28, 1987, S. 6-18

Bienefeld, M.: The Informal Sector and Women's Oppression, in: IDS Bulletin, University of Sussex, Vol. 12, No. 3, 1981, S. 8-13

Biermann, W./Fontaine, J.-M.: Bauern und Bürokraten. Die Krise des tanzanischen Transformationsmodells (1), in: Peripherie, Nr. 28, 1987, S. 19-40

Bley, H.: Die Mär von der Geschichtslosigkeit Afrikas, in: afrika heute, 11. Jg., Heft 2, Feb. 1973, S. 20-22

Boesen, J.: On Peasantry and the 'Modes of Production' Debate, in: Review of African Political Economy, No. 15/16, 1979, S. 154-161

Briggs, J.: Villagisation and the 1974-6 Economic Crisis in Tanzania, in: Journal of Modern African Studies, Vol. 17, No. 3, 1979, S. 695-702

Brooke, C.: The Heritage of Famine in Central Tanzania, in: Tanzania Notes and Records, No. 67, 1967, S. 14-22

Brüne, S.: Der IWF als trojanisches Pferd? Tanzania nach Nyerere, in: africa spectrum, 22. Jg., 87/1, S. 59-77

Bryceson, D.F.: Primitive Accumulation and Imperalism in Relation to the Reproduction of Third World Peasantries, in: Utafiti, Vol. 5, No. 1, 1980, S. 95-128

Bryceson, D.F.: Changes in Peasant Food Production and Food Supply in Relation to the Historical Development of Commodity Production in Precolonial and Colonial Tanganyika, in: Journal of Peasant Studies, Vol. 7, No. 3, 1980, S. 281-311

Bryceson, D.F./Mbilinyi, M.: The Changing Role of Tanzanian Women in Production, in: Jipemoyo, No 2, 1980, S. 85-116

Bryson, J.C.: Women and Agriculture in Sub-Saharan Africa. Implications for Development (an Explanatory Study), in: Journal of Development Studies, Vol. 17, No. 3, 1981, S. 29-46

Caplan, P.: Development Policies in Tanzania - Some Implications for Women, in: The Journal of Development Studies, Vol. 17. No. 3, 1981, S. 98-108

Cernea, M.: Macrosocial Change, Feminization of Agriculture and Peasant Women's Threefold Social Role, in: Sociologia Ruralis, Vol. 18, No. 213, 1978, S. 107-124

Chambers, R.: Rural Poverty Unpercieved: Problems and Remedies, in: World Development, Vol. 9, 1981, S. 1-19

Chambers, R.: Health, Agriculture, and Rural Poverty: Why Seasons Matter, in: The Journal of Development Studies, Vol. 18, No. 2, 1982, S. 217-238

Chijumba, B.J.: Attitudes of Tanzanian Husbands towards the Employment of their Wives, in: Africa Development, Vol. III, No 2, 1983, S. 75-85

352

Coquery-Vidrovitch, C.: An African Mode of Production, in: Critique of Anthropology, No. 4 and 5, 1975

Coulson, A.: Agricultural Policies in Mainland Tanzania, in: Review of African Political Economy, No. 10, 1977, S. 74-100

Dixon, R.B.: Land, Labour and the Sex Composition of the Agricultural Land Force: An International Comparison, in: Development and Change, Vol. 14, 1983, S. 347-372

Donner-Reichle, C.: Nach 10 Jahren Bewußtsein für Frauen geschaffen, in: E+Z, Nr. 1, 1985, S. 14-15

Donner-Reichle, C.: "Anima und Incognita" in der Analyse des Hungers?, in: E + Z, Nr. 6, 1985, S. 8-9

Donner-Reichle, C.: Frauenförderung in der Entwicklungspolitik: Hindernisse in 'Erster' und 'Dritter' Welt, in: vierteljahresberichte, Nr. 101, Sept. 1985, S. 259-271

Donner-Reichle, C.: Vergleichende Analyse der Entwicklungsarbeit internatinaler und ausländischer Organisationen mit deutscher Entwicklungsarbeit, in: epd Materialie VIII/85: Die Rolle der Frau im Entwicklungsprozeß, Klausurtagung der Kammer der EKD für Kirchlichen Entwicklungsdienst, 1985, S. 95-122

Donner-Reichle, C.: Wine Growing in Tanzania, in: Afrika, Vol. XXVII, No. 2-3, 1986, S. 13

Donner-Reichle, C.: Von der Subsistenzbäuerin zur Subsistenzlandwirtin?, in: entwicklung und ländlicher raum, 20. Jg., 6/86, S. 7-10

Due, J.M.: Constraints to Women and Development in Africa, in: The Journal of Modern African Studies, Vol. 20, No 1, 1982, S. 155-166

Dumont, R.: Development and Mounting Famine: a Role for Women, in: International Labour Review, Vol. 111, No. 1, 1975, S. 451-457

Edholm, F./Harris, O./Young, K.: Conceptualising Women, in: Critique of Anthropology, Vol. 3, No. 9 and 10, 1977, S. 101-129

Engo, R.: Women Farmers: Action-Oriented Plan Needed, in: Africa Emergency, No. 7, April-May 1986, S. 6

Ergas, Z.: Why Did the Ujamaa Village Policy Fail?, in: The Journal of Modern African Studies, Vol. 18, No. 3, 1980, S. 387-410

Feldman, R.: Women's Groups and Women's Subordination: An Analysis of Politics Towards Rural Women in Kenya, in: Review of African Political Economy, No. 27/28, 1984, S. 67-85

Fimbo, G.M.: The Right of Occupancy in Tanzania: The Political Economy of an African Land Tenure System, in: Eastern Africa Law Review, Vol 6, No. 1, 1973, S. 121-156

Fortman, L.P.: The Need for an Expanded Role for Women in Agricultural Extension in Tanzania, in: Eastern Africa Journal of Rural Development, Special Issue 1976, S. 99-109

Freyhold, M. von: The Post-Colonial State, and its Tanzanian Version, in: Review of African Political Economy, No. 8, 1977, S. 75-89

Frieben, E./Lazarte, L.: Organisationsprozesse von Bäuerinnen im andinen Südperu - Möglichkeiten und Schwierigkeiten in der Arbeit mit Frauengruppen, in: Peripherie 4. Jg., No. 13, 1983, S. 14-25

Friedmann, H.: Household Production and the National Economy: Concepts for the Analysis of Agrarian Formations, in: Journal of Peasant Studies, Vol. 7. No 2, 1980, S. 158-184

Geiger, S.: Umoja wa Wanawake wa Tanzania and the Needs of the Rural Poor, in: African Studies Review, Vol. XXV, No. 2-3, 1982, S. 45-65

Goody, J./Buckley, J.: Inheritance and Women's Labour in Africa, in: Africa, Vol. 43, No. 2, 1973, S. 108-121

Goulborne, H.: Some Aspects of Ideological Functions in the Development of the Post-Colonial State in Tanzania, in: Utafiti, Vol. 3, No. 2, 1978, S. 377-398

Gsänger, H.: Agrarpolitische Ursachen wachsender Ernährungsunsicherheit in Schwarzafrika, in: africa spectrum, 20. Jg., 85/1, S. 45-65

Guyer, J.: Household and Community in African Studies, in: African Studies Review, Vol. XXIV, No. 2-3, 1981

Guyer, J.: The World Bank's Perscriptions for Rural Africa: Accelerated Development in Sub-Saharan African (The Berg Report), Washington, DC 1981, Women's Work and Production Systems: A Review of Two Reports on an Agricultural Crisis, in: Review of African Political Economy, No. 27/28, 1984, S. 180-191

Hänsel, H.: The Rural Development Strategy of Ujamaa Villages in Tanzania, in: Zeitschrift für ausländische Landwirtschaft, Nr. 2, 1976, S. 180-195

Herzog, J.: Zur historischen Situation und den objektiven Voraussetzungen einer sozialistisch orientierten Entwicklung in Tansania. Anmerkungen zur Geschichte der Befreiungsrevolution (1954-1965), in: asien, afrika, lateinamerika, 13 (1985) 2, S. 258-268

Hill, F.: Experiments with a Public Sector Peasantry: Agri-cultural Schemes and Class Formation in Africa, in: African Studies Review, 20/3, 1977, S. 25-43

Hofmeier, R.: Die tanzanischen Wahlen von 1980. Bestätigung des Ujamaa-Kurses oder Ausdruck wachsender Unzufriedenheit?, in: africa spectrum, 16. Jg., 81/2, S. 143-162

Holmquist, F.: Self-Help: The State and Peasant Leverage in Kenya, in: Africa, Vol. 54, No 3, 1984, S. 72-91

Hyden, G.: Development and the Cooperative Movement in Tanzania, in: Tanzania Notes and Records, No. 76, 1975, S. 51-56

Hyden, G.: Ujamaa Villagization and Rural Development in Tanzania, in: ODI Review, No. 1, 1975, S. 53-72

Hyden, G.: Imperialism, State, Class and Race (A Critique on Shivji's Class Struggel in Tanzania), in: Utafiti, Vol. 2, No, 1, 1977, S. 57-62

Hyden, G.: The Anomaly of the African Peasantry, in: Development and Change, Vol. 17, No. 4, 1986, S. 677-705

Kasfir, N.: Are African Peasants Self-Sufficient? A Review of Goran Hyden, Beyond Ujamaa in Tanzania: Underdevelopment and an Uncaptured Peasantry and No Shortcuts to Progress: African Development Management in Perspective, in: Development and Change, Vol. 17, 1986, S. 335-357

Kjaerby, F.: Agricultural Accumulation of Surplus Production in Tanzania, in: Utafiti, Vol. V, No. 1, 1980, S. 59-94

Knight, J.B./Sabot, R.H.: From Migrants to Proletarians: Employment Experience, Mobility and Wages in Tanzania, in: Oxford Bulletin of Economics and Statistics, No. 46, 1982, S. 199-226

Koopman, Henn, J.: Feeding the Cities and Feeding the Peasants; What Role for Africa's Women Farmers?, in: World Development, Vol. 11, No. 12, 1983, S. 1043-1055

Lachenmann, G.: Die Destabilisierung der ländlichen Produktions- und Sozialsysteme in Schwarzafrika, in: africa spectrum, 18. Jg., 83/1, S. 5-25

Leacock, E.: History, Development, and the Division of Labour by Sex: Implications for Organisation, in: Signs, Vol. 7, No. 2, 1981, S. 474-491

Lehmann, G.: Probleme der Agrarumgestaltung in Tansania seit 1961, in: asien, afrika, lateinamerika, 12 (1984) 2, S. 295-314

Leys, C.: The State and the Crisis of Simple Commodity Production in Africa, in: IDS Bulletin, University of Sussex, Vol. 18, No. 3, S. 45-48

Livingstone, I.: Economic Irrationality Among Pastoral Peoples: Myth or Reality?, in: Development and Change, Vol. 8, No. 8, 1977, S. 209-230

Lofchie, M.F.: African Crisis and Economic Liberalisation in Tanzania, in: The Journal of Modern African Studies, Vol. 16, No. 3, 1978, S. 451-475

Lofchie, M.F./Commins, S.K.: Food Defizits and Agricultural Policies in Tropical Africa, in: The Journal of Modern African Studies, Vol. 20, No. 1, 1982, S. 1-25

Mackintosh, M.: Economic Tactics: Commercial Policy and the Socialization of African Agriculture, in: World Development, Vol. 13, No. 1, 1985, S. 77-96

Makere, E.N.: Ujamaa Villages in Practice, in: Taamuli. A Political Forum, Vol. 2, No. 2, 1972, S. 17-26

Makoni, B.: Modern Women in Developing Africa. Towards a New Identiy, in: Studies in Adult Education, No. 30, 1977

Mbilinyi, M.: The 'New Women' and Traditional Norms in Tanzania, in: Journal of Modern African Studies, Vol. 10, No. 1, 1972, S. 57-72

Mbilinyi, M.: The State of Women in Tanzania, in: Canadian Journal of African Studies, Vol. VI, No. 2, 1972, S. 371-377

Mbilinyi, M.: Peasants Education in Tanzania, in: The African Review Vol. 6, No. 2, 1976, S. 167-253

Mbilinyi, M.: Tanzania. Tradition and the New Woman, in: ISIS, International Bulletin, No. 3, 1977

Mbilinyi, M.: Die neue Frau und die traditionellen Normen, in: blätter des iz 3W, Nr. 60, 1977, S. 36-38

Mbogoni, L.E.Y.: Ecological Crisis and Food Production in Dodoma 1920-1960: Colonial Efforts in Developing the Productive Forces in Peasant Agriculture, in: Utafiti, Vol. IX, No. 1, 1984, S. 93-108

McHenry, D.E.: Peasant Participation in Communal Farming: The Tanzanian Experience, in: African Studies Review, Vol. 20, No. 3, 1977

McHenry, D.E.: Communal Farming in Tanzania: A Comparison of Male and Female Participants, in: African Studies Review, Vol. XXV, No. 4, 1982, S. 49-64

Mlama, P.O.: Some Problems of Child-Rearing in Tanzania, in: Utafiti, Vol. IV, No. 2, 1979, S. 133-148

Mlambiti, M.E.: Rural Development: The Tanzania Type, in: Tanzania Notes and Records, No. 79 and 80, 1976, S. 1-12

Mlay, W.F.I.: Rural to Urban Migration and Rural Development, in: Tanzania Notes and Records No. 81 and 82, 1977, S. 1-13

Molyneux, M.: Women's Emancipation under Socialism: A Model for the Third World?, in: World Development, Vol. 9, No. 9/10, 1981, S. 1019-1037

Morgan, D.R.: Salt Production in Tanzania: Past and Present, in: Tanzania Notes and Records, No. 74, 1974, S. 31-37

356

Moser/Young: Women of the Working Poor, in: IDS Bulletin, University of Sussex, Vol. 12, No. 3, 1981, S. 54-62

Msekwa, P.: The Decisions to Establish a Democratic One-Party State in Tanzania: A Case Study, in: Taamuli, Vol. 5, No. 2, 1972, S. 34-48

Muntemba, S.: Women as Food Producers and Suppliers in the Twentieth Century, The Case of Zambia, in: Development Dialogue, No. 1-2, 1982, S. 29-50

Muor, M.: The Controversy over Brideprice and Polygamy - New Laws on Marriage and Maternity Leave, in: Tanzania Notes and Records, No. 83, 1978, S. 133-137

Mushi, S.S.: African Traditional Culture and the Problems of Rural Modernization, in: Taamuli, Vol. 2, No. 2, 1972, S. 3-16

Müller, J.O.: Kritische Anmerkungen zu Selbsthilfe, Fremdhilfe und Partizipation in fremdbestimmten "Selbsthilfe-"Organisationen der Entwicklungspolitik, in: Verfassung und Recht in Übersee, 13. Jg., 3. Quartal 1980, S. 213-255

Nash, J.: Women in Development: Dependency and Exploitation, in: Development and Change, Vol. 8, No. 2, 1977, S. 161-162

Nelson, N.: Mobilising Village Women: Some Organisational and Management Considerations, in: The Journal of Development Studies, Vol. 17, No. 3, 1981, S. 47-58

New African: Interview with R. Dumont: Strangulation of Africa, August 1981, S. 42-44

O'Barr, J.: Pare Women: A Case of Political Involvement, in: Rural Africana, No. 9, 1976, S. 121-134

Odia, S.: Rural Education and Training in Tanzania, in: International Labour Review, Vol. 103, No. 1, Geneva 1971, S. 13-28

Omari, C.K./Kukwaro, E.A.: Settlement Patterns and Ujamaa, in: Tanzania Notes and Records, No. 83, 1978, S. 21-28

Pala, A.: The Role of African Women in Rural Development: Research Priorities, in: Journal of Eastern African Research and Development, Vol. 5, No. 2, 1975, S. 137-161

Palmer, I.: Rural Women and the Basic-Needs Approach to Development, in: International Labour Review, Vol. 115, No. 1, 1977, S. 97-107

Palmer, I.: Women's Issues and Project Appraisal, in: IDS Bulletin, University of Sussex, Vol. 12, No. 4, 1981

Pelzer White, C./Young, K.: Research on Rural Women: Feminist Methodological Questions, in: IDS Bulletin, University of Sussex, Vol. 15, No. 1, 1984

Puttman, L.: Economic Motivation and the Transition to Collective Socialism: Its Application to Tanzania, in: The Journal of Modern African Studies, Vol. 20, No. 2, 1982

Puttman, L.: Tanzanian and African Socialism: Comment on Weaver and Kronemer, in: World Development, Vol. 12, No. 4, 1984, S. 361-464

Raikes, P.: Ujamaa and Rural Socialism, in: Review of African Political Economy, No. 3, 1975, S. 33-52

Raikes, P.: Rural Differentiation and Class Formation in Tanzania, in: The Journal of Peasant Studies, Vol. 5, No. 3, 1978, S. 285-325

Raikes, P.: Agrarian Crisis and Economic Liberalisation in Tanzania: a Comment, in: The Journal of Modern African Studies, Vol. 17, No. 2, 1979, S. 309-316

Rigby, P.: Critical Participation, Mere Observation, or Alienation: Notes on Research among the Baraguyu Maasai, in: Jipemoyo, No. 1, 1977, S. 52-79

Rigby, P.: Pastoralist Production and Socialist Transformation in Tanzania, in: Jipemoyo, No. 2, 1980, S. 26-31

Rogers, S.: Efforts toward Women's Development in Tanzania: Gender Rhetoric vs. Gender Realities, in: Women and Politics: A Quarterly Journal in Research and Policy Studies, Vol. 2, No. 3/4, 1982

Rwezaura, B.A.: The Legal Status of Woman-to-Woman Marriages in Tanzania, in: Eastern Africa Law Review, Vol. 7, No. 3, 1974, S. 319-325

Samoff, J.: Cell Leaders in Tanzania: A Review of Recent Research, in: Taamuli, Vol. 4, No. 1, 1973, S. 63-75

Samoff, J.: Crisis and Socialism in Tanzania, in: Journal of Modern African Studies, Vol. 19, No. 2, 1981, S. 272-306

Shao, J.: Politics and Food, Production Crisis in Tanzania, in: Journal of African Studies Association, XV, 1985, S. 10-24

Siebolds, P./Steinberg, F.: Tanzania I: Die neue Hauptstadt Dodoma, in: Bauwelt, Heft 41, 1979, S. 1755-1759

Special Issue on the Continuing Subordination of Women in the Development Process, in: IDS Bulletin, University of Sussex, Vol. 10, No. 3, 1979

Swai, B.: The Labour Shortage in 1930's Kilimanjaro and the Subsequent Employment of Child Labour, in: Utafiti, Vol. IX, No. 2, 1979, S. 11-132

Swai, B.: Crisis in Colonial Agricultural Soil Erosion in Tanganyika during the Inter-War Period, in: Utafiti, Vol. V, No. 1, 1980. S. 27-58

Staudt, K.: Agricultural Productivity Gaps: A Case Study of Male Preference in Government Policy Implementation, in: Development and
Change, Vol. 9, 1978, S. 798-1001

Staudt, K.: Women, Development and the State: On the Theoretical Impas-
se, in: Development and Change, Vol. 17, No. 2, 1986, S. 325-333

Steady, F.C.: African Women, Industrialization and Another Development,
in: Development Dialogue, No. 1-2, 1982, S. 51-64

Storgaard, B.: Women in Ujamaa Villages, in: Rural Africana, No. 29,
Winter 1975/76, S. 135-155

Strobel, M.: Africa Women, in: Signs, Vol. 8, No. 1, 1982, S. 109-131

Tetzlaff, R.: Staat und Klasse in peripher-kapitalistischen Gesell-
schaftsformationen, in: Verfassung und Recht in Übersee, 10. Jg.,
1. Quartal 1977, S. 43-77

Tetzlaff, R.: Die soziale Basis von politischen Herrschaftsregimen in
Afrika. Probleme der Legitimation und Chancen für Demokratie, in:
epd-Entwicklungspolitik, Nr. 20, 1986, Dokumentation

Thiele, G.: State Intervention and Commodity Production in Ugogo: A
Historical Pespective, in: Africa, Vol. 54, No. 3, 1984, S. 92-107

Thiele, G.: The State and Rural Development in Tanzania: The Village
Administration as a Political Field, in: The Journal of Development Studies, Vol. 22, No. 3, April 1986, S. 540-556

Tiberondwa, A.K.: Issues beyond the Theory of the Class Struggles (A
Critique on Shivji's Class Struggles in Tanzania), in: Utafiti,
Vol. 2, No. 1, 1977, S. 45-56

Tscha nnerl, G.: Rural Water-Supply in Tanzania: Is "Politics" or "Techniques" in Command?, in: The African Review, Vol. 6, No. 2, 1976,
S. 108-166

Urdang, S.: The Last Transition? Women and Development in Mozambique,
in: Review of African Political Economy, No. 27/28, 1984, S. 8-32

Valentine, C.H./Revson, J.E.: Cultural Traditions, Social Change and
Fertility in Sub-Saharan Africa, in: The Journal of Modern Africa
Studies, 17/3, 1979, S. 453-472

Verhagen, K.: Changes in Tanzanian Rural Development Policy 1975-1978,
in: Development and Change, Vol. 11, 1980, S. 285-295

Wall, B.: Eine analytische Betrachtung der Situation der Frauen in
Entwicklungsländern, gezeigt an Beispielen aus Afrika und Asien,
in: Die Dritte Welt, 9. Jg., Nr. 3/4, 1981, S. 254-260

Weaver, J.H./Kronemer, A.: Tanzania and African Socialism, in: World
Development, Vol. 9, No. 9/10, 1981, S. 839-849

Wirz, A.: Die deutschen Kolonien in Afrika, in: Kolonialismus und Kolonialreiche, 5. Tübinger Gespräche zu Entwicklungsfragen, 11.-12. Mai 1984. Teil I, in: Zeitschrift für Kulturaustausch, 34 Jg., 3. Vj. 1984

Zeitungen

Daily News, Dar es Salaam

Sunday News, Dar es Salaam

<u>Beispiele zum Thema Frauen:</u>

Amour calls for women advancement, 26.8.80, Daily News

Women involvement in development, 13.3.81, Daily News

UWT calls for mass education, 10.5.81, Sunday News

Women in law, 10.5.81, Sunday News

Sex bias in food allocation, 13.5.81, Daily News

Domestic food distribution, System favours males, 14.5.81, Daily News

Women want new structure, 11.5.81, Daily News

Women leaders 'must work together', 21.5.81, Daily News

Pregnant school pupils jailed, 2.7.81, Sunday News

UWT: In need of professionals, 26.7.81, Sunday News

Be active - Manning, 7.10,81, Daily News

Promote equality, women told, 9.10.81, Daily News

Female circumcision. Education stressed, 10.10.81, Daily News

Wife beating deplored, 12.10.81, Daily News

Apply your power, PM tells women, 1.12.81, Sunday News

Women told to list their needs, 4.12.81, Daily News

Women told to form coops, 5.12.81, Daily News

Fight saboteurs, women told, 5.12.81, Daily News

Women press for equality, 6.12.81, Daily News

Women get less chances, 15.12.81, Daily News

Women discuss participation, 16.12.81, Daily News

Requesting for Women's Ministry, 3.1.82, Sunday News

The women with a plastic bag, 26.12.82, Sunday News

How women fared in 1982, 4.1.83, Daily News

On marriage and society, 30.1.83, Sunday News

Women: Major producers of wealth, 4.2.83, Daily News

Women's role emphasised, 14.3.83, Sunday News

PM stresses women's plans, 15.3.83, Daily News

Kawawa counsels women, 21.3.83, Daily News

Help women groups-leaders urged, 18.7.83, Daily News

Women adopt action plan, 27.8.83, Sunday News

Angaben zur Autorin

Carola Donner-Reichle, Dipl.-Pol., Grundsatzreferentin der Evangelischen Zentralstelle für Entwicklungshilfe Bonn, sechs Jahre in Asien und Afrika gearbeitet, u.a. 1979 bis 1980 ILO, Bangkok; 1980 bis 1983 Dodoma, Tanzania; 1981 Research Fellow am IDS, University of Dar es Salaam.

1983 bis 1988 freie ständige Mitarbeiterin der DSE, Zentralstelle für Auslandskunde, Bad Honnef, und Gutachterin.

ARBEITEN AUS DEM INSTITUT FÜR AFRIKA-KUNDE

—————— 55 ——————

Barbara Rocksloh-Papendieck

Frauenarbeit am Straßenrand Kenkeyküchen in Ghana

Mais hat sich in den letzten Jahrzehnten zum überwiegenden Grundnahrungsmittel im südlichen Ghana entwickelt. Er wird zu verschiedenen Gerichten verarbeitet, hauptsächlich jedoch zu Kenkey, in Mais- oder Plantainblätter eingewickelten Klößen. Der Kenkey ist das Brot des südlichen Ghana und hat eine ebenso symbolische Bedeutung wie "unser täglich Brot" in Europa. Kenkey herzustellen ist Frauenarbeit.

Die vorliegende Arbeit setzt sich einleitend mit dem Stand der sozialanthropologischen Frauenforschung auseinander und bestimmt den eigenen Standort als empirischen Blick auf den Alltag, d.h. die tatsächlichen Arbeits- und Lebensverhältnisse von (Kenkey-) Frauen. Auf welchen Wegen und warum der Mais an die Goldküste kam und auf welche Weise sich der Kenkey zum Standardgericht entwickelte, ist Gegenstand des Kapitel 2. Wie die Frauen ihren Kenkey heutzutage herstellen und vertreiben, wie sie leben, wirtschaften und sich organisieren, ist das Thema der drei weiteren Kapitel.

Die Erkundung der sozialen Welt des Maiskloßes stellt manche Thesen in Frage, die unter dem Stichwort "Frauen und Entwicklung" auftauchen. Die Kenkeyfrauen arbeiten in einer den Ernte- und Versorgungszyklen unterliegenden, vom Staat weitgehend losgelösten Sphäre. Den Staat nehmen sie nur als parasitäre Einrichtung wahr, deren komplizierte Regularien, etwa zu den Genossenschaften, an ihrer Wirklichkeit vorbeigehen. Das Augenmerk der Autorin galt den Strategien, die Frauen wirtschaftlich und sozial entwickeln, um zu überleben. Kenkeyfrauen in Ghana ernähren nicht nur ihre Kinder und Kindeskinder, sondern ein ganzes Volk zu ländlichen Preisen. (III, 193 S., 21 Tab., 9 Abb.)

INSTITUT FÜR AFRIKA-KUNDE

im Verbund der Stiftung Deutsches Übersee-Institut

AFRIKA SPECTRUM

ist eine wissenschaftliche Zeitschrift für moderne Afrikaforschung. Die Beiträge sind schwerpunktmäßig auf verschiedene, anwendungsorientierte Problematiken ausgerichtet. Die Hefte enthalten außerdem Kurzbeiträge, Rezensionen und den juristischen Dokumentationsteil "Aus afrikanischen Gesetzblättern", für den die Gesetzblätter von rd. 50 afrikanischen Ländern und Organisationen ausgewertet werden.
Afrika Spectrum wendet sich an alle Vertreter von Wissenschaft und Praxis mit afrikabezogenen Interessen.

Themen bzw. Schwerpunktbereiche:

Heft 81/1	Algerien: Industrie; Landwirtschaft; Öl und Gas; Planification; Sozialpolitik; Technologiepolitik; Hochschulen und Forschung
Heft 81/2	Beziehungen OAU-Arabische Liga - Tanzania: Wahlen 1980 - Somalia: Wirtschaft - Zaire: Verschuldung - National Party of Nigeria - Benin: Entwicklungsweg
Heft 81/3	SADCC - Zimbabwe: Wirtschaftspolitik; Verkehrskooperation - Mosambik: Dienstleistungsökonomie - Malawi/Lesotho: Entwicklungsweg
Heft 82/1	Islam im heutigen Afrika - Koranschulen und Erziehung in Nordnigeria - Mauretanien: Politische Entwicklung - Liberia: Seeschiffahrt - Nigeria: Indigenisierung
Heft 82/2	Marokko: Innenpolitik; EG-Assoziierung - Nigeria: Prioritäten sozialwissenschaftlicher Forschung; Außenpolitik; Erdöl
Heft 82/3	VR Kongo: Ernährungspolitik - Mauritius: Ferntourismus - Liberia: Innenpolitik - Regionale wirtschaftliche Zusammenarbeit - EG-ECOWAS - Afro-arabische Zusammenarbeit
Heft 83/1	Afrika: Ländliche Produktionssysteme - Traditionelle Erziehungsmuster - Zaire: Stabilität - Lesotho: Industrie - Elfenbeinküste: Entwicklungsplan
Heft 83/2	Äthiopien: Agrarreform - Ghana: Wirtschaft - Stadtentwicklung: Lusaka - Nordkamerun: Islam - Grenzen: Afrika; Ghana-Togo
Heft 83/3	Senegal: Wahlen - Elfenbeinküste: Entwicklungsweg - Südafrika: Kirchen und Staat - Zimbabwe: Bildungssystem - Pastoral-nomadischer Sektor
Heft 84/1	Südliches Afrika: Zollunion (SACU), SADCC v. RSA - Zambia: Kupferökonomie - Algerien: Eisenbahn
Heft 84/2	Afrika: Grundbedürfnisse - Äthiopien: Entwicklungsplanung - Somalia: Nomadismus - Sierra Leone: Holzkohle
Heft 84/3	Ökologie und Sozialstruktur im Sahel - Zaire: Ernährung - Botswana: Rindfleischproduktion - Nigeria: Experten/Bauern - Japan: Rohstoffe in Afrika - Afrika: Militär
Heft 85/1	OAU - Südafrika: Gewerkschaften - Schwarzafrika: Agrarpolitik und Ernährung - Mosambik: Bildung und Gesellschaft - Nordnigeria: Grundbesitzverhältnisse
Heft 85/2	Afrika: USA/UdSSR/China - Ökonomische und wissenschaftlich-technische Zusammenarbeit RGW-Afrika - UdSSR und Nigeria - Nigeria: Parteipolitik 1979-1983
Heft 85/3	Franc Zone in Afrika - USA: Südafrikapolitik - Zentralkamerun: Informelles Gewerbe - Nigeria: Parteipolitik - Sudan: Frauen und Bewässerungswirtschaft
Heft 86/1	Nigeria: Außenwirtschaft; Agro-Business - Zimbabwe: Schule und ländliche Entwicklung - Mauritius: Gewerkschaften
Heft 86/2	Nigeria: Außenwirtschaft; Primarschulen - Swasiland: Außenpolitik - Botswana: Wahlen 1984 - UDEAC - Somalia: Wirtschaftspolitik
Heft 86/3	Afrika: Grundbedürfnisse - Westsahara-Konflikt - Kongo: Ländliche Entwicklung - Afro-Arabische Beziehungen - Mosambik: Wirtschaft - Nigeria: Außenpolitik
Heft 87/1	Afrika: Agroindustrie; AIDS; Krise und Entwicklungspolitik - Tanzania: IWF-Abkommen - Sudan: Rolle der Frau
Heft 87/2	Madagaskar: Reismarkt - Äquatorialguinea: Schwierige Rehabilitation - Burkina Faso: Thomas Sankara - Nigeria: Nachrichtendienste - Niger: Legitimität und Souveränität
Heft 87/3	Horn von Afrika: Ogadenkrieg - Ghana: Politische Kosten der Strukturanpassung - Nigeria: Gesundheitsdienste; Außenpolitik
Heft 88/1	Südliches Afrika: Pretorias Totale Strategie; Inkatha - Guinea: Wirtschaftsstruktur - Senegal: Wahlen - Kamerun: Strukturanpassung
Heft 88/2	Uganda: Ländliche Industrialisierung - Senegal: Demokratie - Nigeria: Militär; Hağğ
Heft 88/3	Äthiopien: Ländliche Entwicklung - Nigeria: Demokratie und Dritte Republik - Mauretanien: Militärregierung - Afrika: Giftmüllexporte

zu beziehen durch:

Institut für Afrika-Kunde
Neuer Jungfernstieg 21
D-2000 Hamburg 36
Tel.: 040 / 35 62 523

ARBEITEN AUS DEM INSTITUT FÜR AFRIKA-KUNDE

56

Thomas Krebs

Strukturen einer Langzeitkrise:

Bevölkerung, Nahrungsmittelproduktion und Ernährung in Schwarzafrika

Der weithin dominierenden Kurzzeitbetrachtung von Ernährungskrisen in Presse, Politik - und leider nicht selten auch in der Wissenschaft - wird im vorliegenden Buch eine Betrachtung der mittel- und langfristigen Entwicklung des Agrar- und Ernährungssektors schwarzafrikanischer Länder gegenübergestellt. Besonderes Augenmerk widmet die Arbeit den Auswirkungen militärischer Konflikte auf die landwirtschaftliche Entwicklung und die Ernährungssituation in den betroffenen Staaten. Im Detail beschreibt der Autor die wachsenden politischen Abhängigkeiten, die fortgesetzt steigende Getreideeinfuhren aufgeworfen haben. Im Angesicht wachsender Auslandsverschuldung und der Monostruktur landwirtschaftlicher Exporte erhalten die internen und externen politischen Dependenzen, die das fortgesetzte Vertrauen auf Nahrungsmittelimporte geschaffen hat, eine immer größere Brisanz.

Vor dem Hintergrund einer chronischen Verschlechterung der Ernährungslage fordert der Autor grundlegende Reformen im Agrarbereich afrikanischer Länder. Eine umfassende Modernisierung der Landwirtschaft auf der Basis funktionstüchtiger Forschungs- und Beratungsdienste, eine Reorientierung in der landwirtschaftlichen Preis- und Vermarktungspolitik sowie zielgruppenorientierte Nahrungsmittelhilfeprogramme sieht er als Eckpfeiler einer neuen Agrarstrategie, die die Krise der Landwirtschaft auf dem afrikanischen Kontinent beseitigen und die Ernährungslage der rasch wachsenden Bevölkerungen verbessern helfen könnten. (IX + 189 S., 32 Ill., 7 Tab., DM 25,-)

INSTITUT FÜR AFRIKA-KUNDE

Im Verbund der Stiftung Deutsches Übersee-Institut

Reihe "HAMBURGER BEITRÄGE ZUR AFRIKA-KUNDE"

Die Hamburger Beiträge zur Afrika-Kunde werden vom Institut für Afrika-Kunde, Hamburg, herausgegeben. In Monographien werden hier praxisnahe Studien vorgelegt, die in loser Folge erscheinen und von den ständigen und freien Mitarbeitern des Instituts angefertigt worden sind.

Band 26: Stefan Brüne
Äthiopien - Unterentwicklung und radikale Militärherrschaft. Zur Ambivalenz einer scheinheiligen Revolution. 1986. VIII, 373 S., 28 Tab., 7 Abb., 36 Dok., ISBN 3-923519-63-X, DM 38,-

Band 27: Rudolf Traub
Nigeria - Weltmarktintegration und sozial-strukturelle Entwicklung. 1986. 520 S., 57 Tab., 5 Kt., ISBN 3-923519-64-8, DM 58,-

Band 28: Reinhold Friedl
Erziehung und Ausbildung für Flüchtlinge in Afrika. Möglichkeiten und Grenzen der Ausbildungshilfe des Hochkommissariats für Flüchtlinge der Vereinten Nationen (UNHCR). 1987. IX, 318 S., 14 Tab., 7 Kt., ISBN 3-923519-71-0, DM 38,-

Band 29: Peter Meyns
Das südliche Afrika nach Nkomati. Die Regionalpolitik von Botswana, Mozambique und Zimbabwe. 1987. X, 211 S., 11 Tab., 1 Diagr., 1 Kt., ISBN 3-923519-72-9, DM 28,-

Band 30: Ludwig Gruber
Landwirtschaftliche Kooperation zwischen Europäischer Gemeinschaft und Afrika im Rahmen der Lomé-Abkommen: Fallstudien zum Zucker- und Rindfleischhandel. 1987. XII, 406 S., 19 Tab., 5 Abb., 2 Kt., ISBN 3-923519-74-5, DM 38,-

Band 31: Thomas Siebold
Ghana 1957-1987 - Entwicklung und Rückentwicklung, Verschuldung und IWF-Intervention. 1988. XIV, 303 S., 49 Tab., 7 Graph., ISBN 3-923519-76-1, DM 38,-

Band 32: Peter Körner
Zaire - Verschuldungskrise und IWF-Intervention in einer afrikanischen Kleptokratie. 1988. XV, 253 S., 39 Tab., 4 Übersichten, 1 Abb., ISBN 3-923519-78-8, DM 35,-

Band 33: Ulrich Leffler
Mauritius - Abhängigkeit und Entwicklung einer Inselökonomie. Determinanten einer exportorientierten Industrialisierung durch Freie Produktionszonen. 1988. XIX, 373 S., 58 Tab., 2 Kt., 5 Schaubilder, ISBN 3-923519-80-X, DM 40,-

Band 34: Cord Jakobeit
Nationale Strategien und Hindernisse agro-exportorientierter Entwicklung. Kakao- und Kaffeepolitik in der Côte d'Ivoire und in Kamerun. 1988. XXVIII, 422 S., 4 Kt., zahlr. Tab., ISBN 3-923519-81-8, DM 40,-

Band 35: Brigitte Fahrenhorst
Der Versuch einer integrierten Umweltpolitik. Das Entwicklungsmodell Burkina Faso unter Sankara. 1988. XX, 493 S., 37 Abb., 23 Kt., 38 Tab., ISBN 3-923519-82-6, DM 43,-

zu beziehen durch:

Institut für Afrika-Kunde
Neuer Jungfernstieg 21
D-2000 Hamburg 36
Tel. 040 / 35 62 523